# 戦国大名の権力構造

藤木久志著

吉川弘文館 刊行

# はしがき

この本はわたくしの二冊目の論文集である。収めた論文のほとんどは、最初の論文集『戦国社会史論』（一九七四年）のそれとあい前後して、ほぼ同じ関心のもとに書いたものであるから、この二冊は、わたくしの初期の戦国研究を集めた、いわば姉妹編ということになる。前の本が戦国期の社会の特質を主題としているのに対して、この本には戦国大名の権力構造を戦国期から織田・豊臣期にかけて一貫して追究した論文だけを集めている。

いま、戦国大名の個別研究を深めることは、一六世紀をつらぬく個々の戦国大名の地域的な展開が、なぜ全国統合や統一政権に帰結するのか、また、豊臣惣無事令の下に形成された国家は、いったいどのような特徴を帯びることになったか、というような課題を解き明かす上で、まことに魅力ある新しい主題となっている。そうした課題の解明に向けて、もしもこの本が小さな捨て石の一つにでもなれば嬉しいことである。

なお、V編に戦国期研究の軌跡として収めた小編には、一九六〇年から八五年にかけて、その時々の戦国研究の動向に対して、わたくし自身が抱いた素朴な興味や昂りなどが率直に記されている。戦国研究に志される若い読者の方々には、手がかりを探る便りとして、このあたりから読みはじめていただければ幸いである。

一九八六年一〇月二七日

藤木久志

# 目次

# Ⅰ　大名領国制論

初出「大名領国制論」（『大系日本国家史』2中世所収、東京大学出版会、一九七五年）

## はじめに——二つの「公」によせて——

戦国期社会と戦国大名権力の歴史を法の形において総括し、組織された私的強力としての階級支配権力に公的基礎を与えるものは分国法である、といわれる。ここには「大名領国制論」という課題を、ありきたりの権力構造論や階層構成論に安易に拡散させることをゆるさない厳しいわく組みがしめされている。『中世法制史料集』（とくに第三巻武家家法Ⅰ）、『中世政治社会思想』（上、日本思想大系21）、わけても後者によって大きくひらかれた中世国家研究の達成の方法的基軸は、公界の「公」から公権力の「公」へという社会的・法的編成の変化への展望（勝俣鎮夫、相良氏法度一八条補注）にしめされる、二つの「公」の対立と統一という視点であり、総体としては、戦国大名分国＝家産制国家論と、身分制から天皇論を見通した「礼」の体系論（石母田正、解説）の、二元的な展開ということができよう(1)。みぎの達成にいたるまでに、戦国期の国家論といえば、論集『封建国家の権力構造』において、宮川満「戦国大名の領国制」が、包括的な大名論として、戦国大名の成立を領主制の私から公への転化という視角から、「御百姓」意識と「公儀」意識を軸としてとらえ、その指標として「印判」「領国法」の制定をあげて、国家論として戦国大名領国制を追究するさいの一つの方法と論点をしめしていた。

そこでは、私から公への転化の基本に実力としての権力機構つまり大名家臣団構成がすえられ、所与の権威（朝廷・幕府による官・位・守護職など）は補助的・第二次的な要素にすぎぬとされたが、問題の焦点は、私から公への転化をささえる独自の内的な論理は何かであり、公儀としての戦国大名権力を実現する固有の論理を明らかにすることであろう。実力はいかにして秩序に転化しえたか、そのさいに補助的な要因としての所与の権威と基本としての実力とはどのように統一的に把握されるべきか。宮川説をさらに展開させる一つのみちは、そこに求められよう[2]。一個の事実上の政治権力がいかにして社会に外見上超越する「公権力」になるかは、国家論の基本課題である（石母田「国家史のための前提について」〔『歴史評論』二〇一〕）。

また、戦国期に大名権力の呼称として現われる「公方」の語が、宮川説のごとくに、朝廷・将軍（幕府）・庄園領主など中世の公的諸権力の主体の呼称であるだけではなく、中世後期以降から在地的な権力の呼称として広汎に成立している事実を明らかにした、笠松宏至「中世在地裁判権の一考察」（『日本社会経済史研究』中世編）は、戦国大名＝公権力の成立が在地的な「公方」にその基礎をおいている可能性を示唆する点でも重要な意義をもつ。在地的な裁判権者としての「公方」は、鎌倉期以来の地頭裁判権をその原型としていたとみられるが、文明期以降の売券の例によれば「公方」は「地下」と連記され、「くはう・ハたくし《私》のきらいなく、御沙汰あるへく候」（「香取文書」）、「公私御罪科ニ行候へく候」（「永厳寺文書」）などとも表現されていた。しかも、その公方はしばしば「時ノ公方」と相対化され、それと相補的に「地下」が独自に在地の裁判者・法的保障者として出現してくることからみれば、公方と地下との対照と峻別は、在地のいわば土着的な場における公と私という、対立的・競合的な緊張関係をもその内にひめていた。とすれば、戦国大名＝公方は、この在地的な公方・地下との緊張関係のもとで、いかにして公権力として成立しえたか、が問われねばならないが、笠松氏はさらに「公方」と「地下」の競合関係を「公方」の支配原理の面で解明する必要を提示しつつ、「地下」も広汎な自治権を前提とする「公界」（くがい、おおやけ）として、「公方」の側からも認識されている事例をも指摘する。(3) この史実に拠るとすれば、地下＝私が在地において、それじたい公的な性格をおび公的な地位を占めるにいたる過程を前提として想定したうえで、戦国大名＝公方は、おそらく惣掟や一揆契状に基礎をおく、このより在地的な地下と公との重層的な関係とその再編・克服のなかで公権力への転化を実現する、という見通しにいたるであろう。

さらに以上の論点に関して、戦国法の形成を私的復讐と国家刑罰権のあり方と関連を焦点として追究した勝俣「中世武家密懐法の展開」（『史学雑誌』八一―六）によれば、戦国法の法理は、当該社会の基底にある法観念・慣習・論理が、上からの治安維持・倫理統制を目的とする権力によって、先取りされ再構成され体制化されたものであり、そのゆえにその法は強い強制力を発揮し武断主義的・威嚇的立法となった、という。ここに、国家刑罰権の成立を考える重要な手がかりがしめされている。権力による社会の観念・慣習・論理の再構成・体制化という視点であり、一個の私権力の意志が社会慣習を基底にすえて再構成されることによって公権力の法に転化し国家刑罰権を成立せしめる、という展望がそれである。

なお、わたくしの旧稿「戦国法形成過程の一考察」（『戦国社会史論』所収）は、在地法と国法の対立と統一を基礎視角とし、百姓・下人抑制の体制としての本質をひめた人返法の一貫した展開を基軸として、在地法から国法にいたる過程を追究し、置文から一揆契状をへて分国法へというシェーマを提示しようとしたものであった。しかし、そのシェーマは、なお系譜論的ないし現象的な説明の域にとどまり、在地法と国法の対立矛盾の性格や在地法が国法に転化するさいの独自の論理の追究という点で、問題を未解決のままに残していた。

戦国家法=分国法の基本性格を置文・一揆契状の発展としてとらえるさいの問題は、その発展ということの具体的内容如何にある。分国法がいかにして一揆契状から自立して独自性をおびるにいたったか、どのようにして一揆の法を止揚したか、いかにして大名権力から自立した法独自の権威、法としての絶対性を獲得するにいたったかは、国家の視座から大名権力とその分国を追究する基本課題をなす。

勝俣氏の武家家法論（『中世政治社会思想』上、解題）によれば、「理を破る法」という観念、「法は権に勝つ」という意識は戦国期に特有の法意識である、という。そのさい、ひろく分国法にあらわれる理あるいは道理・理運とは在地的な慣行ないしそれに根ざす観念であり、法と権の意識もまた一揆契状と分国法とをつなぐ緊張関係にその基礎をおくものであることはいうまでもない。したがって、当面する問題はとりわけ理と法と権との緊張にみちた交渉の様相を制定された分国諸法の上に具体的に解明することでなければならない。いいかえれば権力のいわば私法は、道理とのいかなる緊張・対抗の過程で、独自の権威に到達し公儀の法として自立するか、がその核心をなす課題となる。

その意味で、「公儀」の語は法と政治そして意識の面から、公権力としての戦国大名権力の成立を標示するものであり、「法律的および政治的上部構造」の側面を中心にすえて国家論の固有の課題を追究しよう（黒田俊雄『日本中世の国家と宗教』）とするさいの鍵点となる。

以下、みぎのような視角から、『中世政治社会思想』に学び、いわば法的上部構造としての大名領国制論を試みることとしたい。はじめに百姓と公儀の一節をおいて、この章の全体にわたる分析の視座を具体例を通して明らかにし(4)、さいごの一節を「仏法領」を焦点として大名領国制の止揚の特質を展望することにあてよう。ことわらないかぎり武家家法の引用は『中世政治社会思想』上および『中世法制史料集』第三巻による。

(1) 同書の「解説」として展開された石母田説の論点については、『中世国家論』(シンポジウム『日本歴史』7)や永原慶二「大名領国制の史的位置」(『歴史評論』三〇〇)に関説がある。

(2) 封建国家論の視座から、「御百姓」意識とそれに規定された大名の「公儀」意識の形成に、国家公権を分有する戦国大名制の特質をみようとする、宮川「戦国大名の領国制」は、大名権力をむきだしの物理的強制力としてみる傾向を克服し、戦国大名の支配関係が被支配者層の意識をどれほどの深みから把握し、どのようにして合法的な組織された強力として自らを実現しえていたかという、トータルな視点から戦国大名権力を追究するための問題をあらためて提示することになった。戦国大名は領国主として、農民・領国民との基本的な矛盾・対立を通して、どのようにしてみずからの「公儀」化を達成したのであろうか。

(3) この公界について、その主体をなす郡の老者は大名相良氏を「公」とし、老者みずからを「私」とする認識を示しており(勝俣「相良氏法度についての一考察」〔『日本社会経済史研究』中世編〕)、みぎの大名側からする公界の認識と対照的であるが、少なくとも、大名の公が在地の私をも公として前提することによって、はじめて成立しうるものであることがうかがわれ、その法が基本的には在地裁判規範としての性格をもつという勝俣氏の指摘は、相良氏の権力がいかにして「公」権力たりえたかを明らかにした。

(4) この章では公儀についての考え方を、旧稿「戦国法形成過程の一考察」を起点において、あらためて述べてみたい。なお、国制的な税制など守護職の規定性をうけた貫高制という、戦国的権力の編成の基軸に関するわたくしの考えの跡については『戦国社会史論』参照。

課題は、なによりも「公儀」成立の基礎をなした領主権力内部の矛盾と階級的諸関係の総体的変化にそくして設定されなければならない。ここでは、戦国大名領国制を考える基礎として、その政策の多様さをもって戦国大名の典型と目されている後北条氏の分国にそくして、公儀成立の独自の過程をごく限定的に追究する。諸階級・諸階層の非和解的な対立のなかで大名権力はどのようにして超然たる権威として正当な合法的強制力を確立し、一個の公的権力ないし国家権力への転化を実現しえたか。その独自の論理はなにか。

## 一　百姓と公儀

戦国期後北条氏分国の農民諸階層は個別在地領主・代官層や大名権力と敵対して、名主百姓層に主導され「侘言《わびごと》」（訴訟）から「逃散」（組織的生産放棄）にわたる「惣百姓」闘争を広汎に展開するが（拙稿「戦国大名と百姓」〔『日本民衆の歴史』3、『戦国社会史論』三一四頁以下、参照〕）、小百姓層の「欠落」（個別的逃亡）という抵抗の拡大をもふくめて、これに対する大名権力の対処の方式は、とうぜんむきだしの暴力的な弾圧策にとどまりえない。

すなわち、国制的な増段銭や御蔵銭借米の減免要求など、じかに大名につきつけられた闘争にたいし、大名権力は「御国法定り候」「御国法の如く算用」など、ことさらに「国法」秩序の問題としてこれを峻拒する特徴的な対応をしめす。国法は明らかに強力に代位させられ、権力を正当化する役割をになう。ところが、大名家臣たる個別領主・代官層にむけられた「代官与有申事、逃散」というような闘争への大名の対処は対照的である。つまり、これにたいする大名の裁定はしばしば、「百姓之物たるへき事」「百姓に付置かれ候」など領主代官層の新儀課役をおさえて名主百姓層の要求を容認する結論をしめす（「武州文書」荏原郡七）のであり、大名権力は個別在地領主・家臣の権力を超え、よりひろく名主百姓層を通して平百姓層に基礎をおき、観念(幻想)的には「惣百姓」のうえにその権力の正当性をうちたてようとする志向をあらわにする。

その著例は、天正七年(一五七九)武州鳩ヶ谷「百姓中」の対「領主」闘争にたいする大名裁定であろう。すなわち、「今度笠原助八郎私領之百姓中、列致血判、対領主企訴訟」「一列ニ可取退擬」といわれた百姓中の組織的な訴訟・逃散闘争にたいし、大名評定衆は、原則として「領主非分之於子細者、公儀江可訴申」と、私領の領主のうえに公儀の裁判権の存在を強調して百姓中の血判・訴訟・取退という一連の実力行使を非法として糺弾しながら、現実には血盟の筆頭者ひとりだけを処刑したほかは、すべてに百姓の地位を保全するという結論をしめしたのであった(「武州文書」足立郡一〇)。

ここに、領主・百姓の対立のうえに裁定権力として超越的にのぞむ公儀の地位が浮彫りにされる。このさい、みぎの結論をもって、農民闘争にたいする権力の妥協ないし譲歩とのみみるのは皮相である。つまり、大名はみずからの権力を構成する個別領主・家臣層の私的領主権を抑制しつつ、名主百姓層を権力基盤とする政策志向を、この緊張にみちた対決過程に干渉し提示することにより、ひろく「惣百姓」「百姓中」のうえに、大名権力の正当・公平性つまり公儀へのみちをきりひらく。公儀の成立をたんに権力機構の問題に封じこめるならば、惣百姓のうえに私領主権を超える存在として提示される、公儀の階級支配における本質的役割を見逃すことになる。

大名権力が階級的な緊張関係のなかで公儀としてたちあらわれる他の重要な局面は、小百姓層の欠落をめぐる諸階層の対立の場である。

所々江欠落之者之事、人返者御国法ニ候、為先此一札、領主ヘ申断、不移時日、可召返候、若違乱之輩有之者、背国法子細ニ候、大途江申立、可及其断者也、

という町人百姓中あての大名法令（天正二年、「武州文書」荏原郡六）はその典型である。領主・名主百姓層のもとでの小百姓の欠落闘争がひきおこす諸階層の対立激化への対処を第一義とし、基本的には欠落闘争そのものの禁圧をめざすものとして、大名権力は欠落農民層の「人返」つまり相互返還を義務づける国法秩序を創出した。それは「大途」の名において領主・町人百姓層に欠落者を追捕しうる私領・料所・権門など他領への立入請求権を保障し、その妨害を国法に反する行為として糺弾することを主要な内容とし、「此一札」つまり人返請求者に交付される大名印判状は、その権限を保障する大途・国法の象徴としての意義をになう。国法は人返紛争を調整し個別領主権を規制する規範として、分国全域に原理的にも現実にもおしおよぼされ、国法を護持する大名権力は、その国法のうえに大途の称をもって、一個の公的権力に転化する。

公的権力としての大名権力を意味する大途の用法は、北条氏分国のばあいに特徴的に現われるが、大途は公儀と通じ、もっぱら自分・領主代官など個別的な私権と対立する存在としてとらえられる。(1)わけても「大途」を名とした「其郷一同」「百姓中」への領主代官弾劾権の公認は、「領主非分之於子細者、公儀江可訴申」という裁許状とともに、大名裁判権の公的性格したがって大名権力の公儀・大途化を支える基本原理ともいうべき位置を占める。そして、少なくとも十六世紀なかば永禄期以降、大途・公儀・公方は通じ用いられ、「我々自分之様ニハ無之候、御大とのため城ふしんの儀」というような強調は、大途・公儀・公方をかかげることなしに農民賦役の徴発を実現できなかった事情、つまり個別領主権と名主百姓層との緊張・対立の関係の伏在と、私領主権を超えるものとしての公儀意識の百姓層のあいだへの浸透ぶりを示唆する。(2)

以上によれば、大名権力の公儀化は、ただたんに個別領主層相互、あるいはそれと名主百姓層との矛盾・対立の上に、調停的権力として臨むことによってだけでなく、個別領主権の私的な恣意性を排除・抑制しつつ、直接には名主百姓層を通して「惣百姓」利害の擁護者として自らを形づくることによって可能となった。惣百姓闘争が、「御国法定り候」という国法論理によって強制する大名賦課をも減免に追いこんだとき、その減免措置を「御憐愍」あるいは「御赦免」とするような、大名側からのいわば撫民原理の強調は、たんに妥協・譲歩の言いつくろいとはみなしがたく、ひろく惣百姓のうえに公儀幻想を扶植し、物理的強制力を公正と観念される権力に転化させ国家権力に高めていく前提となる、意志の領有のみちとして見逃しがたい政治的意味をひめていた。(3)

大名権力の公儀への転化の過程は、その基礎において、あらたな経済的搾取階級としての名主百姓層が公儀を介して政治的にも支配階級に転化する過程であり、国法はその過程で創出されたあらたな抑圧の体制化であった。その意味で公儀も国法も、いうまでもなく、基底における物質的諸関係に根ざしていたのであって、このことは、国家論の基礎視角としてけっして看過さるべきではない。

より現実的にみれば、公儀は、いわば私的な個別領主層の共同利害と惣百姓層を包摂すべき公的な撫民原理との矛盾に基礎をおき、小百姓抑圧を本質とする人返国法を創出することによって、領主層と名主百姓層との平均的利害を接合・統一するところに成立した。しかし、そのゆえに、国法は、公儀の直接発動をともなわぬ消極的・伝統的な当事者主義の中世的限界にとどまらざるをえなかったし、小百姓層を「欠落」つまり個別的な逃亡の孤立と撫民原理からの排除のもとにおくかぎり、ついに一個の公権力として完結しえず、あいつぐ欠落闘争は、公儀が拡大された領主諸階層の排他的権力の公的表現にすぎないという本質を暴露し続け、小百姓層以下が公儀幻想におしこめられることもなかったことを示唆している。

つまり公儀の成立とは、どのような意味でも、被支配階級の基底としての平百姓・小百姓層以下が、みずからの特殊利害の実現や普遍化をめざしたことの帰結ではなく、これと対立する名主百姓層と私領主層の平均的利害の組織形態にほかならず、国法はそのような矛盾にみちた平均的利害の普遍的表現にほかならなかった。ただ、観念的には、公儀・大途は、かの撫民原理の強調とともに、大名権力の公的権力への転化がけっして一部名主百姓層と領主層との編成のみによっては階級的支配権力として完結しえず、ひろく平百姓層以下を惣百姓として、幻想としては公儀の御百姓として、抱えこまなければならなかったことの反映であったことは動かしがたい。

（1）たとえば、「我々自分之様《(用)》ニハ無之候、御大と《(途)》のため城ふしんの儀」（「相州古文書」愛甲郡四一）、「従公儀七貫文、自分ニ三貫文」（同、七）、「大途之御被官たるへく候間、領主代官致非分候ハヽ、其郷一同目安をかき」（「武州文書」榛沢郡一四）などの対句に注意。

（2）「大途御用ニ付而者、虎之印判を請取」（「武州文書」比企郡九）、「大途之御用者、何時も以虎御印判可被仰出」（「相州古文書」高座郡七九）、「大途之御印判」（「北条氏邦文書集」九八）といわれた大名印判状は、大途＝公儀の象徴として、個別私領主権を抑制し、これに優越する機能と役割をになう。「大途御用」は、またしばしば「公儀之御用」（「相州古文書」足柄下郡九九）、「公方御用」（同、高座郡三三）とも表現された。

（3）また、たとえば永禄三年（一五九四）撰銭定法の公示にさいし「若菟角申者有之者、公方之御小者中間ニ候共、則搦捕、御庭可為引」（「相州古文書」淘綾郡一四）と明記し、濫妨禁制に、違反者は「公儀之御中間小者」も「御一家衆家老」以下の被官も容赦すべからずと公示（「武州文書」入間郡四三・五一）しているのもそれで、ここに公儀・公方法の公平厳正さをひろく印象づけようとする意図の織りこまれていることは疑いない。

## 二　大法と撫民

制定された分国基本法規としての「国中法度」「御政道法度」において、領主諸階層の階級的結集に支えられた大名権力は、その公儀性をどのようにして確立しえたか。

まず、そのような制定法典をもちえた諸大名のうちでも、階級的緊張関係がもっとも先鋭にあらわれていたとみられる六角氏のばあいを検討しよう。なによりも注目されるのは、所務・行政法の分野に関する「庄例郷例ありといへども、先々の次第棄破せられおわんぬ」(「六角氏式目」第一四条)、「たとひ先例これありといへども、自今以後においては、損免行ふべからず」(第一五条)という、損免に関する「先例」廃棄の法と、より一般的な原則としての「在々所々の庄例法度、棄破せらるべからざる事」(第三四条)という先例保証の法との対立と関連であり、おなじような対照は、「式目御法に任せ」(第三二条)・「式目の旨ありといへども」(第四七条)などにもみられる。しかし全体としては、むしろ庄例・御法・法度・先規・先例・先規よりの御法・先々御成敗の旨などへの準拠を明示する箇条が支配的で、これらの諸文言は、ひろく在地にゆきわたり定着していた「天下御法」「大法」などの慣習法の意味する例が多いとみられ(勝俣、第一一条補注)、さきの第三四条は総じて大法・先例主義ともいうべき六角氏式目の基本原理を集約的に表現したものとみることができる。

しかし先規・先例はたんに旧慣・因襲の同義語ではなく、なによりも大名権力をふくむ領主諸階層の強烈な相互規制と、庄例＝惣掟にもとづく名主百姓層による権力規制との緊張にみちた対抗の集約としてとらえられなければならない。すなわち「在々所々庄例法度」を基礎とした「国中法度」(起第六条)の成立とは、そのなかに生きる領主諸階層の結集に支えられた大名権力の地位の直截の表現にほかならず、わけても第三四条以下の先例主義の強調は、勝俣氏の明らかにしたように、家臣領主の側から大名権力の恣意を抑制する意図でつらぬかれている。

はじめにあげた損免の先例廃棄の立法も、また、じつは先例主義によって支えられ否定的に統一されていたのである。「損免」が中世を通じて領主・農民間のもっとも鋭くかつ日常的ともいうべき対決の焦点であり、損免に関する庄例・郷例が、世紀を超える対領主闘争によって惣村のかちえた成果であり結晶であったことをみれば、みぎのような先例廃棄の立法は、じつに惣村のたたかいの伝統にたいする領主階級のまっこうからの挑戦にほかならなかった（拙稿「統一政権の成立」、本書IIの一所収）。

これは、農民層の「年貢所当無沙汰」や「一庄一郷申し合はせ、田畠荒らすべきの造意」を「悪行の至」として成敗の対象とする立法（第二四条）とその意図において一貫する、対農民政策の基軸である。しかし、注意すべきは、所務をめぐる先例をもふみこえる農民強圧の立法が、同じ箇条に、領主層にたいし「先々」からの年貢所当のほか「増斗代」や「新儀の課役」などの恣意を「濫務」として禁圧する強固な大法主義と表裏の関係をなしているという事実である。領主階級の結集がかれらの厳しい自己規制（個別領主権の恣意の抑制）にもとづく全体的な統一によって実現し、それが農民からの所務の実現と大名権の規制を可能にしているのであり（勝俣、第二一条補注）、そのことの法におけるいっさいの集約的表現が「先例」主義の原則であった。領主・農民間の集約的な対決点における「庄例郷例」の廃棄は、領主側における自己規制としての先規・先例の厳守を基本法の原則にすえ、法の「公儀」（第一〇条）性を確立するという、緊張にみちた力わざにほかならなかった。

「土民百姓等御憐愍」（第三九条）・「人民御憐愍」（追第二条）という、いわば徳治主義的な撫民原理の強調もこれと不可分のもので、領主層の共同規範としての「御政道法度」（起第一条）を、領主層のあいだの私法から広汎な百姓層をも包摂しうる公儀の法に転化させる基本原理であった。それが「一庄一郷打ち起こし、鉾楯に及ぶ」（第一三条）、「一庄一郷申し合はせ、田畠荒らすべきの造意」（第二四条）など惣村結集にもとづく決起・逃散など反領主闘争に規定された帰結であり、権力の階級的本質を隠蔽するすりかえであることは、以上の諸条そのものの直截にしめすところであり、先にみた後北条氏の公儀・国法成立の過程を想起させる。公儀ないし公的権力の成立をもっぱら領主階級の政治秩序の自己運動として説明する傾向は克服されなければならぬ（黒田俊雄「現代における天皇制研究の課題」『歴史評論』二〇二）。

さて、「公儀」性を志向する大名立法のみぎのような基礎過程は、刑事法の濃厚な武断的傾向によって知られる伊達氏の「塵芥集」における行政法にも共通する。（注）たとえば、八ヵ条（第八四〜九一条）にわたる伊達氏の「用水の法」は、先例主義と撫民原理をもって一貫する。すなわち、用水の法の基調は、「用水の事、先規まかせ」（第八四条）・「堰銭のありなしは、先例にまかせべき」（第八五条）と一連の箇条の冒頭に明示される通り、在地的な用水慣行の維持におかれる。用水慣行が時代をも超えてもっとも根強く先例の支配する場である以上、この原理は在地法の容認にほかならない。問題は、「河下の人、先規まかせに通すべきのよし申、川上の人は、先規より通さざるよし申、問答の儀あらんに、相互に支証なきのうへ、理非決しがたき」（第八四条）という、あい異なる利害・慣行、つまり二つの先規の対立、挙証不能という事態こそが、大名権力の容喙の期待される固有の場であるということである。そこでの「用水の法」が基調としての先例主義にとどまりえないことは自明であり、その局面において創出される裁定の原理こそが大名権力を独自の一個の公的権力に転化させる鍵となろう。

それは「理非決しがたきにいたつては、万民を孚むのゆへ、彼用水を通すべきなり」と続くみぎの箇条の結論につきる。それは「万民を孚むのゆへ」（第八四条）・「万人の飲水」（第八七条）・「用水は万民の助けなり」「民を孚む道理」（第八八条）とくりかえし強調されるところで、大名の創出した「用水の法」のあらたな原則とは、先例主義を超える撫民の理念であった。在地の先例に介入する第三者的な私的調停権は、撫民原理の創出によって公的な統治権に転化する。対立する先規・在地の公は、撫民原理を媒介として大名の公に編成される。撫民原理とは、いうまでもなく、大名統治権の発動の論理的根拠にほかならない。

また、用水法とともに領主間対立のもっとも深刻な基本課題をなす境相論（所務）立法の特徴についてみよう。伊達氏の法は「田畠ならびに山野・屋敷等の境の事、先規まかせたるべし」（第一六九条）を基調とし、入会相論についても「先規のごとく」（第一二二条）と明示する。これは、相良氏の法が、四至境法（第七条）に、先例および在地の自裁を第一義とする手続きを定めているのと共通する。

しかし、やはり問題は先例・自裁原則の破綻という大名権介入の期待される場においてどのような独自な法理が提示されるかである。相良氏は「所衆談合」にゆだね、伊達氏は御成敗式目第三六条を採用しつつ実検使による実地検分をふくむ「理非」の糺明と敗訴者の論地の勝訴者への割分を一貫してかかげる（第一二一〜三条、第一六九条）が、分国諸法のなかで、これはむしろ消極的立法例に属する。これに対し、結城氏の法は、境論をほんらい挙証・糺明不能の問題と前提したうえで、論地の完全な折半か没収かという裁定基準（「結城氏新法度」第五八・六〇条）をしめす。これは伊達氏の法に似て式目に準じた糺明と論地の一部割分を定めた第二条（「今川仮名目録」）について、より積極的な対応として、開墾地の相論について「中分」か没収かを定めた今川氏の法（第三条）・武田氏の法（「甲州法度之次第」第八条）に共通する法理である。この中分方式は、勝俣氏（今川、第三条補注）によれば、鎌倉末にはすでに現われるもので、おそらく在地にひろくいきわたった大法ともいうべき法慣行の立法化を意味した可能性がある。

御成敗式目（第三六条）および大法による、境相論裁定法の定立は、今川氏の法が大永六年（一五二六）の本法あとがきに銘記した「天下の大法」への関説をただちに想起させる。大名の公儀性は、たんに第三者的な調停権の掌握行使によって、あるいはその局外者性によって実現されたのではなく、そこに大名独自の裁定原理の積極的提示、つまり先例・大法主義を基軸とした撫民＝統治原理による、在地的な「公理」の包摂・編成によって、はじめて可能となったのであり、分国基本法規の制定はみぎの規範の体系化にほかならなかった。

封建国家においては、国家が諸階級の外側に超越的な形で位置するという形をもって階級支配機能を直接独自に遂行することが乏しく、支配階級内部の矛盾の調停機能が大きな位置を占めるという見解（永原慶二「日本封建国家論の二、三の論点」〔『歴史評論』二六二〕）も、以上の諸事実にそくして慎重に検討されなければならないであろう。

（注）用水問題の分国法に占める位置については注目さるべきものがあり、もっとも原基的な分国法規の典型として知られる享禄五年（一五三二）・天文十九年（一五五〇）の毛利家中連署起請文（第一・一三条）や明応二年（一四九三）・天文二十四年（一五五五）の相良氏法度（第八・二一・四〇条）などを成立させた重要な契機の一つとみとめられる。

## 三　領域と都市

私的に組織された階級支配の強力として自らを形成する戦国大名の権力は、その公的・統治権的な性格への転化の基礎となる領域性、つまり支配空間の法的編成をその基本法規にどのように確定し、それは基本法それじたいをどう規定しているか。

まず分国法における領域編成について、一地方権力から起こり、その基本法規を「私法度」（前文）とみずから称している結城氏新法度を中心として、その多彩な表現をあえて整序すれば、領域編成の基軸は、膝の下・洞中・此方成敗・味方中・他国という区分をもとに体系化されている、といえよう。

すなわち、「此方膝の下の者共、下人・悴者」が「洞中」や「近辺の他所」の主人に仕えたばあいの規定（第一〇四条）によれば、膝の下は洞中や他所よりも限定された大名屋敷・城館などを中心とする直接の人格的支配下の範囲である。また、「洞」のために強行される「荷留」規制（第七三〜六条）が、通過許可証のないばあいの処分を定めて、「手許の郷中」つまり洞のものは荷物・馬・腰刀などすべて没収、「此方成敗」のものは荷物・馬を押収、「他所」のものならば荷物のみを差押えよと、領域差により法の適用に格差を設けているのは、領域編成と法体系との交渉を示していて重要である。「此方成敗」として明記される山川・下館・下妻などは結城の地に隣接する結城一族・重臣の拠点であり、下妻の多賀谷氏がこの分国法に名を連ねて起請している事実（佐藤進一、第七四条補注）をみれば、この領域は洞の外延にありながら文字通り結城氏の成敗＝法の適用圏として層位性をもって編成されていた。さらに、「味方中の放馬、又洞の放馬」の条（第五四条）によれば、「味方中」とは、準外様ないし友邦的な勢力圏を指し、「他所」は他国・他衆とも称されるように、まったくの圏外地域を意味している。(1)

この領域編成は、肥後相良氏法度にみる外城町（膝の下）・領中（洞中）・郡中（此方成敗）・八代・蘆北（味方中）・他方（他所）とも対比できよう（勝俣「相良氏法度についての一考察」）。その法が逃亡下人の返還礼物の規定（第三四条）に、「逃者、郡中に留候者三百文、八代・蘆北へ留候者五百文たるべし。従二他方一来候ずるは一貫文たるべき也」と定めているのは、先の結城氏の荷留規定に対比さるべき、分国法とりわけ行政法の分野における領域の直截的な表現の一つである。

このように大名支配の展開序列にもとづく領域編成は明らかに大名法の体系を規定する意味をもつとともに、大名権力の強力装置としての家臣団編成の近習（膝の下）・譜代（洞中）・一族・国衆（此方成敗）・外様（味方中）という秩序とも規定しあう。その権力ないし法体系がひらかれた公的領域的性格を確立するためには、膝の下や洞あるいは当所・直々成敗の地を超えて、此方成敗から味方あるいは洞中遠所の面々への領域の拡大と、狭隘な譜代層を中心とした権力の克服による国衆・外様の編成とを実現する必要があった。

さきに戦国期の越後上杉氏の発給文書の形式の変化を追究したさい(2)、わたくしは分国法類に関する有力国衆の執政参画は領国支配の一定の拡大の反映であると同時に、謙信の家臣団統制と領主権の限界を示すものと考えたが、すでに明らかなように、この理解は、支配領域の拡大と国衆・外様層の参画と分国法類の公布との関連性とその意義をとらえようとしていない不十分なものであった。領域の拡大と国衆・外様的な在地領主層の参画によって、制札・掟・条目などは分国法としての公的性格をおび、大名個人の私的・人格的権力は、家臣との共同意志の規範としての法の制定に対応して、公的権力に転化する（石母田『中世政治社会思想』上、解説、六四〇頁）。公的な法の成立にとって、権力構成の私的性格の克服、領域支配の確立は不可分の関係をなすものであった。

結城氏の法は膝下・洞中を超え此方成敗へのひろがりのなかで、また相良氏の法は郡中つまり球磨一郡を領域とすることによって、公的な法としての基礎を獲得しえた。その基本法規や法圏を、みぎの諸大名が私法度とか此方というにたいし、守護系の諸大名は「国の制法」「国の法度」「国を守護する法度」（今川氏）、「分国諸法度」（武田氏）、「国中法度」（六角氏）と自称し、「分国」と号するなど、おしなべて濃厚な国意識を露わにしめして対照的である。後者はおそらく守護職の権能としての管国行政（軍事・検断）権にその基礎をおいているとみられるが、国法の制定権をその固有の権能とは認めがたい以上、守護系大名の基本法規をもって、ただちに非守護系諸大名の法と異質なものとみなすことはできないであろう。

法的な領域編成の特徴を考えるうえで、さらに看過しがたいのは、分国法における都市と農村との対立である。結城氏の法度に、市町・宿町と里村・在郷という対称で現われるのがその例であるが、「宿人・里の者」（第一条）・「町々其外里村まで」（第九五条）というように区別しつつ併記され、「町の兵粮の値、又枡目、役人立て候に、於二里々一我々計らいに、値をも枡目をも立て候、曲事に候」（第一〇三条）というように、町と村とはしばしば対立的にとらえられている。

問題は、いうまでもなく、分国の基本法規における都市規制にある。みぎの町は、「町々、中城・西城共に」（第八二条、ほかに第三二・三四・九〇条も類似）等の表記によれば、結城膝下の城下町という特定領域を指すことが多く、分国中枢としての城下町に関する軍事的・行政的な諸法規（第三一・八二・九七条ほか）は、その都市景観や構成についても示唆的である。

しかし、特徴的なことは、より広汎な市町・市場法の充実ぶりである。「其所之盛りを何方も頗義にて候、当地之神事祭礼・市町之日、たとへ如何様之義成共、何方も質取不レ可レ然候、取候はゞ、理非なしに其沙汰破るべく候」（第三五条）という条項が直截にしめすが、また「此方神事又市町にて」（第八条）・「市町又神事祭礼の場」（第一七条）などの表現からも明らかなように、神事・祭礼と併記されるこれらの市町は、当地・此方つまりひろく結城領に散在して「其所之盛り」をささえていた、常設あるいは多くは臨時に立てられる市町であり、城下町の同義語ではない。ところで、このような市場法はいうまでもなく戦国法の独創ではなく、「宇都宮家式条」（弘安六年）に市々の迎買・押買などを制止した第五九～六一条はその著例といえる。

さて、結城氏の法度はそうした市町について「質取」（債権の強制執行）を禁じ、違反者については理非をとわず債権破棄の処分を行なうものとし（第三五条）、「やりこ・押買」など正常な取引の秩序をみだす市場犯罪によって殺された者の訴訟を禁じ（第八条）、市町に「奉行」をおき監察させる（第一七条）など、農村とは明確に区別された法の領域としてとらえ、商取引の安全と円滑を期する市町独自の市場法を規定しているのである（佐藤、第八条頭注、なお勝俣「国質・郷質についての考察」〔『岐阜史学』五六〕参照）。

より遠隔の伊達氏の基本法規「塵芥集」も、郷村・村里と市町・町屋とを峻別し（第四四条）、「市町にて、やりこ搦め候とき、相さへ《(障)》候もの、同罪たるべし」（第四五条）と、市場における詐欺行為の禁圧に強硬な立法をしめす。ことに盗賊人追捕にさいし、「門のうち」つまり領主層の屋敷地については、原則的に刑事裁判権の特殊地域、すなわち亭主以外の他人による犯人の捜査・逮捕の直接及びがたい地域（勝俣、第一八条補注）としてひろく容認しながら、「但、町屋にては、数百人の中にて候間、やりこの事は、押し込み候ても討ち候べく候」（第一七一条）と、町屋についてはこの「門のうち」あるいは「屋敷」「在所」権益容認の原則を適用せず、保護・統制を一体とした特異な支配下に編成する意図を明示しているのである。

わけても国質の否定に集約される、二つの公の対立と統合は、じつに公儀の法としての分国法の基本課題であった。たとえば伊達氏の法が国質・郷質および類似の質取（相殺慣行）の制約をその課題としている事実にもその事情がうかがわれよう。勝俣氏（第一二七条補注）は、国質の行為が「世間法」とよばれる在地の慣習であり、それをささえる相殺観念（集団と集団のあいだの報復主義）は中世社会の道理として人々の行動基準を規定していたことを明らかにし、さらにこの在地の慣習と上部権力の法の関係の推移についてつぎのような展望を提示した。上部権力ははじめこの慣行を容認していたが、室町・戦国期に、幕府・大名などの市場法のもっとも一般的な条項の一つとして、つまり市場の平和の維持に関連して、国質などの禁止令がたちあらわれ、やがて分国法において領国全域を対象とした制限立法となる、と。論点はここにつくされている。以下、伊達氏の法について具体的に辿ってみよう。

「他国の質を拘へ」ること、つまり他国人（分国外の人）の債務不履行に対して分国内にいる債務者と同国の任意の人ないしその財物を差押えること（勝俣、第一二七条頭注）について、伊達氏の法は、まず第一二七条で、①その行為の行なわれる在所の「地頭・主人へ談合」を第一義（自明のこと）としながら、あらたに「守護職へ披露」（大名への届出）を法によって義務づけ、②「守護の儀」つまり大名の認可があれば「ところの地頭」はこの行為を妨げてはならぬとした。①は国質行為への制約、②は保護の規定である。保護は制約の反面であり、制約を貫徹させる条件にすぎぬ。これによって国質慣行も在地領主の権限も守護職（大名権力）の規制の下におかれる。

分国法における、農村と峻別された形での都市・市場法の定立は、他の諸大名の分国にひろくみられる市場に関する個別の特別立法（たとえば六斎市令・楽市楽座令はその著例）とともに、あるいは基本法規としての立法という意味ではそれら以上の意義をもって、戦国大名の分国統治の実現における都市機能とそれを掌握することの重要性をしめしている。戦国期における都市論の農村史および商業史からの自立は今後の課題であるが、そのさい、分国におけるみぎのような都市の法的地位の追究は重要な起点とされなければならない。すでに、これまでの都市の自治といういきわたった通念に対置して、町方ないし町人の大名にたいする、村方ないし農村とも異なる、従属性について注意が喚起され、領主の町方支配の権原の追究が行なわれている（小林清治「封建領主の『町』支配の権原」〔『日本歴史』二八四〕）からである。

すなわち、伊達氏の基本法規制定後の天文末年の知行宛行状群（「晴宗公采地下賜録」）にみる「居屋しきめくり弁町」「町弁たてめくり」など、屋敷廻りおよび町に対する課役免除など強い領主権の公認の事実は、在地領主の館廻りの町が館・屋敷とともに、いわば城下町の祖型として、個別領主の排他的支配権のもとにおかれ、領主が館廻りの町の住人にたいして被官に準ずる人格的支配権を保持していたことを示唆し、ここに町支配の権原が推測されるという。とすれば、「門の内」と峻別しつつ「町屋」への立入り追捕を認めた伊達氏の立法はどのような意図をしめすか。「町屋にては数百人の中にて候間」という文言から、この町屋はいわば地方に散在する館町ではなく、大名城下町を指している可能性もあるが、この「町屋」は一般的な「門の内」特権の容認と同じ条項にかかり、対立的にとらえられている以上、やはり一般的な地方の市町のばあいに通ずる規定とみるのが自然であり、市町への奉行の直派を定めた結城氏の法度の意図と共通する、伊達氏の大名権力による都市支配強化策のあらわれと解すべきであろう。

もとより、分国諸法にあらわれる市町の類を、一般にすべて領主屋敷廻りの町とすることは、関東における後北条氏の広汎な六斎市立ての史実や小林氏も指摘される畿内近国における一向衆寺内町の成立事情などからみても無理であろう。しかし、土地緊縛を強化されつつあった農民や、連帯責任制のもとにとらえられつつあった農民とは区別される意味で、町や町の住人たちが大名領主権力とどのような緊張関係のもとにあり、どのような質の従属を強いられていたかを解明することは、都市を封建社会の対立物としてではなく、その成立と再生産の不可欠の構成要素として位置づけていこうという基礎視角（魚住昌良「中世都市におけるミニステリアール層」〔『山梨大学教育学部紀要』五〕、なお本書Ⅴの5参照）からも、逸することのできない課題となっている。なお、都市法の展開と関連して、国家高権の属性としての通貨発行権（佐藤進一「室町幕府論」〔『岩波講座日本歴史』中世3〕）に代位さるべき、「撰銭」立法権ないし分国通貨に象徴される大名権力の公儀的権威性がになった役割と、その立法の及ぼした在地諸階層への現実的規制力のありようもまた、拙稿「撰銭令と在地の動向」（『戦国社会史論』所収）でも考えたように、重要な意味をもつ。

（1）永正七年（一五一〇）に近隣常陸の大名佐竹氏が在地領主江戸氏と「人返之事」を主題とする契約を結んださい、その領域への契約徹底をはかって、「当所」をはじめ「直々成敗之地」での違反者は「許容すべからず」、「洞中遠所之面々」にたいしても「催促を加うべし」と言明したさいの領域編成のあり方と酷似している（『秋田藩採集文書』一〔『戦国社会史論』二一一頁以下〕）。

（2）その形式は、大勢として、戦乱の終熄過程に対応して、大名自ら花押をすえる判物形式から奉行人連署の奉書形式へと変化する傾向をはっきりと示す。しかも大名判物は家臣団あての感状・宛行状など、いわば主従制的支配の分野に限られるのにたいし、奉行人奉書は制札・掟・条目など分国法ともよぶべき統治権的支配の分野に特徴的である。さらにこのような内容をもつ奉書形式は上杉氏の支配領域の最大の発展期にあたる永禄初頭に顕現するのであり、連署奉行人の構成も、本領域上郡地方の譜代重臣層のほかに、中郡地方の国衆的な旧族領主層を加え、しだいに政務の多様化を反映して吏務練達の低身新参層の登用をともないつつ、さらに天正初年からは、いまだ自立性の強固な奥郡地方の外様的な旧族領主層を加えて、分国法類の法令文書の執達に参画させるという、顕著な変化が認められる（拙稿「家臣団の編制」、本書Ⅲの一所収）。

## 四　道理と公界

大名権力と道理つまり在地慣行との緊張関係は、私的成敗の禁止を貫こうとする伊達氏の刑事法にもっとも顕著である。すなわち、「塵芥集」の第一六〜七五条にわたる刑事法は、その条文で「理非を披露」（第二〇・三五条）・「子細を披露」（第二七・三七条）など大名権力への届け出と、「披露のうへ成敗を待つべき」（第三九条）・「披露いたし下知を相待べき」（第二三条）ことをくりかえし強調し、もし「わたくしに成敗」（第五四条）すれば、「理非を糺すにをよばず成敗」（第三五条）・「たとい至極の理運たりとも、法度を背き候うへ、成敗を加ふべき」（第三九条）・「理非を糺すにをよばず、殺害の重科に処すべき」（第七〇条）と強調している。「披露」をへない「わたくしに」（第二〇・三九・五四条）・「みだりに」（第二四条）・「自分として」（第四〇条）など私的な行為は、たとえそれが喧嘩・口論・闘諍（第二〇条）、親子兄弟の敵（第二四条）・誤殺（第三五条）・殺人（第三九条）・打擲（第四〇条）・盗人（第五四条）など「至極の道理」（第二〇条）・「至極の理運」（第三九条）とみられるものでも、「法度」に背く行為として「成敗」の対象となる。

ここに、「法度」のまえに、道理・理運も「私」として封じこめられ、「道理」の「私」化によって「法度」の「公」化が実現されていく過程があるといってよい。より限定的にみれば、刑事法つまり検断沙汰の領域において、道理・理運といわれる在地の法慣習および法意識が否定され、在地の理は私に転落し、大名権力の法が公としての地位を主張するにいたる。いいかえれば、理の私化ないしその否定は、検断沙汰の領域にもっとも顕著に主張され、所務・雑務沙汰の領域では、また異なった在地の道理・理運に依拠した法の展開がみられる。なぜ検断の領域にこのように道理を私として対立・抑止する大名権力の法が顕現するか、なお断定はむずかしいが、一つには地方行政機構をになってきた守護職の属性としての大犯三箇条以下の検断権に法源を求めることも可能であろう。

さて分国法の領域編成において在所・屋敷廻・館廻・門の内を、分国法に対立しつつその基礎単位をなす個別領主権のもっとも強固な私的領域とすれば、分国法はさらにその対極に、路次・道・小路（「塵芥集」第七〇〜七二条・第一三六〜八条）・山中（同、第六五条）・行脚往来（結城氏、第一六・九一条）・野山（同、第一〇〇条）・神事祭礼の場（同、第一七条ほか）・敵境（同、第七九条）など、特異な境界領域を行政・検断面で独自の立法対象とし、都市・市場法とともに分国法の公的性格を支える重要な基礎としていたと考えられる。

「公界の道」（「塵芥集」第一三七条）は次条の「路次往来人」条とともにその象徴としての意義をになう。法はその耕地化を「盗人の罪科」つまり刑事罰として禁止するとともに、路傍の地主等の「ゆづり」つまり土地の無償供与による拡幅・監守を、「先規」つまり在地の慣行として定めている。これは前条（第一三六条）の「道・橋修理」条に、その監守を規模によって地主・郷村または地頭の役とし、さらには、ひろく行きずりの人をも含む勧進にゆだねよと定めるのと同趣で、つぎの「路次をゆきゝの人」への規制をもあわせて、この「公界の道」はまことに世間の道であり公道であるという性格（勝俣、第一三七条頭注）をあからさまにしめしている。結城氏の法が「行脚往来何にても」（第一六条）・「あんきや・わうらい・はちひらき」（第九一条）に関心をむけているのも同じことであろう。

問題は、このような世間の道の分国法への包摂がなにを意味するか、である。公界とは、ひろく世間・公衆・世わたりなどの意にもちいられ、権力とはじかに結合しない土着の場でありながら、私・内々ではなく、しかし、そこに生きる個人がつねになんらかの強い規制と監視にさらされ、それから逸脱する言動には責任を甘受しなければならない世界である（笠松宏至「中世在地裁判権の一考察」）、という。とすれば、みぎの「公界の道」を維持してきた「先規」とは、在地の公的な慣行であったことになろう。

弘安六年（一二八三）「宇都宮家式条」の「領内道路并橋事」条（第五四条）に、住所の近隣に付して、その辺の便路を造るべしと定めているのは、家法のもっとも早い事例であるが、さきの条項のしめすように、「公界の道」とそれを維持してきた「先規」つまり自生的な在地の慣行は、世間の道という意味での公道から、分国秩序のもとでの公道へ、まったく逆転した地位に再編成を余儀なくされ、「先規」は分国法の定める義務として変質をとげ、そのほんらいの自律性を喪失することになる。

「公界の道」（世間の道）から、いわば公儀の道への変質は、ひろく戦国諸大名の交通政策の土台をなし（今川、第二四条など）、さらに織田統一権力にうけつがれて、「分国中諸関」の撤廃・道路整備など一連の政策を通して、国家高権の重要な一環としてすえられていく、その原基点としてとらえることができる。(1)

「公界の道」の原初の一面は、これより半世紀余りさかのぼる大内氏掟書の「公界往来人」にもしめされる。大名から「勘気」をうけた家臣の処分を「公界往来人の准拠たるべし」（第一四三条、延徳三年）と定めているのがそれである。これを、同じく勘気をうけた家臣についての「即時、御分国中を追放せらるべし」（第一五六条、明応四年）という処分と対比すれば明らかなように、公界往来人なみの扱いと分国中からの追放とはほとんど同義である。つまり、大名から御家人身分を剝奪され「分国」から追放された者は、「公界」の往来人とおなじ法的な無権利状態におかれる、というのである。「公界」は明らかに「分国」と対立的な法的関係にある。この「公界往来人」（大内）をさきの「行脚・往来・鉢開」（結城）、「路次をゆきゝの人」（伊達）と対比すれば、「公界の道」のほんらいの性格はいっそう鮮明となるであろう。少なくとも十五世紀末の大内氏分国において、公界は、分国秩序ないし大名の法的・政治的な保護統制から切捨てられた場として存在し、おなじ箇条（第一四三条）に「御分国中の仁、此旨を守るべし」というときの分国中の人は、公界の往来人と峻別されている。そのさい分国と公界は、いうまでもなく、空間的区分というよりは法的に差別された二つの世界を意味している。

　しかし、公界と分国の対立は、一方的に大名権力によって切捨てられ差別される関係でのみ存在したのではない。永正十五年（一五一八）の撰銭禁制（第一六七条）の立法にさいし、大内氏の大名法は、「自然う《(売)》る人・買人共に、くかい《(公界)》の沙汰に及て後、わたくし《(私)》に和談して、無事たりといふとも、御法たるうへハ、両方罪科のか《(逃)》るへからす」という「御制禁」を定めた。「公界の沙汰」・「私に和談」がともに「御法」にふれるものとして禁圧されているのである。「公界の沙汰」は大名権力の介在しない在地的な場でかわされた撰銭相論を指し、「私に和談」とは、その相論が当事者間の和解によって決着をみたことをいうのであろう。公界＝わたくしの場は明らかに御法のとどかない自裁的な在地法の世界として対立的に存在していた。そして大名はこの「公界の沙汰」を「わたくし」として、御法を以て破摧することをめざし、この「公界の沙汰」を御法によって編成しえないかぎり、守護系の国法といえども、その公的性格を分国に確立し貫徹しえない。

　この事情は、おなじく守護系の「国の法度」を制定した今川氏「かな目録追加」（天文二十二年）にも共通する面が認められる。すなわち、その法度の末尾近く（第一九条）に、ことさらに、「諸事法度を定、申付と云共、各用捨あるゆへ、事を主になり申出者なきは、各の私曲也」という箇条を掲げなければならなかったのは、大永六年（一五二六）の国法制定いらい三〇年に近い歳月をへてなお、分国中には在地的な自己規制ないし自律的な法慣行、いわば「公界の沙汰」にゆだねる傾向が根強く遺っていた事情の表白にほかならない。次条（第二〇条）は「他国のごとく、国の制法にかゝらず、うへなしの申事、不ㇾ及二沙汰一曲事也」と断じているのも、おなじことであろう。これに周知の「只今はをしなべて、自分の以力量、国の法度を申付、静謐する事なれば」という宣言が続くのであって、あらわれた法意識を別とすれば、そこに実体としての法の絶対性をみることには、やはり慎重でなければならないであろう。

「公界論定」「公界の批判」が「上様」つまり大名裁判権に優越する法的地位を占める相良氏法度（第一八条）を原起点とし、しだいに公権力の「公」が「公界」の「公」を圧迫し、公権力を第一義とした形に社会が編成されていく（勝俣、補注）方向をしめすが、みぎの守護系の国法においても、公界の公はなお体質的ともいうべき地位を占め、逆説的にいえば、そのことによって国法はその公的性格を実現しえているのである。(2) 制定された基本法規をもたなかった上杉氏にあっても、在地の第一次裁判権ともいうべき「近所之義」は、「公理」とも「諸人存知之義」ともいわれて、大名権力の「国中御法」と対立的な緊張関係をたもち、大名の国法はこの公理を自らのものとして包摂し編成することなしには、その公的性格を確立しえなかったと考えられる。

（1）十四世紀初頭、近江菅浦供御人は「不嫌権門勢家・神社仏事御領内、市津路辻海上」の自由通行・交易権を保持していたと推定され、その自由通行権は究極は中世天皇の支配権に発し、その行政管轄は国衙・守護の職権として継承されたものと指摘される（網野善彦「中世における天皇支配権の一考察」『史学雑誌』八一―八）。さきの分国諸法にみる「公界の道」への干渉をもって、ただちにみぎのごとき国衙・守護行政権の割取とみなすべき根拠はないが、織田統一権力による道路大権の主張と行使の史実をふくめて、戦国大名権力による公界の道への法的関与の特質には、六斎市立・楽市楽座令に集約される大名権力の都市・商業統制の権原とあわせ、じゅうぶんに注意する必要がある。

（2）地域的な個別領主から起こった結城氏の法にあっても、たとえば、いったん仲裁によって解決ずみの紛争を「公界へ申出」ることを禁じている（第二九条）のは、「下々談合」「我々談合」「各談合」を禁じて「身（結城氏）に知らせず、我々間にて企ち事すべからず」と定め（第七二条）、「公界寄合」（第九四条）に関心をしめしているのとあわせ考えるならば、ここにもまた「公界の沙汰」「公界の批判」に類似の在地的な自裁慣行の濃厚な存在と、それにたいする法的規制の傾向をうかがうことができる。

組織された強力としての大名権力の公的性格を追究するうえで、さいごに検討を必要とする課題は、その基軸をなす身分体系とそれを創出し固定化する公的権力の権威性の戦国期的な特質であろう。大名権力ないしその分国法は、はたして諸階級・諸階層の法的分断編成としての身分体系を独自に創出しえたか。「礼」の秩序（石母田、解説）を、その求心的傾向についてではなく、より根源的な身分制への規定性を焦点として追究しようとするとき、その秩序とは、分国における階級支配の法的編成の総体のなかで、わけても百姓諸階層や「渡り」「太子」（井上鋭夫『一向一揆の研究』、網野前掲論文）の人びとにとって、どのような史的意味をもったのであろうか。「礼」の秩序を存続させ、あるいはそれを不可欠のものとした分国ないし国家とは、どのように位置づけられなければならないか。

戦国大名＝家産制国家論（石母田、解説）は「主権の分裂」を前提として追究され、所与の国家的・法的秩序との関係の側面については、契機としての守護公権への関説のほかは、幕府・天皇等との関係は、すべて「礼」の秩序の問題として、法や国家の領域から区別さるべきものとしてとらえられる。主権が全国の戦国諸大名に分裂した事実を、中世法の展開の歴史的帰結として強調することは、わけもなく一国史の展開を前提として疑わないような傾向への批判としても、傾聴にあたいしよう。いっぽう、「礼」の概念の提示は、その深奥に——日本における国家論の不可避的な課題としての——天皇制論の方法についての示唆をひめているという意味で、さらに重要な意義をもつ。

「礼」の秩序は、村落共同体の祭祀儀礼（村法＝惣掟）に基礎をおき、在地領主層の権威志向性や戦国諸大名の中央にたいする権威志向性を規定しつつ天皇制の問題にいたり、「屋形」という公的な称号が示唆するように、法と統治

# 五　身分と権威

権の領域では独立で主権的な権力を確立した戦国諸大名も、幕府の統治権とは別個に存在する身分格式のうえで、つまり「礼」の側面においては室町将軍の秩序のなかに組み入れられ、自己の支配領域において「礼」の秩序を確立しようとした戦国大名は、同時にまた、将軍家または天皇を頂点とした「礼」の秩序に編成され、両者は尊卑の原理によって統一されているという側面があった、という。

「礼」の秩序についてのこの石母田説は、戦国大名＝公権力＝国家論の主張をささえるもう一つの支柱として注目されよう。それはまた戦国大名の重要な契機（規定的要因ではない）としての守護職＝守護公権への関心が、戦国諸大名のしめす天皇や幕府にたいする権威志向的なさまざまな行動、たとえば官途・受領・位階・偏緯・相伴衆・屋形号・管領職などへの願望から上洛志向にいたるまでの諸状況へのはっきりとした関説もなしに論じられてきた、これまでの研究傾向への批判であり、戦国大名への契機としての守護公権の法や国家権力の領域に果たした役割と、みぎのようなさまざまな「礼」の秩序の問題とを峻別すべしとする剴切な指摘であった。

『礼』の原理は身分の尊卑を明らかにすることにあり、戦国諸大名の統治のなかで、それは法とならんで重要な機能を果たした」と法と「礼」とを位置づけつつ、「礼」の秩序についてもっとも重要視したのは、それが身分差別ないし尊卑の秩序を固定化する機能をになうという点であった。とすれば、尊卑の観念が身分差別にその基礎をおき、祭祀儀礼とその場を通じて再生産される、その装置としてのハレの場は日常のケの生活を統御・規定する制度的な枠組みに他ならず、ケ・ハレを切離することなく、交錯する一体としてとらえなければならず、中世末期、戦国期社会に排除と差別を刻む身分と観念を規定した村落の祭祀儀礼から天皇制にいたる問題は、いわば民俗の世界にのみ封じこめきれない深刻な課題として横たわっている以上、むしろ法と結合して末端にまでおよんでいる「礼」の秩序を人格の法的差別編成の体系として、まさしく法の領域との結合において追究し位置づけることこそが、みぎの検討のさいの基礎視角とされなければならないであろう。

階級支配における権力と権威を分離したものとしてとらえることは、支配関係の法的基軸として貫徹する身分体系の差別的展開の本源を追究するみちを自ら閉すことになるのではないだろうか。氏の指摘に従ってまず検討しなければならない課題は、戦国諸大名の中央にたいする権威志向的側面と在地領主層の権威志向的な側面との層位的ないし構造的な関連についてであろう。名主・百姓・下人等にたいする人格的支配に基礎をおく個別領主がその人格的支配の構造の矛盾のさらなる激化、たとえば階級対立（領主と名主・百姓・下人の対立）の激化、生産力と社会的分業の発展（交換・交通の拡大）のなかで、領主相互の権威の一形態としての一揆をも桎梏に転化させ、より上級の権力への依存を必至としたとき、人格的支配の構造にふかく規定された、在地領主制の固有の矛盾の表現としての、「在地領主特有の権威志向的な側面」（石母田、解説、六〇四頁）と、「戦国諸大名の中央にたいする権威志向的側面」（同、六四一頁）とは、どのような関連のもとでとらえられなければならないか。その歴史的運動としての戦国大名権力いわゆる家産制国家は、はたして独自の人格の法的編成つまり身分体系を基軸として在地領主制の矛盾の止揚を実現しえたか。それは制定された基本法規にどう表現されているか。以下、複雑な事態にあえて粗い整理を試みてみよう。

相良氏の法度に現わされる身分体系は、まず主従制的な系列で、上様・地頭・領主・所衆・殿原・被官・内之者・小者という編成を示し、所帯・所領の有無によって刑罰に差を設け（第一八条）、基本をなす統治権的な系列では、百姓・領中之者―下人・譜代之下人を基本的な二階層とし、さらに、祝・山伏・物とり・祈念・医師《くすし》（第三四・三七条）など漂泊の民俗的な祈禱卜占師を一向衆とみなして弾圧対象としているが、その背後に、たんなる宗教や俗信の統制のみにとどまらない差別の体系が伏在していた可能性も想定しなければならない。

今川氏の法にみる身分編成の基本は地頭・領主―百姓―奴婢雑人であり、下人・下女の子分けの法に画期的な特徴をしめす（拙稿「戦国乱世の女たち」〔『日本女性史』3〕参照）。「奉公の者」は、一家・馬廻・家来・足軽・被官・悴者、あるいは、寄親・同心・与力というように編成される。

伊達氏「塵芥集」の身分編成は、地頭—百姓—下人を基軸とするが、刑罰の体系との関係では、侍・無足・地下人を大綱とし、地下人＝百姓の内部について、さらに地主—名子・被官・下人という立ち入った把握を示している。(1)

結城氏の「当方の下人・侍・里之者」（第九八条）は伊達領の地頭（侍）・百姓（地下人）・下人の体系に対応する身分体系を表わしているとみられ、主従制の系列では「下人・悴者・指南の者」（「指南之者又は悴者・下人」〔第八一条〕）が基軸をなすものであり、馬廻・近臣・親方・足軽など家臣団編成の序列による区分がこれに付随している。

六角氏の法にみる身分編成が公儀・「上」のもとに、地頭・領主—名主・百姓、ないし諸侍—土民百姓を基軸とし、下人規定を欠いている点に特徴のあることはよく知られ、主従関係の面では、頼親・寺庵・与力・被官人の関係を中心とする。(2)

以上、分国の基本法規のごく大づかみな観察によるかぎり、主従関係の特徴的な編成を別とすれば、そこに中世的な身分編成の基本と区別される意味での戦国大名独自の身分体系の形成の方向を認めることは、きわめてむずかしいといわねばならぬ。とすれば、不断に新しい権力をつくり出すことによってのみ領主として存在しうるという関係（石母田、解説、六〇五頁）は、在地領主の基礎としての人格的支配の構造ないし在地領主制に固有の矛盾が克服・止揚されないかぎり、存続することになるであろう。したがって、いわゆる「礼」の体系は、そこに独自の階級的意義をになうことになり、国家ないし国家権力を、実体としての機構・制度や組織のうえに自立する階級支配の秩序・観念をもふくむ公的な秩序の総体として、より広くとらえる視角からは、たんなる「あこがれ」や「虚名」を超えて戦国大名分国の法的な身分体系を固定化させる、「礼」の位置づけは欠くことのできないものとなる。

中世惣村の一典型として知られる近江今堀惣は、その苛烈な階層的村落秩序を維持する基本装置としての宮座の運営において、「官成」ないし「老人成」をきわめて重要な行事とし、「官成者、馬牛飼人ハ四百文宛、余ハ三百文也」などという「条目」（永正元年「今堀日吉神社文書」三七四）を「衆儀」をもって定め、「官途成なおし日記」（永正十六年、同、三三八）などの宮座財政帳簿に深甚の関心を払い続け、松千代は太郎衛門、菊千代は左近兵衛、市法は刑部太郎にというふうに官成・老人成を認められて各五〇〇文の「なおし物」を徴収される（文亀元年、同、三三七）。このような事例は、ひろく中世民俗の世界に定着しきって、村落の身分秩序を固定的に再生産し続けていた。「チケ《地下》ノ中人・マウト《間人》ノ人々ニヲイテハ、三ツアニ《兄》ニテアリトモ、シモ《下》ニツクヘシ」（応永十年、同、三三）という、宮座における階層的差別がみぎの官途成によって体系化されていた可能性はけっして小さくはない。

このような戦国期に特徴的な法形式とされる村法に一貫する差別の規定ないしその体系は、身分体系が法・刑罰体系を規定するという戦国法における身分・刑罰体系とおなじ特徴を示しており[3]、村落共同体の自律としての、このように苛烈な実体をもって現実を規定する身分差別のありようは、とうてい法の問題と切離してはとらえられない。

戦国大名レベルでの権威志向の諸状況は、基底における苛烈な身分秩序のありようとくらべれば、しばしば権威への「あこがれ」と表現されるように、生の身分差別とじかに結びついては現われないが、そこにつらぬく身分の尊卑ないし身分的格式の差別の原理ないし観念が、領国支配の身分的体系や序列を確定していくために果たした役割はけっして軽視できないものがあったと想定しなければならない。

わけても、人びとの姓名をめぐって、たとえば主人権にもとづく身分編成の呼称としての「悴者（かせもの）」「中間（ちゅうげん）」を区別する重要な指標はその氏名表示にあり、前者はほぼ苗字・通称をもって表記されるのにたいし、後者は「中間、名字なきものにて候」（小早川弘景置文、第三〇条）といわれるように、仮名（けみょう）つまり呼び名しかないのがふつうであり、時代の身分秩序の直截な表現とされる（佐藤進一「結城氏新法度」第一条補注・『古文書学入門』二五〇頁）。この重要な指摘をもとに、かの惣村の官途成・老人成（衛門成・大夫成などとも俗称）の深みから、悴者・中間層の氏名の有無にもとづく身分差別をへて、さらにひろく室町将軍から天皇を頂点として戦国世界を包摂してひろがる、名字状や官途・受領書出等（相田二郎『日本の古文書』上、五〇一頁）による名字・仮名・官途・受領の授与の慣行[4]を見通したとき、天皇から惣村にまでいきわたった以上の事態を、たんに特権と差別をともなわない「栄誉」の礼としてとらえきれるかどうか。

また外国人宣教師による、屋形＝国王観を基軸とした、屋形・国衆《クニシュ》・殿《トノ》（・兵士）という領主諸階層のかなり厳密な区分の把え方（ヴァリニアーノ『日本巡察記』東洋文庫版、一四三頁）をみても、屋形の称号がたんなる栄誉の形式のみではすまぬ身分体系の基準ないし源泉ともいうべき地位と役割をになっていたことが推察されよう。屋形を国王たらしめているのは、かれのもつ「全支配権と命令権」であり「諸国の完全な王」であることによっているのであって、「位階と特権の名称」によるものではけっしてないとする、近代西欧人の把え方は今日の国家概念に近い。そのことを認めたうえでなお、おなじ眼（七〜八頁）が、屋形・国衆以下の称号・格式の差異に注目して、それは「内裏からうける栄誉の種類」＝「位階」と「所有する土地の面積」とによって生じ、そのもとに日本全国の階級が、①殿《トノ》、②仏僧《ボンソ》、③武家、④商・職人、⑤農夫・奉公人という身分に分けられているとのべていることを見逃すわけにはいかない。領主層の栄誉・位階による編成が、そのもとに諸階級を尊卑の差別によって身分編成する基軸をなしているとすれば、「内裏からうける栄誉の種類」は、ただ領主層の権威志向やあこがれの問題にはとどまりえないからである。

したがって、旧来の通念ともいうべき漠然とした「権威へのあこがれ」論や守護公権をわけもなく実体とみなすような傾向から訣別して、「礼」の概念のもつ有効性を確認したうえで、あらためてその有効性つまり「礼」の秩序・

観念のもつ身分差別の機能に注目し、これを法や国家の体系と不可分の関係においてとらえ位置づける試みが必要となる。石母田氏の提言に即していいかえれば、法や国家の問題と別個の領域に属するものとして峻別された「礼」の秩序・観念の問題を、その峻別を前提としてあらためて、法や統治権や身分制、総じては国家の領域とどのように関連づけ、あるいは統一的に把握しなければならないか、が新たな課題となる。「礼」とは、日常的には褻《ケ》の生活に埋没しがちな、法的な身分差別の晴《ハレ》の世界における表象ではなかったかどうか。

天皇を国家権力と区別された超時代的な非権力的な政治的権威であったと規定することは、中世国家の決定的解体期としての統一政権の成立期に、天皇が封建国家の政治権力と人民との対立闘争のなかに具体的・構造的に位置づけらるべき重要な役割を果たした事実を見逃すことになる（黒田「現代における天皇制研究の課題」『歴史評論』二〇二）参照）。たとえば、戦わぬ本願寺の再生・一向一揆の暗転の画期となった石山戦争の終熄における勅命講和への関与（後述）、関白政権という政治形態における天下一統の集約、そしてこの統一と不可分の関係で強行された朝鮮侵略における天皇の地位は、天皇をけっして政治権力の埒外に放置しえないことを示すものといわなければならず、戦国期に綸旨・女房奉書が表面に頻出するという事実への注意の喚起（網野「中世における天皇支配権の一考察」前掲）も、おそらくはおなじことであろう。

（1）　わけても、「地下人、又被官の子召使ふべからず、指南いたすべからず」（第一三九条）の規定は、侍—無足人—地下人の体系ともかかわって、又被官つまり大名家臣（侍以下）の被官＝陪臣が地下人と主従関係を結ぶことを禁じ、侍と百姓とを切離そうとする方向のきざしかとも考えられ（勝俣、頭注）、注目される。いっぽう、伊達氏の法は、下人の身分解放のみちについても示唆的である。下人が主人に「身の代」金を支払って下人身分から解放されたあと、主人の被官とならずに他の主をとることを禁じた第一四七条、「下人をひきあげ近習のもの」とされた者の子どもが他の主をとることを禁じた第一四九条などがそれである。ともに一部の下人の身分解放例を動向として容認しつつも、なおほんらいの主人としての地頭・

地主など領主諸階層の人格的支配のもとにつなぎとめておこうとするのが、これら箇条のねらいであると考えられ、下人の自立化の一定の動向と、大名権力ないし大名法の身分体系の基軸にたいする直接的な関与を示すものとして注目される。

(2) ほかに御前近習の与力・若衆中などの規定がみとめられるが、「主と従の訴論、自今以後においては、僕従たる者、言上一切御許容あたはるべからざる事」の箇条（第四五条）によれば、主従関係の動揺と、それに対し「従」を法の主体として認めまいとする領主層の強圧的志向がうかがわれる。

(3) 延徳元年（一四八九）十一月の今堀惣の「地下掟」（「今堀日吉神社文書」三六三）は、神仏田・神主方・結鎮懸米など惣村祭祀の物質的基礎についての諸規定などとあわせて、

一、他所之人を地下ニ請人候ハて不可置候事（第七条）

一、惣森ニテ青木ト葉かきたる物ハ、村人ハ村を可落、村人ニテ無物ハ地下ヲハラウヘシ（第九条）

と定め、他所之人―不可置、つまり他所者に対する排他性と、村人―村を可落、村人ニテ無物―地下ヲハラウヘシ、つまり惣村内部の階層的・身分的差別性とを銘記していた。文亀二年の「定条々」（同、三七五）も同旨で、他所之仁躰・地下人・後家孤族という差別を示す。

(4) 安芸毛利領のばあい、享禄五年（一五三二）の毛利家中の起請文（「毛利家文書」三九六）の連署者三二名のうち、実名に毛利氏の通字「元」の一字を偏諱とするもの一五名、元就の「就」を付すもの四名、あわせて一九名（約六割）を占める。ついで天文十九年（一五五〇）の起請文（「毛利家文書」四〇一）になると、連署する年寄層三六名のうち「元」を一字とするもの二六名、就は四名、あわせて三〇名（約八割）にのぼり、大名としての毛利権力の深化の一つの表現であることはほぼまちがいないであろう。元就家臣団の年寄層が元・就の一字をうけ、元就の長子隆元が大内義隆の一字（元就の兄興元は大内義興の一字）をうけ、義隆が将軍足利氏の通字「義」をうけているという、一連の関係が現実に大名家臣団の身分体系を規定している以上、これをたんに栄誉の形式や形骸化した旧慣とみることはできないであろう。

天文五年（一五三六）伊達氏の「塵芥集」の起請文の連署者一二名のうち実名の判明する一〇名のなかに伊達氏の通字「宗」を一字とするもの五名を見出すが、これも伊達氏当主が伝統的に将軍足利氏から一字をうけて成宗（義成）―尚宗（義尚）―稙宗（義稙）―晴宗（義晴）―輝宗（義輝、カッコ内は将軍）と名乗っている事実と一貫した関連でとらえるべきで、そこに従属性と特権性とを一体とした身分体系への規定性を見定めなければならない。おなじ事情は弘治二年（一五五六）

の結城氏新法度にも顕著であり、そこに連署する一五名のうち実名の知られる一二名のなかに「政」が四名、「朝」が一名、「勝」が五名というように、あわせて一〇名が結城政朝・政勝の一字をうけており、六角氏式目の起請文にも、連署する二〇名のうちに、六角高頼・氏綱・定頼・義賢・義治の一字をうけたとみられるものは一三名を占めている。

## おわりに――「仏法領」によせて――

中世国家論の視点から、中世解体期の社会の総体のなかに戦国大名の領国制を位置づけようとするなら、おなじ戦国期に畿内近国を中心として蝦夷地から薩・隅・日にわたるひろがりをもって展開した、いわゆる本願寺領国の位置づけを欠くことはできない。法王国ともいわれたその位置を戦国大名の分国のあり方と対比的に追究しようとする視点として、ここでは黒田俊雄「一向一揆の政治理念」(『日本中世の国家と宗教』)によって提起された「仏法領」の観念と、そのもとで現実に形づくられた「大坂並」体制(後述)の関連性について、寺内町の展開と一向一揆にそくして、物質面と観念の領域とにわたって追究しなければならない。

現世の「領」としての仏法領の観念には、物質的な具象として、王法とは別の世界つまり現実に教団の掟の貫徹する現世の仏世界をつくる意欲・主張があらわれており、石山本願寺時代には、「後生御免」や「生害」など、仏(宗祖・法主)に今世・後世までを託した絶対支配下の領域としてあらわれる、その教理的基礎はこの「仏法領」観念のなかにあった。「寺内町」の形成を「たとひあきなひをするとも仏法の御用とこころえべき」(「蓮如上人御一代聞書」一六九・二七〇)というような仏法領の観念の物質的な具象なり社会的背景として考えるとき、仏法領という問題提起の意義は観念形態の領域にとどまらない。「仏法領」は、一向一揆の政治理念であるとともに、寺内町の形成の原理的な観念であり、ことにその意味で現世における念仏者の集団の行動原理（寺内町の形成、一揆への結集と政治的・経済的な現実的行動へ人びとを駆りたてる原理）であった。

このような現実の信徒民衆の期待としての仏法領は一向一揆の政治理念として生きつづけ、本願寺の現世の「領」としての仏法領の主張も石山合戦の終焉までは持越されるのに対して、教義としてのそれは、王法為本の卓越のもとで、芽生えたばかりのところで挫折したと指摘されるが、新行紀一氏（『一向一揆の基礎構造』二四〇頁）は、門徒領国＝仏法領という理解のもとに、不入の寺内と広汎な散在寺領（各地の在地領主あるいは戦国大名によって寄進・安堵された宗教を媒介とした所領）と寺領農民の動向、あるいは一般農民の寺領農民化の欲求とのあいだに、門徒領国形成への基底の動きを見出そうとした。(1)

本願寺の領主性を「法王国」として総括した井上鋭夫氏（『一向一揆の研究』四七九頁以下）は、本願寺領国の成立やその独自の性格や基本的矛盾をあくまでも「本願寺とその門徒（人民）との関係から考える」という視角から、笠原氏の提案をうけて、「そもそも本願寺領を加州のみに局限することは、その法王国としての性格を抹消し去るものであろう」といい、「本願寺の俗的権力の及ぶ地域は、守護領国の緩やかな支配の下に、潜在的に、しかして隔地間的に、全国的連関をもって存在しているのである」という、注目すべき「法王国」の規定を示した。(2)

本願寺顕如は、永禄二年末に門跡に准ぜられた。井上氏は、これを本願寺が公家・寺家の限界を踏み切って戦国大名化できないことを示すものと評した（『本願寺』一九二頁）が、問題は、それが門跡＝本願寺法主を主君とする法王国の性格をどのように規定したかであろう。本願寺は門徒にたいする破門・死刑の法主裁判権を行使し、門徒からの年貢夫役化した志納・番衆を財力・軍事力つまり軍役の基幹として徴発するなど領主権力を強めていた。しかし、その裁判権もほんらい郡・組のもつ裁判権を前提とし、それらを無視した介入を行なうことはなく、権門寺社から本願寺への知行の保証依頼を実現するための「知行申付」も、あくまで在地の既成事実を認めつつ新たな非法を抑制することを原則とするなど、戦国大名権力の特徴と多くの共通点をもつのであって、大名権力と異なる強権の側面のみを重視することは妥当ではない。

問題は、法王国が一国に限定せず守護の緩やかな支配の下に散在的・隔地間的に全国的連関をもって、しかも総体としては強烈な軍事権力として存在し、一円的な分国支配を志向する大名権力とは対照的に、大名分国の外から内にくいこんで門徒を結集させることによって成り立っており、まさにそのことによって、ひろく戦国の群雄争覇の戦略政治のなかに特異な地位を占めた史実をどう考えるべきかにある。(3) 石山合戦を転回軸とする法王国の崩壊、統一政権と本願寺の結びつきは、天下統一の実現にとって不可欠の要件となったが（拙著『織田・豊臣政権』）、この史実のなかに、戦国期における法王国の史的地位が凝集されている。

統一政権によるじつに十余年を超えた法王国の解体の戦略は、終始その中枢をなす大坂・石山本願寺の制圧を軸とし、その脈管系をなす寺内都市の解体再編と、勅命講和の形式による法敵論の破摧という、軍事・経済構造、政治・観念形態への攻撃に集約して強行・推進された。(4) 伊勢・越前にあいついだ大量殺戮戦は加・能から播州にわたる一向一揆と統一権力の激突の焦点であり、その軍事対決の深刻さは両者の対立の非和解的な性質の反映にほかならぬ。

寺内都市体系の解体は、ただちに法王国の法主権ないしその権威支配の崩壊を意味するものではなく、法主権との対決には天皇のひきだしという一個の独自の政策を必要とした。仮にこれを勅命講和の体制とよぼう。三たびにわたる勅命講和は、はじめの二度までは織田権力の危機回避策として構想されたが、さいごの強行は、門跡・法主のうちだす法敵信長論、つまり王法仏法両輪論にもとづく仏法領の観念を、叡慮・勅命によって王法為本に転回させ、それによって広汎な一向衆の一揆体制に抑制を迫ろうとする、意志の領有にかかる力わざともいうべき思想戦略にほかならなかった。

このような特徴をもった勅命講和の体制のなかで天皇の果たした階級的役割は、「かいらい」論に拡散されたり、実権説の根拠として強弁されうべきものではなく、あくまでも織田統一政権の成立に敵対してやまぬ、一向一揆に総括された、諸階層の闘争による領主階級の諸々の弱さの結果として位置づけられなければならず（黒田「現代における天皇制研究の課題」）、すでに信長が独自の「天下」構想をもってみずから「上意」からも「叡慮」からも自由な統治構想をめざしつつあったこと（朝尾直弘「『将軍権力』の創出」〔『歴史評論』二四一〕など）は、別に述べた通りである（本書Ⅱの一参照）。

中世国家の階級的諸関係を法的に規制する身分の貫徹と固定化の縦断的な体系のなかで、惣村や町場の基底から天皇にいたる諸差別の根源として、外見のうえでは儀礼の世界に封じこめられたかにみえる天皇の地位は、この中世国家の解体の総括の過程でにわかにアクチュアルな場にひきだされ、戦わざる本願寺の再生、一揆の抑制からかくれ念仏の逼塞にわたり、総じて天下統一の実現に独自の階級的役割をあからさまに果たしたのである。この移行期に露呈された天皇のアクチュアルな地位を直視することを通じて、戦国の大名領国制における身分制的支配の根源を追究し、領国制の止揚が関白政権という政治形態をとって総括されねばならなかった史実を探索しなければならない。

(1)　荘園制的な都市貴族的領主層とも在地領主層とも区別される特異な所領の存在形態をもつ、宗教を媒介とした分散的な寺（寺内）と寺領をめぐる権力（在地領主・戦国大名）と農民（寺領・一般農民）との動向を「不入」を結び目として統括し、それを「門徒領国」の基軸としてとらえようとする試みといえる。

(2)　その徴表として、井上氏は寺内町が各地の寺坊を中心にして形成されていること、享禄四年（一五三一）の大小一揆、つまり本願寺方と賀州三ヵ寺方との錯乱が全国的規模をもったことなどをあげた。その本願寺領国＝法王国の構造的特質は、番頭名主層＝在所長衆を基礎とした講・組・郡組織、年貢のほかに恒常化した志納・勧進・斎の勤仕等の財政的基盤、「渡り」の定住にもとづく寺内町・小港町・宿場町など発達した流通機構、折檻・勘気そして後生御免・生害という処分権等による、真俗両界にわたる本願寺支配（法・宗主から領主への発展）の実現にあり、室町的体制から近世的領国体制への過渡的形態である、という。ほんらい郡組織の中核をなす組は、地侍・番頭・年寄層の「衆」「一揆」結合をその祖型とし、十六世紀初頭ごろから本願寺により軍事的に組織編成されたものと考えられているが、その上に立つ郡が紛争の裁定・成敗、矢銭・国役・番衆の賦課、闕所地の預りなどの機能を果たしているのをみれば、組と郡とは、一揆・衆結合（＝組）を統轄する大名権力（＝郡）という関係としてとらえることができる。ただ、郡は同時に、本願寺指令の下達、組衆の主席＝旗本の本願寺推挙、番衆の統轄上坂など、本願寺をその上に戴く下部機関でもある点に、重要な求心的特徴が露呈されている。天文末年以降、この郡組体制の崩壊が、郡中の中心的な構成要員である旗本の城主・領主化、組衆の家臣化という形をとって進行する事実は、郡が複数の地域的な衆・一揆結合のうえに形成された国一揆的な結合形態であったことを示唆し、所衆談合のうえに成立していた相良氏権力の存在を類推させる。その点で、法王国を大名領国の萌芽的形態とした井上説は注意されよう。

(3)　分散的・潜在的な一向衆勢力が大名権力を追放して「一揆持」を実現した越前国の場合、一揆衆は国外から本願寺の派遣した指導層を峻拒しつつも石山合戦へは投じて行くという、一見矛盾した行動を示したが、それは本願寺・主君が在地の一揆衆にとって、あくまで法主権として位置づけられていたことを直截に示す。

(4)　なお仮説の域を出ないが、寺内都市群は非領域的・隔地間的に展開し、大坂に求心的に結びつく信仰組織（講組）を支え、大坂に結びつける物質的根拠＝脈管系をなしたのであり、本願寺の政治的地位、合従連衡の政略の一表現としての法王国特権＝「大坂並」体制によって、各大名分国のなかにあって、法的・経済的に自律的な地位＝「不入」を保持して、巨大な寺内都市＝大坂の分肢として、ひろく本願寺教圏に展開しつつあった。統一権力の対法王国戦略がこの寺内都市群の解体にむけられたのは何よりもみぎの特性によるのであって、法王国の非領域的な構成はまさにこの脈管系によって有機的に体系化されていたのであり、不入＝大坂並の廃棄と市場構造の改編等によるこれとの本格的対決によって、東国の織田権力はひろく中央地帯の統一政権に転化する。

# Ⅱ　中央権力論＝織田

## 一　織田政権の成立

初出「統一政権の成立」（『岩波講座日本歴史』9・近世1、岩波書店、一九七五年）

### 一　「兵」と「農」と「統一」――はじめに

諸国《シヨコク》ノ百姓《ヒヤクシヤウ》ミナ主《シユ》ヲ持《(モ)》タジ〳〵トスルモノ多《ワヽク》アリ。……百姓《ヒヤクシヤウ》ハ王孫《ワウソン》ノ故《(ユヘ)》ナレバ也。公家《クゲ》・公《ク》〔卿《ギヤウ》〕ハ、百姓ヲバ御《ヲ》相伴《シヤウバン》ヲサセラル、。侍《サブライ》モノ、フハ百姓ヲバサゲシムルゾ（「本福寺跡書」〔日本思想大系『蓮如・一向一揆』〕）

十六世紀のある一向宗（浄土真宗、以下、当時の俗称にしたがって一向宗と表記する）の僧の書き留めたこの一節は、いま統一政権の「兵農分離」問題を焦点として十六世紀末の社会変動を総括しようとする研究者たちのあいだで、ひろく注目をあびはじめている。「侍」＝「主」の「サゲシム」意識に根ざした、「百姓」にたいする家父長制的隷属への包摂の動向と、これを「王孫」意識をよりどころとして「主ヲ持タジ」と峻拒しつつ、「王」＝「公家」への「相伴」という緩和された帰属関係のもとに自らをおいて、独自の身分権を追求しようとする「百姓」の動向との対立。冒頭の一節は、このように集約されることによって、論議の焦点として浮かびあがってきた。

十六世紀は中世の名主百姓が「侍」＝兵と「百姓」＝農とへ、それぞれ独自に対立的に自らを形成しつつ、「百姓」をその構成の土台＝基本的被支配身分とする中世国家を、その根底から両極にむかって解体させていった過程であるとする考え方も、百姓の「王孫」意識を幻想として以上には評価することはできないとする考え方も、ともに「兵」と「農」とのそれぞれの形成と対抗という自然史的過程が、「兵農分離制」という階級支配原理に編制される、政治（階級闘争の総括）的過程を基軸として十六世紀社会をとらえよう、という共通の関心によっている。

いずれにせよ、「百姓」が独自の結集原理をもって「主」への包摂を拒否しようとする以上、「侍」もまた、これとの対決の過程で、「百姓」の「王孫」意識と対抗し、破摧しうる独自の階級結集の原理を創造しなければならない。「侍」世界の変動が「武家」つまり「上意」「公方」などともよばれる室町幕府＝征夷大将軍秩序の解体という形をとって進行しつつある以上、その過程での「侍」の階級結集の原理は、究極には「武家」をもってしては完結しうるものではなく、まして「百姓」の「王孫」意識に対抗しうるものではなかった。信長による将軍の推戴から追放へという過程は、信長の「副将軍」「管領家の名跡」の拒絶とともに、このような客観的過程において必至の帰結だったのであり、けっして個性的な判断の次元でとらえられるべきではない。下剋上とよばれる社会の動向のもとで、ひろく大名領をふくめて展開する「御百姓」意識にもとづく「百姓」身分権の拡大と、その対極で大名領主の「公儀」・「大途」化をともないつつ進行する「侍」身分の増強の自然史的過程は、「農」と「兵」のそれぞれに独自の結集の論理をもって総括されなければならなかった。(注)

しかも、冒頭の一節は、一向宗の僧侶のことばとして語られている以上、「百姓」は一向衆に、「王」「公家」は勅願寺の地位を獲得した本願寺門跡＝法主（門主）に対比し、一向一揆の動向を基礎において理解される必要がある。「百姓」と「侍」との対抗は、十六世紀末に収斂する政治の局面にそくして、一向一揆と統一権力との対決を骨格ないし主潮として、読みかえられなければならない。

公式には、元亀元年（一五七〇）の本願寺決起から天正八年（一五八〇）の石山退去にいたるまで、じつに一一年間にわたる石山戦争と通称される、織田政権と本願寺・一向一揆との、対決の過程がその史実である。織田政権にとって、この石山戦争に集約される一一年という時の重みは、永禄十年（一五六七）の美濃進出、ないし永禄十一年の上洛（畿内進出）から、天正十年の本能寺の変（信長の死）にいたる、一四〜五年にわたる全期間のはるか過半を超える。さらに現実の対一向一揆政策のうえでは、信長の父信秀の段階から、少なくとも天正十三年羽柴秀吉にうけつがれ紀州一揆の解体によって近畿一揆の終熄にいたるまでを、一向一揆との対決過程としてみる立場からいえば、一向一揆との対決は織田政権のほとんど総過程をなしていた。とすれば、織田「統一」政権の史的究明は、さきの一向衆の洞察をひめた言葉とこの史実を直視することによって、なによりも「百姓」と「侍」の緊張・対決に即して試みられなければならない。

「百姓」と「侍」との対抗は、たとえば、この時期の現実の中で、「江州ニ在之大坂門徒之者、発一揆、尾濃之通路可止行仕候へ共、百姓等之儀候間、不屑、木下藤吉郎・丹羽五郎左衛門在々所々を打廻、一揆共切捨」とか、「一揆共……通路切取候、爰にて見合切かゝり、先、武者数輩切捨」（『原本信長記』）と語られるとき、それは、「大坂門徒・一揆・百姓」と「武者」（織田軍）との対立という形をとり、その背後には、「一揆」「百姓」を「不屑（もののかずとせず・いさぎよしとせず）」という「武者」の意識がひそんでいたことを、信長方の戦記も銘記している。

事態は本願寺方からみても同様であり、下間正秀は元亀三年五月十日、江北一〇ヵ寺に宛てて、「信方（信長方）与ハ、尽未来不可被仰通」といい、さらに「其方儀、毎度、一揆衆計魁被申付之由、御迷惑尤候、先日、既浅備（浅井備前守長政）へ一両度被仰遣候、……坊主衆与武辺衆、替々可然之由、懇ニ被仰遣候」（「誓願寺文書」）と書き送っていた。すなわち本願寺方もみずからを、「一揆衆・坊主衆」とし、戦国大名軍を「武辺衆」として峻別する意識を形づくっていた史実を確認することができるから、『原本信長記』「本福寺跡書」などの記録類をもって一片の虚構とばかりはみなしがたい。この江北一〇ヵ寺は、浅井滅亡後の天正年中にいたってもなお、石山本願寺の行動とは独自に、主体的な連判（二ヵ寺花押欠）をなしつつ、「信長一味之衆」とは、たとえ「彼衆死去之時」といえども、かたく絶交をとぐべきことを誓約しあっていた（「誓願寺文書」）。「武辺衆」（戦国大名浅井軍）の壊滅によっても、織田軍に対する「坊主衆三ヶ年牢籠」といわれた、「一揆衆」の主体的な抵抗がただちに瓦解することはなかったのであり、それを支える対抗意識の根強さは注目にあたいしよう。

さらに、羽柴秀吉によるさいごの近畿一向一揆（紀州一揆）の制圧のあくる年、天正十四年、本願寺方の宇野主水の銘記するところによれば、秀吉が大坂・雑賀・貝塚と転々とする顕如光佐に広大な寺地を与えて新築させた大坂天満中嶋の御影堂上棟式の日、群集する参詣衆（一向衆）にむかって、対岸から一団の「武士」たちが「ツブテヲ打カケ」、聖なる一向衆の式典に露わな凌轢を加え、「大坂之町人之御門徒」も加わって両者の激突がひきおこされるという事件（『宇野主水日記』）が起っていた。この事実をみれば、「武者・武辺衆・武士・侍・モノ、フ」と「大坂之門徒・一揆衆・坊主衆・百姓・町人之御門徒」つまり「侍」と「百姓・町人」とのあいだの先鋭な対抗意識の顕在化は日常的でさえあり、「一揆」はそれの政治的な集約点であった。

このような「侍」と「百姓・町人」との対抗的な自己認識が、どのような経過をへて、それぞれの身分・階級的な結集の論理として止揚され、激突をくりかえして行くか。この問題を織田政権期に即して「兵」の結集・「農」の形成と統一という視座から追究することが、本稿の課題の一である。

豊臣政権期にいたって明確化される事態に即していえば、天正十六年、肥後における豊臣分国崩壊の衝撃を克服しつつ発令された刀狩令（全三条）において、豊臣秀吉朱印状が、「一揆をくはだて」る「諸国百姓」の武装解除を指令して、没収した「かたな・わきざし・ゆみ・やり・てつぱう其外武具のたぐひ」（第一条）は、「大仏御こんりうの釘・かすがひ」に活用されると明記し、「今生の儀は申にをよばず、来世までも、百姓相たすかる義」と、ことさらに仏事勧進の意義を強調し（第二条）、さらに、「百姓ハ農具さへもち、耕作を専に仕候へば、子々孫々までも長久に候、百姓御あはれみをもつて、如此被仰出候」といい、「百姓は農桑を精に入べきこと」と断定している（第三条）のは、けっして武装解除のためのいいつくろいとのみは見なしがたい。権力の創造する新たな大仏への勧進・結縁を説くことによって、統一権力は今生・来世、子々孫々にわたる「百姓相たすかる義」という王法・仏法の両界にわたる独自の「百姓」観を積極的にうちだしたものと考えなければならぬ。「百姓ハ農具さへもち、耕作を専に」「百姓は農桑を精に」という、農民の土地緊縛・耕作強制が、天正十四年令に基礎をおく統一権力の「百姓」支配の核心であったことはいうまでもないが、その強制は、みぎのような今生・来世論を媒介とした積極的な「百姓」世界観を提示することなしには完結しえなかったところに、中世末における「百姓」と「侍」、一向一揆と統一権力の対抗の特質があった。そして、その論理の必然として、提示者じしん、この対抗の何れにも属しがたく、みずからを両者の上に超然たる存在として位置づけていかねばならない。「統一」はこのようにして権力の回避しがたい歴史的課題となる。

「主ヲ持タジ」という動向の総括は、いうまでもなく、観念（他人の意志の領有）の問題に止まるものではなかった。すなわち、現実の政治の局面において、それは、たとえば豊臣政権のもとで「主をも不持、田畠つくらざる侍、可被相払事」（第一条）にはじまる、「触」＝四ヵ条の法令（天正十八年極月五日、「平野庄郷記所収文書」）もしめすように、「主をもたず、田畠不作侍共、職人・商売仕候と申候共、地下可被相払事」（第二条）という、「侍」「百姓」「職人」「商売人」の分離＝身分的分断として、否定的にとらえかえされることになる。しかも、「御代官所・自分知行」つまり豊臣直領・一般知行地を対象として前文に明示したこの法令の宛所に、一向宗江北一〇ヵ寺の一つ称名寺が含まれているという微妙な事実と、「奉公人之外、百姓之中ハ、被改武具類、可被取上事」（第三条）という、百姓に対する武装解除の指令のなかに、この主をもたず田畠作らざる侍の体制的な否定が、なおも一揆動向への対処という戦略目標をひめていたことを、あわせてよみとらなければならぬ。この身分的切断という体制的な帰結＝「兵農分離制」は、天正十九年の身分法令に先行するこの法令をみても明らかなように、主を持つ「侍」と、主をもたざる「百姓」「職人」「商売人（町人）」として表現され、十九年令に定式化される。

とすれば、社会的分業の展開にふかく規定された、このような「分離」の基本装置として、従来の農村一元論ともいうべき発想の傾向を克服しつつ、都市と農村の対立をはっきりと構想し、わけても都市論を焦点として、織田権力と一揆都市というべき広汎な「寺内」町との史的対決の特質を追究することは、統一政権論の当面する、本稿の重要な課題とならざるをえない。以上の基礎視角によるとき、統一権力論の時期区分もまた当然に、織田政権の展開過程のなかに一向一揆との対決の諸段階にそくして、正当に位置づけられる必要がある。

（注）　宮川満「戦国大名の領国制」（『封建国家の権力構造』創文社）、藤木『織田・豊臣政権』小学館、一九七五年、同「戦国期の権力と諸階層の動向―『百姓』の地位をめぐって―」（『歴史学研究』三五一）。

〔付記〕　本稿は、一向一揆と統一政権に関する、朝尾直弘「『将軍権力』の創出」（『歴史評論』二四一・二六六・二九三）、佐々木潤之介「統一政権論の歴史的前提」（同二四一）、峰岸純夫「一向一揆」（シンポジウム日本歴史6『土一揆』学生社、一九七三年）等に代表される、鋭い問題提起をうけて構成される。

## 二　一揆都市「寺内」の解体と兵農分離

### 1　織田政権の形成と東海一向衆

まず東海の尾・濃・勢三国にわたる、織田政権形成期の一向衆勢力が問題となる。石山戦争終期までの開基と伝えられる一向宗寺院・道場の概数は、尾張のばあい、海東郡四五・愛知郡三一ヵ寺をはじめ総数一三〇ヵ寺以上、美濃では、六七ヵ寺の郡上郡をはじめ、五〇ヵ寺以上の養老・本巣・不破の各郡、三〇ヵ寺以上の揖斐・安八の両郡など、すべてで約四〇〇ヵ寺にものぼり、伊勢でも、三〇ヵ寺以上の員弁・桑名両郡など、あわせて約八〇〇ヵ寺が主として河川流域に沿って、とりわけ蓮如～証如期（文明～天文年間、十五世紀中葉～十六世紀中葉の約一世紀）に集中的に設立された、という[1]。すなわち少なくとも六〇〇ヵ寺以上の一向宗の末寺・道場が、本願寺の地方監視機関ともいうべき一家衆寺院、尾勢境いの長島願証寺・西三河の土呂本宗寺などの統制下に、織田政権の前にたち現われていたことになる。斎藤道三による美濃一向宗寺院の保護策（「浄安寺文書」）にも、このような背景があった。

濃尾国境に近い尾張苅安賀の一向宗聖徳寺は『信長公記』首巻（天文二十二年四月条）の信長・道三会見の記事によって著名であるが、その「富田の寺内」は、「在家七百間これあり、富貴の所なり、大坂（石山本願寺）より代坊主を入置き、美濃・尾張の判形（両国の守護の判物）を取り候て免許の地」（「陽明文庫本」角川文庫版）という「寺内」「町」を形成していた。この天文期に、石山本願寺に対して「当番」「斎《とき》」の奉仕に当った尾張一向衆（寺・講）の数は、「尾州国中《クニナカ》十六日講衆」など、一五以上にものぼり、わけても尾張聖徳寺は西美濃の福勝寺とともに本願寺に直勤する長在京衆に定められるほどの地位を占めていた。

尾張上四郡（岩倉城）の守護代織田伊勢守家と対抗する下四郡（清洲城）の織田大和守家は、『石山本願寺（証如上人）日記』（以下『日記』と略）の記すかぎり、天文五年（一五三六）ごろから本願寺との接触を示すが、天文七年には過去五ヵ年にもわたる狩鹿野郷の一向衆「百姓」の年貢以下の対捍停止を依頼するなど（七月九日条・九月十一日条）、その交渉はじつに尾張一向衆と織田権力との対立への対応策の一環にほかならなかった。一方、平手政秀が天文十二年織田信秀（大和守家の清洲三奉行の一、弾正忠信定の子、信長の父）の「名代」として大坂を訪れたとき、応対した本願寺側がかれを評して「悪党と云、於尾州走回、対門徒、一段悪勢者」（五月十七日条）と記し、「一段大酒」とまでつけ加えているのも見逃しがたい。この平手来訪のあとさき、美濃福勝寺（六日条）・尾張聖徳寺（二十三日条）が「当番」としてあいついで本願寺に馳参じていたが、みぎの酷評ぶりは織田信秀権力（時に信長十歳）と尾張一向衆の対立の激化が、本願寺にとっても容易ならぬ事態としてうけとめられていたことを示す。

隣国美濃でも、同年十一月には土岐頼芸が「彼国門下衆年貢不納」（十四日条）を本願寺に愁訴していたし、天文十六年には斎藤利政（道三）がはじめて本願寺に音信を通じて「大榑庄五ケ村内二ケ村、一向年貢無沙汰」（十二月七日条）の取りなしを依頼するなど、一向衆と大名権力との在地における対抗はおおいようもない現実であった。美濃羽栗郡本庄郷水瀬の「河野惣道場」といわれた東福寺をはじめとして、木曾川をはさんで濃尾の羽（葉）栗郡にわたる「河野九門徒」、さらに美濃厚見郡の九門徒をあわせて、「河野十八門徒」ともいわれた木曾川中流域の一向衆（「国なかの衆」）の結束を中心として、木曾・揖斐川下流からは伊勢長島の願証寺の勢力が溯上拡大して「国わき衆」といわれ、西三河からも「三ケ寺」（五一頁参照）の教線が、飛驒・木曾川に沿って尾張中島郡の一帯を中心に、美濃の各務・加茂・厚見ほか諸郡域にまで伸張しつつあった。天文六年、土岐氏と対決した西美濃山間の多芸郡の福勝寺十日講の一向衆を中心とした「濃州多芸一揆」(『日記』天文六年七月二十二日条) はその基底にじつに三〇〇余の「新道場」をもって (同、天文十年十一月八日条) 容易には屈せず、本願寺の仲介によって、ようやく和平をうけいれたほどであった。とすれば、織田権力が、尾張南部の「国わき」勝幡・那古野・古渡・末盛から、清須・小牧山・犬山・松倉へと北部木曾川中流域の「国なか」へ勢力を拡大して、一国領域化を進めつつ、美濃の大名斎藤氏への攻撃を強化する過程は、同時に、尾・濃両国にわたって深く展開する一向衆との対立を激化する過程を不可避的にともなっていた可能性が大きい。そうみなければ、永禄十年 (一五六七) の「美濃国一篇」といわれた織田権力の美濃制圧がもたらした「川内《かわうち》長嶋へ竜興退散」(『信長公記』首巻、八月十五日条) つまり一向宗の一大策源地長島への斎藤竜興の亡命 (一向衆の竜興擁護) という史実の意味もとらえきれないであろう。さらに、元亀元年 (一五七〇) にはじまり天正元年 (一五七三) まで四年にわたった、石山戦争の重要な環としての、いわゆる長島一揆と織田政権との対決も、信長の弟信興による「河内《かわうち》小木江《こきえ》の郷」への侵攻・築城、すなわち、一家衆寺院願証寺を中心として「河内長島」とよびならわされる濃尾乱流のつきるところ濃尾勢三国の間に形づくられた「河内」(以下「川内」と表記)＝輪中・東海一向衆世界への織田権力の公然たる軍事介入と、それに対する長島一揆の反攻 (信興敗死) に端を発する。織田方の作戦は東海の乱流域に根ざしてひろく展開する一向衆の中枢の解体という重大な戦略を秘め、前年永禄十二年八月の桑名攻撃から十月初の大河内城 (松阪市) 接収にわたり、「国々城々破却」つまり城割指令と「当国の諸関」撤廃令とをもって終結した伊勢北畠氏攻撃も、一方では「川内」世界の中枢長島に対する包囲作戦の一環に他ならないものであった (『信長公記』巻七・巻二)。

かならずしも安定した中世的な農業の生活にふさわしくない「川内」の乱流は、「カワウチという地方」と外来の宣教師ルイス・フロイスも呼んだ「川内御堂」に結集する一向衆をたえざる治水土木・造船航行への試練のもとにおき、高度に体系的な技術の追求と蓄積を要求し続けた。『信長記』はこの「川内」びとを「山賊・海賊を業とし、征伐の妨をなし」と断じたが、故井上鋭夫によれば、この十六世紀の一向衆の動向は、深山渓谷に資材を求めて旅する金掘・鍛冶・木地屋など諸手工業技術者たちの集団、水の世界に生きぬく海人・舟人など漁業・流通の担い手たち、総じて「渡り」ともいうべき人びとの定着化動向を基底にもち、大名権力に抵抗してやまぬ一向一揆の秘密を解く鍵はじつにここにひそむ。

これは、井上鋭夫が一貫して追究し到達した独創的な一向一揆論の核心であり、惣村＝一向一揆説ないし農民一元論ともいうべきこれまでの一向一揆観への重大な批判を内包し、「渡り」びとの視座から一向一揆と統一権力の対決の本質の解明に迫ろうとする画期的な研究として、あらたに拓かるべき研究の方向を鋭く指し示すものであった。すなわち、東海の「川内」長島をはじめ、大坂湾頭の石山を中心とする摂河泉門徒・紀ノ川氾濫原の紀州門徒・夢前川河口の英賀を中心とする播州門徒・太田川河口を中心とする安芸門徒など、おしなべて「川内」とよぶにふさわしい一向衆世界の解明に、さらには摂河泉を中心として畿内近国に一向衆の拠点としてひろく成立展開する「寺内」町の追究に、井上鋭夫の「渡り」論の提起した課題の重要性ははかり知れぬものがある。

このような一向一揆論に対置しつつ織田政権論を構想しようとするなら、その核心ともいうべき都市・流通路支配政策についての、一揆・寺内との対決という角度からする本格的追究は必至の課題となる。さらに織田軍団の卓越性の象徴として、和泉の堺・近江の国友の掌握によせて語られる鉄砲装備の問題もまたこれと不可分であり、たとえば高度な手工業技術者集団を擁する石山本願寺方の「鉄炮千丁」（「顕如上人文案」）、「鉄炮三千挺」（『信長公記』巻三）など一揆鉄砲隊との、「和泉一国一揆寺内」の破却（五六頁参照）に集約される対決、あるいは江北一〇ヵ寺の一翼をになって織田権力に抵抗し続けた上坂中道場の国友鍛冶門徒衆つまり江北一揆の解体という視角から、あらたな見直し[2]

を迫られることになる。

織田政権の楽市場・楽市楽座政策の初見とされる永禄十年十月・十一年九月の制札(『織田信長文書の研究』七四・一〇〇、以下『信長文書』と略)は、それぞれ「楽市場」「加納」宛てとなっているが、問題はこれら制札が美濃一向宗円徳寺に所蔵されている事実をどうみるかにある。もとより史料の伝存は一般に流動的であることを免れがたく、伝存状況からただちにある結論を求めることは危険である。しかし、いまかりに同寺所蔵(『岐阜県史』史料編、古代中世一)の織豊期の古文書(永禄十年〔一五六七〕九月織田信長掟書から慶長五年〔一六〇〇〕八月織田秀信禁制にいたる)一〇通の宛所を年代順に列挙すれば、①北加納・②楽市場・③加納・④濃州厚見郡門徒中・⑤濃州厚見郡惣御門徒衆中・⑥ミノアツミノ郡志衆中・⑦北加納寺内・⑧加納・⑨加納・⑩加納寺内となり、楽市場・加納・北加納寺内・加納寺内と厚見郡一向衆とは一連の関係の下にとらえられ、この楽市・楽座令は一向宗「寺内」の解体・再編指令に他ならなかったことになろう。

石山戦争の三河版ともいわれる永禄中期の西三河一向一揆との対決過程で、徳川(松平)家康が、本願寺一家衆の土呂本宗寺はじめ、針崎勝鬘寺・佐々木上宮寺・野寺本証寺の三ヵ寺など「敵方寺内」の「借用之米銭等」つまり「寺内」の金融活動の機能の破壊をめざして発した局地的な徳政令もまた西三河一揆解体策とみられる。土呂本宗寺「寺内」の寺内町=地方都市的機能については、本宗寺退去後の天正初年(一五七三、四)、家康が「土呂八町新市」や「土呂郷中、鍛冶・番匠・諸職人門次人足等」に関する判物(『徳川家康文書の研究』上巻)を発している事実からも推測され、他の三ヵ寺についても、その「寺内」の商業・金融機能をもって西三河平野部の生産・流通組織の不可欠の一環であった可能性は大きい、という(3)。

西美濃の多芸一揆・西三河一揆など隣接諸国の一向一揆を凝視し、大和守家(さらに父信秀)の尾張一向衆との対決の体験や富田聖徳寺内の富貴ぶりを眼のあたりにした織田信長権力が、濃尾「国なか」の一向衆地帯の中枢ともいうべき木曾川中流域の岐阜城にその本拠地を進めたさい、まずうちだした本格的政策が一揆の拠点ともいうべき「寺内」解体の経済的施策であったとしても、けっして偶然とはみなしがたい。

## 2　「大坂並」寺内と統一政策

『反古裏書』（蓮如の孫・加賀山田光教寺の顕誓の著、永禄十年頃成立）に鋭い政治感覚をもって論じられた、「在々所々の新坊・坊主衆にいたるまで、寺内と号して人数を集め、地頭領主を軽蔑し、限りある所役をつとめざる風情、定て他家の誇難あるべきものをや」あるいは「軒をならべ墻をへだてて、町の間、郡の中に、別々に寺内を造立、仏法の興隆に似たりといへども、事しげくなりなば、其失あるべし」という、一向衆じしんの側からの「寺内」観によれば、「寺内」とは地頭領主と対抗的に形成され、ほとんど治外法権をもった独立の地方都市であった。しかも同文中で、「すでに濃州所々の寺内破却せられ、南方にも北方にも、その類あまたきこゆ」と、領主権力による「寺内」破却の強行ぶりを、ほかならぬ美濃をはじめ広汎な形勢として指摘し、深刻な危機感をにじませている。

徳川権力による一向宗「寺内」の金融機能の混乱破壊をねらった局地的徳政令とともに、織田権力による加納（北加納寺内）に対する「楽市場」「楽市楽座」令もまた、そこが岐阜城下であるという条件を第一義として前提してもなお、たんなる城下町繁栄策というだけではなく、より戦略的・経済政策的な「寺内破却」、つまり「寺内」の経済機能の織田分国秩序（分国経済圏）への従属・再編成策の一環として独自の意義をになったと考えることは、以上のような一向宗「寺内」の特性からみて、十分な可能性がある。この楽市場・楽市楽座という特権的市・座の解体令は、「当市場越居之輩」に対する「諸役免許」の課税優遇措置のみにかぎらず、「分国往還、煩あるべからず」という分国関所撤廃令の原型ともいうべき交通保障の措置、さらに「借銭・借米」の「免許」という局地的徳政（債務破棄）の措置などを含む、積極的・多角的な流通商業統制策としての内実をそなえていた。

永禄三年、河内国の一向宗富田林道場が同国の守護権力からかちえた「寺内」特権は、諸役（守護課役・取引税）の免許・座の保障・徳政適用の除外などであった（『富田林市史』第四巻）。しかも、これら一向宗の「寺内」特権の保障も破棄も、一「寺内」と一大名権力との個別的な関係だけで完結しないところに、この課題の特質があった。河内富田林「寺内」（富田林道場）にあてた河内畠山・三好権力のあいつぐ政令（永禄三・四年）にともに銘記される、「大坂並」の文言がその鍵点となる。一向宗の道場にあてた文書である以上、「大坂」が石山本願寺を指し、「寺中之儀、何も可為大坂並」「大坂並ニ諸公事免許」の条項が、いわば本山並み特権の保障を意味することは自明である。大和今井郷惣中（一向宗称念寺「寺内」）に対する天正三年の信長朱印状に銘記される「大坂同前」の文言（『信長文書』六〇〇）も同じことであろう。

「寺内」特権の源泉は大坂「寺内」にあるとみなければならぬ。天文七年（一五三八）――あたかも尾張織田氏や美濃の土岐・斎藤氏などが在地一向衆との対抗を激化しつつ、それゆえにかえって本山・石山本願寺との政略的な融和外交を密にしつつあった時期――は、石山本願寺にとって「大坂寺内」ともいわれた創成発展期の「寺内六町」に、中世さいごの畿内政権ともいわれる細川晴元から「寺内」特権を獲得する画期的な時期であった。「大坂寺内」に「諸公事免許」の「制札」がとどいたのは天文七年七月（「従細川、制札諸公事免許来候」『日記』九日条）、「徳政」除外の特令がもたらされたのは、あくる八月のことであった（「徳政之儀、大坂寺内相除之由、下知来候」二十七日条）。それは、細川政元・澄元以来の由緒（「政元・澄元制札見せ候」五月十四日条）をたてに、木沢氏を通じて細川晴元に懸命の工作を続けてかちとった成果であった。[4]「諸公事免許」の「制札」といい、「大坂寺内相除」という「下知」といい、畿内政権の実力者細川晴元から獲得し保障されたこれらの諸特権は、河内富田林「寺内」に対して河内守護等の保障した政令の骨子とみごとに符合する。後者の政令にくりかえし銘記される「大坂並」とは、「大坂寺内」なみの特権の付与ないし許容を意味していた。

とすれば、この中央の「大坂寺内」から地方諸「寺内」へ、おそらく層位性を伴いつつ、おしおよぼされる「寺内」特権の保障体制いわば「大坂並」体制は、阿弥陀・仏法世界の代官としての石山本願寺の広域的な都市・流通路支配を支え、法主の権威支配を補強する重大な政治的・経済的な基礎であり根拠であったといわなければならない。もとより、この視点はいまだ仮説の域を出るものではないが、長期にわたる一向一揆との対決、石山戦争の遂行の過程で、織田政権の政策が早くから濃厚な都市・流通支配的な指向と特質をおびていくのは、この「大坂並」体制の破摧という課題に深く規定されていたからであり、一向一揆の特質もまたこの都市性をぬきにしてはとらえがたい。

「大坂寺内」特権が地方「寺内」へおしおよぼされ「大坂並」体制の形成されていく現実的な根拠は、地方一向衆の領主諸階層との対立抗争に深く規定されつつクローズアップされる、石山本願寺の政治的位置に求められる。偶然の一致とはいえ、石山本願寺に「諸公事免許」の「細川制札」がもたらされた日、尾張の織田大和守家から、「百姓」（「狩鹿野郷門徒中」〈『日記』九月十一日条〉）の多年にわたる年貢不納・喧嘩について、本寺の取成しを乞う書状が届けられていた。それも、じつは「織田大和方より申来り候とて、尾州坊主衆より申上」（同九月十三日条）と明記されるように、国内の有力一向宗寺院の仲介に依存してはじめて実現したものであった。また、美濃の土岐五郎から本願寺への「音信」も、「西円寺（美濃安八郡の有力直参寺院）に事付けられ」（同四月二十四日条）ていた。天文期を通じて、土岐・斎藤・長井諸氏の抗争はその底に、「長井（斎藤道三）きりかち候はゞ、門徒中之儀、可為迷惑」（『日記』天文五年九月十九日条）といわれたり、長島願証寺を介して土岐方から「合力」の依頼をうけた本願寺がこれを拒絶（同五年十月二十一日条）したり、翌天文六年から七年にかけて西濃の多芸一揆と土岐氏の敵対が続くなど、ひろく深く一向衆勢力の利害対抗を包みこんでいた。同じ天文初年、尾張でも、大和守家の内紛として現象する信秀・信長系の擡頭過程が、文明以降に国内に浸透した一向衆との対抗関係を内包していたことは、すでに指摘した。

尾張の「富田の寺内正（聖）徳寺」が「美濃・尾張の判形を取り候て免許の地」であった事実も、以上のような政治情勢と不可分であった。のち、天正十二年、豊臣政権初政期の尾張小牧・長久手戦が、濃・尾・勢を中心に紀・泉にまでわたる一向衆の決起をも誘発する長期戦となったさい、その渦中に、豊・徳両軍はあいついでこの聖徳寺に対して「寺内町中」「富田寺内」の保障を公許するが、ほどなく秀吉は「市日、朔日・六日・十一日・十六日・廿一日・廿六日」という六斎市「定」を発し、「当寺内市日出入輩、近国・他国、何々在所之者」に対しても「違乱煩」を加えてはならぬ旨を指令する（「聖徳寺文書」）。ここに、「寺内町中」の「寺内市日」も秀吉権力下に保護解放されたのであり、おなじころ加納にも「楽市楽座」が再令（池田輝政令）されていたが、これらは明らかに一向宗「寺内」の再編をねらう政策の一環であった。(5)

元亀三年九月、織田政権が近江湖東の金森（野州郡守山町）に宛てた三ヵ条の「楽市楽座」令（善立寺旧蔵、『信長文書』三四二）も、「金森の道場」（『実悟記』・『金ケ森日記抜』参照）が、史上最初の一向一揆といわれる抵抗の歴史をひめた、江南一揆の重要拠点であった事実をぬきにしては語れまい。政令に「諸役免許」特権（第一条）のほか、「往還の荷物、当町へ着くべきこと」という流通路規制（第二条）、「年貢の古未進幷旧借米銭已下」の債務破棄という一種の徳政令（第三条）を主内容とする。第一・三条は加納のそれに共通するが、第二条は、おなじ織田信長の発した元亀二年正月の「北国より大坂へ通路の諸商人、その外往還の者」に対する北国街道の交通遮断令（江北在城の秀吉あて、『信長文書』二六八）や、金森楽市楽座令の直前の同三年七月「大坂へ通路の者、商人に相紛れ往復」という情報のある西国街道の検問指令（山城勝竜寺城の細川藤孝あて、同三三〇）などと一貫する。破壊的な軍事統制から建設的な経済統制へと、大坂＝石山戦争にむけての緊迫の過程で、その統一政策は著しい深化をしめしはじめていた。

しかも、この金森楽市楽座令に先立つ同年三月、織田方は江南一帯の「惣郷中」（「南郡一向之坊主・地子（士）長之輩」）に命じて、「金森・三宅へ出入内通一切仕るべからざること」という指令を厳守させ、もし「当郷より出入内通の輩」があったら「親類・惣中」ぐるみ処刑されてもよいという、複数の「村惣代」らの連名の誓紙を取り立てていた（『信長文書』三二〇・同参考）。その数は知られるかぎりでもじつに六〇通にのぼった、という（『栗太志』一三）。一揆結合の根強さとそれに対する織田権力の追及の厳しさは、まさに石山戦争の江南版に他ならなかった。石山戦争体制下の一向一揆対策という一点で、広域にわたる「村惣代」の掌握と拠点市場の解体、すなわち農村統制と都市政策とは一体としておしすすめられなければならない必然性をもっていた。

石山戦争さいごの高揚期ともいうべき天正五年、和泉一向一揆の結集と軍事的緊迫の情勢に対し、織田信長は四月二十二日、「和泉一国一揆寺内之事、悉可令破却」（『信長文書』補遺九四）という、一国にわたる「一揆寺内」の破却指令を発し、重臣の柴田勝家にその「検使」の指揮を命じた。「寺内」を拠点とする一向一揆の結集と高揚も、それゆえに織田政権の石山戦争遂行の戦略目標が「一揆寺内」の解体ないし壊滅にすえられていたことも、不動の史実といわなければならぬ。

### 3　「寺内」都市と「兵農分離」

「寺内」とは、土地・百姓（農村）政策と市場・町人（都市）政策とを一体としておしすすめることなしには解体させえないような、農村であり同時に都市である、そのような世界であった。

近畿の「寺内」創設の事情を伝える諸由緒書の類は、ほぼ十六世紀中頃を起点とする一向宗道場の開設、それを中心とする「芝地」(荒蕪地)の開発と「寺内」の町割という共通した類型をもち、新たに拓かれゆく農村・創り上げられる都市、それを結合させる一向宗道場と同朋集団・講組織というように典型化できる。新地に寺内町が形成され、「タイシ」の徒が商業地区を形成し新田が開発される、その動向の基底には、戦国期を通じて進行する、「渡り」の非農業民(金掘り・金屋・鍛冶・研屋・油屋・漁民・水運業などの人びと)の土地および富の獲得と定住化(山から里へ、海から河口へ)の過程があった、と井上鋭夫が定式化したのはこのことである。(6)

その「寺内」は、したがって、単一の惣村の町場化とはみなしがたく、「一向坊主ノ取立申新地」に「町割ヲ致シ、方々ヨリ人ヲ呼ビ集メ、家ヲ作ラセ、国中ヘノ商等イタサセ」という、大和今井の一向宗称念寺寺内町の由緒(『大和軍記』)は、和泉の貝塚・河内の富田林などの「寺内」にもそのまま妥当する。文禄五年の検地帳によって解明された富田林寺内町の成り立ちは、南河内の石川谷一帯の諸村からの農民の参加を土台として、井上鋭夫が「タイシ」「渡り」と包括的にとらえた、鍛冶・鍋屋・鋳掛・目切・研屋・鉈柄屋・鉄炮・鍵屋・金屋など鍛冶・鋳物関係の職人集団をはじめ、紺屋・晒屋・布屋など衣料・染色業、大工・樽屋・桶屋・風呂屋・籠屋などの木竹工業にわたる多彩な技術者群をその内に擁し、油屋・茶売・薬師・紙屋・莚屋を含み、まさしくそれが周辺近郊諸農村の生産諸力の発展、すなわち社会的分業の高度な展開の一つの帰結にほかならないことをはっきりと示す。(7) このような「寺内」の多彩な都市機能は、ここに参加した天王寺・堺・大坂など大坂湾岸都市の出身者や「問」屋などを介し、大和川(旧)流路によって、「大坂寺内」=石山本願寺に直結させられて、畿内の「大坂通路」の脈管を形成し、大名権力からも「大坂並ニ諸公事免許」(永禄四年六月、「三好康長禁制」『富田林市史』第四巻)によって保障されていた。

このような地方的分業の集約として、ひろく畿内・近国に展開する「寺内」町が一向一揆の結集と決起の物質的基礎を扶植したことは、石山戦争期を通じて織田政権が「一揆寺内」の解体策をじつに多角的に強行した史実によっても明らかである。織田政権が濃厚な商業・流通政策を刻印されている事実は、この緊迫にみちた戦争・対決をぬきにしては説明しきれるものではなく、鉄砲を中心とした軍事力構成の有機性の高さも、手工業生産を基軸として成立していた「寺内」都市、それを基盤とする、雑賀鉄砲衆に代表される一向一揆鉄砲戦力との対抗・支配の貫徹を通じて実現されたものであり、対戦国大名戦としての長篠戦はその結果の一つにすぎない。

それゆえに、もっとも根源的な論点は、「寺内」が一向一揆の基礎を扶植したということの質はいったいどのようなものであったかでなければならず、織田政権と一向一揆との敵対性、徹底的対決の階級的性格の本質も、ここに求められなければならない。中世名主を基軸として形成される戦国大名・統一権力に対する一向宗「寺内」のもつ敵対的性格は、たんにその経済的・商工業都市的な活動が一向一揆の抵抗の戦略的基盤を強化するという軍事的局面のみにあったのではなく、統一権力の志向する支配政策との根源的な対立に根ざすものであったのではないか。

たとえば、「貫文制」は、先進地における分業関係の全国的拡大が後進地における小農民経営の生産力的基礎を扶植強化しようとする動向に対する、後進地における名主層の対処の要求にもとづく軍事的・権力的対応の基軸であり、戦国大名の特徴はこれを軸として軍事力＝権力の原則を確定した点にある、という。(8) このように「貫文制」実現のための大名の商業政策が論じられるにさいし、おそらく中国から東海・北国さらには東国にまでわたる諸地域に、まさしく戦国期を通じて、一向宗寺院を中核として形成され、相当の密度をもって権力と敵対的に展開しつつある、自律的な「寺内」都市の存在はどのように位置づけられるか。「寺内」都市の広汎な形成が、小農民経営の生産力的基礎を扶植強化する機能を果すことによって、中世名主・領主層との、したがって戦国大名との敵対性を深めつつあったとみる余地はないかどうか。

すなわち、「寺内」町の評価の鍵点は、その分業関係が小百姓の自立の基礎・小百姓経営の再生産のための経済的条件を強化したという側面と、有力中世名主が市場をつうじて小百姓を支配しつつ領主・商人化の契機を強めていったという側面とを、どのように統一的にとらえるかにかかっている。「渡り」びとを包みこんで、特定の個別惣村からは自由に新たに拓かれた農村であり都市であり、それが一向宗道場の組織原理である同朋・講によって一つに結び合わされる、「寺内」はどのような機能と階級的特質をおびるか。

その追究はなお困難な課題であるが、戦国期に地方の町場が「欠落《かけおち》」という個別散発的な形をとった「小百姓」の現実の「解放」の場として機能していた史実、(9) 紀州一向一揆の最後的解体（天正十三年四月）にさいし、その戦後処理策の重点として、豊臣政権が「平百姓其外妻子已下」の助命、「弓箭・鉄炮・腰刀等」の停止、「鋤鍬等農具を嗜み、耕作を専らに」など、「平百姓」層の確定に主眼をおく武装解除・耕作強制策をうちだしている事例（「太田文書」・『宇野主水日記』・『紀州御発向記』）などは示唆的である。

十六世紀末の畿内農村の展開は、和泉大鳥郡踞尾村の分析によれば、「名田地主制」と「譜代下人手作制」を支配的な経営形態としつつも、発展動向としての支配的な傾向は、下層畑作農民が水田経営に進出することによって上層農民を没落せしめるという点にあり、太閤検地はまさにこの点をつかみとったものである、という。(10) また、十七世紀前期の河内の碓井村等についての分析によれば、村内の社会関係は上層の高持農民を含むあらゆる農民階層・近隣数ヵ村にわたる入組・散在を特徴とする「地主＝下作関係」にもとづく「小領主」的支配に集約され、それじたい「小領主」的支配が貨幣・商品流通を有力な前提としていることの表現であり、分出しつつあった小農民層の商品生産への参加も、多くは「小領主」の流通支配を介して在郷小都市の豪商に結びつけられていた、という。(11)

これらの分析は、かならずしも統一政権による一向一揆・「寺内」の解体を経過した後の状況ないし構造であることを、直接に論理的・歴史的前提として組みこんではいない。しかしそれだけにかえって、統一政権成立期の畿内農村について、「名田地主」ないし「小領主」の卓越する構造を前提としつつも、その対極に顕現する下層畑作農民の進出や小農民層の商品生産への参加の傾向性を明確にとらえている点は重要である。

十六世紀中ごろを画期とする広汎な「一揆寺内」都市の成立が、近世的な「名田地主」「小領主」支配を補完するのみではなく、「渡り」びとから農民諸階層にわたる一揆結集による自決的な対処の過程を通じ、ひろく「寺内」経済圏農村における「平百姓」以下の進出、すなわち小農民経営の物質的基礎を扶植したことを認めなければならず、一揆内部での「下として上儀をはからひ候たぐひ」（「顕如上人文案」紀州惣中宛）あるいは「年寄」と「末之者共」との矛盾の激化（「本願寺文書」『信長文書』八五五参考）も、そのような基礎過程の進行の帰結であり、しかも、織田権力に真に敵対しようとする力はこの内なる一揆（六四頁参照）のなかに秘められていたのである。[12]「近世」初頭の畿内における「名田地主」「小領主」の卓越せる農村構造とは、このような「一揆寺内」に対する統一権力の解体策にもとづき、つぎに述べるような「兵農分離制」「石高制」原理のもとに、特殊に創出されたものであり、権力は「寺内」町の破摧・再編によってはじめて独自の統一的な小農民支配＝商品流通の統制を実現することが可能となった。

一向一揆をいわば惣村・農民一元論的にのみ評価しえないという重要な理由の一つはここにある。とりわけ、諸種の手工業・商業と農業、職人・商人と農民とを一向宗道場を中核として包摂する「寺内」町の成りたちを、はたして家父長制的関係の貫徹する場として領主制の視点から一括してとらえきれるかどうか。「小領主」の館町から大名城下町へ、あるいは大名城下町・特権的豪商・棟梁をつうじての館町（在町）の統制へという、通説的な構図にたいし、新たな一向一揆論は、「寺内」町を結節点として、一揆体制をささえる成熟しつつある社会的分業の独自な編成のみちを対置し、社会的には「講」を媒介環として「惣村」と「寺内」とを一体不可分の関連のもとにあわせてとらえる方法を必要としている。

石山戦争末期の天正八年四月、羽柴秀吉は「一揆楯籠候英賀《あが》」に海・陸から集中攻撃を加えるが、その様相はつぎのような特徴を示す。すなわち、播磨一向一揆の拠点となっていた英賀本徳寺「寺内」の解体策として羽柴秀吉は、第一に「百姓共呼出し、知行差出等申付」け、第二に「過半町人・百姓をば助置き、姫路山下へ召寄せ、市場を立させ」る(『信長公記』巻十三、「利生護国寺文書」)。

第一の「百姓」に対する「知行差出」指令つまり土地・農民の調査掌握策は、ふつう天正八年の播磨の太閤検地として知られる、織田政権下の播磨検地の始動にほかならず、これをふまえて、同年九月には「石高」による知行宛行が「当年は知行取五ッの物成・無足人に六ッの物成」など年貢率を注記し、あるいは「小帳」(検地帳類の土地台帳)を添えて行なわれ、石高制の成立を確証するものと評価される。(13) それはじつに一向一揆・英賀「寺内」の解体策を契機として発していた。

第二の「町人百姓」に対する「姫路山下へ召寄、市場を立させ」る都市政策は、とりわけ「寺内」解体策の核心ともいうべき位置を占める。「過半町人百姓をば助置」くという一向一揆への対処の仕方それじたい、石山戦争初期の伊勢長島・越前等に強行された根切・撫切策と決定的に異なる、織田政権の深化を示す重要な指標の一であるが、とりわけ注目すべきは、「寺内」のもつ経済機能の解体が、新たに「羽柴筑前守秀吉在城あるべしと相定め普請申付」けられた(『信長公記』巻十三)、「姫路山下」の「市場」への吸収再編という、より徹底した方式をもって行なわれた事実である。

いわゆる城下町の創設は、その背後に「城破」(城割)にも比すべき「寺内」町の解体策をひめていた。それは、永禄十年の岐阜城下町の再編にはじまり、近江湖東における天正二年の今浜(長浜)城下町・同四年の安土城下町の創設など、織田政権によって一貫して追求され、さらに同十一年豊臣政権による「大坂」築城にいたる。英賀「寺内」の解体は、検地と城下町創設策とをもって強行実現された。ここに集約的に示される「農」と「商」「工」、したがって「兵」の政策的分離こそは、対一向一揆「戦争」をたたかい通すなかで織田政権によって創出された、統一政策の基軸であった。

(1) 金子昭弐「濃尾平野に於ける本願寺教団の発展と一向一揆」上・下（『日本歴史』一六一・一六二）、重松明久『中世真宗思想の研究』吉川弘文館、一九七三年、四九五〜五一三頁、細川道夫「近世美濃における本願寺教団の発展」（赤松俊秀教授退官記念『国史論集』読史会）、杉村豊「守護代織田氏の尾張支配」（『国学院大学大学院紀要』第五輯）。
(2) 峰岸純夫「一向一揆」（シンポジウム日本歴史6『土一揆』学生社、一九七三年）。
(3) 新行紀一『一向一揆の基礎構造』吉川弘文館、一九七五年。
(4) 田中清三郎「石山本願寺寺内町に於ける本願寺の領主的性格」（『社会経済史学』一〇―六）、なお畿内政権については今谷明「細川・三好体制研究序説」（『史林』五六―五）。
(5) 重松明久「富田聖徳寺の所在地について」（『日本歴史』一四〇）、小林健太郎「大名領国成立期における中心集落の形成」（『史林』四八―一）。
(6) 井上鋭夫『一向一揆の研究』吉川弘文館、一九六六年、六一六〜七頁など。
(7) 脇田修「寺内町の構造と展開」（『史林』四一―一）。
(8) 佐々木潤之介「統一権力の形成過程」（体系日本史叢書『政治史』Ⅱ、山川出版社）。
(9) 佐々木潤之介「統一政権の歴史的前提」（『歴史評論』二四一）、藤木「戦国大名と百姓」（『日本民衆の歴史』3、三省堂、一九七四年）。
(10) 佐々木潤之介『幕藩権力の基礎構造』御茶の水書房、一九六四年、二九七〜九頁。
(11) 朝尾直弘『近世封建社会の基礎構造』御茶の水書房、一九六七年、一〇六〜一四頁など。
(12) 井上鋭夫、前掲書、六一八頁。

(13) 安良城盛昭『太閤検地と石高制』日本放送出版協会、一九六九年、一九七頁。

## 三 統一農政の創出

### 1 「一揆」解体と「統一」農政の創出

天正二年（一五七四）、「根本の長島」をめざす織田方の「河内《かわうち》一揆退治」のさいごの戦法は、徹底した海上封鎖であり、三ヵ月にわたる「根切」「撫切」「餓死」（『信長文書』四六〇〜七一）作戦によって、「川内御堂」（願証寺）もほろび「川内」世界は解体され、滝川一益の支配下に、あらためて東海・近畿を海陸で結んで織田政権の経済軍事の機動性を支える重要な一環として再編成されることになる。この徹底した根切・撫切（「死者数万」〔『信長公記』巻七〕）は、もとより弟信興の弔合戦という皮相の遺痕説や織田政権の拠点＝東海の一揆掃討という地理的な説明でつくせるものではない。長島決戦よりも半年ほど早く天正二年正月、「越前国一揆持」（『信長公記』巻七）という一向一揆による織田分国の空前の崩壊をこうむった越前において、翌三年、織田軍は長島についでふたたびおなじ根切・撫切作戦を強行する。一向一揆と統一権力との徹底的対決という心象は、わけてもこの長島・越前とあいついだ、織田権力による一向一揆の大量殺戮の史実によって形づくられてきたといえる。

「越前国一揆持」の特徴は、土着の「国中一揆」（『朝倉始末記』）が独自に決起し、「織田三人衆」ら駐留軍の追放と織田軍に帰服した旧朝倉家臣国衆の討滅をおしすすめつつ、隣接する本願寺領国加賀に援軍を求めて、いったんは「一揆持」を実現しながら、やがて「一揆ノ進退」という自決構想を本願寺権力によって否定され、「大坂ノ本願寺ヨリノ仕置」を強制される点にある。大坂から「大坂殿（顕如）御上使」として越前に下向した下間頼照が、守護代として各地に所領安堵状を発するなど一国を掌握したほか（「温故雑帖」「大谷文書」）、府中も足羽・大野などの「郡司」もことごとく大坂直派の坊官等によって独占され、わずかに一家衆格の越前大坊主衆だけが支城を委ねられ、百姓分である道場坊主や一般門徒＝一揆衆を年貢・夫役の徴発など世俗的にも支配する、在地領主的な地位を得たのである（「勝授寺文書」）。加賀型本願寺領国の再版であった。

しかし、この体制に対して、ほんらい「侍」「主人」からの解放をめざして一揆した、「百姓」「下人」など惣門徒衆の抵抗運動が、「講」を結集の母体として急速に展開し、いわば一揆内一揆として公然たる決起に連なっていく。織田分国の崩壊を主体的にかちとり実現しえたことによって、越前一揆衆は古い加賀型の本願寺領国やそのもとでの坊主衆の領主化の途をも峻拒するまでに深化し成長をとげていた。その一揆内一揆を支えた「志」と「講」つまり主体的な心縁結合は、狭くひとつの村の土豪の支配のもとに根強い排他性を秘める地縁的な「惣」結合とは同一視できぬ、目的集団としてのひろがりと集中性を備えるものであった。「法王国」に組織され軍事的に利用されることのなかったがゆえに、朝倉氏の大名領国に組み込まれることもなく、むしろ、それとの対抗を強めていく過程で、越前一揆衆は、その根底において加賀型の領国とも異なった、独自な「一揆持」の途を探りあて育てはじめていたのではないか。すなわち弥陀一仏への信仰によって一揆・講に結集した人びとは、「天下ノ武士ヲ責亡シテ、本願寺ノ聖人ヲ国王トシ」（『朝倉始末記』）といわれるような構想をいだき、坊官・大坊主らの領主的支配を峻拒しつつも、その上に立つ法主の超越的権威（それは「公儀」「天下」観として、織田権力によって否定的に継承されていくことになる）のもとに独自な「一揆持」の途を志向していた。そう考えなければ、かれらが織田権力の根切・撫切策にも耐えて石山戦争に決起していく理由は説明できるものではない。

翌天正三年八月、このような対立をはらむ「越前国一揆持」は、織田軍三万の襲撃をうけて、ほとんど瞬時に壊滅した。信長自ら「府中町は死がいばかり」「いつこう数を知らず」「撫切りに」と報じ、わずか一週間の作戦で一揆方の死者は「合せて三、四万にも及ぶべく」（『信長公記』巻八）と推定された。織田方のねらいは一揆内一揆をふくむ徹底掃討にあり、大坂直派の坊官や一家衆大坊主たちの敗死の後も「なおなお国中ことごとく尋ね捜し打ち果すべく候」という指令がくりかえされていた（『信長文書』五三三〜五）。とすれば、一揆の深化が織田権力による撫切策を必至のものとした、としかいいようがない。であればこそ、一揆の深化と対決は織田政権の体質を深く規定し変えずにはおかなかった。

ふたたび織田分国化が確定した越前一国八郡は、北庄の柴田勝家を主とし府中三人衆（前田・不破・佐々）を目付とする支配編成のもとにおかれるが、同年九月に信長の発令した越前国掟（『信長文書』五四九）にも、それをうけた柴田勝家の諸法令（『越前若狭古文書選』）にも、一向一揆による分国崩壊という深刻な体験の総括として、きわめて注目すべき政策が示されることになる。

柴田支配の一連の展開は、まず同年十月、「帰参」「新帰参」という本願寺派一揆衆や百姓に対する転派・改宗の要求、いわば「宗門改め」と「ころび」の強制にはじまる（「称名寺文書」）。「大坂と各別」つまり非本願寺門徒化が鉄則とされ、その確認のため、村々の「惣代」以下一人ひとり「男女によらず押判」を強要する、ほとんど後の宗門人別改めの原型ともいうべき方策が村ごとにおし及ぼされ（「法雲寺文書」）、帰参＝ころび門徒の多くは、「高田三ヶ寺へご門徒に仰せつけられ」というように、本願寺と対立する真宗別派（高田派）の称名寺などとの寺檀関係のもとに組みこまれていった（「称名寺文書」）。ついで、この過程とほとんど並行的に、天正四年一月「刀さらへ」という武装解除、すなわち後の刀狩令の原型がうちだされる（「織田剣神社文書」）。さらに同三月「国中え申出条々」では、「在々百姓」らに「耕作専らに」と令し「主どり」や「他郷え相越」ことを禁ずるなど、農民の耕作強制・土地緊縛令の原型ともいうべき政策が具体化される（「大連家文書」）。なお、これに、翌年から開始される「縄打」「指出」など検地政策（「織田剣神社文書」）をあわせて、一向一揆との対決の総括過程としてとらえるならば、それはほとんど統一政権の総合的な農政の原型と断定することもできる。

## 2　「惣国免相」と「損免の沙汰」

織田政権は統一権力として、戦国大名ないし戦国法に集約される中世領主の達成と中世民衆のたたかいの伝統に、どのように規定され対決しなければならなかったか。

信長の老臣丹羽長秀・中川重政は、永禄十二年（一五六九）末、占領下の近江国蒲生郡の河守・林（現竜王町内）両村の「名主百姓中」に対して、「損免之沙汰」つまり農地の災害控除問題について、「当物成三分一」（本年分の年貢の三三％）の控除を認めたさきの指示を撤回し、「水際・洲・河成」などの水害分については「見引」を行なうが、それ以外はいっさい「損免之沙汰」は許さない（『信長文書』二〇六）と発令し、その添状に「惣国免相少もおろし申まじ」と銘記した（同二〇六参考、「橋本左右神社文書」）。この二通の背後から、「損免之沙汰」をめぐって、織田政権の政策は、「当物成三分一相抱うべし」という三三％控除策と、「惣国免相少もおろし申まじ」という原則的な年貢控除率引下げ禁止策とのあいだを揺れ動き、結局は被災地のみに限っての「見引」（実情検分にもとづく控除）策に落着した事情を読みとることができる。

問題の一つは「惣国」であろう。なお江北の大名浅井氏や一向衆など幾多の敵対勢力を残すこの段階で、惣国を現実に近江一国を指すものということはできないが、政策のめざす方向として原理的には近江一国ないし織田分国に適用すべきものとして、「損免之沙汰」の原則が立案されたことは確実であろう。その前年の十月十四日、同じ安吉郷諸村民の代表が丹羽氏らにあてて、「当郷指（出）之外、聊モ私曲不仕候」（『信長文書』一三一参考）と、織田権力の実施した「指出」（届出方式による検地）に非違のないことを誓約させられている事実をあわせ考える必要がある。織田政権はすでに近江の占領地に対して永禄十一年十月には「指出」検地を施行していたのである。したがって、「当物成三分一可相抱」という「損免之沙汰」も、おそらくは「指出」強行を機に一般方針として発令されたとみるのが自然であろう。それが「指出」にもとづく年貢納期限に至って、にわかに一般的な年貢三分一の「損免」方針は撤回され、個別的な「見引」つまり被災地のみの実地検分による控除策という厳しい年貢徴収策にきりかえられた。「指出」（検地）は「見引」（損免決定）の不可欠の前提となった。

「損免」要求は、土一揆の語に集約される、いっさいの中世農民の対領主闘争の基礎であった。「損免之沙汰」とは、この伝統的な領主・農民間の対決そのものを意味した。織田政権のみぎの方針は、したがって、中世農民と領主とのもっとも基礎的な対決点への対応をめざす権力側の政策の模索のあとを示す。領主年貢等をめぐる中世の領主と農民の対決がほんらい個別分散性を特徴としていた事実を想起すれば、国内の領主・農民間の損免紛争を統一的に規制しようという、この「惣国」的対応に統一政権への重要な志向をみることができる。

ところで、「当物成三分一」減免という、一度は提示された後に撤回された方針は、むしろ「惣国免相」原則の下で「水際洲河成」など局地的な被災耕地に対してのみ適用さるべき、「見引」の一般的な基準として重要な意義をもった。のち、天正十二年羽柴秀吉がおなじく近江愛知郡内の山崎片家知行分の「水際」の損免について、収穫高の「三分一」を百姓（農民）、三分二を知行人（領主）分とする裁定を示したのはその一例であり、その方式は天正十四年一月・三月の関白法令において一般法として公示されることになる。

ところで、農政の基軸としてのこの構想や方式は織田政権の創出であったか。それよりもわずか一年半余り前（永禄十年（一五六七）夏）におなじ地域で制定された『六角氏式目』は第一四・一五両条に損免規定をおさめ、第一四条の冒頭部分に、「一、損免のこと、庄例・郷例ありといへども、先々の次第、棄破せられおわんぬ」と銘記し、損免に関する庄例・郷例など個別の局地的な旧慣の破棄を掲げていた。この『式目』が「公儀」（第一〇条）による「御国・御家」（附属起請文第四条）の「御政道法度」（同第一条）として画定されたものである以上、「庄例・郷例」の破棄は、いわば国例の創始を意味する。

この「庄例・郷例」に代る損免の方策として『式目』に示されたものは「所務人・地主・名主・作人等」による「立毛に応じ」た「立相い内検」つまり「見引」方式であった。しかも「公方年貢米銭等」（荘園領主本年貢）「請切・請詰・切米・定斗代等」の「先例」（損免慣行）について、「損免の沙汰あるべからず」と銘記（第一五条）するなど、総じて、「損免の沙汰」をめぐる、『式目』に結集した領主側の対応はきわめて強硬なものであり、農民側の要求にもとづいて慣行化しつつあった定損方式を否定し、領主・農民の立合検見の原則を定めた、注目すべき立法である。織田政権の政策がじかにこの『式目』を継受したと断定することは性急にすぎよう。しかし、以上のような内容からみて、両者の連関や織田政権に与えた規定性についてはまず疑いの余地はない。

なお、三分一という「見引」方式についても、みぎのような慣行や事柄の性質からみて、これまた織田政権の創設とはみなしにくい。いまだ推測の域を出ないが、文明十九年（一四八七）の近江観音寺の算用状に「以上、公方九斗三升四合、相残得分四斗六升六合内、三分一損ニ、一斗五升五合引申候」（三分一損＝一五五合引は得分四六六合の三分一控除に当る）などとある例をあわせ考えるならば、ほんらいこの三分一見引という方式もまた、少なくとも戦国期の江南に慣行として成立していた損免方式の一つであった。[1]

かくて、損免問題（領主・農民対抗の基礎）をめぐる「庄例・郷例」の否定から「惣国免相」の規制へ、その厳制下に限定された三分一見引という、おそらくは統一された紛争処理規定としての損免方式の採用こそは、上洛直後、『六角氏式目』の土壌のうえに樹ち立てようとした、織田政権の損免政策の核心であり、やがて天正十四年春、豊臣（関白）政権下に、それは一般法化され、統一農政の基調として重い意味をもつことになる。

### 3 「作職」と「分米」――織田検地の基礎

永禄十二年十月、近江の占領地域に、おそらくは一向一揆地帯の基盤の解体をめざして強行された「指出」は、それから四年後の天正元年八月末、江北浅井領（坂田・浅井・伊香三郡域）の「一職進退」（『信長公記』巻六）を委ねられた羽柴秀吉の手によって、さらに深化をとげていく。その内実は、全五ヵ条からなる天正二年三月十九日、羽柴秀吉「定」案の、

一、在々所々作職等事、去年、作毛之年貢、納所候ともがら可相抱事、

一、あれふの田地、当年ひらき候百姓、末代可相抱事、

という第一・二条に、指出によって掌握すべき「作職」の基準の明確化として、直截に示される。この「定」（『雨森文書』三〔『東浅井郡志』第四巻〕）は、羽柴秀吉の拠点をなす江北「今浜（長浜城）普請」（『下八木共有文書』〔『東浅井郡志』第四巻〕）に集約される、領国支配強化策の基礎としての位置を占める。すなわち、その現実的な動機は、第三・五条でくりかえし語られる通り、「最前、上使出し候時、さし出し」つまり前回の検地のさいの「ふみかくし」「こたへさけ」つまり虚偽・過小申告などの不正の監察・摘発を目的とした、再検地の施行基準の確定にあった。

指出（検地）の対象となる一筆ごとの耕地の「作職」＝名請人を決定する要件として、この「定」は、「去年、作毛之年貢、納所候ともがら」すなわち前の年（天正元年）その耕地の年貢を負担した農民をと指示し、復旧された荒腐

田地については、第二条で、今年の復旧農民のものと定めた。みぎの「作職」（名請人）決定の基準は、織田政権下の秀吉の地位からみて、羽柴領国の江北三郡を超えて、主として占領地を対象とする「指出」検地にさいし、ひろく織田分国に適用された可能性は大きい。

したがって、問題の焦点はやはり基準「作職」の具体的内容の確定にしぼられなければならぬ。「封建社会における土地所有・占有の性格を規定するには、まず収取負担の関係ないし内容を考えねばならず、そのほかに収取実現の手段としての権力の性格、および土地所有・占有を具体的に表現する手段としての社会的基準の性格等をも考慮する必要がある」。いまあらためて注目さるべきこの宮川満の説の核心は、中世荘園制ほんらいの「名主的占有＝隷属的小農民占有」の関係の変化として、あらたに中世後期に「加地子」をめぐる「地主的占有＝作人的占有」の関係の成立を対置し、年貢公事のほかに「加地子」の収取の関係の成立をめぐる錯綜した動態を解明しようとする点にあった(2)。

すなわち「作人的占有」とは、年貢公事のほかに名主職所有者に対して加地子を負担することを特質とした占有であり、もともと「名主的占有」者であったものが、占有地ないし所当を寄進・売買してなお作職を保留している場合の土地占有であって、その対極に形成されるのが「地主的占有」、つまり領主の土地所有に対立し名主職所有者として年貢公事の負担を強制されながら、同時に「作人的占有」を規制して年貢公事分をも含めた加地子を収取することを特質とした占有であり、それは作人から年貢公事と加地子とを加えた分を収取することにより、はじめて土地所有に対立しうる性格のものであるから、「名主的占有」とはいえない。このように、あらたな社会変動の物質的基礎をなす生産諸力の向上にもとづく剰余生産の配分つまり加地子のゆくえに鋭く着目したうえ、さらに、加地子収取のみを媒介にして「作人的占有」を規定しそれと直接対立する関係は、荘園領主的土地所有とは矛盾抵触しない一種の土地所有として、「加地子領主的土地所有」と規定される。かくて、分化した中世後期のいわゆる「名主職」は「名主的占有・地主的占有・加地子領主的土地所有の三種」に整理される。

このような概念装置は、中世後期に顕現する負担量の変化の追究に適用されるときに、その有効性を発揮する。傾向的にみた平均的な荘園年貢量（反当り、舛の差異は捨象）を三斗〜六斗前後としたとき、たとえば十六世紀前期の越前国今立郡大滝寺領の寺庫収納田数帳の収取方式は、あらたに年貢地と公事地とに分離区分され、年貢は反当り一石〜一石五斗と本年貢の約二倍に達しているが、この年貢量には本役公事の米納化分と加地子とが含まれているものと考えられる。ほぼ同じ時期に妙法院領越前国丹生郡織田庄でも、織田剣大明神宮寺の所領化が進む過程で、名の細分化と散田化が顕現し、細分化された名では、平均約五斗余を負担し、本役公事をまったく負担しなくなった散田方の「分米」は反当り一石前後〜二石前後である。この散田分の反当り分米の平均一石五斗は、細分名の本年貢平均約五斗に本役の米換算二斗六升を合せた負担（七斗六升）よりもほとんど倍近い量を示すから、本年貢・公事のほか加地子相当分が加算されていると考えざるをえない。このばあい、細分名の名請人の占有は「名主的占有」か「地主的占有」とみられ、散田方の名請人の占有は「作人的占有」ということになる。

以上の分析をもとに宮川満は、新名の散田化とは加地子分が名請人の手から領主に移り、名請人の占有が「名主的占有（地主的占有）」から「作人的占有」に変質する、「領主的土地所有＝作人的占有」の形成を内容としていたと規定し、これを十六世紀における北陸・東海など中間地域の一般的傾向と推定した。その理由として、宮川は、戦国期に増強される軍役つまり夫役・諸公事の負担を断わる手段として、その年貢化＝定量化・剰余生産（加地子）による充当を想定し、このような動きを「生産力の向上に基づく兵農分離の傾向」と説明し、この地域を基盤とする織豊政権はむしろこの動きを認めて、兵農を分離し、「封建的土地所有＝作人的占有」を成立させる政策（太閤検地）をおし進めた、という展望を示し、畿内先進地域についても、早くから「作人的占有」が形成されつつあったとした。論ずべき「作職」の内実と名請人の性格は、すでにここに確定されているものとみなければならぬ。

たとえば、天正七年十月、織田政権の強行した越前織田神宮寺「当知行分」の「書出」（「織田寺千手院領指出水帳」〔『剣神社文書』〕）によれば、

鎌坂常照寺坂ノ道ノ南也
太　壱石　　鎌坂大工後家
ヤケヤ
壱段弐十歩　壱石五斗八升三合三勺四才　三郎四郎
半拾弐歩　分米八斗　祝与七方ヨリ買得也　祐光房

というように（抄録）、「当知行分（買得分も含む）」の各筆ごとに、田地については、ほとんど例外なく反当り一石五斗の割合の「分米」が割付けられて「書出」されている（「畠ノ配当ハ代方ニ而渡候」と末尾に注され、一〇歩＝七〇文の割合で貫文表示）。反当り一石五斗の分米といえば、同神宮寺領の室町末期の指出帳の散田分の「作人的占有」の平均的負担量に匹敵するものであり、それが織田（柴田）検地にあたって、田地「分米」算定の基準として、各筆ごとに割付けられている事情が判明する。なお、同七年の「書出」の末尾に「但、府中方知行分、別紙有之」と注記されているのをみれば、織田政権の府中三人衆の知行分についても、同方式によって「書出」が行なわれたのであり、この基準「分米」高の決定が織田政権の指示にもとづくものであること、指出の眼目がこの「分米」高の把握にあったこともまた明白となる。

ところで、石山戦争終結直後の近江安治郷（中主町）の「堤村出作分指出」（堤村から出作分）にみえる、

(A)
五斗五升五合　後藤修理　井口清六
南平荒
反内　弐斗二升　御蔵入　堤ノ三郎二郎
弐斗二升　山岡分

(B)
一反《ヲメウ》　一石五斗内　当ヶひへ　七斗五升　諸入免
　　　　　　　　　　　　　　　　　七斗五升　此内山岡分　堤ノ衛門二郎
　　　　　　　　　　　　　　　　　　　　　　公方清六分

というような記載（「安治村共有文書」）は、一筆の土地の複雑な相給状況を表示しているが、「指出」基準は織田方の給分ごとに一筆ごとの分米高をおさえたうえで、名請人の所属村と名前とを把握することにおかれていた。反当り「分米」の高は(A)九斗九升五合（荒）・(B)一石五斗で、全一二筆のうちに荒・洲成五筆を含みながらも、反当り「分米」はなお平均約一・二石にものぼり、一石から一石五斗に及ぶ高斗代が八筆を占めている。この斗代は、宮川満の区分に従えば「作人的占有」の量に匹敵するのであり、中世的な本年貢・本役公事および加地子の総体を一本に数量化した結果を示すものに他ならず、そのことがこの「指出」のいっさいの土台であったことを意味している。

これは、天正十年の稲荷社領の「稲荷内、被作検地社領分」（「稲荷神社文書」）にみえる、

今在家縄手　此内山田へ弐斗、藪分へ四斗出之
壱所　九斗六升　同　かすへ

などの記載と同様のものであり、一筆の「分米」が九斗六升として掌握されながら、そのうち二斗・四斗は社領外の得分として認められている。これは、「作人的占有」としてひとまず一本化把握がなされたうえ、旧慣にしたがって、加地子等の得分権が「検地」のうえでも容認されていることをしめす。とすれば、安治郷「堤村出作分指出」のしめす複雑な相給も、(B)の一石五斗内の七斗五升が「此内、山岡分・公方清六分」と明記され、公方つまり公方年貢＝本年貢は清六（井口清六）分というように、従来の権利を踏襲し中世における複雑な土地権利関係を反映したものであることは明白であろう。(3)

しかし、いずれにせよ、この指出・検地は、その複雑な権利関係の内容を「分米」・「斗代」という形で数量的に一

本化し、特定の一名請人に付して「作職」の掌握、「作人的占有」の確定を行なっている点が重要なのであり、天正十一年の秀吉の最初期検地つまり織田政権の最終段階にいたるまで、その政策は一貫して追求された。

織田政権の志向した「作職」把握は、荘園制的土地所有体系の「散田」化の方向への解体と「散田分米」の掌握を推し進めることであった。それは、十六世紀を通じてひろく畿内近国に進行せる「名」の「散田」化過程の政治的総括であり、本年貢・加地子を「検地」を通じて統括しようとした諸戦国大名、たとえば今川・武田・後北条氏などで検証される、大名検地政策の深化でもあった。

(1)　三鬼清一郎「豊臣期給人知行権の一考察」(『歴史の理論と教育』一九)、勝俣鎮夫校注「六角氏式目」(日本思想大系『中世政治社会思想』上、岩波書店、一九七二年) 二七九頁。

(2)　宮川満『太閤検地論』Ⅰ・Ⅲ、御茶の水書房、一九五九・一九六三年、有光友学「戦国大名今川氏の歴史的性格」(『日本史研究』一三八)、勝俣鎮夫「遠州浜名神戸大福寺領注進状案について」(『日本歴史』三二〇)。

(3)　脇田修「織田政権の農民支配」(『竜谷史壇』六〇)。

## 四　統一と結集の論理

### 1　「侍の冥加」

一揆衆が「百姓ハ王孫」「主ヲ持タジ」という意識や動向を顕在化させ、「天下ノ武士ヲ責亡シテ、本願寺ノ聖人ヲ国王トシ」という「一揆持」構想をもって「侍」に敵対し決起を続ける以上、これと対決し圧伏しようとする織田権力の「侍」編成も政権構想も、軍事力のみをもってしてはとうてい完結しうるものではなかった。しかしその一揆衆と徹底的な対決を強行する過程で、とりわけその総括として統一的農政の原型を創出する起点として、織田政権が天正三年（一五七五）に越前において明らかにした九ヵ条の国掟（『信長文書』五四九）は、独自な「侍」の統一的編成原理を公表したものとして、二つの注目すべき内容をもつ。(注)

まず、非分の課役や諸侍に対する我意を厳禁し、公事（裁判）の順路を強調して偏頗をいましめ、京家領の還付つまり公家公卿の保護の原則を明示する（以上、第一～四条）など冒頭の四ヵ条は、信長の「無理・非法」には「理《ことわり》」を容認するという結び（第九条）とあいまって、みずからの権力の公平・超越・合理性つまり「侍」の私権力から普遍的な公権力への到達を印象づけ、京家に対する百姓の「相伴」＝帰属意識をも包摂しようとするねらいを示している。信長は元亀元年（一五七〇）夏、江北一揆との対決にむかう動員令のなかで、その作戦をはじめて「天下のため、信長のため」といい（『信長文書』二三三）、以後、一向一揆について「天下に対しその禍を成すの間、退治せずんば際限あるべからず」といい（同、五七二）、「天下に対し、本願寺造意を企て」と公言するなど（同、三三二）、一向一揆との対抗を軸として、石山戦争期をつうじて自らの権力を「天下」統一政権として合理化し正当化する、天下＝信長政権論ともいうべき独自な主張をくりかえしていく。その意味で、この国掟に示された第一～四条ならびに結び（第九条）は、織田政権の「天下」論のこの段階における公的な整序の試みとみなすことができよう。

つぎに、国掟がより積極的・能動的に提示強調しようとしているのは、「第一武篇簡要」（第六条）、「侍の冥加」（第九条）という、「侍」階級の結集の原理についてである。それは「武篇励み候ても、恩賞すべき所領これなしと諸人見及び候はゞ、気には勇むも忠儀も浅かるべき」（第八条）と銘記された通り、恩賞・所領こそは「侍」を武篇・勇・忠儀の武篇道に編成し権力構成を支えるための物質的基礎であった。それを重要な土台としてはじめて、国掟の結語に「何事も信長申す次第に」という、「天下」の禍を断つ絶対者としての宣言が可能となり、「とにもかくにも我々を崇敬して、影後にてもあだにおもふべからず、我々あるかたへは、足をもささざるやうに心もち簡要に候、其分に候へば、侍の冥加ありて、長久たるべく候」つまり絶対者信長への崇敬は侍の冥加・長久という、さきの「天下のため」＝「信長のため」したがって「侍のため」という言葉にも似た、天下統一権力への結集の論理が公然と提示されるに至る。

織田政権は、こうして、越前一向一揆の解体を強行する天正三〜四年の過程を通じて、統一権力の編成原理すなわち「侍」結集の論理＝武篇道の中核においても、その天下・公儀化という外部の「百姓」＝「王孫」観等にむけた意識操作、思想統一の表面においても、すでにみた統一的農政の基礎においても、統一政権への道のきわめて重要な画期に到達していた。政治的にみても、天正四年は安土城創建の年であり、石山戦争さいごの画期となる。

このような「侍の冥加」論をたてまえとするかぎり、信長父子という私的血縁関係もこれによって規制されねばならぬ。天正七年九月、石山戦争の終末段階に、信長の指令におくれをとった子息信雄と伊勢軍団に対して、信長は石山戦争の意義を説いて、「第一、天下のため、父（信長）への奉公、兄城介（信忠）大切、且は其方（信雄）のため、かれこれ現在未来の働きたるべし」と論じ、天下・織田家・侍の現世来世をかけた戦いとしてその正当性を強調し、これにはずれる行為は「天道もおそろし」く、「親子の旧離（絶縁）」もやむをえないと、私的利害を超えた天道・天下の「侍の冥加」を印象づけようとした（『信長公記』巻十二）。しかし、この叱責状はむしろ、石山戦争にむけて全軍団の投入・統一を強化しつつも、なお織田政権にとって、親子の私的関係をもってじかに掌握する地方軍団＝侍の統一さえも、現実には困難をきわめるものであったという内情をのぞかせている。

## 2　「武篇道」と「政道」

「侍の冥加」に全武士・諸領主階級を結集させようとするかぎり、「武家」とよびならわされる、室町幕府＝将軍家を中心とする伝統的な「武家」世界の解体と包摂もまた、統一の中心的課題とならざるをえなかった。

「上意トセリアキ」と、多聞院英俊が将軍足利義昭と信長の対立を記してから三ヵ月ほど後、永禄十三年（一五七〇）正月、信長が義昭に強要した五ヵ条の朱印状（『信長文書』二〇九）の骨子は、もとより「御下知の儀、皆以て御棄破」（第二条）と「天下の儀、何様にも信長に任せ置かる」（第四条）との決定的な対照にある。しかし、いまとくに注目したいのは、「公儀忠節の輩」に対する「御恩賞・御褒美」は「信長分領」を割いてでも「上意次第」に給付すべしという第三条のねらいである。すでにみた後年の越前国掟（第八条）と対比するなら、この箇条をたんなる義昭権力（御下知・上意・公方）の掣肘策とみるのは皮相であり、むしろ「公儀忠節の輩」をも「天下」「信長分領」の「恩賞」知行体系に包摂することによって、天下・織田政権の権力編成を確実に伝統的「武家」世界にまで拡大しようという、重大な戦略がそこに秘められていた可能性がある。このことは、さらに元亀三年信長が発した将軍足利義昭あて「御異見十七箇条」（『信長文書』三四〇）から、天正八年、織田家宿老佐久間信盛父子あて「覚」一九ヵ条（『信長文書』八九四）への、おどろくほど一貫した論理の展開のなかに確認することができる。

「異見」の第一の特徴は、信長の「公儀御為」（第七条）という将軍批判の立場が、ひろく「御内裏」（第一条）、「諸侯衆」（第三条）、「京都」（第四条）、「寺社方」（第五条）、「堂上之仁」「公家」（第一一条）、「他国」（第一二条）などにわたり、わけても「諸人のおもわく」（第三条）、「世上」（第九条）、「天下の執沙汰」「天下の御為」（第一〇条）、「天下のほうへん」（第一五条）、「下々迄」（第一六条）、「不思儀の土民百姓にいたる迄も、あしき御所と申なし候」（第一七条）など、総じて、「土民百姓」をも包摂する広汎な「天下」観にすえられている点にある。つまり、「天下」の立場から「公儀」（伝統的「武家」秩序とその統括者）が批判されるという、いわば「天下」対「公儀」の対極的な関係が、この「異見」の基本構成をなしている。これは石山戦争における大量虐殺を合理化する「天下の禍」論とまったく同一のものであり、「天下」に拠る「公儀」「仏法」の破摧、あらたな秩序体系の創出を見すえたものであることは、もはやいうまでもない。永禄十年に初見（創始）の「天下布武」朱印（『信長文書』七七・七九・八〇）は、その象徴としての史的意義を担う。

冒頭に、「御内裏」への「御無沙汰」の結果、前将軍の義輝は「果して御冥加なき次第（暗殺）」になったと断じているのは、信長の天皇観としても注目される。しかし、それが直ちに「内裏」＝「天下」を意味するものではなく、たとえば、「元亀の年号不吉」によって、改元のことが、「天下の執沙汰」をもとに「禁中」でも議せられているにもかかわらず、義昭の非協力で実現していないと、「天下の御為」の立場から批難している事実（第一〇条）は、「天下」が「禁中」とも「公儀」とも峻別され、客観化されていることを示している。

さて、以上の立場から信長の論ずる、「諸侯の衆」（幕府出仕の相伴衆・奉公衆など〔『信長公記』巻六、一四二頁脚注〕）の「忠節」に対する、「公儀」の「扶持（恩賞）」のあり方（第三条）がつぎの問題である。すなわち、その実情は「忠・不忠」を問わぬ恣意的なものであり「諸人のをもわく」つまり客観的な評価に耐えうるものではないと批判される。これが「公儀忠節の輩」に対する正当な恩賞を求め、その原資の提供を申入れた二年前の「条々」（第三条）をじかにふまえた再批判であることはいうまでもない。同様な論調はさらに「寺社方御勘落如何」（第五条）といい、「信長に等閑なき輩」（第六条）や「恙なく奉公」する「者共」（第七条）の冷遇、義昭側近の「御とのい」の「若衆」（第一五条）の厚遇という偏りに対してもむけられる。

「忠・不忠」（第三条）が私的主従制にもとづく評価の尺度である以上、この点の信長の義昭批判がすべて事実にもとづく正当な指摘であったかどうかは、ひとまず論外としなければならないが、注目すべきは、この信長の「異見」で、「忠節」「奉公」に対応すべき「恩賞」「扶持」は、諸人の思惑・天下の褒貶すなわち客観的な評価・批判に耐えうる公正なものでなければならないとする、階級結集の原理・武篇道の編成の原則の普遍性に関する一貫した主張が展開されている事実である。現に信長が七条に明記したように、このような開かれた普遍的な主従編制の原則を「天下」に示すことによって、すでに「信長にたより候て歎申」す者の続出という、「武家（公儀）」世界の広汎な地すべり現象をひきおこしていたが、さらに広く社会的な下剋上の動向を織田政権内に吸収し組織するみちを大きく開くこととなった。信長の「異見」の重点の一つはこの点に秘められていたのであり、「天下」論に依拠して「武家」「仏法」との対決をとげつつ、自らを「天下」の絶対者として「崇敬」させようとする、「統一」への思想戦略の重要な一環をなすものであった。永禄十一年十月から翌年三月にかけて、再度にわたる「副将軍か管領職」補任という「禁裏」の意向を拒絶し去っている事実（『信長公記』巻一、『言継卿記』三十）も、以上のような信長権力の「天下」構想の展開の筋道にそって位置づけられなければならない。

ところで、信長の「異見」（「武家」批判）のもう一つの特徴は、「御紀明」「御沙汰」（第五条）、「訴訟」（第八条）、「法度」（第九条）、「御勘気」（第一一条）、「非分公事」（第一五条）など、総じて公儀裁判の不公正にたいするきびしい糺弾であり、さらには第九・一一〜七条にわたる「城米（兵粮）」の売却・「金銀」の蓄蔵・「欲徳」などいわば武門の棟梁の資質の欠格をついた詳細な指摘であり、その要は「公方様御商売の儀、古今承り及ばず候」（第一四条）につきる。この裁判の不公正の暴露が「公家」から「土民百姓」にわたる将軍への「公儀」幻想を破摧する方策であったとすれば、先の「恩賞」「扶持」批判と城米・金銀の私物化への非難は、それが「武家」に期待される資質とまったく背離する行為であることを明確に衝いた鋭い批判であった。

このように、信長の「御異見十七箇条」は、一将軍批判を超えて、全武士階級にむかって、期待される「武篇道」の資質を明示した、織田政権の高度な政治文書としての性格を備えており、『尋憲記』にみえる全文写し、『年代記抄節』、フロイス『日本耶蘇会年報』などの記事、あるいは「武田信玄是ヲ見テ、信長ヲタダ人ナラズト云レケルト也」

という『当代記』の所伝（以上『大日本史料』第十編之十、元亀三年九月是月条）などをあわせ考えるならば、この「異見」本文はなかば公然と流布されていた可能性が大きいのである。

さらに、天正八年八月、信長は重臣の佐久間信盛・信栄父子を名指しにして「覚」一九ヵ条の「折檻の条子」（『信長公記』巻十三、『信長文書』八九四）をつきつけ、侍身分を剝奪して高野山に追放した。時あたかも石山戦争の完全な終結の直後という織田政権の高揚期であり、わけても佐久間氏が織田家屈指の宿老であったことから、この突然の処分が織田軍団に与えた衝撃、したがって統制効果は深刻なものがあったと推定される。

さて、織田政権内で最高位を占める「侍」に対する「折檻」つまり叱責・批判の大綱は、まずその立場が、「世間の不審」（第一条）、「天下の取沙汰迷惑」（第四条）、「一天下の面目を失い」（第一〇条）など公的な「天下」観に集約され、「我々も思あたり」と付け加えられている点は、先の「異見」から一貫しており、「長袖」（「大坂」・本願寺門跡）と「武篇」（織田権力・「信長の威光」）という対比（第二条）――かの「百姓」の「王孫」意識が「公家」と「侍」とを対極におく構成をしめしていたことを想起せよ――を前提とし、「武篇道ふがいなき」（第五条）、「武篇道たらはず」（第一三条）と叱責しつつ、期待さるべき「武者道」（第二条）を厳しく追求することを核心にすえて成り立っている。したがって「武者道」「武篇道」のあるべき姿は、「天下の覚」「天下の面目」によって客観化・普遍化されることになるが、その骨子はおよそつぎの諸点につきる。

まず、父信盛の罪状として、「七ケ国の与力」「自分の人数」を戦闘に駆使せず（第七条）、「先方の者共」（国侍）を追出して「一人も拘へず」に「蔵納とりこみ金銀になし」たること（第八条）、信長直轄領を委ねても「信長詞をもかけ候者共」を追失させ（第九条）、「自分に拘置き候者共に加増」も行なわず、相応に「与力」をふやしもせず、「新季に侍をも拘」えず、「しきたくはへ計を本」とし（第一〇条）、「座敷」（戦陣の編成序列）を破る（第一一条）と列挙され、子の信栄の罪状もまた、「欲ふかく、気むさく、よき人をも拘へず」（第一三条）、「自分の侍相拘へず領中を徒に成」す（第一四条）など、変るところはない。つまり具体的に糾弾される行為のことごとくが「自分の侍」「新季の侍」の加増など、権力編成＝軍事力増強に関する消極性、付与された所領・信長直領の蔵納つまり私物化にかかわっている。要は「第一欲ふかく、気むさく、よき人をも拘へず……父子とも武篇道たらはず」（第一三条）という叱責につくされており、これに「天下を申付くる信長に口答へ申す輩」という断罪の結語をそえるならば、信長自身の「武者道」「武篇道」の構想と、「信長家中」（第七条）に対してかれの期待する「侍」の資質と実践の内実はほぼ明らかであり、先の「御異見十七箇条」の骨子と酷似していることが注目される。

限りなく下剋上の組織化と分国の拡大を推し進め、織田政権の権力編成に吸収し、「天下」の絶対者信長の軍役体系の下に「統一」する、それが織田政権の一貫して追求しつづける課題であり、それを忠実に実践することが、期待される「武篇道」のあり方であり、それによってのみ現世・来世にわたる「侍の冥加」は約束されるというのが「侍」＝「兵」の結集の論理であった。宿老佐久間父子の侍身分の剝奪は、先の論理を現実に貫徹するため、石山戦争の終結という織田政権の畿内統一のさいごの画期において、強行された犠牲にほかならなかった。

織田政権終末の天正十年、統一の対象はとどめがたく東国へ中国へ四国へと拡大していくことになるが、その年の三月、甲州制圧を果した時点で信長の指示した「国掟」に、「忠節人立置く外、廉《かど》がましき侍生害させ、或は追失ふべき事」（『信長文書』九八五）と記し、おなじ五月、四国出動に際して信孝に与えた「条々」（『信長文書』一〇五二）でも、「国人ら忠否を相糺し、立置くべきの輩は立置き、追却すべきの族は追却し、政道以下かたく申付くべし」と指示した通り、分国拡大とそれに伴う「忠・否」の確定は天下の「政道」の基本課題となって行くのである。しかしながら、「政道」というとき、織田政権が「侍」を中核とした以上のような階級結集の論理とあわせて、初政の政治理念ともいうべき「異見」の結語で示したような「不思儀の土民百姓」にたいする、明確な支配の論理を構築しえていたかどうか。結集と支配つまり「政道」の総体にわたる「統一」政権としての位置に到達しえていたかどうか。その課題はやはりつぎの豊臣政権にひきつがれていくものと考えるべきであろう。

## 3　「国替」と「城破」――内なる戦国の解体

信長への崇敬＝絶対化への宣言をともなった「侍の冥加」の強調は、たんなる観念の世界の問題ではなく、下剋上の組織化と一揆契約的体質に支えられる戦国大名権力の解体の方向性を確定することをめざすものであった。領国伊勢軍団の戦国大名的体質を克服しえない織田信雄に対する叱責も、「摂津国一職」を信長から委ねられながら、摂津一向一揆に支えられて反逆した荒木村重の一類に対する京都空前の大虐殺も、佐久間父子の侍身分の剝奪追放も、それぞれに信長の「統一」への志向のまえに、現実の障害となり「侍の冥加」に背いた武士階級に対する見せしめの処断に他ならなかった。しかも、これら織田一族・旧幕臣系大名・織田家宿老に対する「天下」の名によるあいつぐ叱責断罪は、公然とその罪状を明示しつつ「侍の冥加」にかけて強行されただけに、領主諸階層に与えた衝撃は深刻であり、信長の絶対性を強烈に印象づけた効果は大きかった。

さらに、戦国大名的体質の克服は、より系統的・構造的に、とくに「城破」と「国替」（それと一体化して強行される「検地」）とによって、織田政権のほとんど全過程を通じて追求されたといえる。わけても、尾・濃分国の段階から安土築城にいたる、およそ他の戦国諸大名にその例を見ないほどの、あいつぐ本拠地の移転と、それにともなって直臣層を中心にしだいに強化される家臣団の本領離脱は、ほとんど織田政権の国替の祖型とみなしうるものである。

天正九年、「越前衆（府中三人衆）」を構成していた佐々成政を越中に、前田利家を能登に独立の領国大名として配転させたさい、信長の示した利家あて移転指令（『信長文書』九五四）の要は、越前の「知行」はもとより「府中其方要害幷下々私宅」の全面的な没収と「妻子」をともなっての能登入国という、いわば根こそぎ国替策である。わけても「下々私宅」は、越前在国七年にわたる間に前田権力の下に吸収・組織され「越前衆」とよびならわされた、あらゆる土着の「侍」たちの本領部分をも指すものとみられ、この国替策の強行によって、戦国大名権力の体質ともいうべき土着の一揆結合的、相互契約的な世界（たとえば「所衆談合」「方角之儀」「近所之儀」など）はその根底から解体させられて行くことになる。

いっぽう、そうした「下々私宅」に含まれる在地領主層の城館の破却は、上洛初期の永禄十一年以降、伊勢の「国中城々破却」令（『信長公記』巻二・『信長文書』六五〇）を起点として、石山戦争終結直後には「畿内にこれある諸城、大略破却せしむ」（『信長文書』八八九）というように、織田政権の基本政策として遂行されていく。たとえば大和で強行された郡山一城だけをのこした徹底的な「城破」は、引きつづいて行なわれた一国検地の前提であった。国替・城割・検地が織田政権の基本政策として重要視されるのは、一つには、内なる戦国大名的な権力編成の体質をその根底から解体させ、信長を絶対中枢として「統一」された「天下」を創出する基礎をなした点に求められる。

天正八年八月二日、教如退去による石山本願寺最後の日、京によびつけられた大和国主の筒井順慶は「国中諸城破るべし」という指令を与えられて帰国した（『多聞院日記』、以下同じ）。しかも、筒井氏が大和城破を実施に移すよりも早く、石山炎上の直後に、「摂州・河州諸城、悉破」という、いわば石山本願寺膝下の両国にわたる「城破」が石山戦争の戦後処理の一環として開始された。筒井氏も八月八日から約一〇日間にわたってこれに動員されたあげく、十七日、帰国するとともに、その経験にもとづいて、大和の郡山城を除く「一国破城」を織田方の「上使衆」（滝川一益・矢部家定ら）の監察下に、「諸方以外騒動也」といわれた動揺をおしきって、筒井氏の抛城も含めてわずか四日ほどで強行し去った。

滝川・明智ら織田方の「上使衆」がふたたび奈良にのりこんで、「当国中、寺社・本所・諸寺・諸山・国衆、悉以一円ニ指出可出」という、大和一国にわたる指出（検地）指令を発し、監察に着手したのは、「当国諸城破却」が終了した一ヵ月後のことであった。「城破」は明らかに検地のための地均し策であり、二つの政策の一体性は疑いもない。

興福寺領のばあい、注意されるのは、指出本帳の作成の要綱が、はじめ寺領から名主抱分・百姓得分にわたる田・畠・屋敷・山林の地積調査を眼目としながら、二週間後には、「得付・字・百姓」の書出、「銭地子」の「米」での換算表示などを要求し、さらにその一〇日後には畠の「一所」記載を「歩数」（面積）表示に改めることを求めるなど、数次にわたり修正され厳重化していった事実である。こうして修訂をかさねて作りあげられた指出本帳は、結果として、領主別に田・畠・屋敷・山林などの地目ごとに、字（在坪）・地積・得付（分米）・百姓（名請人）を一筆ごとに記載した、典型的な「検地帳」となった。数次にわたる要綱の修正指示は、旧勢力の残存する地域（大和）における、織田検地の段階的深化の政策的配慮を表わしていよう。

ところで、指出終結直後の十月二十八日、一五〇〇石を指出した戒重・二〇〇〇石の岡弥二郎・五〇〇石の大仏供新屋・三〇〇〇石の高田藤七郎という、四人の国人領主等（総高七〇〇〇石）が突如として上使の本陣となっている興福寺境内に別々に召喚されて「生害」（死罪）に処せられ、ただちに滝川軍は岡へ、筒井軍は高田へ、明智軍は戒重・大仏供へ、それぞれ所領没収のためにのりこんでいった。信長が朱印状をもって、寺社領指出の承認、筒井順慶の大和一国支配・郡山在城、箸尾氏（指出高一万四〇〇〇石）の筒井与力化など、織田政権の大和支配の基本方針を画定したのは十一月七日。ここに指出は完結したことになるが、それはまた一国城破の強行に始まり国衆処刑で終った、八〇日にもわたる戦国解体の軍事的な過程でもあった。

## 4 「天下」と「王法」「仏法」

元亀元年九月から天正八年八月まで、じつに足かけ一一年にわたった石山戦争の総過程における織田政権の戦略上の特徴を大づかみに要約すれば、初期（長島・越前）における「根切・撫切」といわれた大量虐殺戦と、末期（摂津大坂）における「惣赦免」策との対極的な対照と、その間の数次にわたる平和交渉のさいに信長方によって一貫して試みられた、勅命講和ともいうべき天皇利用策とであろう。石山戦争を終息させた勅命講和の形式による「惣赦免」策とは、織田政権にとって何であったか。

それを解くには、まず石山本願寺の対信長観が鍵となろう。石山退去が必至の情勢となったとき、法主顕如の子息教如が最後の決起を呼びかけて諸国の一揆衆にさけんだ「法敵の巣となり果て候はんこと、一宗の無念」という檄の一節は、織田政権と対決する法主側の抵抗の論理の核心であった。王法為本から信心為本の原点への旋回をとげつつ、王法仏法両輪論にもとづいて、信長を「法敵」つまり仏法の敵したがって「王法」の敵と規定することによって、決起した石山本願寺の論理をいかにして破摧するか。法主の「法敵」論が広汎な「百姓ハ王孫」の意識と門徒組織に観念的にも現実的にもその基礎をおいていたがゆえに、それは信長にとって、石山戦争の総過程において、軍事的・経済的対決の遂行にも劣らぬ、独自な思想戦略上の課題となった。これまでに指摘した、「侍」の「武篇道」への結集＝「現在・未来」にわたる「侍の冥加」の強調も、「一揆衆」に対する撫切戦法から帰参（ころび）政策への移行も、「天下」＝信長論の独自な展開も、この課題遂行の一環に他ならないが、ここでは、さいごに進められた勅命講和の推移を追ってみよう。

織田政権の意をうけた勅命講和の画策は、天正七年末「女房奉書」により天皇の内意を本願寺門跡＝法主顕如に伝えるという形ではじめられ、翌年三月、「勅使」を通じて公式に「叡慮」が示され、法主はこれを容れた。信長は「惣赦免の事」を第一条とし「大坂退城」の要求を主内容とする七ヵ条の「覚」(講和条件)を法主につきつけながら、これに「今度、本願寺赦免のこと、叡慮として仰せ出ださる」と明記した、両勅使あての血判起請の誓紙を添えており、本願寺側からも、これを受諾する答書に「叡慮」による「御赦免」につきこれを受容れる、と冒頭と末尾にくりかえし明記し、下間頼廉はじめ年寄衆三名の連署血判をすえた起請が、「門跡」の意向を伝える形をとって、おなじく両勅使あてに提出され、法主父子もまた同じ手続きに従った(『信長文書』八五二・八五三・同参考)。

つまり両者とも、とりわけ法主側は勅使・天皇を仲介として講和を結ぶという手続きに固執し、「禁裏様」の「赦免」令に従うのであり、「法敵」信長への屈伏ではないという姿勢をとり続けた。実質が信長に対する無条件降伏であったことはいうまでもないが、信長が大坂壊滅の強行策をとらず、むしろ「惣赦免」を基本とする、このような保守的勅命講和の形式を、戦争終結の手続きとして選択した政治判断の背後には、「法敵」信長論を組み伏せるだけの「天下」信長論をいまだ構築しえぬまま、逆に法主の王法仏法論に乗じて、法主＝仏法を天皇＝王法(信長＝天下)の内に包摂し、法敵論をおさえこもうという深謀が秘められていた。これは本願寺を「法敵」信長論から王法為本に回帰させ、法主＝門跡の権威性を保存しつつ、一向一揆から抵抗の論理を奪い、「百姓」の「王孫」意識を、あらたな王法＝天下に包摂し去っていく重大な画期となった。現実に、天皇を介して法主・信長のあいだに合意の成立した「惣赦免」策にもとづき、信長も顕如も、あいついで「箭(矢)留」つまり停戦指令を各地の一向一揆や諸軍団にいっせいに発令し、広汎な一揆衆は抑制を強いられていった。

「惣赦免」は戦わぬ本願寺の再生であった。これに抗した法主の子息新門主の教如があらためて「法敵」論を掲げたとき、法主顕如は王法に背く違勅の咎を回避するため、新門主を絶縁し異母弟の准如の嗣立をはからなければならなかった。本願寺の中枢はここに後の東・西分裂への亀裂をはらむことになるが、これもまた織田政権の策謀(勅命講和)の帰結の一つであった。

ただし、信長の構想し遂行した勅命講和の性格を考えるさい、注意しなければならないのは、天下と内裏が峻別されていた事実(七八頁)と、天正六年四月、石山戦争渦中の時点で、信長が正二位・右大臣・右大将の位官をすべて返上し去っていた事実である(『公卿補任』)。天正八年、すでに信長が都に創建した「二条御所」に抱えこまれていた誠仁親王が信長を「前右府」と呼んだ(『信長文書』八五二参考)のもそのためである。これを信長上洛当初の「副将軍・管領職」の拒否と対比するならば、この時、信長は独自の政治判断ないし信長構想にもとづき、すでに伝統的な公家社会の秩序わくからも自由になっていたとみなければならず、したがって、勅命講和つまり「叡慮」(天皇)の引き出しによる和平交渉も、いわば外部からの操縦による王法為本の実現のための手段であり、けっして信長じしんの天皇への従属とはみなしがたい。

この信長の立場はさいごまで一貫する。天正十年、「東夷征伐」(『信長文書』一〇一〇)を果たして安土に凱旋した信長に対し、朝廷がかれの業績にふさわしく「征夷大将軍」に任官させようとしたさいにも、ついにこれをうけなかった(勧修寺晴豊『日々記』)。しかし、これをもって、信長がいわば天皇離れをなしとげ、すでに天皇を自らの「天下」に包摂しきっていたと断定し去ることは、もとより早計であり、その「統一」の課題は次代にもちこされることになったと考えなければならぬ。

なお、石山本願寺に対する「惣赦免」の勅命講和が画策されるより半年ほど早く、天正七年五月末、完成した安土城の城下、近江浄土宗の中心浄厳院の仏殿で、浄土宗・法華宗の宗論が行なわれていた。京洛の法華宗の主流である頂妙寺日珖ら三名は、信長の直裁によって「浄土宗と宗論仕り、法花宗負け候こと」を自認し(第一条)、他宗への

「法難」つまり伝統的な折伏伝道の放棄を誓い（第二条）、「法花一分の儀、立置かる」という一宗存続の公認を信長に感謝する（第三条）屈辱的な起請文に、他の一〇ヵ寺とともに血判署名を強要され、ひきつづき黄金六〇〇枚（現米一〇万石に匹敵）の「罰金」を徴発された（『安土浄厳院文書』、オルガンチーノ書簡、『京都の歴史』4）。それは戦闘的折伏教化によって支えられる洛内法華教団と、その基盤を構成した畿内町衆信者の精神にとって、武力の信長「天下」への無条件な屈伏であった。これに、元亀二年八月に強行された、比叡山の山下山上にわたる全山焼討・殺戮・略奪による、「仏法破滅……王法如何」（『言継卿記』）という、山門聖域観の崩壊をあわせ読みこんでみれば、石山炎上を転機とする「仏法」世界の織田権力への屈伏は、だれの目にも明らかであった。

（注）　朝尾直弘「『将軍権力』の創出」（『歴史評論』二四一・二六六・二九三）。

# 二　織田信長の政治的地位

初出「織田信長の政治的地位について」
（『戦国時代』吉川弘文館、一九七七年）

## はじめに

織田信長の権力の政治的性格について近年の成果を集約することがこの報告の課題である。さきにわたくしは「統一政権の成立」(1)（本書Ⅱの一所収）で、統一過程をとくに一向一揆との対決に焦点をしぼって考えてみたが、(2)この報告では、旧稿で十分にはのべられなかった国家権力としての織田政権の政治的性格について、京都政界における公武権力との官制・法制面の関係を中心としてまとめてみることにしたい。

以下、統一過程にそって、幕府再興期における将軍との関係、将軍追放後の天皇との関係、石山戦後の家臣との関係という三つの柱を立て、諸研究の成果と論点によりながら、(3)できるだけ具体的に報告を行なうことにする。

（1）『岩波講座日本歴史』九（近世一）、岩波書店、一九七五年。

（2）本報告の協力者であるジョージ・エリソン氏は、この考察が一向一揆にかたより過ぎていると指摘している。George Elison, Patterns of Momoyama History, 1976.

（3）旧稿の刊行（一九七五年）以降のおもな研究を刊行順にあげよう。

①佐々木潤之介「信長における『外聞』と『天下』について」(『新潟史学』八、一九七五年)。
②朝尾直弘「幕藩制と天皇」(『大系日本国家史』3・近世、東京大学出版会、一九七五年)。
③三鬼清一郎「信長の国掟をめぐって」(『信濃』二八―五、一九七六年)。
④三鬼清一郎「戦国・近世初期における国家と天皇」(『歴史評論』三二〇、一九七六年)。
⑤奥野高広「織田政権の基本路線」(『国史学』一〇〇、一九七六年)。
⑥脇田修『近世封建制成立史論』東京大学出版会、一九七七年。

## 一　将軍との関係

永禄十一年(一五六八)十月、足利義昭の征夷大将軍宣下によって室町幕府の機能は公式に再開される。ところで天皇側の政治的な対応の仕方をみると、朝廷の所領の回復を求める天皇の指令を将軍と織田信長のそれぞれに宛てて同時に発令し、あるいは上意つまり将軍の名による信長の実権行使を期待するなど、天皇は幕府発足のはじめからすでに、これを将軍一元的な体制とみなしてはいない。現に政令の実施は幕府奉行人連署奉書・信長朱印状の併行する形でなされる例が多く、(1)世人がしばしば「御下知・朱印」をあわせて求めたように、将軍と信長と両者の政令がそろわなければ実効が乏しいとみなすのが中央政界の実情であった。少なくとも将軍の奉行人奉書と信長朱印状とが併行している事実は、信長が将軍に幕府吏僚として隷従することなく、奉行人集団とは独自の地位を占めたことを意味する。

将軍となった直後、義昭が信長に副将軍か管領職に准ずる地位に就くように求めたという伝えは、将軍が信長の独立性を嫌って幕府機構に組み込もうと画策していたことを示唆して興味深いが、次の年の春、天皇もまた信長に副将軍の地位を勧めていることをみれば、副将軍問題は信長の処遇をめぐる公武共通の構想であったことになる。(2)しかし、副将軍が幕府官制に先例をみないという微妙な事情のなかに、信長権力に対する政界の困惑の跡がうかがわれる。いっぽう、このとき天皇の意向を無視して副将軍の地位につかなかった、信長の独自の政治判断はやがて将軍とも天皇とも対立を強めることになる。

信長権力と将軍との公的な対抗関係をもっとも集約的に表現するのは、幕府開設直後の永禄十二年（一五六九）春から幕府解体を目前にした元亀三年（一五七二）秋のあいだに、信長が将軍に幕府政治に関する批判的見解をのべた三通の政治文書であり、時期的にも内容からもきわめて重要な意味をもつものとして知られる。

第一の文書は「殿中御掟」（九ヵ条、永禄十二年一月十四日）とその「追加」（七ヵ条、同月十六日）である。(3) この文書が掟つまり政令形式をとっているのは、幕府政庁の組織と運用に関する定めを内容としていることによるが、信長がこれを定めたねらいの要は、Ⓐ幕府権力を支える将軍側近の家臣や親衛軍団が義昭との私的な主従関係の側面を強めていくことを抑制し、Ⓑ将軍の裁判権や幕府の訴訟制度が公正に運用されるよう監視しようとする点にあった。

この「掟」の二日後に定められた「追加」は、信長が「掟」をなぜ必要としたかという背後の事情をいっそうなまなましく表現する。すなわち、追加のはじめの第一条から第四条までは、すべて「掟」のⒶとしてあげられた他領の横領・恣意的な権限代行・喧嘩口論・強制執行など、将軍の直属勢力が将軍権を濫用して現実に強行しつつある不法行為の数々を具体的に告発することを目的としている。とすれば、つぎの第五条で「直訴訟停止」といい裁判の私物化を禁止しているのも、「掟」のⒷとともに、将軍裁判権が将軍直属勢力の不法行為を容認・助長する傾向にあることを阻止しようという、現実的な課題をおびていたことを示すものであろう。

すなわち、将軍権力は強力な親衛軍団を擁して、幕府開設と同時に京都を中心とする中央地帯で、信長権力の抑制力も及ばないような独自な動きを展開し、諸勢力と多くの紛争をひきおこしており、それらの収拾が信長権力の緊急な政治課題となっていたのである。信長はこれら一連の批判文書を公表することによって、自らの政治姿勢を明らかにするとともに、将軍権力を天下の批判にさらすことをめざしていた形跡がある。これと前後して副将軍の地位を信長が拒否しているのも、将軍と信長権力とのあいだに一線を画そうとする信長の政治姿勢と不可分のものであろう。

第二の文書は「条々」（五ヵ条、永禄十三年一月廿三日）と題され、おなじく政令の形式をとっている。(4)「掟」からちょうど一年を経て、信長がこれを示して義昭の承諾を取りつけた問題の要は、Ⓐ将軍の知行給与権の規制、Ⓑ将軍の裁判権の接収、Ⓒ将軍の天皇に対する奉仕義務の追及の三点にあった。

Ⓐは「御下知」の廃棄と改定を求めた第二条に集約される。「御下知」が第一条の「御内書」つまり将軍の一般的な政治外交文書とは峻別されている以上、これは将軍の指令一般を指すものではありえない。第三条が将軍の恩賞給与規定であること、さきの「追加」第七条の「御下知」が将軍による所領保証文書ないし将軍の知行給与権の発動を内容としていることからみれば、この第二条は将軍の発行した所領保証文書の廃棄と改定の要求であり、「掟」・「追加」の要点Ⓐつまり将軍直属勢力の不法行為取締り要求と直接に対応する。

この時期、将軍の知行給与権を原因とする所領紛争が、将軍勢力と荘園領主たちとのあいだで数多く発生し、訴訟問題として提起されている事実も示すように、(5)将軍勢力の不法行為の多くは将軍の権限濫用、保証状の濫発に根拠をもっていたのであり、それらのすべてを廃棄したうえで、信長の監視のもとに改定し、所領紛争の根源を断つことが、この第二条の目的であった。

Ⓑは第四条の「誰々によらず、上意を得るに及ばず分別次第に成敗」するというにある。頻発する紛争を処理し不法行為を取締ることを当面の課題として、将軍の裁判権を抑えて信長独自の裁判権の行使を将軍に認めさせることがこの条の目的であった。この条のはじめに明記された「天下の儀、何様にも信長に任せ置かる」という、将軍権の信

長への委任を意味するこの言葉は、直接にはこの将軍裁判権の接収にかかっているが、以上のⒶ知行給与権についての条項とⒷ裁判権関係の条項を、それぞれ将軍の主従制的支配権および統治権的支配権という二大権限のもっとも重要な領域に関する規制とみなすならば、天下を任せるというのは、ほとんど将軍権力の全面的な信長への委任の要求であったとみなすこともできる。

Ⓒは第五条の天皇に対する将軍の奉仕義務の強調であり、そのねらいは後の「異見」で明らかになるが、将軍批判のよりどころとして、信長が天皇問題を提示しはじめたことは、かれの新しい政治姿勢の表明として、以後の信長の天下構想を展望していくうえで注目される。

第三の文書は「異見」(6)(一七ヵ条、元亀三年九月)とよばれる長文の将軍批判書であり、将軍失脚直前の政治文書であるという点でも重要な意味をもつ。内容はみぎの「条々」と密接な関連をもち、Ⓐ知行給与権関係が四ヵ条、Ⓑ裁判権関係が六ヵ条、Ⓒ天皇関係が二ヵ条といっそうくわしくなっているほか、新しくⒹ将軍個人の私行糺弾の五ヵ条が加えられて、将軍批判はさらに具体的で強烈になっている。

まずⒶ知行給与権は、ほんらい将軍の主従制的な支配権に属する私的な権限として、他の批判を許さない性質の領域であるため、信長はその障壁を突破するため、信長個人の立場からではなく、まず「忠・不忠」という中世武家社会における主従制の通念としての恩賞給与基準を掲げながら、将軍がこれによる給与権行使を公正に行なっているかどうかを「諸人の思惑」とか「天下の褒貶」という普遍的な立場から糺弾しようと試みている。

ついでⒷ裁判権批判はその不公正な実情を六ヵ条にもわたって詳細に指摘しつつ、「世上」の批判として、将軍の統治能力と資質の欠格を強調するが、その点では新しく加えられたⒹ義昭の私行批判がいっそう痛烈である。その要は、義昭がすでに信長との対戦や二条城からの脱出の時を想定して、財宝を退蔵し軍用の城米を売払い「牢人のしたく」を公然とはじめ、都に混乱をひき起こしていることを非難する点にある。とくに「異見」の結語で、名もない「土民百姓」までもが義昭を「あしき御所」（悪逆の将軍）と噂しているとのべているのは、「あしき御所」が十五世紀中頃の嘉吉の乱で暗殺された将軍義教を呼んだ言葉として知られる以上、これは義昭に将軍の凶運を連想させようとする脅迫に外ならなかったことになろう。(7)

以上から明らかなように天下・諸人・百姓・世上というような立場から将軍を批判する、いわば「天下」と「公儀」の対立という考え方が「異見」とよばれたこの信長の将軍批判書の基本をなしている。「天下」の語は、さきの「条々」制定の直後に信長が諸大名の上洛を要求した令書で「禁中の御修理、武家の御用、その外天下いよいよ静謐のため」と明記しているところからもうかがわれるように、(8)禁中（天皇）とも武家（将軍）とも区別され、これらを包摂するよりひろい公的な政治秩序ないしその観念を意味し、信長みずからがその秩序の護持者たらんとする意図をこめて、意識的にこの語をとくに対外的に多用するようになっていく。

この立場は©天皇への関係での将軍批判においても一貫している。信長は「条々」で将軍の天皇に対する奉仕義務の怠慢を批判したのをうけて、「異見」の第一条でも再批判し、天皇を名とした将軍批判を強めている。具体的な糺弾の核心は改元の問題を論じた第一〇条にある。すなわち「元亀の年号不吉」という「天下の執沙汰」によって天皇が改元の準備を進めているにもかかわらず、いまだに実現しないのは将軍が非協力的なためであり、これは「天下の御為」に背く行為だ、というのである。

元号の改定はほんらい天皇大権に属するが、実際の手続上は、将軍の奏請をもとに宮廷の議をへて天皇が選定し、(9)将軍の資金調進をもとに改元の儀式によって実施に移されるのが慣例で、それは戦国期にも行なわれており、改元に将軍の果す役割は軽いものではなかった。

信長の義昭批判は、将軍がこの任を怠ったというものであるが、問題の焦点はじつは元亀という年号の改廃をめぐる両者の対立にあった。永禄から元亀へ、元号改定の動きがはじめて認められるのは、義昭が将軍となった直後の永禄十一年冬であり、将軍義昭から正式に改元の奏請が行なわれるのは翌永禄十二年四月であったが、同七月改元と内定されながら、宮廷内の抵抗によってか、その実現は遅れ、奏請から一年後に、将軍が所定の額を上まわる改元費用を調進して、ようやく元亀の元号が実施された[10]。したがって、元亀という新しい元号は将軍義昭の治世とその権力を象徴する意義を現実にもつものであった。とすれば、「元亀の年号不吉」とは、将軍不信の同義語となり、「天下の執沙汰」ありといって天皇を動かし、元亀年号の廃棄を強行しようとする信長に対し、将軍が反対するのは当然であった。しかし、その反対は、いまや天皇をも天下をも敵にまわして孤立することを意味した。

こうして追いつめられた将軍義昭は残されたさいごの活路を直属軍団による軍事対決に求めて行動を起こすが、信長は「天下」のため「公義御逆心」と非難しながらも、対決回避の努力をかさねて、天皇の調停により和約する[11]。この過程で、信長は和約の理由をあげて、義昭と自分とは「君臣の間」であると明言しているのは[12]、信長がその痛烈な将軍批判をくりかえしながら、なお「天下布武」の独自の立場を確立しえず、主従制的観念に拘束される弱さを残していたことを示唆する。

しかし、ついに元亀四年四月、義昭は二条城によって敗戦の後、ふたたび天皇の調停によって救われるが、さらに七月十八日、山城の槇島城の抗戦にも敗れ、中央政界から追放され、幕府は滅亡する[13]。信長は将軍の逃亡を「天下棄ておかる」と評したが[14]、同二十一日、京都に軍をかえすと、ただちに京都所司代に村井貞勝を任命して幕府侍所の京都監察権を接収し、都の制圧に成功する[15]。

(1) 「言継卿記」二九等(『大日本史料』第十編之一〔以下『史料』一のように略記〕、二三三~七頁)。

（2）『史料』一、二四六頁以下、同二、七頁。
（3）『史料』一、七九九〜八〇一頁。この「掟」の写しが仁和寺文書・毛利家古文状に伝えられていることから、掟が公表された可能性が考えられる。
（4）『史料』三、九七三頁。なお、渡辺世祐「足利義昭と織田信長との関係に就いての研究」（『史学雑誌』二二―一、一九一一年）は原本写真を掲載して論究している。
（5）『史料』四、二〇四・二〇七・二六〇頁など。
（6）『史料』十、一六一〜七〇頁。ふつう異見十七箇条と呼ばれ、「尋憲記」その他の記録に全文写しまたは関係記事がみられるところから、さきの「掟」とおなじく公表された可能性がある。
（7）『京都の歴史』4・桃山の開花、学芸書林、一九六九年、八六頁。
（8）奥野高広編『織田信長文書の研究』上・下巻（以下『文書』と略記）、吉川弘文館、一九六九〜七〇年、二一〇号、「二条宴乗日記」。
（9）今谷明『戦国期の室町幕府』（「季刊論叢日本文化」2）角川書店、一九七五年、一六七〜七八頁、奥野高広「織田政権の基本路線」（『国史学』一〇〇、一九七六年）。
（10）『史料』四、三一一〜三四頁。「御湯殿上日記」ほか。「言継卿記」永禄十二年四月八日条に、改元についての内々の申入れは「旧冬」つまり前年の十月から十二月の間にあったと記している。
（11）『文書』三六一・三六四号。
（12）『文書』三六五号。
（13）奥野高広『足利義昭』吉川弘文館、一九六〇年。
（14）『文書』三七八号。
（15）『京都の歴史』4、五一〇頁。なお、徳政令が戦国期幕府の中心的な権限であったという、今谷明『戦国期の室町幕府』二一一頁の指摘に従えば、信長が村井貞勝に徳政令の施行を命じた天正三年（一五七五）三月をもって、信長権力の実質的な京都支配の画期とみなすこともできよう。脇田修『織田政権の基礎構造』東京大学出版会、一九七五年、一六五頁。

## 二　天皇との関係

信長は幕府の京都監察権の接収を断行すると同時に、将軍の改元奏請権を行使して、天皇に元号の改定を出願した。この事実を宮廷の日記が「のぶながより、かいげん事、にわかに申」と明記したように、信長は将軍の追放を機として一挙に元亀の元号廃止を天皇に迫ったのであり、新しい天正の元号の実施までわずか一週間という早さをみても、自らの奏請と経費負担により急速な改元を実現することによって、将軍義昭から信長への政権の転換をひろく天下に印象づけようという強い政治意図があったことは明らかである(1)。

さらに、信長はこの改元強行を足がかりとして、正親町天皇に退位を迫っていた形跡がある。信頼できる公家の日記にいう。天皇譲位について信長から頻繁に申し入れがあるため、天皇の意向を信長に伝えたところ、信長は謝意をのべ来春早々にも退位・即位の式典を執行しようと約束した、と(2)。この天皇譲位問題の発端を天皇の意向とみるか、信長の強制とみるか、解釈は分かれるが、やはり譲位問題に積極的であったのは信長方であったとみられ、かれは新しい天皇の即位式典のための経費はすべて負担したいという熱心な申し入れをくり返していた。

将軍追放の実現と同時に、改元・譲位とあいつぐ要求を通じて、信長は天皇権力に対する公然たる干渉を開始した。しかし、譲位予定の天正二年（一五七四）春になっても天皇退位は実現せず、代りに信長ははじめて従三位・参議という宮廷貴族の位官に叙任され、これを受諾する。これが信長の攻勢をかわそうとする宮廷側の政治的な謀略を意味するものなのかどうか、背後の事情は不明であるが、これとの関連で注目されるのは、ちょうどこの時期に信長が天皇家の重宝である東大寺正倉院の香木「らんじゃたい」の切取りを強行していることである。

天皇以外の臨時の正倉院の開封は、将軍の春日神社参詣の時だけ、勅使の立合いを条件に許される先例のあることを知ると、信長は将軍とおなじ特権を天皇に認めさせたうえに、その香木の一部の切断をあえてした。(3)「信長公記」が足利義政のほかは歴代の将軍さえ望んでも叶わなかった「唯ならぬこと」だと評したように、歴代の将軍をもしのぐ信長のこの行為が、とりわけ天皇にむけた異常な示威のねらいをひめていたのは確かである。その時期からみて、背後に譲位・任官問題が複雑な政治問題としてからんでいたにちがいなく、奥野高広はその事情を推測して、信長は天皇退位とあわせて自分の征夷大将軍任命を要求し、天皇から拒絶されて激怒したのではないかと説いているが、まだ確証はない。

ともかく天皇譲位・信長任官の問題は、この後両者のあいだに終生の政治課題として絡み合いつきまとう。信長の官位はこの時以来、「次第の昇進」といわれたように年ごとに順調に上昇して、(4)天正五年十一月には従二位・右大臣にいたり、やがては左大臣から太政大臣へと宮廷の最高の官職にのぼりつめるものと一般に予測されながら、天正六年一月に正二位に昇進の直後にわかに、統一の実現の時までといって官位のすべてを返上し、嫡男の信忠に譲ることを願い出た。(5)信忠任官は天皇に拒否されたらしいが、官位返上の次の年の冬、信長は次の天皇に予定されている皇太子誠仁親王のため宮殿を京都の二条に築いて、親王を自分の猶子に迎え、(6)天皇退位問題をめぐる新しい攻勢に出る。

ところで、この期間の信長権力による宮廷対策のなかで重要な核心をなすと考えられるのは、天皇が公家・社寺など諸権門に対して行使してきた調停権・裁判権への干渉の深化である。信長介入の実態は、天正四年六月、興福寺の別当職をめぐる寺内の対立紛争に対する宮廷の裁定が信長の反対によって逆転させられるという事件によって明らかとなった。信長はすでにこの段階で、「勅使奉行」とか「四人之衆」とよばれた四人の武家伝奏を介して、宮廷の裁判権の行使に実質的に関与することに成功し、かれらの合議による裁判の結果は信長の裁可を得てはじめて執行されるという仕組みを確立しえていたらしいのである。(7)このような事態は天正三年八月に常陸で起った関東の天台宗と真言宗のあいだの絹衣着用の是非をめぐる相論に対する宮廷の裁決のさいにも認められよう(8)し、天正七年に安土宗論といわれる法華宗と浄土宗の対決をしくんで、都の大宗教勢力を弾圧するような裁判権を公然と行使できたのも、信長の権門に対する調停・裁判権への関与の一つの帰結とみることができよう。

天皇大権のうち、政治の世界でもちえた、このもっとも実質的な権能を信長権力が掌握しえていたとすれば、天正八年、信長法敵論を掲げて抵抗を続けてきた本願寺に対して、武家伝奏や親王らを駆使して勅命による講和を実現するような政略が、もはやまったく信長の意のままであったことは当然であろう。

天正九年春、信長が都の宮廷近くにその軍団と天皇以下の宮廷人を動員し、軍事パレードを行なった威圧の効果は、すぐに天皇が信長を左大臣（宮廷第二位の高官）への任命を決定するという形であらわれる。しかし、信長は「天皇退位ののち、親王の即位の式典を実現し、その功績として官を受けよう」という遠まわしな表現で天皇に交換条件をつきつけたため、すべては白紙となってしまう。この事件を、信長の天皇に対する再度の退位強制とみるかどうか、解釈は分かれるが(9)、少なくとも天皇退位と信長任官とが切離せない形で中央政界の政治課題とされていたことは事実である。かりに天皇に退位の意志があり、信長もそれを希望していたとみても、それがついに実現せずに終っている以上、やはり天皇と信長とのあいだにそれを妨げる何か深刻な対抗関係がひそんでいたとみなければ説明はつかない。この問題について、信長の宿願である征夷大将軍への任官を天皇が拒絶し続けたことがすべての根源であろうとみる奥野高広の想定は、信長さいごの瞬間の征夷大将軍任官の問題の意義を追究する重要な手がかりとなる。

天正十年春、東国の武田氏制圧をみずからなしとげて安土城に凱旋した信長のもとに、天皇は祝勝の勅使を送るとともに、信長を「太政大臣か関白か将軍か」に推挙するという朝議をまとめ「いか様の官にも」という誠仁親王の書状をそえて勅使が派遣される。このような宮廷の決定は、言葉どおり信長を望み通りの高官に任命しようという趣旨であったのか、背後にある宮廷内部の意見の不一致や対立をも包みこんでいるのか、あいまいな点がある。しかし、信長からあらかじめ勅使の目的を問われた勧修寺晴豊は「関東打ちはたされ、珍重に候あいだ、将軍になさるべきよし」と明言している以上、これが、おそらく信長の宿願をうけいれる形でとりまとめられた、宮廷ないし天皇の結論であったことは確かである。(10)

したがって、もしふつう言われるように、征夷大将軍は源氏であることを絶対条件とするというのが中世政治世界の通念であったとすれば、このころの「信長ハ平家」(11)といういきわたった認識にもかかわらず、天皇はついにその権威の伝統と故実をみずから放棄して、平姓の将軍の任命にふみきったことを意味しよう。しかも、そのことを最終的に天皇に迫る決定的な契機となったものは、「関東打ちはたされ」という勅使の言葉の示すように、関東の一角上野までの織田分国化によって、東夷征討という征夷大将軍の職に固有の任務を達成した信長の実績にほかならなかった。

信長は天皇権力とのながい対抗関係の帰結として、ついにその実績をもって、天皇大権の伝統的権威をその根底から揺るがすところまで自分の権力を展開させてきたことになり、信長権力がその最終段階で到達した政治的地位の極点を示すものとして、この平姓将軍の朝議決定の意義は大きいのである。ところで信長自身はこの決定を伝達する勅使の派遣を辞退し、これを安土城に迎えてもなお返答を明らかにせず、中国・四国地方の作戦をめざして上洛したまま、本能寺の変に生涯を終える。勅使に対する信長の態度を将軍任官の拒絶とみるか、上洛までの確答の保留にすぎなかったとみるか、解釈は分かれる。いずれにせよ、この画期的な朝議決定に対し、信長が直ちに受諾しなかったという微妙な事実は、信長がすでに将軍を含む高官の地位に固執も絶対視もしていなかったのか、あるいは少なくともそのような態度を演出し天皇大権の絶対性を突き崩そうとしていたのか、いろいろな解釈の余地を残している。

岩沢愿彦の指摘するように、[12]勅使下向の直後の天正十年六月の信長上洛は、ひろく日本の中央地帯の支配を実現したうえでの新しい統一過程への起点であるとともに、このような勢威を背景に、将軍宣下問題への正式の回答を明らかにすることにより、征夷大将軍として新しい幕府を開設し、のちの徳川幕府型の政権への道をとるか、将軍はもとより太政大臣・関白のいずれをも拒否して空前の独自な政権構想を示すか、信長は中央統一政権の樹立の方向を定める決定的な岐路ともいうべき時点に立たされていたことは事実であった。そのすべての選択の機を直前で断ってしまった本能寺の変の意味は、まことに深刻なものであったといわなければならない。

(1) 奥野高広「織田政権の基本路線」(『国史学』一〇〇、一九七六年)、「御湯殿上日記」元亀四年七月二十一日条。
(2) 奥野高広「織田政権の基本路線」、「孝親公記」天正元年十二月七日・八日条。
(3) 和田軍一「らんじゃたい」(『日本歴史』三三五、一九七六年)。
(4) 「兼見卿記」天正六年三月七日条。
(5) 「兼見卿記」天正六年三月九日条。
(6) 「多聞院日記」天正七年十一月二十二日条。
(7) 奥野、前掲論文。脇田修『織田政権の基礎構造』東京大学出版会、一九七五年、二七二〜五頁、「多聞院日記」天正四年六月二十四日条、「兼見卿記」同年七月六日条など。
(8) 『水戸市史』上巻、六二二頁以下。
(9) 朝尾・奥野・脇田三氏のあいだに解釈の対立がある。「はじめに」の注(3)論文参照。
(10) 岩沢愿彦「本能寺の変拾遺」(『歴史地理』九一―四、一九六八年)、『文書』一〇一〇号。
(11) 「多聞院日記」天正十年五月十八日条。
(12) 『前田利家』吉川弘文館、一九六六年参照。

信長はその権力を支える直属大名の戦国的な体質の克服という政策を、とくに石山戦争の終結を画期として積極的に推進した。信長晩期のその政策の核心は城破と国替と検地の一体化に顕著に認められる。以下、その特徴を具体例によってのべよう。(1)

## 三 家臣団との関係

天正九年（一五八一）信長は越前府中城の前田利家に能登一国の大名として移ることを命令した。その移転指令の要点は、越前における知行の返上、府中城はじめ「下々私宅」の明け渡し、および妻子同伴の移住などであった。(2) かつては信長側近の直臣であった前田利家も、越前に独立してすでに七年、越前衆とよばれる土着の軍団を組織統轄して、その独立性をしだいに強めていた。この前田権力は、岩沢愿彦が明らかにしたように、(3) 一族・譜代のほかに、かつて戦国大名朝倉氏の家臣であった土着の越前武士たちを、古い性格のまま、数多くその権力中枢に参画させていたのであった。

したがって、府中城の明け渡し、とりわけ「下々私宅」といわれる、おそらくは土着の領主諸階層の本領本拠に及ぶ返上の指令は、妻子同伴の移住令とともに、かれら土着勢力の基盤の解体を推進しようとする政策にほかならなかったし、かれらに依拠して自らも土着性を深めつつ権力強化をはかってきた前田権力そのものの性格をも変えずにはおかなかった。この国替が前田氏の近世的な家臣団の基礎を確立した画期であると評価される根拠は、(4) まさにこの点にあった。なお「下々」が実際にどのような階層までを指していたかは不明であるが、今後の追究によって、秀吉の国替政策（侍身分のすべてにわたる移転強制）との比較がのぞまれる。

この前田氏の能登国替とならんで、おなじ越前の小丸城主であった佐々成政も隣りの越中に国替され、信長権力の北陸統治の最前線をともに固めることになった。両氏の能登・越中への移入に先立って、この両国で信長直臣の手による城々の破却が強行されていたらしく、佐々成政も一国全域にわたる検地の施行を土着領主たちに対して予告していた。(5)少なくとも信長権力による新しい占領地では、国替・城破と検地は一体として統一的な基本政策となっていた形跡が濃厚である。

ところで、これより先、石山戦争終結の直後、信長は細川藤孝と明智光秀に指示して、京都の後背地域である丹後・丹波への移封を行なわせていた。かれらに信長が示した「国の政道」つまり一国統治の基本方針は、惣国検地・確認知行高に応じた軍役賦課・検地余分の直轄化・検地ずみ所領の保証などであった。(6)土着領主たちの本領保証がけっして無条件で行なわれたものでなかったことは、天正十年五月、四国進攻にあたって、信長の「政道」の基本として、土着領主の存続の可否はかれらの忠誠ぶりを厳重に調査したうえで決定せよと強調しているとおりである。(7)また、存続を許された者も検地つまり本領を含む知行の調査を免れることはできず、もはや単純な本領安堵による主従編制策はみられなくなっている。

こうして、国替は転出地において大名権力に本領離脱か帰農かを強制し、移転先では、転入家臣団の新しい知行地確保と土着領主の本領に対する削減・否定・安堵のいずれかが必要とされ、その確定を第一の目的として「国並の糺明」といわれる領国全域にわたる検地が、しばしば城破をともないつつ強行された。いっぽう、大規模な国替をともなわない場合でも、検地が城破を前提として実施されるという方式に注意する必要がある。とりわけ、石山戦争終結の直後、摂津・河内に強行された城破の実態を追究することは大切な課題であり、その一環として「一国破城」にはじまり一国の総検地をへて在地領主の改易に終った信長権力の大和統治は、その規模の大きさだけでなく、在地領主

の基礎の否定という戦国解体策を示したという点でも、一つの典型とみなすことができる。(8)

(1)　以下は、藤木「統一政権の成立」でのべたことの要約。
(2)　『文書』九五四号。
(3)　『前田利家』吉川弘文館、一九六六年、四九頁。
(4)　注(3)参照。
(5)　楠瀬勝「佐々成政の越中への分封をめぐって」㈠（『富山史壇』五六・五七合併号、一九七三年）。
(6)　『文書』九四一〜五号。
(7)　『文書』一〇五二号。
(8)　「多聞院日記」天正八年八月〜十月。『文書』八八九号・八九八号・同参考史料（下巻、五四七〜五四頁）。なお、脇田修『織田政権の基礎構造』一七六頁以下。とくに一八六頁以下に新史料の分析が示されている。

## おわりに

以上、信長権力の政治的地位の推移について、上洛以後の三つの画期にそくして考え、諸研究の対立する点についても具体的に検討を加えてみた。この報告の要点をごく簡単にまとめると、まず第一期の将軍権力との関係については、幕府の再出発当初から信長を包摂しきれないまま、将軍権力は信長との対立を深め破局に至るが、その対抗関係の特徴は軍事力行使を超えて、「天下」論に集約される法的政治思想上の対決にまで及んでいる点に認められること、第二期の天皇との関係では、将軍の追放後、信長は天皇大権への実質的な干渉を重要な政治課題として強行するが、その最終段階で、「東夷追伐」により天皇を平姓将軍の任命に踏みきらせた意義は大きく、しかも信長がそれに確答を示さなかったことから、信長権力の到達点と政権構想の内容があらためて問われなければならないこと、第三に、石山戦争の終結を画期として、信長権力そのものの戦国的な体質の改造が、国替・城破・検地を一体として、政策的に推進されていくこと、などである。

# Ⅲ　織豊期の戦国大名＝上杉

## 一　上杉氏家臣団の編制

初出「家臣団の編制」(『藩制成立史の綜合研究　米沢藩』第二章〔第三節を除く〕、吉川弘文館、一九六三年)

### 一　侍中・五十騎衆

#### 1　天正三年軍役帳

本章では、天正六年(一五七八)から慶長二年(一五九七)に至る越後における上杉景勝家臣団の編制を究明することが主題である。景勝の領国支配は謙信のそれを承け、御館の乱を経て成立したものであるから、景勝家臣団編制の特質を明らかにするには、まず謙信家臣団の性格をみておくことが必要である。天正三年二月「御軍役張（帳）」(「上杉家文書之二」)は、たとえば、

御中城様

弐百五拾丁　　鑓

四拾人　甲 籠手　打物 腰指　　手明

弐拾丁　笠　腰指　　鉄炮

弐拾五本　　大小籏

四拾騎　甲 籠手　打物 腰指　　馬上

以上

のように、上杉謙信麾下の越後の有力諸将ほぼ四〇名について、賦課される軍役の内容、鑓・手明・鉄炮・大小籏・馬上の五種目にわたり、その数量を規定したものである。天正三年といえば謙信の領国支配の終末期に当り、このような越後全域の有力諸将の全軍役量を統一的に規定し掌握した軍役帳の成立は、越後の軍事的統一を示す端的な徴証として注目される。まず登録された家臣全体を系譜的に検討すると、この軍役帳は諸将を大よそ次の四群別に、一定の意味をもって登録していることが明らかとなる。

第一群は筆頭から第六位まで、御中城様（上杉景勝）・山浦殿（村上国清）・十郎殿（長尾景信）・上条殿（上条政繁＝畠山義春）・弥七郎殿（長尾景通）・山本寺殿（山本寺定長）の六名で、いずれも特別に様・殿の敬称を付されている点でも以下の諸将と明らかな区別がある。このうち景勝・景信・景通・定長は上杉＝長尾一門、義春は上条上杉氏の名跡を与えられた能登の客将畠山氏、国清は越後旧族山浦氏の名跡を与えられた信濃の客将村上氏。この上条・山浦両氏は永禄二年の「御太刀之次第」（「越佐史料」四・上杉古文書）にも、一般の「侍衆」の交名とは別格に「上条入道殿　金覆輪、山浦入道殿　金覆輪」と並記される名族であった。つまり第一群の上位六氏はすべて上杉一門ないしそれに擬せられる有力客将であり、敬称をもって他と記載上も区別される。

第二群は第七位から第一六位まで、中条・黒川・色部・水原・竹俣・新発田・五十公野・加地・安田（新太郎）・下条の一〇氏。それぞれ下越後の奥山庄・小泉庄・白河庄・豊田庄・加地庄などに鎌倉初頭から地頭として蟠踞した旧族。すべて春日山城からもっとも遠く北辺に隔たり、「揚北《あがきた》」とか「奥郡」と呼びならわされた地域に属し、上杉氏からの自立性が最も濃厚な諸将である。

第三群は第一七位から第二八位まで、荒川・菅名・平賀・新津・斎藤・千坂・柿崎・新保・竹俣・山岸・安田（宗八郎）・舟見の一二氏。この内、奥郡の竹俣を除くと、いずれも「中郡」・「上郡」とよばれた中上越地域の諸将で、第二群の奥郡諸将にくらべて上杉氏への家臣化ははるかに早い国衆である。

第四群は第二九位から第三六位まで、松本・本庄（清七郎）・吉江（佐渡守）・山吉・直江・吉江（喜四郎）・香取・河田（対馬守）の八氏。香取は不明であるが、他はすべて謙信の重臣を構成した有力な旗本老臣である。

なお第三七位の北《きた》条下総守と軍役帳の異本が第三八位に載せる小国刑部少輔は第三群に属すべき中郡（刈羽郡）の国衆である。また第三九位の長尾小四郎は上野の長尾氏一門かと考えられるが、いずれも最末尾に付け加えられている理由は明らかでない。

このようにみれば、天正三年軍役帳はまず筆頭に謙信の養子景勝以下上杉一門および客将を一括して掲げ、ついで国衆諸将を大体において奥郡・中上郡の順にそれぞれを一括記載し、最後に旗本老臣を置くという一定の方式に従っていることが明らかとなる。つまり上杉氏は、とくにそれと註記しないが、軍役帳の登録に際し、一門・国衆（奥郡・中郡・上郡）・譜代（一部新参の直臣）という区分方式を基準としているということができる。

ところで一門・国衆・譜代の順による区分方式はほぼ相似た形で永禄二年（一五五九）「御太刀之次第」にすでに認

められる。これはこの年四月に上洛を果して帰国した謙信（長尾景虎）に祝儀太刀を献じた諸将の交名である。そこでは越後国内の諸将が大きく「侍衆」と呼ばれ、「御馬廻年寄分之衆」と対置される。そして侍衆はその中で「直太刀之衆」・「披露太刀之衆」に二分される。直太刀之衆に属する越《こし》十郎殿（長尾景信）・桃井殿（清七郎）・山本寺殿の内二名は軍役帳の第一群の上杉一門に記されるから、直太刀之衆は上杉一門の家柄を示すものとみられる。ついで披露太刀之衆には中条殿（藤資）・本庄弥次郎殿（繁長）以下の一般国衆が属し、馬廻年寄分之衆には若林・山村・諏訪・山吉・相浦・松本・荻田・庄田等の謙信側近の譜代馬廻衆が記されている。

つまり天正三年という領国支配の終末期に作成された軍役帳に、一門・国衆・譜代ともいうべき家臣団の区別方式が存在すると考えたが、そのような区別は領国支配がきわめて未熟な永禄初年に、すでにこれに比定しうる侍衆（直太刀・披露太刀）・馬廻年寄分之衆の呼称をもって存在しているのである。そしてここにあらわれた登録の順位は、春日山城中の座次の順位にもとづくもので、「座敷」・「席」と呼ばれ、永禄期には明らかに固定したものとなっていることに注目しなければならぬ。

たとえば永禄十二年、揚北奥郡の屈指の旧族である本庄弥次郎繁長が謙信に叛いた際、その鎮撫に功のあった本庄同族の色部長真に対して、元亀二年八月六日付で、「於向後者、本庄弥次郎座敷以下迄下ニ有之間敷者也」という謙信の感状（「歴代古案」二）が与えられているのが一例である。永禄二年の「御太刀之次第」では、披露太刀之衆の一位が中条、二位が本庄弥次郎で、色部は第五位。天正三年の軍役帳では奥郡国衆の一位に中条与次、二位に黒川四郎次郎の順で三浦和田一族が占め、そのつぎに色部弥三郎が記され、本庄弥次郎は消えている。したがって右の感状により、色部氏はそれまで本庄氏の占めていた「座敷」を得て、中条一族につぐ位置を占めたことが明らかである。

他の例は、天正十一年上杉景勝の代に至り、先に座敷を失って姿を消していた本庄氏が、「当代別而依被忠勤」の恩賞として、再び席を与えられた際の措置である。本庄越前守繁長に宛てた上杉景勝書状（「歴代古案」三、天正十一年七月十二日）によれば、その証状の内容は、「席之儀者、同名十郎席ニ相定候、十郎名跡ニ相立之上、出仕可為隔日候」と明記されている。つまり本庄氏の席の復活は、天正六年御館の乱に亡びた長尾十郎景信の欠席＝名跡への補充という形をとったのである。景信は永禄二年には侍衆のうち直太刀之衆に属し、天正三年軍役帳には上杉一門として山浦殿につぐ第Ⅰ群の三位にその席を占めていた。天正十一年の景勝の指令のあと本庄氏は、上杉景勝分限帳ともいうべき「文禄三年定納員数目録」では、まさしく山浦氏につぐ旧長尾景信の「席」に登録されていることが確かめられる。

これらの諸点から、上杉家臣団の序列が永禄期にはすでに城中の席順によって固定化されていること、その変更は欠席の補充として上杉氏の統制の下で行なわれ、恩賞の対象ともなっていること等を推測することができる。そして先にみた永禄二年「御太刀之次第」・天正三年軍役帳における家臣団の登録順位は、このような席次を表現していると考えられ、それはさらに「文禄三年定納員数目録」、つまり上杉景勝家臣団の序列にも反映していることが判明する。

ところで謙信家臣団において、以上のように伝統的な家柄や上杉氏との親疎にもとづき、かなり早くから定まっていた身分的な序列と現実の軍事上の地位との関係はどうであろうか。天正三年軍役帳は家中の有力諸将を身分別に伝統的な序列に従って記載しており、登録順位と軍役高の大小はまったく一致していない。この鑓・手明・鉄炮・大小旗・馬上からなる軍役高を、一門・国衆・譜代の各群ごとにまとめ、家臣団における軍事力の比重をみると、ほぼ第1表の通りである。第Ⅰ群の一門客将が負担する軍役人数は合せて一〇二九（一人平均約一七〇）、第Ⅱ群の奥郡国衆は一四〇六（同一四〇）、第Ⅲ群の中上郡の国衆は一二三八（同一〇〇）、第Ⅳ群の譜代旗本は一五一九（同一九〇）、総計は五一九二人で、その他に軍役帳の末尾に記載される北条・小国・長尾三氏の分を加えると五四〇三人という概況である。このように群別にみると、それぞれの軍事力はきわめて接近しており、とくに際立った差は認められない。

第１表　謙信家臣団の編制と軍役

| 群 | | 家臣 | 鑓 | 手　明 | 鉄　炮 | 大小旗 | 馬　上 | 計 |
|---|---|---|---|---|---|---|---|---|
| | | 人 | 丁 | 人 | 丁 | 本 | 騎 | |
| Ⅰ | 一門・客将 | 6 | 693 | 110 | 63 | 64 | 99 | 1,029 |
| Ⅱ | 国衆(下郡) | 10 | 935 | 155 | 84 | 99 | 133 | 1,406 |
| Ⅲ | 国衆(中上郡) | 12 | 819 | 160 | 65 | 77 | 117 | 1,238 |
| Ⅳ | 旗本 | 8 | 962 | 175 | 88 | 108 | 186 | 1,519 |
| 計 | | | 3,409 | 600 | 300 | 348 | 535 | 5,192 |

注　群は本文の記述を参照のこと。軍役帳末尾の北条下総守・小国刑部小輔・長尾小四郎を除く。

ただかりに各群の一人平均の軍役高を比較すると、旗本・一門・国衆の順になる。旗本層に過重負担の者の多いことが知られ、謙信直属の軍事力の性格を示すものとして注目される。ところで第Ⅱ・Ⅲ群はいずれも国衆であり、Ⅰ一門・Ⅳ旗本に対置すべき性格を示すものと考えられるから、この両群を一括して他と比較すると、Ⅰ一門は一〇二九、Ⅱ・Ⅲ国衆は二六四四、Ⅳ旗本は一五一九となり、国衆諸将が上杉家軍役の過半を占めていることになる。

つぎに、このような一門・国衆・旗本の軍事力の比重を、実際の陣立の一例について眺めてみよう（人名の下の数字は、軍役帳の席次と軍役人数を示す）。

飯山江者、新発田（国衆⑫一九四）・五十公野（国衆⑬一一九）・吉江佐渡守（旗本㉛一〇五）相移候、関山之新地へ者、十郎（一門③八一）・山本寺（一門⑥七一）・竹俣（国衆⑪九八）・山岸（国衆㉖五五）・下田衆（？）相籠候、此外、旗本之者共十騎十五騎両地へ為横目入置、禰知・不動山へも籏下之者共数多差越候間、手前ニ者、山吉（旗本㉜三七七）・河田（旗本㊱一〇七）・栃尾衆（旗本㉚二四〇余）、是ナラテ無之候、

これは永禄十一年八月十七日、武田信玄の信濃出兵に備える上杉氏の信越国境飯山・関山・禰知・不動山ならびに本城春日山守備の陣容を記した上杉謙信の書状である（「歴代古案」四）。すなわち前線の諸城砦へは軍役帳の上位を占める有力諸将を主軸とし、国衆と旗本あるいは一門を組合せて動員するのに対し、春日山城の謙信の身辺は山吉・河田・栃尾本庄等の旗本直臣勢力をもって固め、そ

のうえ前線の陣立の内へは旗本を、横目＝軍監として、あるいは軍事力増強の目的で、特別に派遣している様子が窺われる。

以上、上杉謙信の軍事編制のうえで国衆諸将は著しく優位を示しているが、むしろ注目されるのは、譜代ならびに新参の家臣が謙信直属の旗本として、領国統制に枢要な役割を担いつつあること、身分的には最高の序列を占める一門客将は謙信との親近性はきわめて薄く、統一的な実力とはなり得ていないこと等を、天正初年に至る上杉謙信家臣団の特徴として認めることができるであろう。

## 2 侍中と五十騎衆

上杉景勝家臣団の編制は、「文禄三年定納員数目録」によって、ほぼその大綱を窺うことができる。上杉景勝分限帳ともいうべきこの定納員数目録は、文禄四年の領国検地の準備措置として、家中から差出させた知行定納高を基礎として作成された。したがって、それは景勝による天正末年の統一完了から、慶長初年に至る領国支配体制の確立期の家臣団編制を示すものと考えられる。ただその記載には伝写の事情からみて、北信泉衆を中心として江戸時代の作為の部分が少なくなく、全体としてかなり批判的な利用が必要である。

ところで上杉景勝の支配の基礎は、天正六年から八年にわたる御館の乱の終結によって、ようやく固まった。この三ヵ年間にわたる争乱の過程は、そのまま景勝の領国統一の過程となった。つまり景勝の支配は、天正初年における謙信のそれをそのままに継承し得てはいないのである。したがって、文禄三年（一五九四）という確立期における景勝家臣団の編制を明らかにするに当って、これらの点に留意しながら、定納員数目録の分析を進める。

この目録に登録される景勝の家臣団の総数は、ほぼ二〇〇〇名にのぼる（ただし江戸時代の工作が加えられた部分があるから、この人数は確かでない）。彼らはすべて「侍中」・「五十騎衆」などの外、「直嶺衆」以下の地方在番衆のいずれかの編制に属している。記載のうえでは、たとえば、

越後侍中定納一紙

百七十三人役
都合二千二百七十七石六斗三升一合　本姓村上　山浦源五分

百三十八人役
同　二千二百九十八石二斗七升八合五勺　慶長二年御叱　本荘豊後守分

（中略）

五十騎衆定納之一紙

五十八人
一、千六百三十四石九斗四升　宰配頭　福島掃部助

（中略）

直嶺衆

五十人小半役
一、八百九石一斗六升四合　妻泉弥七郎重歳娘　樋口伊予守

等とあるのがそれで、家中諸士はそれぞれの所属する編制に従って列記される。この編制は大きく侍中・五十騎衆と地方在番衆とに区分することができる。そして、それらは相互に並列的な軍事編制の単位というよりは、侍中・五十騎衆が伝統的な序列にもとづく身分制的な体系をしめすいわば家臣団統制の縦軸であり、地方在番衆が横に展開された領国支配の機構である、という関係で考えることができるようである。したがって本節では家臣団統制の基軸をなす侍中・五十騎衆を採り上げることとし、地方在番衆の性格は次節で考えたい。

(1)　侍　中

定納員数目録は、その冒頭に「越後侍中定納一紙」を掲げ、越後侍中一四三名を列挙している。この越後侍中は、

まず記載上一一四名と二九名の二群に分けて括られ、さらに前者は、「宰配頭」と注記される第二七位の荻田主馬丞を境として、知行高のうえでも顕著な対照をしめすので、以下この越後侍中を三つの組成に大別して検討を試みる。

第一群は越後侍中の筆頭に登録された知行高二二七七石余の山浦源五から、二六位を占め知行高二二七七石余の山岸中務少輔までの二六名である。これを知行高についてみれば、九〇四一石余の大国但馬守から六六二石余の加地氏を含み、二〇〇〇石以上一四名、一〇〇〇石以上八名、それ以下四名となり、すべて上杉家中の最上士層であることを知る。ところで注目すべきは、九〇四一石余の最大の知行高を擁する大国氏は二〇位、それにつぐ五六〇〇石余の泉沢氏も二二位を占めるなど、この記載順は「定納一紙」であるにかかわらず知行高を基準としていないという事実である。この点では、先に述べた天正三年の軍役帳が有力諸将を軍役高によらず、伝統的な序列によって登録していた事実を想起する必要がある。

越後侍中を軍役帳に登録された諸将と対比してみると、侍中の第一群二六名の内には軍役帳にみえたもの一七名が引き続き名を連らね、新しく現われたものは九名という概況である。まず両者の連続面に注目すれば、侍中第一群の過半数が謙信以来の有力家臣をもって編成されている事実は、侍中の性格をもっともよくしめすといえよう。ただ第2表に明らかなように、一七名のほとんどが奥郡以下の国衆諸将であって、一門・譜代の有力家臣は僅少である。次いで両者の不連続の面をみれば、第一群に現われない主な家臣は第2表備考欄にしめす通りである。すなわち「殿」の敬称で呼ばれた上杉一門の脱落が極めて著しく、一門六名のうち景勝自身と客将山浦氏の外は、すべてその地位を失っていること、奥郡の国衆新発田・五十公野両氏、譜代の栃尾本庄氏が姿を消していること等が知られよう。これら有力諸将の脱落はすべて御館の乱以降の領国統一過程で起っており、景勝支配の成立の仕方とその性格の一端を暗示している。とりわけ上杉一門は謙信の下で、執政の枢機からは遠ざけられながらも、家中最高の席次をもって景勝

第２表　越後侍中（第一群）

| | 知行定納高 | 出身 | 天正軍役帳 | 軍役高 | 備考 |
|---|---|---|---|---|---|
| | 石 | | | 人 | |
| 山浦源五 | 2,277 | 信濃 | 天正 | 250 | 天正・山浦源五 |
| 本荘豊後守 | 2,298 | 越(下) | | | 天正・長尾景信 |
| 高梨薩摩守 | 2,665 | 信濃 | | | 天正・上条政繁 |
| 藤田能登守 | 2,808 | 武蔵 | | | 天正・長尾景通 |
| 須田右衛門大夫 | 1,902 | 信濃 | | | 天正・山本寺定長 |
| 安田上総介 | 2,474 | 越(中) | 天正 | 95 | |
| 木戸元斎 | 3,282 | 武蔵 | | | |
| 中条与次 | 1,865 | 越(下) | 天正 | 135 | |
| 斎藤三郎右衛門 | 3,367 | 越(中) | 天正 | 213 | |
| 安田筑前守 | 1,232 | 越(下) | 天正 | 148 | |
| 大石播磨守 | 2,150 | 武蔵 | | | |
| 松本左馬助 | 1,225 | 信濃 | 天正 | 143 | |
| 勝田与太郎 | 1,913 | | | | 出身未詳 |
| 小倉喜八 | 1,799 | | | | 出身未詳 |
| 新津丹波守 | 911 | 越(中) | 天正 | 91 | |
| 千坂与市 | 984 | 越 | 天正 | 58 | |
| 加地某 | 662 | 越(下) | 天正 | 158 | |
| 下条采女 | 1,734 | 越(下) | 天正 | 52 | |
| 竹俣左京亮 | 921 | 越(下) | 天正 | 98 | |
| 大国但馬守 | 9,041 | 越(中) | 天正 | 125 | |
| 色部竜松丸 | 4,868 | 越(下) | 天正 | 227 | |
| 泉沢河内守 | 5,643 | 越(上) | | | 上田衆 |
| 水原常陸介 | 3,414 | 越(下) | 天正 | 85 | |
| 黒川左馬頭 | 1,665 | 越(下) | 天正 | 178 | |
| 柿崎弥次郎 | 2,861 | 越(上) | 天正 | 260 | |
| 山岸中務少輔 | 2,277 | 越(中) | 天正 | 55 | |

注　出身欄のカッコ内は地域（上・中・下郡），天正は軍役帳登録家臣。

と同班にあったが、景勝支配の成立過程で、その席さえも失っていることは注目に値する。それら一門の欠席には、まったく新しく信濃・武蔵出身の新参諸将が二〇〇〇石を越える知行高をもって登録され、また大石播磨守・泉沢河内守は新しく取り立てられた代表的な家臣であり、文禄期には検地・知行関係政務に重要な役割をになっている。

要するに越後侍中の第一群は、軍役帳に登録された謙信以来の伝統的な国衆家臣を基とし、新しく有力外様諸将等を加えて編成されていること、軍役帳に示された伝統的な序列の体系は、この「侍中定納一紙」にも継承され、侍中第一群はいわば景勝家臣団の最高の格式を示すこと等を結論することができよう。

第二群は「宰配頭」と注記される荻田主馬丞以下の八八名である。まず知行高のうえでは、これも「宰配頭」とある一一一一石余の島倉孫左衛門から、わずか一九石五斗の内藤杢之助までを含み、四〇〇石以上は一四名、一〇〇石以上は四四名で、第一群とは対照的な中下士層である。ついでこれを軍役帳と対比すると、川田・吉江・神保・萱名のわずか四名が続いて現われるのみで、この点でも第一群と大きく異なっている。そしてこの四名のうち、川田は新参、吉江は譜代であり、また永禄二年「御太刀之次第」の御馬廻年寄分之衆の中にも、この第二群に記載される荻田・相浦・若林三氏の名がみえている。さらに、慶長六年以前の景勝関係史料を蒐集した「覚上公御書集」の編者が、この第二群に属する小森沢・相浦・富永・朝岡・草間・鰐淵ら多くの諸将を「馬廻健士」と注記して、景勝の直臣である上田衆と峻別していることが注目される。藩政期に至れば、定納員数目録の侍中の班は、はっきり二分されて、第一群は「侍組」の主体となり、この第二群は「馬廻組」に編成されるのである。

以上を綜合すれば、侍中第二群というのは、若干の例外を除いて、前代の謙信の下で一般の侍衆とは別に馬廻と呼ばれた旗本家臣団であったと結論することができる。そしてここで重要なのは、前代以来の有力国衆と中下士馬廻衆とを「越後侍中定納一紙」として一括して侍中の班に登録し、つぎに述べる「五十騎衆」と区別している点である。つまり景勝譜代の中下士層によって編成される五十騎衆を、景勝家臣団における新旗本とすれば、侍中第二群は謙信時代以来の旧旗本と呼ぶべきものである。このように大身の謙信直臣と国衆・旧旗本などを一括して侍中に入れ、新旗本をこれとは区別した編成は、景勝譜代の新旗本層を中心とした領国支配中枢の掌握、という政策に対応するものと考えられる。

なお、侍中の末尾に別に一括される第三群の二九名は、後筆ながらほとんど例外なく「元信州衆」と注記されており、先の二群とは記載のうえでも、まったく別個に一括されている。その知行高は、五〇〇石以上の香坂・大滝・大峡三氏を除けば、すべて一〇〇石前後の下士層である。かれらの「元信州衆」という注記の意味は、窪島・大滝・小幡・戸狩らの諸氏に宛てた景勝の判物に(1)、「今度越後召連付而信州知行分諸役令免許者也、仍如件」等とあることによって具体的となる。つまり天正十年の信州仕置を契機として、景勝に従って越後春日山城下に移住した諸士が越後侍中の末尾に加えられたものである。なおこの中には元信州衆以外に、笹岡衆と注記される奥郡笹岡城将の今井・酒井両氏らが属しているが、その理由は詳らかでない。

ところで、右の越後侍中の外に、定納員数目録は「信州侍中定納一紙」を収め、須田相模守以下一六名の「信州侍中」を登録しているのが注目される。その全容は第3表の通りである（江戸時代に著しく作為された

第3表 信州侍中

| | 定納員数目録 | | 天正14年軍役帳 | |
|---|---|---|---|---|
| | 知行高 | 公役数 | 順位 | 軍役数 |
| | 石 | 人 | | 人 |
| 須田（相模守） | 12,086 | 725.5 | 1 | 52X |
| 西条（喝食丸） | 878 | 52.5 | 8 | 32X |
| 井上（左衛門大夫） | 1,200 | 72.0 | 2 | 45X |
| 寺尾（百竜丸） | 828 | 49.5 | 7 | 37 |
| 綱島（豊後守） | 736 | 44.0 | 10 | 22 |
| 大室（兵部少） | 522 | 31.5 | 11 | 21 |
| 夜交（左近助） | 558 | 33.0 | 4 | 32 |
| 清野（助次郎） | 4,177 | 250.5 | 5・6 | 60<br>185X |
| 平田（尾張守） | 2,075 | 124.0 | 記載ナシ | |
| 島津（淡路守） | 6,190 | 371.0 | 13 | 249X |
| 芋川（越前守） | 4,486 | 269.0 | 記載ナシ | |
| 市川（長寿丸） | 3,349 | 201.0 | 3 | 114X |
| 岩井（備中守） | 2,983 | 179.0 | 14 | 137 |
| 松田（織部佑） | 763 | 45.0 | 記載ナシ | |
| 板屋 | 記載ナシ | | 9 | 69X |
| 栗田 | 記載ナシ | | 12 | 179 |

尾崎氏は除く）。これを天正十四年に北信濃の有力諸将の軍役高を記載した上杉氏軍役帳（『上杉編年文書』所収須田文書）と対比しながら検討すると、まず相互の異同で、軍役帳に登録されて信州侍中にみえないのは板屋・栗田の両氏、新たに侍中に現われるのは平田・芋川・松田の三氏、他の一一氏は軍役帳・定納一紙の双方に引き続いて記載される。このうち不一致のものの理由に、栗田・松田両氏はそれぞれ善光寺・更科八幡宮の別当という特異な存在であり、平田氏は会津牢人であることが考えられるが、板屋・芋川両氏については未詳である。これら一部の例外はあるが、他の一一氏が軍役帳と定納員数目録の双方に登録されていることから、信州侍中の班は北信地方の伝統的旧族諸将をも

って編成された信州出身家臣の最上の序列をしめすものと考えることができる。

信州の旧族諸将をもって上杉家臣団に編制し、一元的に掌握するに至っていることは、謙信の晩年天正三年に越後諸将のみをもって軍役帳が作成され、その後景勝の下で天正十四年に信濃諸将のみの軍役帳が別個に作成されていた段階にくらべれば、自主性の著しかった北信濃旧族に対する統制が強化されたことをしめすものといえる。しかしながら、なお侍中を越後と信州と別個に班を立てており、一つの体系に統一し得ていないところに家臣団統制の未成熟をみなければならない。

### (2) 五十騎衆

侍中についで定納員数目録に記載されるのは「五十騎衆定納之一紙」である。そこには一六三四石余の福島掃部助以下、総数一〇〇名の五十騎衆が登録されているが、知行高のうえでかれらの過半を占めるのは五〇石前後の下士層であり、その点でまず侍中諸将とは著しい対照をなしている。

この五十騎衆の性格について、たとえば「上田士籍」をみると「上田長尾越前守政景公御譜代本御手明組景勝公江御附ケ、右之内人柄・家柄御吟味之上、五十人五十騎へ被召入」と記述されている。これに拠れば五十騎衆は上田長尾家から上杉家に入嗣した景勝にとって直接の譜代家臣団に当るわけである。したがって上杉家臣団における五十騎衆の班の成立は永禄中期頃から「喜平次者共」「上田之者」「上田衆」と呼ばれていた景勝手勢が上杉氏の家臣団編制に繰り入れられたことを示すものとして注目される。[2] この事情については、またたとえば「古代士籍」も「永禄年中、喜平次様上田ゟ春日山江御引取之節、御家来四拾人侍分之者共被召寄」と記し、景勝が謙信の養子として春日山城に移った際に、栗林・宮島・黒金氏ら四〇名ほどの上田衆が扈従したと述べている。上田衆の上杉家臣化は右の五十騎衆のみに止まらなかったようで、「上田士籍」が他に「天正三年於上越後人柄御撰之上、三拾人長柄組ト申ニ被召入」

と記すように、定納員数日録に「春日山御側御手明衆」として登録される諸士もまた上田衆出身者であった。

このように景勝に従って上杉家臣化した上田長尾家臣は、五十騎衆も御側御手明衆も大部分が下士層に属し、個個の実力という点では侍中諸将とは比較にならない。しかしながらかれらは「御直所」「御守組」等とも呼ばれる景勝の譜代勢力である点で、知行高では表現されない特性を持つと考えなければならない。まず天正六年御館の乱の勃発に際し、上田衆が景勝擁立のもっとも中心的な推進力となったことは当然であろう。

それについての直接の史料は乏しいが、たとえば「北越軍記」の「景勝潜ニ本丸ヘ入、上田者黒金上野介・宮島参河守・栗林肥前守ヲ本丸大手搦手門々ノ番ニ置、上杉三郎ヲ本丸ヘ不寄附」という叙述も、乱後に黒金氏は春日山城城代、宮島氏は栃尾・新発田城将、栗林氏が坂戸城将等の枢要な地位に就いていること（次節で詳述）を考え合せるならば、上田衆の活動に注目した適切な指摘というべきであろう。

上田衆は景勝の擁立に成功した後、引続く御館の乱の戦いを展開する過程で、急速に勢力を拡大していくことが、この時期に景勝の発した知行宛行状や軍忠感状によって窺われる。たとえば「覚上公御書集」に蒐録されている天正六年から九年に及ぶ九四通の宛行状・感状のうち、上田衆宛のものは、六一通という多数に上っている（第4表参照）。

また争乱が終熄する過程で行なわれた知行地処分の状況を具体的に検討すれば、この事態はいっそう明瞭となる。御館の乱において景勝に反抗して壊滅し去った中郡地方の旧族諸将、刈羽北条・栃尾本庄・栖吉長尾・三条神余諸氏

第4表　御館の乱の宛行状・感状一覧

| 年　次 | 上田衆 | 馬廻健士 |
|---|---|---|
| 天正　6 | 10 | 26 |
| 7 | 1 | 0 |
| 8 | 9 | 5 |
| 9 | 41 | 2 |
| 計 | 61 | 33 |

第5表　中郡旧族の遺領処分状況

| 地　域 | 処　分　地 | 宛行状数 | うち上田衆宛 |
|---|---|---|---|
| 刈　羽 | 北条氏遺領 | 27 | 24 |
| 栃　尾 | 本庄氏遺領 | 19 | 13 |
| 栖　吉 | 長尾氏遺領 | （本庄・長尾氏遺領合計） | （本庄・長尾氏遺領合計） |
| 三　条 | 神余氏遺領 | 18 | 8 |
| 計 | | 64 | 45 |

の遺領は、ことごとく景勝によって処分され、景勝家中の功臣に分与された。これに関する知行宛行状は管見の限りでも六四通を数え、(3)そのうち実に四五通までが上田衆に対する宛行であることが確認される（第5表参照）。

たとえば古志郡栃尾城に拠っていた本庄秀綱の遺領には、本庄氏滅亡の直後の天正八年七月から、五十騎衆に属する吉田・上村（喜）・西方・山田・佐藤・売間・矢島・桐生・上村（内）の諸氏、その他の上田衆安部・佐藤（甚）・中野・関口氏らの多くの旗本家臣が「栃尾在城申付」けられ、「栃尾之内」に新恩宛行を受けている。そのうえ、これら諸士を統轄する栃尾城将として、五十騎衆の有力者である宮島三河守と清水内蔵助が交互に派遣されたのである。このように在地旧族を壊滅させた跡に成立した景勝の支配方式は、五十騎衆以下の上田衆譜代を中心として編成された在番衆による、下地知行をともなった在番支配であり、第5表に掲げた中郡諸域の要衝は、景勝の直接支配下に掌握されたものとみられる。さらにその後にも文禄三年二月二十一日に、管見の限り八通の知行宛行状がまとめて発付されており、(4)その契機は不明であるが、うち七通までは五十騎衆に属する上田衆に宛てられ、知行地は頸城・魚沼・刈羽・蒲原等、ひろく上中郡の地域に及んでいる。

以上の諸事実から、五十騎衆を中心とする上田衆勢力の領国支配への進出は、御館の乱以降天正・文禄期を通じて、景勝により積極的に推し進められていったと結論することができるであろう。領国支配における上田衆の役割については、次節で具体的に考えよう。

(1) 「歴代古案」三（天正十年八月五日）・「小幡文書」・「高橋文書」・「上杉年譜」二十七。
(2) 「登坂文策氏所蔵文書」（永禄七年二月十七日）・「歴代古案」一（永禄八年四月廿四日）・「栗林文書」（元亀二年二月廿八日）・「歴代古案」一（元亀二年五月二日）・「歴代古案」一（天正元年六月十六日）。
(3) この数字は伊東多三郎「越後上杉氏の領国支配の成立」一七一〜五頁所載の表にもとづく。
(4) 「上杉編年文書」二十九に四通、「歴代古案」六に四通。

## 二 地方在番衆

### 1 本城と番城

侍中・五十騎衆について定納員数目録に掲げられているのは、領国諸地域の在番家臣団であり、在番の範囲は、越後一国をはじめ、信濃川中島四郡・佐渡一国・出羽庄内三郡に拡がる上杉景勝の領国全域に及んでいる。目録の記載から、すでに上杉氏の領国外となっている上野国関係の部分（総社・安中・猿ヶ京・沼田）、江戸時代の作為の著しい信濃泉衆（岩井氏を除く他の奈良沢・中曾根・尾崎・上倉・上堺・今清水・大滝の七氏）関係、越後山東郡の信州諸将（須田・芋川・岩井氏）関係等の部分を除外して在番の全容を示すと、ほぼ第6表の通りとなる。以下この一覧表によりながら、本項では在番の全般を概観し、次項では各地域ごとに城将の配置状況とその特徴を摘記する。

まず地方在番家臣団の表現の仕方をみると、つぎの二通りに分けられる。(イ)城将名を冠して、「同心」・「抱」などと呼ばれ、同心のみが在番と記載されるもの……色部同心平林在番・小国在番大国同心・桂山衆島津抱等。(ロ)番城名・地名を冠して「衆」と呼ばれ、城将と同心とが列記されるもの……直嶺衆・新発田衆・大山衆等。

つぎに両方式ごとに各城将の系譜を調べてみると、(イ)は色部竜松丸・大国但馬守ら以下ほとんどすべてが、在番と記される平林城・小国城等を旧来の本拠とする在地の伝統的な旧族であり、越後侍中・信州侍中に登録される有力国衆・外様である。(ロ)は直嶺城の樋口伊予守、新発田城の宮島三河守ら以下ほとんどが、景勝譜代の上田衆か元信州出身者で、新たに各番城に派遣されたもので、家中序列のうえでは(イ)が侍中の班にあるのに対し、これは「新発田、五十騎ヵ」等の後注も示しているように、上田・五十騎衆の系列に属すると考えられる。こうしてまことに対照的な相

第6表　在　番　衆　一　覧

| 領国 | 地区(郡) | 在　番　衆(表記通り) | 城　地 | 城　　将 | 出　身 | 知行高 | 番衆 |
|---|---|---|---|---|---|---|---|
| | | | | | | 石 | 人 |
| 越後 | 上郡(頸) | 春日山御留守衆 | 春日山 | 黒金上野介 | 上田(五) | 2,349 | 401 |
| | | 根知衆 | 根　知 | 桜井三助 | 上田(五) | 668 | 2 |
| | | 直嶺衆 | 直　嶺 | 樋口伊予守 | 上田(五) | 809 | 15 |
| | | 糸魚川衆 | 糸魚川 | 秋山伊賀守 | 信濃 | 490 | 4 |
| | (魚) | 直路衆 | 直　路 | 長尾伊賀守 | 上田(五) | 260 | 30 |
| | | 坂戸衆 | 坂　戸 | 深沢和泉守 | 上田(五) | 202 | 36 |
| | | | 同 | 栗林又八郎 | 上田(五) | 370 | 16 |
| | 中郡(刈) | 小国在番大国同心 | 小　国 | 大国但馬守① | 上田(侍) | 9,041 | 6 |
| | | 越後荻 | 荻 | 松本大炊助 | 信濃 | 1,580 | 9 |
| | | 西浜并琵琶島保 | 琵琶島 | 山本寺九郎兵衛 | 頸城 | 1,060 | 8 |
| | | 安田ノ内安田同心 | 安　田 | 安田上総介 | 安田(侍) | 2,474 | 3 |
| | (三) | 与　板 | 与　板 | 直江山城守② | 上田 | 53,217 | 120 |
| | (古) | 栖吉衆 | 栖　吉 | | | 369 | 31 |
| | | 蔵王堂衆 | 蔵王堂 | 堀川左兵衛 | 信濃 | 1,060 | 8 |
| | | 栃尾衆 | 栃　尾 | 清水内蔵助 | 上田(五) | 958 | 23 |
| | | 山岸中務少輔同心府本之城番 | 麓(黒滝) | 山岸中務少輔③ | 上田(侍) | 2,277 | 14 |
| | | 泉沢同心大無在番 | 大　面 | 泉沢河内守 | 上田(侍) | 5,643 | 6 |
| | | 三条衆 | 三　条 | 甘糟近江守 | 越後 | 1,717 | 13 |
| | | 加茂在番本庄豊後抱 | 加　茂 | 本庄豊後守 | 岩船(侍) | 2,298 | 6 |
| | | 菅　名 | 菅　名 | 丸田周防守 | (侍) | 711 | 0 |
| | | 蒲原郡木場在番蓼沼日向守同心 | 木　場 | 蓼沼日向守 | (侍) | 213 | 18 |
| | | 同　　　　山吉玄蕃介同心 | 同 | 山吉玄蕃介 | 上田(五) | 422 | 19 |
| | 奥郡(蒲) | 笹岡(給人)衆 | 笹　岡 | 今井源右衛門④ | 上田(侍) | 371 | 5 |
| | | 新発田衆 | 新発田 | 宮島三河守 | 上田(五) | 950 | 17 |
| | | 越後水原同心水原在番 | 水　原 | 水原常陸介 | (侍) | 3,414 | 12 |
| | | 越後下条采女同心下条在番 | 下　条 | 下条采女 | (侍) | 1,734 | 15 |
| | (岩) | 色部同心平林在番 | 平　林 | 色部竜松丸 | (侍) | 4,868 | 8 |
| | | 本庄衆 | 本　庄 | 春日右衛門 | 信濃 | 2,308 | 21 |
| | | 越後鮎川同心鮎川在番 | 鮎　川 | | | | 28 |
| 信濃 | | 貝津須田相模守同心 | 海　津 | 須田相模守 | 信濃(侍) | 12,086 | 12 |
| | | 屋代衆須田相模抱 | 屋　代 | 同 | 同 | 同 | 25 |
| | | 井上衆井上左衛門大夫同心 | 海津・井上 | 井上左衛門大夫 | 信濃(侍) | 1,200 | 19 |
| | | 猿ヶ馬場衆清野助次郎同心 | 猿ヶ馬場 | 清野助次郎 | 信濃(侍) | 4,177 | 11 |
| | | 同　　　　平田尾張守同心 | 同 | 平田尾張守 | 会津(侍) | 2,075 | 8 |
| | | 長沼島津淡路守同心 | 長　沼 | 島津淡路守 | 信濃(侍) | 6,190 | 7 |
| | | 桂山衆島津抱 | 桂(葛)山 | 同 | 同 | 同 | 25 |
| | | 牧野島衆芋川越前守同心 | 牧ノ島 | 芋川越前守 | 信濃(侍) | 4,486 | 12 |
| | | 市川衆市川長寿丸同心 | 市　川 | 市川長寿丸 | 信濃(侍) | 3,349 | 9 |
| | | 岩井衆岩井備中守同心 | 飯　山 | 岩井備中守 | 信濃(侍) | 2,983 | 19 |
| 佐渡 | | 佐州沢根 | 沢　根 | 須賀修理亮 | 越後 | 1,173 | 1 |
| | | 羽茂城黒金安芸守同心 | 羽　茂 | 黒金安芸守 | 越後 | 1,201 | 4 |
| | | 佐渡衆 | 小　木 | 青柳隼人 | 信濃 | 348 | 3 |
| 出羽 | 庄内 | 庄内酒田 | 酒　田 | 甘糟備後守⑤ | 越後上田 | 7,696 | 1 |
| | | 庄内大宝寺 | 大宝寺 | 長尾右門 | 上野 | 525 | 12 |
| | | 同　本庄越前守同心 | 同 | (本庄越前守) | 越後 | | 25 |
| | | 大山衆 | 大　山 | 山内式部少 | 会津 | 1,458 | 17 |
| | | 小国直江抱 | 小　国 | (直江山城守)<br>佐藤甚助<br>登坂新兵衛 | 上田(五) | 412<br>525 | 9 |
| 領外 | 京都 | 伏見御留守居 | 伏　見 | 千坂対馬守 | 越後 | 2,176 | 0 |
| | | | 同 | 本庄越前後 | 越後 | 3,210 | 0 |
| | | | 同 | 大宝寺出羽守 | 出羽 | 989 | 0 |

注　侍＝侍中系，五＝五十騎衆系。①樋口与七入嗣，②樋口与六入嗣，③深沢刑部子弥七郎入嗣，④下平修理入嗣，⑤登坂藤右衛門入嗣。

違が理解される。

さらに両者の衆・同心関係の実体をみると、(イ)の場合、たとえば「色部同心平林在番」として記載される八名は、侍中にあり四八六八石余を知行する色部竜松丸の本城岩船郡平林城在番の同心衆である。この色部氏は奥郡国衆の随一で本領在城の典型といえる。そしてその同心衆と記される者も色部右衛門・牛屋監物・土沢左京らが、いずれも旧来の色部譜代であるのは当然であり、(1)上杉氏にとっては、本来いわば陪臣なのであるから、それが定納員数目録に登録されている点に、たとえ少数とはいえ、若干の疑問が残る。またたとえば本領在城の与板衆をみよう。三島郡与板城五万余石の直江山城守のもとに在番するのは一二〇名という多数である。かれらは一五〇〇石余を知行する篠井弥七郎・志駄修理をはじめ、土橋・高森・長田・梅沢・曾我名・小野沢・渋谷・青柳など、「直江一家之侍」とか「直江家老之輩、代々与板之者」と呼ばれるような、直江家中の与板在地家臣団であることが知られる。(2)信州の岩井衆岩井備中守同心や市川衆市川長寿丸同心等も、それぞれ岩井氏・市川氏らの家中であることはいうまでもない。つまり本領在城の場合は同心と記載にみえているのは、実は城将の従える家臣団であるといえるであろう。

(ロ)の場合、諸衆の主将のほとんどが景勝譜代の上田衆・元信州出身者等から成っていることに留意しながら「衆」の組成をみていく必要がある。たとえば直嶺衆は頸城郡直嶺城の在番家臣団で、主将樋口氏のもとに「同心衆」五名・「手明衆」九名が付されるが、すべて魚沼郡上田地方出身の景勝譜代の上田衆である。しかも主将と同心・手明衆との間に主従関係を検出することはできず、天正九年に上田衆の有力者である富里・樋口・栗林らの諸将が揃って「荒戸在城申付」られている事例を考えると、(3)この衆というのは、旧来の主従関係を基本とした(イ)とは異なり、上田家中諸氏をもって新たに編成されたものとみられるのである。またたとえば蒲原郡の笹岡衆をみても、城将今井源右衛門は上田出身（下平修理の入嗣）であるのに、給人衆五名は「元来山浦衆」と註記されるように旧族山浦氏の遺臣で、主従関係をともなわないのであって、その事情は「山浦譜代の者共、少少残りて此所に有けるを、同心にぞ被付ける」という軍書（「北越軍記」）の記すような、新たに編成された統属関係であったと思われる。

なおこうした在番衆の組成を、定納員数目録に登録される人数のうえからみておこう。定納員数目録の記載を細かく数字的にまで利用することは危険であるが、なお各在番衆ごとに色部同心の八名、与板衆の一二〇名など、かなり著しい差のあることは見逃し得ないのである。第6表に拠り要約的に述べるならば、地方在番衆のうち坂戸衆五五名・栖吉衆三一名・直路衆三〇名など、人数の多いのは上田衆在番の(ロ)の場合が主で、本領在城の(イ)は同心数は多くても一〇名前後という対照をしめしている。それは(イ)が旧来の主従関係、(ロ)が新たに編成された統属関係を基本としていることに起因するのであろう。また定納員数目録というのは、上杉氏が直接に掌握する家臣団のみを表現するものであって、個々の家臣の擁する私的な勢力つまり陪臣関係までをしめしてはいないからである。たとえば同心数わずか八名の色部氏は、天正三年の軍役帳では、馬上二〇騎・鑓一六〇丁以下合せて二二七名の軍役高で登録され、文禄三年のこの定納員数目録では、定納高五〇石につき三人役の基準で、公役数も三一〇人役を超える等、定納員数目録の記す同心数が各城将の擁する実勢力を表現し得ていないことは明らかである。いっぽう、上杉権力の基軸をなした上田衆・直江麾下の与板衆が多数登録されているのは、景勝の家臣団勢力強化の政策の帰結と考えるべきであろう。

以上、一様に地方在番衆といっても、その実体は本領在城と番城在番とに峻別しなければならないこと、本領在城の主将はいずれも侍中の班に属する国衆外様家臣であるのに対し、番城の主将は景勝譜代の上田衆を中心とする旗本家臣であること、本領在城の家臣団は旧来の在地での主従関係を基本とするのに対し、番城在番衆は編成された統属関係に拠っていること、等の諸点に注意しなければならない。

## 2　城将の配置

### (1)　越　後（上郡・中郡・奥郡）

上郡（頸城・魚沼地域）は、春日山城と上田坂戸城を拠点とする、謙信以来の上杉氏の直接の基盤をなしていた。定納員数目録に記載される城地は春日山城を中心に、根知・直嶺・糸魚川・直路・坂戸の五ヵ所に限られ、侍中で二八六一石余を知行する柿崎氏の城地をはじめ、記載されていない城地も少なくないが、その理由は詳らかにしない。

春日山城は頸城西部にある上杉氏の本城である。ここには城代ともいうべき「春日山御留守衆」黒金上野介のもとに、奉行衆・番衆・手明衆四〇〇余名が在番する。この組成を系譜についてみると、まず城代黒金氏をはじめ、宮島・広居・登坂の中心をなす四氏は、いずれも景勝譜代の上田衆から成っており、これに統轄される奉行衆・番衆・手明衆にも上田衆はきわめて多い。とりわけ「御守衆」とも呼ばれる「御側御手明衆」はすべて上田衆で、先に上田衆の上杉直参化の著例として挙げたように、景勝の春日山城入りにさいして、景勝の生家上田長尾家から「人柄御撰之上」大量に送りこまれた親衛隊である。番衆・手鑓衆・鉄炮衆の三手は謙信の馬廻衆である横手・大峡氏らに率いられ、あるいは「段母衣組」の名をもって、前代以来の組織を残すなど、全般に謙信時代から受け継がれた組織も少なくなかったようであるが、城代・側近番衆などは、まったく譜代諸士によって独占されている。また奉行衆というものがあるが、これは信濃出身の低身者が多いと推測されるのみで、系譜は確認できない。しかも奉行衆とはいっても、次節で詳述するように、領国全体の支配機関ではなく、執政主脳以下、蔵入地奉行・検地奉行・知行奉行などの中枢的な諸権限がすべて直江兼続麾下の与板衆の系統に属していたから、奉行衆はたんなる景勝の居城を経営する家政機関というべきものである。つまり春日山城の在番衆は系譜のうえでも権能のうえでも、著しく狭い景勝の私的な家臣団編制であるということができるであろう。

　他の諸城の家臣団では、根知城将桜井氏、直嶺城将樋口氏、直路城将長尾氏、上田坂戸城将深沢・栗林両氏はいずれも上田衆であり、景勝譜代の重臣である。残りの糸魚川城将の秋山伊賀守も信濃出身の新参家臣であるから、上郡頸城・魚沼の諸城は、まったく景勝の直接支配下に掌握されたと結論してよい。なお、このような上郡の直臣支配体制が成立するのは、上杉氏の伝統的な拠点をなした春日山城・上田坂戸城を別として、樋口氏の直嶺在番、長尾氏の直路在番は天正八年、桜井氏の根知在番は同十年、秋山氏の糸魚川在番は同十一年と、御館の乱の争乱が終熄する過程を通じてである。(4)

　中郡（刈羽・三島・古志・蒲原南部の諸地域）は御館の乱の抵抗がもっとも激しく、幾多の旧族の滅びた後はじめて景勝の支配力が滲透した地域である。定納員数目録に記載されるのは一四城で、この地域でも侍中の新津氏本城など記載されていないものが少なくない。まず一四城のうち旧族の滅亡した古志郡栃尾城・栖吉城、蒲原郡三条城、刈羽郡北条城等の仕置の状況については五十騎衆の項で詳述し、著しい上田衆の進出がみられることを指摘した。それら地域における直臣団の在番方式とともに、景勝の領国支配策の一方式として注目されるのは、景勝に服属した有力旧族への上田衆入嗣策の推進である。第6表に注記したように、旧族への上田衆入嗣の事例は、管見の限り直江氏（上田衆樋口氏より）・大国氏（同樋口氏より）・山岸氏（同深沢氏より）・甘糟氏（同登坂氏より）・今井氏（同下平氏より）の五例が挙げられる。(5)これら入嗣者の本家はいずれも上郡諸城の守将となっている上田衆での有力者で、入嗣先の諸家もまた越後でも屈指の旧族であって、直江兼続・甘糟景継らは景勝のもっとも信頼し得る家臣として、領国支配のうえにきわめて重要な役割を果したのである。以上の点からみれば、このような旧族への上田衆入嗣は決して偶然の結果とは考え難く、先述の征服地への上田衆投入策とともに、直臣団による領国統制の強化策の一環として、景勝のもとで計画的に推進されたものと考えなければならない。

右の観点から中郡の番城への上田衆家臣団配置をみると、与板・府本・栃尾・小国・大面・三条・栖吉の七城があげられ、三島・古志・刈羽・蒲原の諸城にくまなく上田衆が配置されていることが明らかとなる。それ以外の諸城の城将の性格を概観すると、古志郡蔵王堂城の堀川氏は在地旧族ではなく、目録の記載に疑いを存し、刈羽郡荻城の松本氏は古く信州から来属し、謙信の姻族となった名家であり、琵琶島城の山本寺氏は軍役帳にみえる上杉一門であるが、この地には桐沢氏に替って入った新任の城将であり、安田城の安田氏は本領在城の屈指の旧族、蒲原郡加茂在番の本庄氏は奥郡岩船地方出身の旧族であるが、加茂は新付の番城であり、菅名城の丸田氏は御館の乱で降伏した見附城の丸田氏一族と推定され、木場城の蓼沼氏・山吉氏は謙信以来の家臣であるが、特に山吉氏は謙信の重臣豊守（三条城主）が天正五年に死んだ後に所領を削減され、弟玄蕃介が五十騎衆に入って名跡を継いだものである。このようにみると、前代以来その居城に在るものは荻城の松本氏ひとり、ことに伝統的な本領在城を維持するものは安田城の安田上総介のみという状況である。したがって上郡と同様に中郡においても、御館の乱の結果、直臣団支配政策をもって景勝の領国統制が強化されていると結論できるであろう。

奥郡（蒲原北部・岩船の諸地域）は阿賀野川以北を指し、「揚北」・「奥郡」などと呼ばれた。この地域でも、定納員数目録は僅かに表示した八城を記すのみで、この地域を本領とする中条氏（一八六五石余）・黒川氏（一六六五石余）・加地氏（六六二石余）・安田氏（一二三二石余）・竹俣氏（九二一石余）など著名な侍中旧族の城地については何も示していない。その理由がこれら諸氏の特性によるものか、記載の不備にあるかは即断できないが、奥郡には本領在城の旧族が相当数にのぼることは明らかで、奥郡領国化の停滞が印象づけられる。

しかしながら第6表に示した番城在番の事例は、三城とも奥郡屈指の旧族新発田一族と本庄氏の遺領であって、両氏の族滅改易によって、景勝の直接支配下に帰したものである。新発田城には上田衆の有力者清水内蔵助と宮島三河守が入替りに城将として派遣され、その外郭をなす笹岡城も侍中今井家を嗣いだ上田衆出身の下平修理が守将となっており、上中郡同様な直臣団在番が行なわれているのである。また岩船郡の本庄氏遺領には信濃出身の春日右衛門が城将として在番するが、春日氏は景勝の重臣直江兼続と深い関係があった人物であり、この地の知行者は兼続の実弟である上田出身の大国但馬守であることを考えあわせると、この本庄城の在番もまた直臣団在番に準ずるものとみてよいであろう。したがって、番城数のうえでは僅少であるが、景勝がこの下郡でも征服地の直臣団支配を実現し得ているることが窺われるのであって、総じて在地旧族を追却し得た地域には、上中下郡を通じて、景勝の直臣団投入方式による領国支配政策が貫徹されている点を積極的に評価すべきであろう。

(2) 北信濃四郡

在番制の展開の状況を定納員数目録の記載から、確実に依拠し得る部分のみを抜き出してみると、第6表の通りである。城地は海津・長沼・飯山以下すべてで九ヵ所、城将は須田相模守・島津淡路守・岩井備中守など一三名、番衆は岩井衆・市川衆など一〇群、というのが記載の概要である。表を一見して明らかなように、城将一三名は平田以外は信州侍中の班に属する国衆であり、同心衆も他地域から派遣されたものではなく、城将おのおのの家中である。

(3) 佐　渡

定納員数目録によれば、沢根・潟上氏ら佐渡の旧族は、越後侍中の班に編成されて、八〇〇余石の知行を与えられている。番城として記載されるのは、沢根・羽茂・小木の三ヵ所で、第6表のように城将は須賀・黒金・青柳氏らすべて国外から入った新勢力である点は、前の信州支配の状況とはきわめて対照的である。城将の系譜は詳らかでないが、沢根城須賀氏の同心登坂氏は景勝譜代の上田衆であり、佐渡衆を率いる青柳隼人は信濃出身の新参家臣であるなどの点と、佐渡一国の上杉検地の惣奉行河村彦左衛門が上田出身の直江兼続麾下であることを考え合せるならば、佐渡一国の支配権はまったく景勝直臣団によって掌握されたと結論してよい。

(4)　出羽庄内三郡

定納員数目録の示す家臣団の在番編成の状況をみると、第6表のように、酒田・大宝寺・大山・小国の四ヵ所の城地の城将は、すべて越後から派遣された者で、在地諸将は皆無である。大宝寺城下に旧城主大宝寺出羽守が一五〇〇石を知行してはいるが、番衆を構成しないたんなる隠居分であり、すでに自身は京都伏見の御留守居として、その本領から切り離されている。

城将と番衆の系譜をみると、まず小国城は直江抱とされ、現地に在番する佐藤甚助・登坂神兵衛らは譜代上田衆、ついで酒田城将の甘糟備後守もまた上田衆の有力者登坂藤右衛門が甘糟家を嗣いだ者である。大山衆の山内式部少も会津葦名氏の牢人、大宝寺城の長尾右門は上野長尾氏である。同城に番衆が在番する本庄越前等は越後奥郡の旧族であるが、天正十九年に没落し、その後、京都伏見の御留守居となるなど、庄内三郡もまた直江兼続のもとに河村氏らの与板衆、甘糟・佐藤氏らの上田衆によって掌握され、直臣団支配が完全に貫徹していることが知られる。

(5)　伏　見

上杉氏領国外であるが、豊臣政権と接触する重要な外交機関として伏見御留守居が設置され、千坂対馬守景親が派遣され、これに本庄越前守・大宝寺出羽守父子が加わっている（事実は秀吉の勘気御免で伏見居住中）。千坂氏は元守護上杉氏の被官で長尾上杉に仕えた名族である。

（1）「色部文書」五（天文十年七月廿七日）・永禄年間「色部氏年中行事」・「慶長二年越後国絵図」。
（2）「別本歴代古案」五（天正六年五月十日）（存疑）。

(3)「高木文書」(天正九年二月三日)・「上杉年譜」二十五(天正九年二月廿八日)・「栗林文書」(天正九年六月三日)。

(4)「上杉年譜」二十四(天正八年十一月廿四日)・「志賀槙太郎氏所蔵文書」(天正八年十二月十一日)・「上杉年譜」二十六(天正十年六月十日)・「上杉年譜」二十八(天正十一年四月十三日)。

(5)「越後諸士記」・「甘糟備後守勤書」・「上杉年譜」二十・「越後治乱記」下付箋。

## 三 直江兼続の執政

### 1 謙信の執政主脳

上杉氏の権力組織の中枢をなす執政主脳の構成を明らかにすることが本節の主題である。謙信・景勝の両時代を通じての権力主脳については、江戸時代の編纂物にも記されるが、後見の混入が多く利用に耐えない。軍役帳・定納員数目録も直接史料ではないから、上杉氏の授受する文書の形式の分析によって究明する方法がもっとも確実であろう。

上杉氏が授受した文書の形式を大まかに整理すると、受納文書は両時代を通じて、直接に大名へ宛てるものより、間接に側近の執政家臣に宛てて披露を依頼する形式の多いことはいうまでもない。したがって、そこに執政主脳の姿を明らかに知ることができる。一方、発給文書は、大勢として戦乱の終熄過程に応じて大名自ら花押を据える判物形式は減少する傾向が明らかである。つまり、謙信の時代は発給文書は、大部分が判物形式であり、奉行人の介在する奉書形式をとるものは比較的少ないことから、謙信個人の存在が鮮明に印象づけられる。これに対して、景勝の代には、判物は主として感状・宛行状等に限られ、それも戦乱の終熄とともに天正後期には稀となり、奉書が発給文書の過半を占めて、景勝のもとで執政主脳を構成する重臣層の存在がきわめて明確となる。

以下本項ではまず謙信の執政主脳について大まかにみておこう。永禄初頭までの謙信の領国支配の形成期においては、奉書形式の発給文書は不入安堵・制札など分国法類が主である。たとえば、黒川氏に宛てた直江実綱奉書（「歴代古案」十、天文廿三年十月十四日・永禄二年三月二日）、広泰寺に宛てた松本景繁・長尾景憲・直江実綱・吉江長資・本庄宗緩連署奉書（「広泰寺文書」弘治三年十月十八日）、斎藤朝信・柿崎景家・北条高広・長尾藤景連署奉書（「上杉古文書」永禄三年五月十三日）等がそれである。そこでは概ね直江実綱・柿崎景家をはじめ、斎藤朝信・北条高広らの存在が顕著であり、他に上田長尾政景が謙信の一門として別格的な地位を占めている（「上杉古文書」弘治二年八月十七日、「上杉家記」十八、弘治三年三月廿三日）。直江氏は府内長尾家譜代の重臣、柿崎氏は上郡頸城地方屈指の旧族、斎藤・北条両氏は中郡刈羽地方最大の国衆であり、その他、本庄・吉江氏らは謙信の旗本である。このような執政主脳の構成は、従来主として頸城地方に限定されていた謙信の支配が、上田長尾氏の蟠踞する魚沼地方から、さらに越後の中央部へと拡大しつつある状況をそのままに反映していると考えられ、譜代の直江氏らが中心となりながらも、旧族国衆斎藤・北条両氏が重臣層に加わっている点が特徴的である。

次いで永禄四年以降、近江牢人という低身の河田長親が謙信の側近に登用され、この新参の参画により執政の性格はいっそう明瞭となる。直江実綱・河田長親連署の魚沼郡徳政条々（「上杉古文書」永禄四年三月十一日）等の重要事項をはじめ、発給文書に直江・河田両氏の連署する奉書が多くなり、またとくに上杉氏の受納文書で、この両氏に執奏を依頼する近衛・足利・織田氏らの文書が、永禄期を通じて著しく増加している。この間は、柿崎景家はなお在来の地位を保つが、他の旗本諸氏や国衆北条・斎藤氏らはほとんど執政参画の事例が見出せず、重臣構成の主軸はまったく譜代の直江実綱と新参の河田長親の二人によって占められたとみられる。

ただ永禄末年になると、「御当地之事、山吉殿御奏者ニ憑入候」という上野沼田城将松本景繁の書状（「上杉古文書」

永禄十二年六月廿五日）をはじめ、武蔵太田氏・相模北条氏・奥州葦名氏・伊達氏らから山吉豊守を奏者とする上杉氏宛文書が数多く現われ（「上杉古文書」・「歴代古案」等）、つづいて同様な対外交渉を主として奉行する山崎専柳斎秀仙も執政主脳に姿を現わしてくる。上杉氏に返答した織田信長朱印状（「上杉文書」天正二年六月廿九日）に「専柳斎差上候、即令参会候事」「委曲専柳斎可有口上事」などとみえ、越中に在陣する河田長親・鯵坂長実から謙信側近の吉江資堅に宛てた書状（「吉江文書」天正四年六月廿日）に「為上使専柳斎被差登、以御条目被仰出」と記されるように、この山崎氏は謙信の織田氏・本願寺その他との重要な政治折衝の直接の任に当って、特異な活躍を示しているのである。山吉豊守は中郡三条の旧族であるが、「永禄二年御太刀之次第」では一般国衆を列挙した侍衆の項と区別して、「御馬廻年寄分之衆」に名を連ね、早くから謙信の直臣となっていることが窺われる。一方、山崎専柳斎秀仙は「書生」（「宇都宮文書」）と呼ばれる身分から新しく登用された者である。

みぎのほか、天正初年からまったく新たに奥郡の有力国衆新発田・竹俣両氏が文書奉行人として現われている。荒井町問屋に宛て伝馬宿送の事を規制した新発田長敦・竹俣慶綱・斎藤朝信連署の上杉氏掟（「新井和田氏文書」天正三年六月）等がそれである。永禄初頭に顕現した北条・斎藤両氏の事例も合わせて、旧族国衆の執政参画がいずれも不入・制札・条目・掟等の分国法類の執達に限られているのは、注目すべき特徴であるが、同様な法令執達に直江氏・河田氏らが排除されているわけではなく、より多くの文書奏達が直臣層によって専断されていることはいうまでもない。新発田・竹俣両氏の新しい執政参画は、おそらく永禄末年の岩船郡本庄氏征伐を契機として、奥郡へ謙信の支配が及んだことを示すものであろう。

要するに、謙信の執政主脳の構成は、その中心を一貫して直江実綱以下の譜代直臣に置いているが、上杉一門の執政参画はほとんど認められず、その間に低身の新参者が擡頭して重きをなすに至るのは、謙信権力の性格を示す注目すべき特徴であり、譜代・新参の重臣による専断的な執政体制は成立し得ずに天正初年に至っており、分国法類に関する有力国衆の執政参画は、領国支配の一定の拡大の反映であると同時に、謙信の家臣団統制と領主権の限界を示すものと考えるべきであろう。

## 2　直江執政の成立

天正六年三月上杉謙信の急逝によって、景勝がその跡を継いだ。既述のごとく景勝の領国支配は謙信のそれを自動的に継承し得たのではない。景勝は謙信の一門上田長尾家出身の養子であり、天正三年軍役帳では筆頭に登録される謙信の家臣であった。その領主権確立には、まず対立する養子三郎景虎との継嗣争いを克服せねばならなかったし、それを契機にほとんど一国にわたって拡大した御館の乱の過程を経て、新たに成立した景勝家臣団の編制には、有力な一門・国衆の脱落と上田衆を中心とする景勝譜代直臣団の著しい進出が認められたのである。本項では、かかる経緯と変動が景勝の執政主脳の構成にどう反映しているかを究明したい。

まず天正六年御館の乱の勃発当初をみよう。前代に謙信の執政主脳を構成した諸将の動向をみると、直江信綱は三島郡与板城に拠って景勝擁立に奔走し（「上杉年譜」二十一、天正六年五月十一日）、河田長親は越中松倉城に在って景勝を援け（「歴代古案」五、天正六年十二月十六日）、山吉景長・山崎秀仙も景勝のもとで武田氏・関東在番諸将との交渉に任じる（「上杉家古文書」天正六年七月二十三日、「歴代古案」天正七年二月九日）等、その存在は明らかである。

ところがこの段階でさらに注目されるのは景勝の執政部に客将・国衆がきわめて重要な地位を占めている事実である。たとえば、景勝の武田勝頼に求めた和議に対する答報が中条景泰・竹俣慶綱・五十公野宗信・吉江信景・色部長実・水原満家・斎藤朝信・毛利顕元・加地春綱・新発田長敦・上条政繁の一一氏に宛て「可被触景勝御賢聞事専要候」

と述べ（「杉原謙氏所蔵文書」天正六年六月七日）、前代に分国法類の執達に当った新発田・竹俣・斎藤三氏が、景勝のもとでも「諸軍勢濫妨狼藉并人取竹木剪取事堅令停止之」（「諸州古文書」天正六年六月）、「御分国中諸役被成免許」（「刀禰文書」天正六年八月廿二日）等の景勝朱印状を連署で奉行し、山浦国清もまた「当上様」景勝の下で（「歴代古案」五、天正六年十月七日）、感状や起請文（「歴代古案」五、天正六年六月九日、同四、天正六年八月二日）の執奏に当っているなどである。これら諸将はいずれも、天正三年の謙信軍役帳に景勝と並んで登録された有力な国衆・客将であるが、彼らの多くがこの段階で新たに景勝の執政に参画して、前代の執政主脳を凌ぐほどの枢要な地位を占めている。

この事態は謙信の急逝、景勝の嗣立、御館の乱の勃発という緊迫した情勢のもとで、旧重臣直江・山崎氏ら、有力客将上条・山浦氏ら、雄族国衆斎藤・新発田氏らの諸勢力が景勝を「当上様」として擁立しながらも、まだ景勝の権力組織に完全に統一されておらず、景勝領主権がかなり不安定なものであったことを示すものと考えられる。

とはいえ、これら諸勢力に支えられた景勝領主権の確立に、もっとも直接の推進力となったのは景勝譜代の上田衆であることは前節でも指摘した。景勝が「遺言之由候而実城へ可移之由、各強而理候条、任其意候」と自らの嗣立を述べているのは天正六年三月廿四日であるが（「上杉家古文書」）、その直後には上田衆の有力者深沢利重に対して上越国境の守備を指令し（「磯部文書」天正六年三月卅日）、以後、栗林・深沢・樋口・清水・宮島・登坂らをはじめとする上田衆の活動は史料的にも極めて顕著となり（「登坂文書」天正六年九月十二日）、争乱過程を通じて上田衆に対する感状・知行宛行状付与の事例は他を圧している。したがって、そのような情勢のもとで上田衆の執政参画が行なわれるのは当然であった。

まず天正六年の知行宛行状に泉沢河内守久秀が奉行として姿を現わし（「上杉年譜」二十二、天正六年霜月十一日）、翌年二月にも軍勢催促の景勝朱印状を泉沢久秀・上村尚秀が連署で奉行し（「歴代古案」天正七年二月）、景勝書状に「いさい自泉沢かた可申越候」と述べられる（「登坂文書」天正七年四月卅日）。また天正八年の知行宛行朱印状には樋口与六兼続が奉行の任に当り（「上杉年譜」二十四、天正八年八月十五日）、さらに山崎秀仙が樋口与六に宛て「何篇も可為御諚次第候、此趣宜預御披露候」と申し送り（「上杉古文書」年月日未詳）、河田長親が「魚津地仕置之事」の報告を春日山城将黒金景信に寄せて景勝への披露を依頼している（「河田文書」天正七年極月廿六日）等の事例は、新旧執政の地位の交替をも暗示するものである。

泉沢久秀・樋口兼続等景勝譜代の上田衆が新たに執政に参画している事実は、先にみた在番制の上田衆による掌握と、景勝領主権確立のための計画的な一貫した政策を背景に持つと考えられる。すなわち御館の乱がまったく終熄する天正九年に至れば、吉江宗信が樋口兼続に宛て「御前之儀可然様御取成頼入斗候」と申し送っている事例をはじめ（「上杉家古文書」天正九年七月十七日）、上田衆広居忠家等（「上杉古文書」天正九年七月十四日）・国衆丸田俊次等（「上杉家古文書」天正九年五月六日）から客将上条政繁（「上杉古文書」天正九年五月廿二日）等まで、みな樋口兼続を介して景勝に文書を上申しているのであり、執政の変容、上田衆樋口兼続の重用はすでに疑うべくもない。

このような段階で、天正九年九月、春日山城内で突発した老臣斬殺事件は、新旧勢力の交替を決定づける誠に象徴的な事件であった。御館の乱の行賞に対する不満から、国衆毛利秀広が城中で山崎秀仙・直江信綱の両重臣を斬り、自らもその場で上田衆登坂広重に討ち果されるという変事がそれで、ことの詳細は不明であるが、ともかくもこの事件によって、前代以来の重臣山崎・直江両氏は一挙にして没し去ったわけである（「上杉家記」天正九年九月一日）。さらに旧重臣のうち山吉氏もこれより先豊守が没して弟の景長に代わって、木場在番の城将となり、執政中枢からは遠ざけられており、河田長親も天正九年四月、越中松倉城在陣中に病没している（「歴代古案」一、天正九年四月八日）等、旧執政主脳層の脱落は著しいものがある。御館の乱終熄の天正九年の段階は、新旧主脳層の交替が完全に終了しているという点からも、景勝領主権の確立過程における決定的な画期であったといえる。

新たな景勝の執政主脳の中心となりつつあった樋口与六兼続は、この天正九年に直江信綱の跡を継いで、直江氏を名乗るという注目すべき事実がみられるが、それが景勝の積極的な画策によるものであることは明らかで、上田以来の景勝側近という譜代の権威を背景とし、伝統的な重臣直江氏の遺跡を相続した直江兼続の勢威は飛躍的に強化されたであろう。これについで、景勝の新執政部に特異な役割を果した者に泉沢河内守久秀がいる。その執政参画の状況については先にも述べたが、同じく上田衆出身として、天正九年以降は、「御料所」と呼ばれる蔵入地の管掌に与り(「歴代古案」五、天正九年九月十七日)、文禄三年二月の知行宛行奉行を専任する等、知行制確立に参画し蒲原郡大面城将として幾度も新恩宛行を受け(「謙信文庫所蔵文書」天正十年八月十五日)、定納員数目録に五六四三石という多額な知行高を擁するに至っている。

この上田衆両氏の外、同じく天正九年に景勝から「万端用所等」の管掌を委ねられた狩野新介秀治が新たに執政部に参加してくる(「狩野文書」天正九年極月廿六日)。狩野氏は右の両名とは対照的に雲州尼子氏の旧臣と伝えられる新参家臣である(「狩野氏系譜」天正七年閏十二月晦日)。その執政としての役割は、はじめ直江兼続との連署をもって越中諸将との交渉を奉行し(「歴代古案」四、天正十年七月五日・「寸金雑録」一、天正十一年四月三日)、ついで天正十一年以降は増田長盛・石田三成・木村清久・細川藤孝らの豊臣氏奉行・側近者との外交折衝にほとんど専任する等(「狩野氏系譜」「狩野文書」天正十一年六月・七月・八月)、従来山崎秀仙が主としてになっていた役割を継承している。外交奉行という特性の故に、譜代出身の兼続らの欠を補って、新参家臣が枢機に参画する余地があったのであろう。

このような新執政主脳の擡頭に対し、客将上条政繁は直江兼続に宛てた書状で「不顧憚申上候」「乍推参申上候」等と露骨な反感を示しており(「上杉家古文書」天正十年二月一日)、天正十一年信州の軍事総管を命ぜられるや、直江兼続を自らの麾下に奉行として従えることを景勝に強要し、拒絶されたのである（「伊佐早文書」天正十一年三月一日、「上杉年譜」二十九、天正十一年四月六日、「上杉文書」三）。その際に、

奉行之義、直江差添不申候てなつとく有之間敷由候、幾度如申、山城守事ハ、如御存知、万すきなふ用所申付之間、公事沙汰ニ奉行同前ニとんちやく申候てハ、身之用所等必かかたり可申候、

と、景勝が上条政繁に申し送っているごとく、執政直江兼続の地位はもはやまったく不動のものとなっているのである。政繁は同十四年七月京都へ奔って畠山義春の旧姓に復し（「歴代古案」・他、天正十四年七月十七日）、また同十六年狩野秀治が病没すると、連署奉書はまったく消滅して、景勝譜代勢力を代表した直江兼続の単独執政体制が確立する。

### 3　直江執政と与板衆

直江執政の成立は、景勝直臣団による領国支配中枢の掌握という一貫した景勝の領主権確立策の帰結であり、譜代直臣団を中核とする家臣団編制の要をなす。したがって上田衆直臣団の全勢力を代表し、その頂点に立つとともに、自らの直接の支柱として、前代執政の重鎮をなしていた直江家の伝統的な勢力を兼併している。定納員数目録に記載された知行高五万三二一七石、麾下の与板衆一二二名という規模は、直江兼続が直接の基礎とする勢力の集約的表現であるといえる。この知行高が三島郡与板地方の直江本領を中心とするものであり、与板衆が与板地方における直江家中である。

さて、直江兼続が執政として掌握した主要な諸権限は、検地惣奉行・蔵入地奉行・知行宛行奉行・佐渡代官・出羽庄内仕置等であり、そのすべてが領国支配の根幹をなすことはきわめて注目に値する。もって直江執政の強大さを窺うべきであるが、本項ではそれら諸権限を直江兼続がいかに掌握し、行使し得ているかを概観する。

(1)検地惣奉行　文禄四年の太閤方式にもとづく検地が増田長盛によって施行されたあと、文禄五年（「中魚沼郡誌」所収、文禄五年十月十六日魚沼郡妻有庄下条之内平村検地帳）から翌慶長二年にわたり、「中使検地」「河村検地」等と呼ばれる上杉氏独自の検地が施行されている。この上杉検地は個別的には各検地帳の奥にたとえば、

慶長二年丁酉
九月廿日　河村彦左衛門尉（黒印）　○印文「福田栄舎」
中使新右衛門とのへ

と記されているごとく（安禅寺所蔵、古志郡大嶋庄内小埜根村御検地帳）、検地奉行河村彦左衛門尉が証判を加え、在地の中使に交付するという手続きを経て完結したのであり、検地全体を統轄して河村検地の称を生んだ河村彦左衛門は、定納員数目録に与板衆として二二二石余の知行高をもって登録されている直江兼続の麾下である。彼はまた「佐渡風土記」の「河村彦左衛門殿国中検地割」という記載も示すごとく、佐渡検地をも統轄・推進した。要するに、越佐両国にわたる上杉検地は、景勝の領国支配体制の総仕上げとして、直江執政のもとで与板衆河村彦左衛門を惣奉行として遂行された。

(2)蔵入地奉行　天正十年、直江兼続は山田喜右衛門に対して、「苻中館廻年貢申付、其方預置候御料所穿鑿、町年貢之以下、其所之様子次第、或者半納、或者三ヶ二可取置、所々にて雁・菱喰以下取候もの役義、信州酒役・麹役」等以下、上杉氏直轄領府内の統轄に関するきわめて広汎な権限を付与し、「窪田令相談可申付候」と述べている（「上杉古文書」天正十年九月五日）。この山田喜右衛門と窪田源右衛門はいずれも与板衆に属し、それぞれ一三七石・二三九石を知行しているところから、直江執政は直接には麾下の与板衆に広汎な権限を付与し、駆使することによって実現されたことが窺われる。

文禄五年直江兼続が本堂山城将丸田俊次に発した指令でも、「一、分一并出目米は河村・窪田かたへ可被相渡候者、御料所借米ハ河村かたへ請取候歟、不然は舟を渡候歟、河村かたへ書状遣候事」「一、過上之所、其方取集納尤候、但検地之所は河村相談尤候事」「一、関山諸社さしふ等可相上候、窪田・河村かたへ書状遣候事」など（「志賀槙太郎氏所蔵文書」文禄五年九月十六日）、窪田・河村両氏の指示に従うべきことを申し付けている。つまり河村・窪田氏らの与板衆は、執政直江氏と在番城将の間に介在して、御料所の管掌以下に重要な役割を果し、直江執政の直接の担い手となっている。「慶長二年越後国絵図」をみても、上郡頸城地方に設定された膨大な蔵入地の大部分が右の窪田氏の外、宇津江藤右衛門（八八石余）・佐藤玄蕃助（四七石余）・松木（内匠助か、四九五石）らの与板衆を代官として管理されている。上杉氏の直接の基盤をなす蔵入地は、このように直江執政の直轄下に置かれ、与板衆を駆使してその支配が実現されている。

(3)知行宛行奉行　上杉氏は慶長二年冬に至って、給人知行権を著しく削減しつつ領主権を強化整備しようとする画期的な政策をもって新たな知行宛行を強行する。この段階での政策展開の範囲は奥郡を除く越後の全域に及ぶもので、発付される知行宛行状はほとんどすべてが河村彦左衛門・山田喜右衛門・窪田源右衛門三名連署形式をもって統一されている。この三氏がいずれも検地・蔵入地支配に直接にも関与している与板衆であることをみれば、三名連署がたんなる形式的な文書作成者でないことは明らかで、この画期的な知行政策は、検地・蔵入地管理を兼帯する与板衆を直接の推進力として遂行されたことが知られる。

(4)佐渡・庄内代官　これら地域の在番制の展開については前節で詳述したので、ここでは佐渡検地が与板衆河村氏によって施行されたこと、庄内仕置が直江兼続に一任され、その代官立岩喜兵衛・河村彦左衛門が蔵入地支配・給地配分等を司ったことを指摘するにとどめたい。

(5)血縁勢力　兼続は上田衆樋口氏の出であるが、かれの父樋口伊予守は上田衆を率いて、頸城と魚沼を結ぶ要衝の直嶺城の鎮将となっていること、実弟与七は刈羽の旧族小国家を嗣いで大国但馬守実頼と名乗り、岩船本庄氏の旧領を兼併して九〇四一石余を知行する大勢力であることから、春日山城・直嶺城・坂戸城・小国城・与板城・本庄城をつなぎ、出羽庄内に至る直江執政を支える横の支配組織の存在が推測され、見逃しえない直江執政成立の基盤と考えられる。

以上の諸点をみれば、直江兼続は領国統制の中枢を完全に掌握し、全体としては、全直臣団勢力の頂点に立ちながら、直接には低身の吏僚的な与板衆を駆使して執政体制を確立していることが明らかである。この直江氏権力の強大さを示す史実として、下越地方国衆の雄色部長真の天正二十年八月十七日遺言状に（「古案記録草案」二）、大石播磨守・木戸元斎に宛てて、死後のことを「旦那」（直江のこと）に頼み、「旦那」の次女を「愚息」に契約し、自分の女子を「旦那」の養子にして、身上を引立ててもらうよう乞う旨を懇ろに記している。もはや色部氏のごとき旧族名門も直江氏の眷顧なしには家門永続がおぼつかなかったのである。

# 二　上杉氏知行制の構造

初出［一・二・三］（「文禄慶長期の知行制」〔『藩制成立史の綜合研究　米沢藩』〈前掲〉第三章〕）。［四・おわりに］（「上杉氏知行制の構造的特質―織豊期大名論の試みとして―」二・あとがき〔『史学雑誌』六九の一二、一九六〇年〕）

## 一　慶長二年の知行政策

先に上杉氏の領国の成立を論じて、天正末期に至る領国構造と、領主権の支配力に顕著な地域差のあることを明らかにした。本章では、この指摘を前提として、文禄・慶長期における知行制の新たな展開を追究することが主題となる。以下知行制の展開を展望し、地域差の様相を検討するに先立って、まず上杉氏自身の知行制に対する政策の基調を明確にしておくことが必要であろう。大名の知行政策が、何よりも知行宛行において直接に表現されることはいうまでもない。したがって本節では、つぎのような形式と内容をもって発給されている慶長二年（一五九七）冬の一連の知行宛行状を中心史料として採り上げ、詳細に検討を加えてみたい。

　被出置知行事
頸城郡武士郷内

右米
高合参百拾五石三斗六升　下曾根村 家四間
此内
百石者、行方小四郎給分
百石者、尾形小七郎給分
百石者、長谷川監物給分
以上、
残而、拾五石参斗六升　御蔵納
此内　七石者、塩曾根村之引足、
武藤喜次郎かたへ可被相渡候、
残而、八石三斗六升　御用捨米
右之地所慥相渡申候、書付之通指分可有所務候、但、山野竹林川并蠟漆桑楮苧万小成物已下者、別而御料所ニ罷成候、然者彼百姓中へ非分之儀被懸仰、百姓壱人も致逐電、家数等も於為不足者、知行所急度可被召上候旨、被仰付候、御判形之儀者、重而可被遣者也、仍如件、
慶長二年
十一月吉日
河村彦左衛門
山田喜右衛門
窪田源右衛門
行方小四郎殿
参
(「覚上公御書集」)

第1表　慶長2年における知行宛行状況

| 郡 | 郷 | 村 | 高 | 家数 | 給人 | 月日 | 出典 |
|---|---|---|---|---|---|---|---|
| 古志<br>山東 | | 棋持<br>東大島 | 石<br>367.280<br>32.720 | 14<br>3 | 船橋名兵衛 | 10月7日 | 覚上公御書集① |
| 頸城 | 夷守 | 鳥越<br>堅田<br>深沢<br>山口 | 158.040<br>317.220<br>88.780<br>44.620 | 1<br>7<br>3<br>5 | 蓼沼日向守 | 11月15日 | 別本歴代古案② |
| 頸城 | 崎 | 青田 | 441.250 | 13 | 小森沢肥前守<br>古海平四郎 | 11月7日 | 歴代古案　③ |
| 頸城 | 夷守 | 末野 | 118.400 | 8 | 岡田彦五郎 | 11月18日 | 歴代古案　④ |
| 頸城 | 板倉 | | 400.000 | | 山吉玄蕃允 | | 上杉年譜　⑤ |
| 頸城 | 津有 | 上市ノ口<br>下市ノ口 }<br>善光寺<br>寺 | 231.830<br>46.000<br>25.400 | 5<br>2<br>1 | 武藤又左衛門<br>江部太郎左衛門<br>渡辺源左衛門 | 11月19日 | 渡辺文書　⑥ |
| 頸城 | 津有 | 本道<br>(下源与) | 462.184<br>40.000 | 20 | 林　加兵衛<br>桐生又次郎<br>大平喜右衛門尉<br>大平源次郎<br>青木帯刀 | 11月23日 | 別本歴代古案⑦ |
| 頸城 | 夷守 | 水原<br>青野 | 466.968<br>37.000 | 8 | 富所与三左衛門<br>渋谷三助<br>保坂九左衛門<br>戸田彦左衛門<br>駒沢森右衛門 | 11月24日 | 覚上公御書集⑧ |
| 頸城 | 武士 | 下曽根 | 315.360 | 4 | 行方小四郎<br>尾形小七郎<br>長谷川監物 | 11月吉日 | 覚上公御書集⑨ |
| 頸城 | | | 493.900 | | 福王寺大膳<br>江口式部<br>穴沢善衛門 | 11月 | 覚上公御書集⑩ |
| 頸城 | 夷守 | 門前 | 57.500 | 8 | 転輪寺 | 12月1日 | 歴代古案　⑪ |
| 山東 | | 白鳥 | 70.000 | 2 | 広泰寺 | 12月10日 | 編年文書　⑫ |
| 魚沼 | | 土川<br>吉谷<br>藪川 } | 507.5728 | | 蔵田与三 | 12月13日 | 編年文書　⑬ |
| | | 大積 | 886.220 | | | | |

| | | | | | | | |
|---|---|---|---|---|---|---|---|
| 山東 | 三島谷 | 100.800 | | 福島掃部助 | 12月17日 | 上杉年譜 | ⑭ |
| | 烏帽子谷<br>堀之内 | 186.380 | | | | | |
| | 鋳物師屋 | 87.740 | | | | | |
| | 上河根川 | 434.200 | | | | | |
| | 瓜生<br>中<br>新保 | 500.950 | 8 | | | | |
| | 吉津 | 162.860 | 3 | | | | |
| | 南新保 | 152.240 | 9 | | | | |
| | 李崎 | 142.420 | 8 | | | | |
| | 河袋 | 349.920 | 17 | | | | |

このような慶長二年の知行宛行状は管見の限り一四通、宛行われた給人二九名（うち⑪～⑬は社寺）を数える。その概況は第1表の通りで、まず共通する特徴として、すべて同年十月以降に発給されていること、奉行は河村・山田・窪田三氏連署であること、宛行文言はほとんど同一であること、給人は五十騎衆・春日山在番衆を中心とし、給地は頸城郡に偏っていること、などを指摘できよう。以下、これら一連の宛行状にしめされている「石」・「給分」・「御蔵納」・「万小成物」・「百姓」等の諸事項に注目しつつ、慶長二年知行宛行状に現われた知行政策の性格をあきらかにしたい。

第一には、知行地の表示方式として採られている「石」高の性格を検討する。戦国期を通じて一般化していた貫高ないし単純な闕所分記載による知行地の表記は、「大面之内二箇村而二十五貫之地」（「上杉年譜」天正十二年十二月廿三日）とか「上田之内西方新四郎分、小栗山之内有」（「浅間文書」・「上杉家記」天正廿年五月廿八日）等のように、天正期を通じて行なわれている。しかるに、文禄三年（一五九四）春を境として、

古志郡之内桜俣村・桜槇村共ニ
一、百七石九斗者、金子美濃分
右之地方、小森沢肥前守ニ早々可引渡、

（「歴代古案」六、文禄三年二月十二日上杉氏宛行状）

とか「為給恩、与板本地九拾壱石六斗五升之所遣之候」（米沢市「粟野文書」文禄三年九月十三日直江兼続宛行状）などと、「石」表示のある宛行状が少なからず現われ、さらに家臣団中の分限をすべて「石」をもって記載せる「文禄三年定納員数目録」の作成をみるに至る。しかしながら、右の小森沢氏の給分は、この定納員数目録にそのままが登録されることから、この「石」をもって示されるものが、定納高であって生産高ではないことが知られ、「目録」に登録される定納高の「石」高表示自体が、検地施行の準備措置として、給人指出にもとづいて作成されたもので、旧来の基準から絶縁されない単純換算によるものとみなければならない。

しかしながらこれを前提とした文禄四年の太閤検地（奉行は増田長盛）、および慶長二年の上杉検地（奉行は河村彦左衛門）を契機として、慶長二年宛行状に表示される村高・知行高は生産高基準に変化を遂げ、「此内参拾石、御蔵納、五ッ物成ニシテ」「七拾石者、但五ッ物成、御蔵納」等の注記が加えられるに至る。また、その表示が慶長検地の成果によっていることは、たとえば「内拾五石五斗五升者、河村方検地出内同人用捨引」（「覚上公御書集」慶長二月極月一日）という記載にも明らかである。そのうえ宛行状の発給がいずれも十月以降であるのは「慶長二年十月中御検地高御絵図」と裏書される「国絵図」の伝存の事実と符合するのである。

第二の問題は、かかる石高制に基づく知行宛行の方式と内容の検討である。まず知行割の方式は、宛行を受ける給人の数によって、(イ)単数給人への一村ないし数村の一括宛行（宛行状①・②・④・⑤・⑭）、(ロ)複数給人への一村ないし数村の分割宛行（宛行状③・⑥・⑦・⑧・⑨・⑩）の二つに整理することができる。(イ)の方式は一人の給人が一ヵ村以上をまとめて単独で知行する場合であり、まず形式の上からはとくに問題とならないが、(ロ)の複数給人への知行宛行の過程には、先に例示した宛行状面にもみられるように、引足・御用捨・御蔵納などの特殊な操作が加えられていて、(イ)の方式とは大きく異なっている。つまり、(イ)が旧来通りの方式であるに対し、(ロ)はまったく新しい知行割方式にもとづくものという印象を与える。以下、かかる新しい方式をしめす五通の宛行状を第2表として表示し、〔1〕〜〔5〕に分けて個別に検討を加えてみよう。

〔1〕は一村を二給人に分与する事例であるが、「給分」は二〇〇石宛の端数なしの均分であり、そこに生じた端数は三石だけを「御蔵納」つまり大名蔵入分とし、他は「御用捨」として切り捨てる。〔2〕もこれと同じく一村高の端数なしの三分割で、一〇〇石宛の均分であるが、残余分はすべて「御蔵納」化し、そのうち七石は他村の給人への「引足」に宛て、残りは他給人に渡す。〔3〕ではこの「引足」の意味が明確にしめされている。つまり一村高を五人に一〇〇石宛均分するために生じた不足分四〇石が、他村給人の分から補われているのであって、この〔2〕と〔3〕によって、知行高不足分が他村での残余分をもって補充=引足されていることが知られよう。〔4〕もみぎのとまったく同事例で、端数なしで一〇〇石宛を五給人に均分するための不足分三七石という端数が、他村内の三給分をもって補われ、三石余という残高は御用捨として切り捨てられる。〔5〕は三ヵ村高がまとめて三給人に分与される事例であるが、実はこれも市ノ口村を三給人に一〇〇石宛均分するため、善光寺村・寺村という小村の高二つを合わせたものであることは明瞭で、直接にそれと記されないが、以上の諸例と同じ「引足」操作と考えてよいであろう。なお一給人が数ヵ村を宛行なわれている事例の中でも、実は操作のあとがみられ、〔6〕のごとく舟橋名兵衛給分を古志郡棋持村三六七・二八〇石に、山東郡東大島村三二・七二〇石を合わせて、端数なしの四〇〇石としているなどはその著例である。

以上の(ロ)方式にもとづく相給知行の設置は知られる限りのすべてが、均等分割であり、知行高は一〇〇石を基準とする端数なしで行なわれ、その方式を貫くために、引足という特殊な加除操作が加えられ、剰余分は、御用捨・御蔵納として切捨などの処理がなされているという注目すべき事実を明らかにした。ここにみられた知行割操作を支える

「引足」の性格についていえば、まず引足高というのは、いずれも五〇石未満の端数で、給分から切り捨てられた残余分をもってこれに宛てている。さらにそればかりではなく、先に例示した宛行状に対応する慶長二年極月一日の知行算用状には、宛行内容が

拾石者、佐藤玄蕃蔵より、行方小四郎足米遣申候、
六石者、同御蔵より、尾形小七郎足米遣申候、
（中略）
弐拾壱石六斗八升、此米、舟岡戸屋蔵より、極月十二日渡申候、御蔵有米、

第2表　相給知行宛行状の内訳

| 〔1〕 | 史料③ | |
|---|---|---|
| 高合 | 石<br>441.250 | 青田村 |
| 此内 | 200.000 | 小森沢給分 |
| | 200.000 | 古海給分 |
| 残 | 41.250 | |
| 内 | 30.000 | 御蔵納　五ツ物成 |
| | 11.250 | 御用捨 |
| **〔2〕** | **史料⑨** | |
| 高合 | 315.360 | 下曽根村 |
| | 100.000 | 行方給分 |
| | 100.000 | 尾形給分 |
| | 100.000 | 長谷川給分 |
| 残 | 15.360 | 御蔵納 |
| 此内 | 7.000 | 塩曽根村之引足 |
| 残 | 8.360 | 武藤善次郎かたへ可被相渡 |
| **〔3〕** | **史料⑦** | |
| 高合 | 502.184 | |
| | 462.184 | 本道村 |
| | 40.000 | 下源与村ノ内丸山門之丞ヨリ可被請取 |
| 此内 | 100.000 | 林給分 |
| | 100.000 | 桐生給分 |
| | 100.000 | 大平(源)給分 |
| | 100.000 | 大平(喜)給分 |
| | 100.000 | 青木給分 |
| 残 | 2.184 | 御用捨 |

| 〔4〕 | 史料⑧ | |
|---|---|---|
| 高合 | 石<br>503.968 | |
| | 466.968 | 水原村 |
| | 37.000 | 青野村之内南雲・矢島・山田両三人分より可被請取 |
| 此内 | 100.000 | 冨所給分 |
| | 100.000 | 渋谷給分 |
| | 100.000 | 保坂給分 |
| | 100.000 | 戸田給分 |
| | 100.000 | 駒沢給分 |
| 残 | 3.968 | 御用捨 |
| **〔5〕** | **史料⑥** | |
| 高合 | 303.230 | |
| | 231.830 | 上市ノ口村<br>下市ノ口村 |
| | 46.000 | 善光寺村 |
| | 25.400 | 寺　村 |
| 此内 | 100.000 | 武藤給分 |
| | 100.000 | 江部給分 |
| | 100.000 | 渡部給分 |
| 残 | 3.230 | 御用捨 |
| **〔6〕** | **史料①** | |
| 高合 | 400.000 | 船橋給分 |
| | 367.280 | 棋持村 |
| | 32.720 | 東大島村 |

弐拾六石者、冨永彦兵衛ゟ足方米ニ、下曽根村ゟ遣申候、

（中略）

合百四拾七石者、但三人之給人衆より、武藤善次郎引足如此、

のごとく、「御知行所指引算用仕、相渡」されているのであるが、「引足」としてとくに宛行状には表示されない些細な「足米」操作が「御蔵」から「御蔵有米」をもって行なわれ、他の給分からの「引足」についても、詳細に指示されていることが知られる。かかる引足充当操作は、会津移封後の知行宛行状のうえにも、「御知行物成不足ニ付而、五ッ物成引足、以銀子被出置候事」（「歴代古案」五、慶長五年五月十九日）とか、

高合弐百石者　邪（耶）摩郡ノ内宮ノ前村

此内七石四斗五升八合　不足有、

此物成三石五斗六升五合　御蔵ゟ可足候、

（「編年文書」慶長三年十月廿六日）

と明記されるごとく、蔵米による知行高不足分の補充から、金銀・夫役の引足しまで、いっそう顕著になっている。

第三には、引足操作の過程に顕著に現われる「御蔵納」「御蔵有米」「御蔵ゟ可足」「佐藤玄蕃蔵」など、上杉氏蔵入分に関する多くの記載に注目しなければならない。「為料所出雲崎椎名分・白井分預置之候、土貢以下無如在進納尤肝要候」（「別本歴代古案」十、天正八年閏三月十四日）という上杉景勝の指令にも窺われるように、御料所とよばれる蔵入分の拡大とその管理は闕所地を家臣に預け置くという方式で進められている。それが慶長二年宛行状に現われたところから明らかなように、上杉氏蔵入分支配はたんなる闕所地預置方式から、「此内参拾石、御蔵納、五ッ物成ニシテ」などと、知行宛行にともなう蔵入分設定と租率の明記にまで進められている。右の「蔵納五ッ物成」および「不足分五ッ物成引足」によって考えると、蔵入地・給地ともに一律に五公五民の租率を定めていたような印象を受ける。し

かし会津時代・米沢時代初期には村免で徴収しているから、越後時代でも現実には村免によって徴税したことは確実とみてよい。したがって「五ッ物成」は不足分、超過分操作の平均免であって、蔵入地も給地も原則としてこの平均免で操作されたのである。このこともまた知行制の近世化の一指標と考え得る。

寺社領の宛行安堵の場合に、その事情はとりわけ明白で、たとえば転輪寺に対する修造料安堵に「右之地所悉半納」の条件を付し、広泰寺への知行宛行に対しても「高合七拾石者、此内半納毎年急度御蔵入可有之也」とより明確に規定し、神社の場合もまったく同様で、上弥彦神主蔵田与三に与えた「神領」四〇〇石につき、「此内半納毎年急度御蔵入可有者也」と定め、そのうえさらに「七拾石者、但五ッ物成、御蔵納、此石毎年急度御蔵入可有候者也」の一項を付加する。したがって以上の諸例による限り、寺社領安堵の知行政策に知行分半納御蔵入の方針が認められるのであり、寺社知行地の大幅な削減とその直轄化傾向は、一般給分への蔵入分設定とともに推進されたとしてよいであろう。「御蔵有米」をもってする知行分の「引足」操作は、みぎのごとき状況のひろがりを前提としてはじめて可能であったというべく、知行算用状の断片によってみても、「佐藤玄蕃蔵」とか「舟岡蔵」など、蔵入地代官（佐藤・舟岡両氏は直江家臣与板衆）の名を冠した「御蔵」＝大名蔵米管理機構の存在はかなり顕著である。

第四に、知行宛行に伴う留保条件についてみるならば、文禄期までのそれはいずれもたんに「弥御軍役等急度相嗜可被申候」などと、軍役勤仕の精励を要請するにとどまっていたのに対し、慶長二年のつぎの宛行状はひとしくきわめて詳細な厳規を付帯条項として掲げ、まず「山野竹木川并蠟漆桑楮苧万小成物已下者、別而御料所ニ罷成候」を第一に規定している。そのねらいがまず所領の領主的経営の槓杆をなす山林・原野・用水等ならびに雑年貢一切から、給人知行権を排除し、知行内容を石高制にもとづいて定量化された本年貢のみに限定しようとするにあったことは疑いない。したがって「右之地所慥相渡申候」の下地打渡文言にもかかわらず、右の付帯条項による限り、給人がその

第3表　万小成物統制の事例

| 年　次 | 内　　　　　容（抄　　出） | 文　書　名 | 出　　典 |
|---|---|---|---|
| 天正16 | 青苧役之事，如前々，従当津出湊舟之内，令穿鑿，<br>違乱之族有之者，不嫌甲乙人，荷物等押置，可令注<br>進者也 | 上杉景勝朱印状 | 歴代古案 |
| 天正18 | 納　西浜之内きやうてん村　上綿請取之事<br>合　七百四拾目者<br>右於御蔵慥請取候之者也，仍皆納如件 | 上杉氏蔵奉行連<br>署皆済状 | 伴家文書 |
| 文禄5 | 小成物漆之木以下能々入念可被相調候事 | 直江兼続書状 | 志賀槇太郎<br>氏所蔵文書 |
| 文禄5 | 小成物之儀，被仰付候<br>1.　山手・野手の事<br>1.　うるし・らうの事<br>諸役之事，公方へめしおかれ候間，急度せんさく尤<br>ニ候，但，非常成儀被申懸間敷候 | 丸田俊次書状 | 宮　文　書 |
| 慶長3 | 漆之義，悪をハ永楽を以召置候由尤候 | 直江兼続書状 | 千喜良文書 |

個別給地の領主的支配を実現すべき契機はまったく見出し得ず、むしろそこにいわば給地制から給米制へのいちじるしい政策的接近を認めなければならないであろう。

ところでさらに注目されるのは、この制限条項が万小成物の内、とりわけ蠟・漆・桑・楮・苧については具体的に品目を指定して、その直接統制＝御料所化を強調している事実であり、その点から、右の政策のねらいがたんなる給人知行権の制約のみにとどまるものでないことが推測される。すなわち、これら小成物を「別而御料所ニ罷成」すという特殊な関心はすでに早くから上杉氏の基本的な方針として指摘し得るのであって、天正末期以降のみに例をとっても、第3表のごとく、役蠟・青苧役の強力な統制策をはじめ、綿・漆・蠟の蔵入化は、かなり広汎に行なわれたことを知る。上杉氏

第4表　慶長2年知行宛行郡村別件数

| 郡 | 村　数 | 高 | 家　数 | 給人数 | 出　典 |
|---|---|---|---|---|---|
| | | 石 | 間 | 人 | |
| 頸　城 | 16x | 3,728.052 | 85x | 25 | ②～⑪ |
| 魚　沼 | 3 | 507.572.8 | x | 1 | ⑬ |
| 山　東 | 12 | 2,461.870 | 16x | 3 | ①⑫⑭ |
| 古　志 | 4 | 1,011.860 | 48 | 2 | ①⑭ |
| 計 | 35x | 7,709.354.8 | 149x | 31 | 14通 |

会津移封直後に越後の状況を調査した堀氏検地帳に、多くたとえば、「小物成　六百本桑之木　七拾本うるし」[1]「小物成　六百六十青苧」[2]等が明記され、あるいは青苧畠の面積が記載されるのは[3]、すでに上杉氏のもとにおいて、桑・漆・青苧以下の主要小成物は定量的に掌握され、蔵入分として収取対象に確定されていたことの反映に外ならない。付言すれば、山林・小成物以下から給人知行権を切り離して直轄統制下に置くという右のごとき施策は、会津においても知行宛行のさいに、「右之通可有知行、但竹木小成物以下者、可為御蔵納者也」（「編年文書」卅一、慶長四年九月廿二日）として継承され、さらに上杉氏の米沢藩制下に、いわゆる初期専売制として統一的な展開を遂げるのである。

付帯条項は以上にとどまらず、さらにその第二項において「然者、彼百姓中へ非分之儀被懸仰、百姓壱人モ致逐電、家数等モ於為不足者、知行所急度可被召上旨被仰出候」という給地百姓の使役、賦役収取に関する厳重な規制を打ち出すに至っている。この条項は宛行状の冒頭における「末野村　家八間」のごとき記載と対応するものであるが、かかる政策を明らかにする大前提として、すでにこの年の秋、検地施行を通じて領内総生産高、全村落の屋敷所持百姓の戸口を掌握し得ているのである。その結果を統一的に整理した「国絵図」には「末野村　家八間　三十一人」とあり、こうして知行宛行状に末野村家八間が打ち出されているごとく、みぎの付帯的諸規制を加える基礎はこの施策の展開に先立ってすでに完成されていることに注目しなければならぬ。山林原野・万小成物以下、百姓の使役に至るまで、およそ領主的権力の及びうる限り個別的な給人知行権を排除し、全貢租体系の基礎として統一的に掌握した高請屋敷所持民の逃散や減少を強力に阻止しようとする政策は、個別的な小領主権を制限して統一的な大名権力に吸収し、さらに知行制をいわば給地制から給米制へ転換させる方向を明らかに打ち出したものというべきであろう。

以上、慶長二年の知行宛行状について石高・給分・御蔵納・万小成物・百姓等の諸点にわたる検討を試み、顕著な特質としてつぎのことを明らかにした。まず慶長二年知行宛行の大前提としてこの年の惣検地終了があること、その知行割は相給と均分の傾向が著しく、それを実現するための引足・用捨等による知行の過不足調整、その結果としての零細な分散知行等が特徴的であること、家臣知行地の間に蔵入分の設定が推し進められ、それは社寺知行地の場合にとくに明らかで、また管理機構としての御蔵・代官の整備も顕著であること、さらに重要なことは、各宛行状の共通の付帯条項として、表記の給分本年貢の外、山野万小成物以下、百姓の支配から個別給人の知行権を切断し、これを上杉氏の統一権力によって直接に掌握しようとしていること、等の諸点である。総じて個別給人の知行権を削減して上杉氏権力のなかに吸収しようとする傾向が顕著であり、以上の諸点を慶長二年における知行政策の基調とみることができよう。

ところでこのような知行政策の具体的な全般の展開状況については、このわずか一四通の宛行状からは導き出すことはできず、ただ宛行の対象となった給地の分布、給人の性格によって、つぎのようなきわめて大まかな傾向をみるにとどまる。

まず、給地の郡・村・高・家・給人数を地域別にまとめると、ほぼ第4表の通りであり、全体で給地は上越地方の頸城・魚沼両郡から、中越地方の山東（三島）・古志二郡の範囲、三五ヵ村以上、村高にして七七〇九石余となり、それが二九名に給分として宛行（または安堵）されていることになる。このうち春日山城のある頸城郡の地域で村数一六以上、給人二六名ときわだった集中度をしめし注目される。これはみぎの新政策が何よりもまず、早くから上杉氏権力の直接の基盤をなしている上越頸城に滲透していることをしめし、当然の状況といえる。これに対し中越ではなお古志・三島地域のみに限られ、さらに下越ではまったく同様な事例をみない。このような宛行状の分布状況は、天正末年の領主権の支配力における地域差の存在とも符合するところから、史料残存上の制約を越えて、実情をしめし得ているると考えられる。つまり、先にあげたような政策にもとづく慶長二年知行宛行の実際の展開にもまた、かなり著しい地域的な片寄りのあったことが推定される。

ついで、これを給人の性格という点からみれば、全体で二九名のうち五十騎衆に属するもの一一名、春日山城の御厩方衆・御手明衆等七名、社寺三名、栖吉衆一名、侍中一名、他は未詳である。まず上杉景勝譜代の五十騎衆と春日山城内の足軽層とで過半を占めている点が注目され、またほとんどが低身である。社寺はいずれも頸城・魚沼など上越地域にあり、侍中の蓼沼日向守は旧馬廻衆に属し、五十騎衆の山吉玄蕃介とともに下越木場城に在番する景勝の直臣である。つまり慶長二年の知行政策の直接の対象となっているのは、まず上杉景勝に直属する低身の諸士が主で、侍中以下のいわば国衆や外様的な系譜をもつ諸将には、ほとんど及んでいないことが窺われる。

このようにみれば、慶長二年の知行政策の展開には対象とする給人・給地の範囲にかなり大きな制約のあったことが明らかである。しかし反面からみて、上杉氏の諸政策は直接支配下の頸城郡や五十騎衆等を対象としてこそ、もっともよく実現され得ているので、慶長二年の知行宛行を貫く前記のような諸特質をもって、上杉氏の指向する新たな知行政策の基調とみなすことができる。

（1）　慶長三年七月廿六日越後国頸城郡西吉尾村御検地帳(抄)、「中頸城郡誌」所収。
（2）　慶長三年九月五日頸城郡西浜早川之内京田腰村御検地帳。
（3）　慶長三年八月魚沼郡妻有荘羽根川郷御検地帳、「中魚沼郡誌」所収。七月五日魚沼郡上田庄石白之郷戸沢村御検地帳。

## 二　知行制の地域的偏差

本節では上杉氏知行制の展開の状況を、広く上中下越にわたって検討し、新たな知行政策の基調がどのように滲透し、どのような地域差を生じているかを明らかにする。こうした広い展望にあたってもっともすぐれた史料となるのは、「慶長二年越後国絵図」であり、前節にみた同年の知行宛行状とは経緯の関係をなすものといえる。この「国絵図」には、たとえば、

御料所　柿崎分

しふ柿村下

本　納拾八石九斗七升

縄ノ高二石三斗九升

家拾壱間　三拾五人

というような記載が各村落ごとにしめされているが、知行関係の把握はかなりに簡略化されて「岡田彦五郎分　此外拾方分」等と略記されるものも少なくなく、給人名・給地高等については委細を尽しがたい。そのうえに多少の虫損と大幅な散逸とがあって、一国にわたる知行関係の全容をとらえることが不可能となっている。しかしながら残存する上越頸城郡東部・下越北端岩船郡の部分によって、両地域の概況の対比が可能となり、さらに全体の状況への見通しを得ることができるであろう。

まず、上杉氏本城春日山の外郭地域をなし、権力の直接的基盤となった上越頸城地方についてみよう。ただし春日山城下ともいうべき頸城郡の中部から西部にかけての部分は失われて、慶長二年国絵図にこれをみることはできない。はじめに知行関係を確認し得る村落三〇〇余について、その全容をしめせば第5表の通りであり、それによっておおよそつぎの諸特質を指摘することができる。すなわち一村一給人という単独知行関係をもつ村落は、全体の三〇％弱に限られ、のこる七〇％以上の二〇〇余ヵ村は、二給から二一給にも及ぶ複雑な零細に分割された相給関係をしめす

こと、御料所＝蔵入地は一三〇を超える膨大な数にのぼり、しかも多くは、以上の給人知行地三〇〇余ヵ村の間に食い入って設定されていること、などがそれであり、総じてきわめて著しい零細な相給、膨大な蔵入地の広汎な分布という知行関係の構成が明らかとなる。なおこれを給人別にまとめてみても同様な状況を指摘し得るのであって、「国絵図」のしめす

第５表　頸城地方の知行関係一覧

| 知行関係 | 村落数 | 内訳 | | 御料所代官 |
|---|---|---|---|---|
| | | 給地 | 御料所 | |
| 1 | 118 | 91 | 27 | 22 |
| 2 | 56 | 31 | 25 | 10 |
| 3 | 35 | 21 | 14 | 4 |
| 4 | 29 | 18 | 11 | 3 |
| 5 | 16 | 10 | 6 | 2 |
| 6 | 9 | 5 | 4 | 0 |
| 7 | 9 | 6 | 3 | 0 |
| 8 | 10 | 2 | 8 | 0 |
| 9 | 6 | 4 | 2 | 0 |
| 10 | 10 | 0 | 10 | 1 |
| 11 | 3 | 1 | 2 | 1 |
| 12 | 7 | 3 | 4 | 1 |
| 13 | 1 | 1 | 0 | 0 |
| 14 | 4 | 1 | 3 | 1 |
| 15 | 3 | 3 | 0 | 0 |
| 16 | 1 | 1 | 0 | 0 |
| 17 | 3 | 2 | 1 | 1 |
| 18 | 1 | 0 | 1 | 0 |
| 19 | 0 | 0 | 0 | 0 |
| 20 | 1 | 1 | 0 | 0 |
| 21 | 0 | 0 | 0 | 0 |
| 22 | 1 | 1 | 0 | 0 |
| ? | 2 | 1 | 1 | 0 |

頸城東半分の地域だけでも、やはり御料所がもっとも多く、一三五ヵ村（相給分を含む、以下同じ）と筆頭であり、以下柿崎氏五九ヵ村・直嶺三一ヵ村・山浦氏一七ヵ村・高梨氏一〇ヵ村などの外は、すべて多数の小給人の給地として零細に分割知行されていることを知る。「国絵図」に欠ける頸城西半分の地域が春日山城下であることを勘案すれば、全体としてみぎのごとき傾向はより際立ってくるものとみられ、したがってこの状況をもって、上越頸城郡地域における知行関係の特質とすることに大過ないと思われる。領主権の支配力にいかなる地域差があるにせよ、その上に立つ大名権力の性格は、まず直接的な権力の基盤となった地域に即して論ずべきであるから、みぎのごとき特質をもって、まず上杉氏知行制の基本的性格をしめすものと考えておく必要があろう。

ついで、中越における知行制については「国絵図」の散逸のため、その全容をほとんど明らかになしえない。しかしながら前節までに述べたごとく、この地域には御館の乱を契機とする上杉氏権力の滲透は著しく、有力な旧族の壊

滅によって、遺領処分状は知られる限りでも一六〇余通にのぼるのであり、そこに展開された新征服地支配には、新たなる知行制の諸特質が典型的に現われていると推測される。たとえば栖吉長尾氏の遺領であり、御館の乱ののち栖吉衆と呼ばれる上杉家臣団の在番支配下におかれた、村高四〇〇余石の古志郡桂沢村についてみよう。(1)

この村は栖吉在番衆八名をふくむ二八名という多数の給人の知行地として分割され、さらに各給人の村内の給分は栖吉衆八名のみについてみても、かれらの全知行定納高のごく一部分にすぎないこと第6表(A)のとおりであって、総じて給人知行地の存在形態に著しく零細な分散性が窺われる。とすれば、このように一村に二八という零細な錯綜した給人知行権は、給地支配のうえにどのように投影するか。それが直接的には検地帳に分付関係として表現されることはいうまでもない。帳面に登録される名請人一一一名は、検地帳に名請人として、また「目録」に栖吉衆として登録される岡村・佐藤・庄田の三名をのぞけば、すべて第6表(B)のごとき対応関係をもって二八名の給人に分付される。ここでは二石未満の零細な名請人が広汎に登録されて過半に及び、かれらのみが名請高の零細性の故に単純な分付関係に止まる外は、いずれも二名から七名に及ぶ複数給人と錯綜せる分付関係をとり結び、分付の錯綜は名請高の大きいものほど顕著となっている。したがって、こうした知行分付の零細な錯綜した関係のもとでは、少なくとも給人と給地農民との間に直接の強制関係が成立しうる余地はまったく考えがたい。

ただ試みにみぎのごとき状況を、領国中でも在地給人の自主性がかなり強固であった北信濃における川中島地内の中・下両氷鉋村のばあいと比較すれば、(2)この両村は寺尾氏以下三名の相給でありながら、各給人が検地帳面において分付関係として名請人ととり結ぶ関係はまったく一元的であって、寺尾分の名請人が小幡分の給地を名請するということはなく、右の栖吉城下の桂沢村における零細な散り懸り的分付関係とは際立った対照をしめす。したがってこの対比の方法と前提に誤りがないとすれば、間接支配領域である北信地方の伝統的な給人の自立性を支える一元的な知

第６表　古志郡桂沢村検地帳の分析(A)

| 吉栖給人名 | 定納員数目録 知行総高 | 桂沢村検地帳 知行高 | 名請高 |
|---|---|---|---|
| | 石 | 石 | 石 |
| 長尾(紀) | 369.57 | 3.05 | 0 |
| 長尾(平) | 195.32 | 10.50 | 0 |
| 庄　田 | 140.20 | 62.40 | 11.30 |
| 船　橋 | 107.35 | 2.35 | 0 |
| 岡　村 | 72.50 | 76.91 | 16.56 |
| 佐　藤 | 47.44 | 49.84 | 6.99 |
| 曾　根 | 41.92 | 0.80 | 0 |
| 南 | 41.68 | 2.60 | 0 |

(B)

| 名請高＼分付主数 | 1 | 2 | 3 | 4 | 5〜7 | 計 |
|---|---|---|---|---|---|---|
| 石 18 | | | | | 1 | 1 |
| 11〜14 | | | | 1 | 5 | 6 |
| 8〜10 | 1 | 1 | 1 | 1 | 3 | 7 |
| 5〜 7 | 1 | 1 | 4 | 4 | 2 | 12 |
| 3〜 4 | 1 | 8 | 5 | 1 | | 15 |
| 2以下 | 50 | 18 | 2 | | | 70 |
| 計 | 53 | 28 | 12 | 7 | 11 | 111 |

第７表　岩船郡知行関係一覧

| 給人名 | 村落数 |
|---|---|
| 大国 | 72 |
| 大川 | 47 |
| 色部 | 36 |
| 黒川 | 17 |
| 鮎川 | 11 |
| 垂水 | 8 |
| 加地 | 2 |
| 鮎川・大国 | 18 |
| 色部・加地 | 7 |
| 色部・大国 | 3 |
| 色部・土沢 | 3 |
| 色部・黒川 | 3 |
| 色部・御料所 | 2 |
| 加治・直江 | 1 |
| 色・黒・料 | 1 |
| 料・土 | 1 |

行分付関係に対して、大名の直接支配が成立した上中越の知行関係をもって、新たに展開されてきた知行制の特質とみなすことができるであろう。

最後に、このような間接支配地域における知行制の構成を、春日山城をはるかにへだたる下越岩船郡について、上越頸城郡のばあいとまったく同一の史料「国絵図」によりながら概観してみよう。この岩船郡は越後の最北端にあって、その全域が鎌倉以来、秩父畠山氏一族（本庄・色部・鮎川・大川諸氏）の一円所領をなし、きわめて強固な独自性を保っていた。天正十八年（一五九〇）という時期においてさえ、色部氏庶子色部右衛門佐の所領が「拾貫四百文荒地千二百苅地子屋敷七拾間、野数七ツ」の天正十一年の宛行分と、「廿八貫百九拾三文、地子屋敷七拾四間」の天正十四年宛行分とから成っていたから（「古案記録草案」二、天正十八年二月廿六日色部長真覚書）、当時この地方の旧態依然たる所領構造の性質を推知することができる。しかるに天正十九年に秀吉の圧力による一族の本庄繁長の改易を機として、はじめて上杉氏の支配が及び、新たに知行制の展開をみることとなった。

まず、知行関係の明確な二〇〇余ヵ村についてその概況をみれば、全給地村落の七〇%以上が単一給人の一円知行地であること、他はすべて「色部分 加地分入会」のごとく二給に分かたれ、三給以上の錯綜は皆無であること、直轄領の設定はきわめて微少であることなど、総じて上中越地方とはまったく対照的に知行関係の著しい単純性を指摘することができる。ついでこれを給人別にしめせば第7表のごとくであり、単独知行＝一給支配の一九三ヵ村のうち一〇二ヵ村までが色部氏を中心とする秩父畠山一族の知行地で、これにつぐ七二ヵ村を上杉景勝譜代の大国実頼、のこりの一九ヵ村を黒川・加地の近隣国衆が知行する。その分布状況をみても、これら各給人ごとに知行地の集中性はきわめて顕著であって、秩父畠山一族はいずれも在来の一円的本領支配をそのまま上杉氏知行制のなかで安堵されたものであること、大国氏の給地は本庄氏遺領をほぼ一括して新恩宛行を受けたものであること、さらに相給＝二給関係をしめす三九ヵ村はそのほとんどすべてが、色部氏ら秩父畠山一族五氏と他の四氏による本庄遺領の分知関係として成立したものであり、一族の本領支配に対する上杉氏権力の割込みの結果ではないことなどの状況が明らかとなる。

なお、このような知行関係のなりたちを給人の系譜からみるならば、岩船郡を知行する一〇名の給人のうち五名は在地の旧族であり、新たに郡外から入り込んでいるのは黒川・加地・大国・直江・御料所の五勢力である。とはいえ、このうち黒川・加地両氏はいずれも近隣の奥山庄・加地庄を本領知行する旧族であり、また直江・御料所分は相給として僅か五ヵ村にすぎないから、実質的に上杉権力をになう勢力としては景勝譜代の大国実頼一人とみなければならぬ。つまり下越最北端の岩船郡にも、天正十九年の本庄氏改易を契機として上杉氏権力が直接に滲透していく。しかしながら、そこではなお在地の旧勢力の制肘を受け、右のような本庄遺領の処分を行なった外は、すべて本領知行を旧来通り容認するにとどまった。その結果として上中越の上杉氏直接支配地域とは対照的な知行関係の単純一円性、蔵入の微少等、著しい知行制の偏差を生じたのである。

なお、以上の地域差の概観に付言すれば、上杉氏の直接支配地域における知行関係の特質は、明らかに第一節で指摘した知行政策の方向をしめすものであり、他のたとえば色部氏らの岩船郡のごときも、文禄・慶長の検地を最大の契機として、すでに上杉権力の埒外にはありえず、基本的には上杉氏の知行政策が全体に推し進められていくとみるべきであろう。次節ではこの点を御料所支配、本領知行、城領と番城の機能について個別に検討する。

（1）安禅寺所蔵、慶長二年九月廿日古志郡桂沢村蔵王分検地帳。
（2）信濃国更級郡川中島内中氷鉋村下氷鉋村御検地帳（青木孝寿「北信濃における文禄検地」〔『史学雑誌』六三の一〕）。

## 三　御料所・本領知行・城領

### 1　御料所

御料所と呼ばれる上杉氏蔵入地については、第一節で慶長二年の知行政策に現われた方向として、従来の恩賞的な色彩の濃い闕所地預置方式から、さらに進んで知行宛行にさいして給地内に蔵納分を併設するなど、蔵入地の拡大が推し進められていることを指摘した。しかし第二節で明らかにしたように、御料所の展開の実体は、上越頸城郡東部の一三五ヵ所に対し、下越の岩船郡ではわずかに四ヵ所という地域差をしめすのである。蔵入分の全容を把握することは「国絵図」の欠落のため不可能であるが、頸城郡では欠けている西部の春日山城下諸村にこそ蔵入分はさらに多量に設置されていたはずであるし、また直臣団の在番する鎮城周辺には、かなり集中的に蔵入地がおかれたことが知られるので、魚沼郡から中越諸郡にかけても相当数の蔵入分の存在を推測することができる。のちにみるような中越における蔵入分代官と在番制をむすぶ蔵入分管理機構の存在は、みぎの推測に対する有力な裏付けとなる。

直轄領は大名権力の直接的基礎をなすものであり、その多少は権力の強弱を規定する大きな要因となるが、「国絵図」の示す頸城郡東部の膨大な御料所は上杉氏蔵入分の性格を明らかにする重要な素材を提供する。まずその存在の形態は前節第5表のごとくであり、一村が一円的に御料所となっているものは、全御料所のうち二〇％程度で、他はすべて二人以上の一般家臣の知行と入会う形で、一村の相給関係として、かなり分散的に設定された零細な蔵入分であることが窺われる。この点は岩船郡の御料所についてみても同様で（第7表参照）、本庄遺領のうちに、色部氏との入会いで二、土沢氏との入会いで一、色部・黒川両氏との三給で一ヵ所など、総じて蔵入分の顕著な散在・相給性を特徴づける。一般給地村落内への「此内参拾石　御蔵納　五ッ成物」というような蔵入分の併設の積極的な推進が、みぎのごとき膨大な蔵入分の散在・相給性をもたらしたものであることは疑いなく、蔵入分の拡大はたんに闕所地の御料所化のみによって進行したのではない。

とすれば、かかる散在・相給性の顕著な蔵入分の管理機構として、在来の「預置」方式とは異なったものが成立しているであろうか。この点でまず注目されるのは、「国絵図」にみられる「御料所　宇津江扱」「御料所　窪田扱」などの記載である。それが蔵入分の代官支配を意味することは、たとえば、みぎの宇津江氏が他の史料に「御蔵領の代官宇津江九右衛門[1]」などとみえることから確かであり、また「御料所　佐藤玄蕃扱」は、他の「佐藤玄蕃蔵」（「覚上公御書集」慶長二年極月一日）のごとき記事と符合する。こうした形式で蔵入地代官の記載がみられるのは、頸城郡内で窪田・宇津江・蔵田・梅木・馬下・松木・佐藤の七氏をあげることができる。ただこの「某扱」表示、つまり管理者が明記されるのは全御料所についてではなく、全体のほぼ四〇％にあたる五四ヵ村に限られ、その他の御料所については何らの記載もみられない点に注意しておく必要があろう。このように御料所代官の設置基準はかならずしも明確ではないが、大概の傾向については第5表がしめしえていると思われる。すなわち全村が御料所となっている村落では、まずそのほとんどに「某扱」の表示がみられるが、一般給人一名との相給の御料所では、「扱」者の記載は半数にもみたず、以下多給化するにつれて減少し、六給の相給地に至ればまったく認められないか、例外的に散見するにすぎないのである。したがって御料所のすべてについて管轄の代官が決定していたのではなく、全村御料所あるいは単純な相給村落のみが、各代官の管理に委ねられていたのである。

このような代官による御料所の管理については、先にも知行政策の基調を論じて、その機構の整備されている事実を指摘し、それが直江執政を支える重要な機構として直接に掌握されていることを述べた。それをさらに補足するならば、一四八頁にあげた知行算用状にみる「佐藤玄蕃蔵より行方小四郎足米遣申候」「同御蔵より尾形小七郎足米遣申候」「此米舟岡・戸屋蔵より極月十二日渡申候、御蔵有米」などの記載に、佐藤玄蕃蔵・舟岡（源右衛門）蔵以下、それぞれの代官の管理する御蔵の存在は明瞭であり、各御料所代官が自らの管理に属する「御蔵」をもって「御蔵納」を行なうという蔵入地管理機構の確立も疑うべくもない。そしてまた代官として検出される窪田（源右衛門）・宇津江（九右衛門）・佐藤（玄蕃助）・舟岡（源右衛門）・山田（喜右衛門）・河村（彦左衛門）の諸氏が、いずれも与板衆として執政直江氏に直属する知行高一〇〇石前後の吏僚であることをみるならば、この代官方式が、在来の恩賞的な意味をもった一般家臣への預置方式とはまったく性格を異にした強力な統一的権力機構であり、それが蔵入分の積極的な拡大にともなって整備されていることが窺われる。

ところで一般給地との著しい相給関係のもとに零細に散在する蔵入分の管理方式については、「国絵図」に「某扱」表示はなく、それが頸城郡東部では御料所村落数の六〇%を占めているのも注目される。これについて史料的に多くはないが、次項でみる通り、直臣の在番する頸城郡直嶺城下に御料所が集中的に分布する事実（一七二頁の分布図参照）、あるいは文禄五年執政直江兼続が中越蒲原郡の菅名城に在番する丸田俊次に村松本堂山在城を命じ、「分一出目米は河村（蔵入代官）・窪田（同上）かたへ可被相渡候、御料所借米は河村かたへ請取候歟、不然は舟を渡候歟、河村かたへ書状遣候事」と指令した事実などをもってすれば（「志賀槇太郎氏所蔵文書」文禄五年九月十六日）、在番制による御料所―番城―御料所代官―御蔵という相給蔵入分の蔵入地管理が行なわれていることを察知し得よう。

## 2 本領知行

上杉氏の「御料所」（蔵入地）に対しては、家臣の「給分」（知行地）がある。この知行地は上杉家臣として宛行なわれた恩地と伝統的な本領とに分けられ、この恩地知行と本領知行とを併せた知行形態を給人知行の標準的なものとすることができよう。そして新恩の給地知行には、上杉氏の知行政策が強く滲透していくものとしても、伝統的な本領知行はなおその埒外にあったことが予測された。すでにみたような知行制の地域的偏差というのも、こうした給地知行と本領知行との対照として考えられる。とはいえ上中越地域には本領知行が存在しないというのではない。「国絵図」に例をとれば、頸城郡に五九ヵ村にわたって知行分を擁する柿崎氏は、なお本領知行の著例であり、同郡の直嶺城将である樋口氏の知行八〇九石余も「本地・城領・隠居分」つまり本貫魚沼郡上田における本領知行と在番地における城領（直嶺分）と隠居分とから成っていたことが「目録」の注記からも窺われる。さらにたとえば中越の古志郡桂沢村でも、二八という給人知行関係のもとで給人と給地農民との関係も錯綜をきわめているが、検地帳名請人と栖吉衆給人の双方に同時に登録される佐藤・岡村ら在地給人の本領知行には何らの変更も加えられていない。

したがってこれらの点に注意しながら、上杉氏の知行制の性格を統一的に理解するために、以下本領知行の実態を詳しく検討し、それが上杉氏の知行制に対立するまったく異質的な土地所有関係かどうかを明らかにする必要がある。

ただしあらかじめ指摘すべきことは、文禄四年および慶長二年に御料所・給地・本領を通じての惣検地が行なわれて、全領が「国絵図」として上杉氏のもとに掌握され、またそれにもとづいて新たな知行政策の展開をみている事実である。だから検地施行の準備措置としての文禄三年の指出徴収（その結果は「目録」として集成）から慶長二年の「国絵図」作成に至れば、上杉氏権力を完全に排除した本領知行というものは存在しないのである。

まず、上越頸城郡に五九ヵ村という給人知行地の中で最多数の村を「国絵図」に記載されている柿崎氏のばあいをみよう。この柿崎氏は、上越から中越への日本海通りの関門に位する柿崎の地を本貫とする頸城郡最大の旧族であり、二八六一石余の知行定納高を擁して、[2] 家臣団の最上層を占めている。その知行地の存在形態をみれば、その全体を本領と新恩分とに区別することはできないが、単独で一円的に知行する村落はほぼ半数で、他はすべて複雑な相給関係をしめし、うち一一ヵ村には蔵入分が併設されるなど、旧族柿崎氏の領主的知行にはかなり著しい制約が加えられている。この状況を知行地の地域的分布のうえから窺えば、柿崎氏が一村全体を単独で知行する二一ヵ村は、ほとんど本拠柿崎の地から米山山麓に至る山間部に存在し、それは柿崎氏本領の原初形態をしめすものと推定される。柿崎氏はその範囲において在来の一円的本領支配を実現し得ているとみてよいであろうが、その縁辺には膨大な上杉氏蔵入分が設置され、さらに柿崎の地から海岸線につらなる知行地も、その間に介在する多数の蔵入分や他の給人知行地によって分断され、零細な散在性をしめしている。したがって本拠柿崎を中心に五九ヵ村にわたり、二八六一石余という膨大な給分を擁するとはいえ、上杉権力の直接的基盤をなす上越にあって、すでにみたような強力な知行制の展開のもとで、次第に柿崎氏領主権は原初的な本拠のみによるきわめて狭小な範囲に封じこめられ、この段階ではすでに所領の全域にわたり在来の直接的領主支配を実現し得る契機は失われているといわざるをえない。なお謙信の時代を通じて重臣的な地位にあった柿崎晴家は天正六年初頭の頃に謙信によって一度改易され、その八月に景勝によって子の憲家に「依令忠信、名跡之儀返還」がなされている事実(3)を考え合わせるなら、右のような柿崎氏の知行形態は、大名権力内にまったく吸収されようとする段階の本領知行の特性をしめしえているとみてよいであろう。

このような上越地方の本領知行に対し、知行関係が対照的に単純性をしめし、上杉氏蔵入分の設置も微少である下越地域ではどうか。以下安田氏を例として考えてみよう。大見安田氏は蒲原郡白河庄地頭として鎌倉初期に入部して以来の旧族であるが、奥郡最南端にあるところから、すでに応永期から上杉氏と密接な関係をもつ。上杉家臣として文禄期の知行定納高は一二三二石余をしめす大身であって、その本領知行と給地知行の比率は第8表のしめすように、過半は給恩地によって占められるという給人知行の著例でもあることが注目される。しかしながら天正二年の「安田領検地帳」に示される安田領の構成は文禄三年頃の「知行定納之覚」(4)に至っても、そのままに登録されていることから、安田氏は文禄期においても「安田館辺」を中心とする白河庄内の伝統的本領と、応永期以来の累積した給地とを合わせ、旧来の領主的支配権を維持し得ていると考えられる。したがって以下この天正二年「安田領検地帳」の分析を通じて、文禄期における安田氏知行のあり方を推測する手がかりを求めてみたい。

第8表　安田氏知行定納地一覧

| | 石 | |
|---|---|---|
| 安田館辺 | 406.713 | 本　領 |
| 草水村 | 29.080 | 本　領 |
| 里　村 | 88.500 | 本　領 |
| 二郎丸村 | 102.630 | 本　領 |
| 金山村 | 18.744 | ? |
| 松岡村 | 36.224 | 給　恩 |
| 羽禰津村 | 58.220 | 給　恩 |
| 瀬滝村 | 9.300 | ? |
| 月岡村 | 181.350 | 給　恩 |
| 帯織村 | 42.575 | 給　恩 |
| 三林村 | 5.300 | 給　恩 |
| 葛巻村 | 16.125 | 給　恩 |
| 小栗山村 | 265.650 | ? |
| 計 | 1,260.411 | |

安田氏の本領と給地とから成る知行地は、安田氏自体の内部で、安田氏直轄地（御直納）・安田氏家中給地（給恩・給分上地）・寺社領（寺社方）に明らかに区別されており（第10表参照）、上杉氏の所領構成に酷似している。安田氏の家中は「給恩」地を安田氏から宛行（安堵）されて、「軍役衆」に編成されているのであるが、総数一〇九名にのぼる軍役衆構成も、その知行高（収取高基準の貫高表示）に

第9表　安田氏有力軍役衆（同族別）一覧

| 給　人　名 | 個人知行高 | 一族数 | 一族知行高 |
|---|---|---|---|
| | 貫 | 人 | 貫 |
| 神田与五衛門尉 | 31.615 | 8 | 62.770 |
| 行方与三左衛門尉 | 26.680 | | |
| 井口弥八郎 | 26.530 | 2 | 50.045 |
| 井口文三 | 23.515 | | |
| 渡辺彦右衛門尉 | 26.240 | | |
| 渡辺源十郎 | 22.730 | 8 | 83.330 |
| 渡辺善左衛門尉 | 18.300 | | |
| 三潴新五郎 | 25.145 | 2 | 28.395 |
| 馬下大膳助 | 24.030 | | |
| 高山平右衛門尉 | 23.120 | | |
| 田那部清左衛門尉 | 22.200 | 5 | 51.590 |
| 石井新右衛門尉 | 19.550 | | |
| 小野里与八郎 | 19.110 | 2 | 21.660 |
| 草水左京亮 | 16.060 | 5 | 32.310 |
| 斎藤　某 | | 13 | 38.850 |

第10表　安田領の知行高階層構成

| | 給恩（軍役衆） | 給分上地 | 寺社方 | 計 |
|---|---|---|---|---|
| 20貫以上 | 10 | 0 | 0 | 10 |
| 20 ～ 10 | 9 | 0 | 2 | 11 |
| 10 ～ 5 | 15 | 1 | 6 | 22 |
| 5 ～ 2 | 41 | 4 | 21 | 66 |
| 2貫以下 | 23 | 19 | 38 | 80 |
| 不　明 | 11 | 0 | 0 | 11 |
| 計 | 109 | 24 | 67 | 200 |

ついてみれば、最大三一貫文を超える者から、小は居屋敷六〇文のみという者に及び、身分的には「殿」をもって呼称されるものから「中間」「小者」をも包括する。この全体について同姓を称する者を一応同族とみなして第9表のごとく整理するならば、ほぼ半数の六五氏となり、知行高の面から最大八三貫文、平均して四〇貫という上層の僅か一二氏により、家臣知行地（給恩）の過半が独占されているのであって、総じて安田氏権力構成の著しい矮小性が推測される。

さらにかれらの知行形態をみれば、一族五氏で三二貫文余を知行する草水氏の場合、その知行地のほとんどすべてを「在所」つまり自らの本領草水村に有する小領主的存在であり、その他に「御切符」とよばれる安田氏からの新給分を本領からはるかな中越蒲原郡帯織村に知行する。また一族三氏をもって八三貫文余を擁する渡辺氏をみれば、同源十郎は二二貫文余を安田の橋上に一括知行するとともに、安田橋上・金山村・笹堀村の「御料所」（領主安田氏の直轄領）の代官として「代官免」を付与され、同善左衛門尉は一八貫文のうち七貫文余を同じ橋上に、その他を笹堀・大谷

・小栗山の各地に分散的に知行し、さらに同源十郎の管理する金山村の御料所のうち三貫文を給分として与えられている。

かように有力軍役衆はかれらの在所＝本貫において小領主的存在をしめし、安田氏の家臣＝軍役衆として、安田氏が上杉氏から与えられた新恩知行地をさらに「御切符」あるいは「給分」として恩給されて知行分を拡大し、さらに安田氏御料所＝直納分の管理権を付与される。また第10表のように、安田氏家臣団の標準的規模を示す五貫文前後の軍役衆の知行形態は、まず一ヵ所の本領を中心に一、二ヵ所の新恩地をあわせて散在知行するのが基本的であったとすることができ、その小規模な在地性とともに、軍役衆としての軍役勤仕の基礎となる散在新恩分の比重が注目される。ところで給恩＝軍役衆知行地の分布範囲から軍役衆構成の性格をみれば、八〇余名にのぼるかれらのほとんど大部分の知行地は、主として安田館まわり・安田橋上・地子屋・安田など、安田氏の「知行定納之覚」に「安田館辺」と汎称される白河庄内安田本領の中心地域にきわめて集中的に存在する。そして白河庄外の松岡・羽爾津・帯織などの諸村以下は安田氏が上杉氏から恩給されたもので、安田氏はこれを自身の直轄領に繰り入れ、その一部を代官以下僅か一〇名ほどの有力軍役衆に分与するのみで、これら庄外の新恩所領においては軍役衆を組織し得ていない。つまり安田氏家臣団をその知行地の分布状態のうえからみれば、わずかに六五氏という限られた在地の小領主・地主層を「安田館辺」という自己の本城をとりまく狭い範囲において組織するだけにとどまり、きわめて狭隘な構成をしめすものであることが窺われよう。

つぎに安田氏自身の直轄領の性格をみれば、それは「御直納分」とか「御料所」などと称されるもので、第11表のごとく全体で約三五三貫文に上り、うち代官免以下の給付分を除く蔵入高でも一九四貫文余という膨大なものであって、家中軍役衆のうち一族で八三貫文を知行する渡辺氏はもとより、上位の一二氏の給分を合わせてもはるかに及ば

| 関　免 | 荷かしき免 | はゞき免 | 江堀免 | 給　分 | 長不作 | 計 | 代　官 |
|---|---|---|---|---|---|---|---|
| | | | | | | 7.320 | 渡　辺 |
| | | | | | | 10.000 | 渡　辺 |
| | | | | | | 1.260 | 渡　辺 |
| | 500 | | | | | 11.693 | 渡　辺 |
| | | | | | | 15.875 | 御手作・御西分 |
| | | | | | | 8.260 | 石井・井口 |
| | | 1.760 | | | | 9.100 | 弐　平 |
| | | | | | | 19.756 | 行　方 |
| | | | | | | 6.420 | 行　方 |
| | | | | | 8.250(2) | 30.380 | 神　田 |
| | | | | | 7.600 | 35.805 | 神　田 |
| 1.200 | 400 | | | | 3.500 | 24.185 | 井　口 |
| | | | | 3.000 | | 14.890 | 渡　辺 |
| | | | | | | 14.920 | |
| | | | | | | 7.460 | |
| | | | | | | 11.580 | |
| 500 | 1.000 | | 500 | 10.000 | | 38.180 | 井　口 |
| | | | 980 | | | 33.423 | 高山・神田 |
| 1.650(2) | | 8.400(3) | | | | 16.150 | 三　潴 |
| 400 | | | | | | 26.420 | |
| | | | | | | 5.100 | 行　方 |
| | | | | | | 5.000 | 草　水 |
| 3.750 | 1.900 | 10.160 | 1.480 | 13.000 | 19.350 | 353.177 | |



ない。たんに量的に膨大というだけでなく、その分布状況をみても安田館辺以下一八ヵ村に及ぶ安田領の全域諸村にくまなく設定され、とりわけ上杉氏から宛行された新恩領の直轄分は一五〇貫文と、安田本館での四六貫文をはるかに上まわる比重をしめし、また新恩領では軍役衆への給地に対する直納分の比率はきわだって高い。なおこれら直轄領の支配方式は、安田館まわりの一部の「合参貫文安田御手作」や、「百姓前」の直接掌握によるものの外は、すべてが前述のように有力家臣を代官とする管理に委ねられたのであり、たとえば猿田村の直轄分につい

第11表　安田氏直轄領（直納分）の構成

| 直納地 | 直納高 | 代官免 | 中使免 | 小使免 | 名 | 百姓前 |
|---|---|---|---|---|---|---|
| 橋かみ | 貫<br>5.530 | | | 1.790 | | |
| 小揚瀬 | 10.000 | | | | | |
| りかい瀬 | 1.260 | | | | | |
| 笹堀 | 4.983 | 360 | 970 | | 4.880 | |
| 安田 | 15.875(2) | | | | | |
| 地子屋 | 900 | 3.000 | | | | 4.360 |
| かご田 | 7.340 | | | | | |
| 二郎丸 | 17.036 | 1.920 | 800 | | | |
| 猿田 | 6.060 | 300 | 60 | | | |
| 松岡 | 19.380 | 2.000 | | 750 | | |
| 羽禰津 | 23.255 | 2.000 | 2.950 | | | |
| 月岡 | 13.990 | 3.220 | 1.375 | 500 | | |
| 金山 | 6.990 | 4.900 | | | | |
| 大新保 | | | | | | 14.920(3) |
| 駒込名 | | | | | | 7.460 |
| 杉之尾 | | | | | | 11.580 |
| 三林 | 21.180 | 3.000 | 1.250 | 750 | | |
| 小栗山 | 24.693 | 3.360(2) | 3.090(2) | 1.300 | | |
| 帯織 | 5.500 | | 600 | | | |
| 里村 | | | | | 19.620(2) | 6.400 |
| 葛巻 | 5.100 | | | | | |
| 草水 | 5.000 | | | | | |
| 計 | 194.072 | 24.060 | 11.095 | 5.090 | 24.500 | 44.720 |

注　欄内の（数）は筆数を示す。

て、「合五貫七百六十文行方与三左衛門尉刷　猿田村直納」と記されるのがその一例である。さらにいえば直轄領内に第11表のごとく直納・給分・代官免・中使免・小使免などが明確に区別して設定されているのは、安田氏の直轄領支配が領主—軍役衆（代官）—中使（小使）—直納地という収取機構によって実現されている事実の反映であって、すでに明らかにした大名蔵入地の支配とまったく同様な体系をしめすことが注目される。

総じて領主的な本領知行の実体は、その知行地構成・存在形態・収取機構などのいずれについてみても、大名知行のそれの原型ともいうべき特質をしめすのである。ただしその権力構成は旧来の限定された一円的本領のみを基盤として著しく矮小であり、散在所領や膨大な蔵入地の存在は大名からの新恩給与の結果であることを明らかにした。つまり領主的な本領知行の国人層は、自ら狭隘な領主体制（権力構成・所領構成）を克服し得ないままに、自らの領主制の維持拡大を大名権力による体制的保障に求めたのであり、そこに大名の領主権の成立を前提とする知行制の進展の促される基本的要因があった。だから本領知行が上越柿崎氏にみるごとく、次第に新しい大名の統一的土地所有の内へ解消されていくのは必然の方向というべく、文禄・慶長段階における上杉氏知行制がみぎのごとき本領知行を包含して顕著な地域差を呈示するとしても、その本領知行をもって直ちに大名の土地所有に対立する異質的な土地所有関係とみなすことはできない。したがって地域差の存在を大名知行制のこの特定段階における特質として理解し、以上全般にわたって明らかにした諸特質をもって、文禄・慶長期における知行制と大名権力の性格を解明する基本的な指標とすることに問題はないと思われる。

### 3　城　　領

上杉氏の御料所や家臣の知行地とも異なって、番城に付属し在番衆に給付される「城領」と呼ばれる知行地がある。それは領国支配の要をなす在番制の軍事的経済的な基盤として重要な意味をもつことが考えられ、また在番制が広く展開された上中越の諸地域では、上杉氏の知行政策が強く滲透している事実から、番城と城領、さらに御料所や錯綜する一般知行地との関係のあり方が注目される。

まず番城を中心とした知行関係について、たとえば「国絵図」によって比較的その状況を知り易い頸城郡直嶺城のばあいを採り上げてみよう。この番城は春日山城と魚沼郡上田坂戸城とを直結する要衝をなし、天正八年以降、景勝譜代の上田衆樋口総右衛門（伊予守）を城将として、同心衆・手明衆からなる「直嶺衆」が在番したことはすでにふれた。「国絵図」の記載にみる「直嶺分」というのは、その知行分であることは疑いを容れないが、一般の給地とは若干その性格を異にし、「直嶺衆」直臣団の在番にともない、新たに設定された知行であることは、城将樋口氏に宛てた「就直峯在城申付、知行分注文出置候」の景勝判物（「上杉年譜」天正八年霜月廿四日）によって明らかであり、「目録」においても、この知行分は「城領」として把握され、樋口氏が本領魚沼郡に知行する「本地」とは明確に区別されている。直臣団以下の新たな在番にともなう知行分設定は第12表の諸事例にみるように、かなり一般化して考え得るようで、庄内酒田城に在番する甘糟景継の知行定納高（「目録」登録）七六九六石が、第12表にあげた上杉景勝朱印状では「城領分」と記されるなど、在番にともなう「城領」（城林）の設定（闕所分・御料所の城領化）は顕著であり、それがまた「当所務」と記されるのは、城領の性格を明示するものといえる。

さて「直嶺分」として記載される村落はすべてで三二ヵ村というかなり膨大なものであるが、直嶺分だけの一円知行村よりも、他給人・御料所との相給分が多いのは頸城郡の知行関係の特性の反映であろう。この直嶺分の分布と直嶺城周辺の知行地分布との関係位置をみれば、おおよそ次図のごとくであり、直嶺分のほとんどすべてが直嶺城を中心とする頸城郡山五十公郷保倉川の本支流域一帯に、御料所とならんできわめて集中的に分布している。このことからみて、城領というものが番城に付属し、在番支配を支える経済的な基盤として設定されたものであることが明らかである。こうした城領の特性は、それが番城に付属する以上、在番衆への宛行も「当所務」限りという点であり、御料所や給分とも個別な存在としてとらえられている。

ついで問題となるのは、この番城が知行制に果した機能であろう。とくに膨大な御料所と零細に錯綜する知行関係が顕著な上中越の諸地域には、直臣団による在番支配が展開されており、そこでの番城と御料所・給分との関係は見

第12表　城領設置の事例

| 年　次 | 内　　　　容（抄） | 宛　所 | 文　書　名 | 典　　拠 |
|---|---|---|---|---|
| 天正８ | 就当地栃尾在城申付，大関蔵人分宛出候 | 佐藤氏（中越） | 上杉景勝判物 | 歴代古案 |
| 天正11 | 糸魚川新地在城依申付，料所之内布施之地出置之候 | 秋山氏（上越） | 上杉景勝判物 | 上杉年譜 |
| 天正19 | 当城大宝寺就在番，為堪忍分，当所務弐百俵之所，河村彦左衛門かたより可有御請取 | 樋口氏（庄内） | 直江兼続印判状 | 編年文書 |
| 天正10 | 今度於被忠信者，本田石見守飯山城領并同心上倉三河分，同本田当国知行分不可有相違候，其上飯山実城可差置候 | 小幡氏（北信） | 上杉景勝判物 | 小幡文書 |
| 天正10 | 城林之儀，兼而須田へ如申理，以手日記剪用尤候 | 村上氏（北信） | 上杉景勝判物 | 菊地氏所蔵文書 |
| 文禄２ | 庄内河北坂田城之事<br>令定納七千六百九拾六石者　城領分<br>右之外，増分并三千五百石，毎年之御蔵納 | 甘糟氏（庄内） | 上杉景勝印判状 | 上杉家記 |

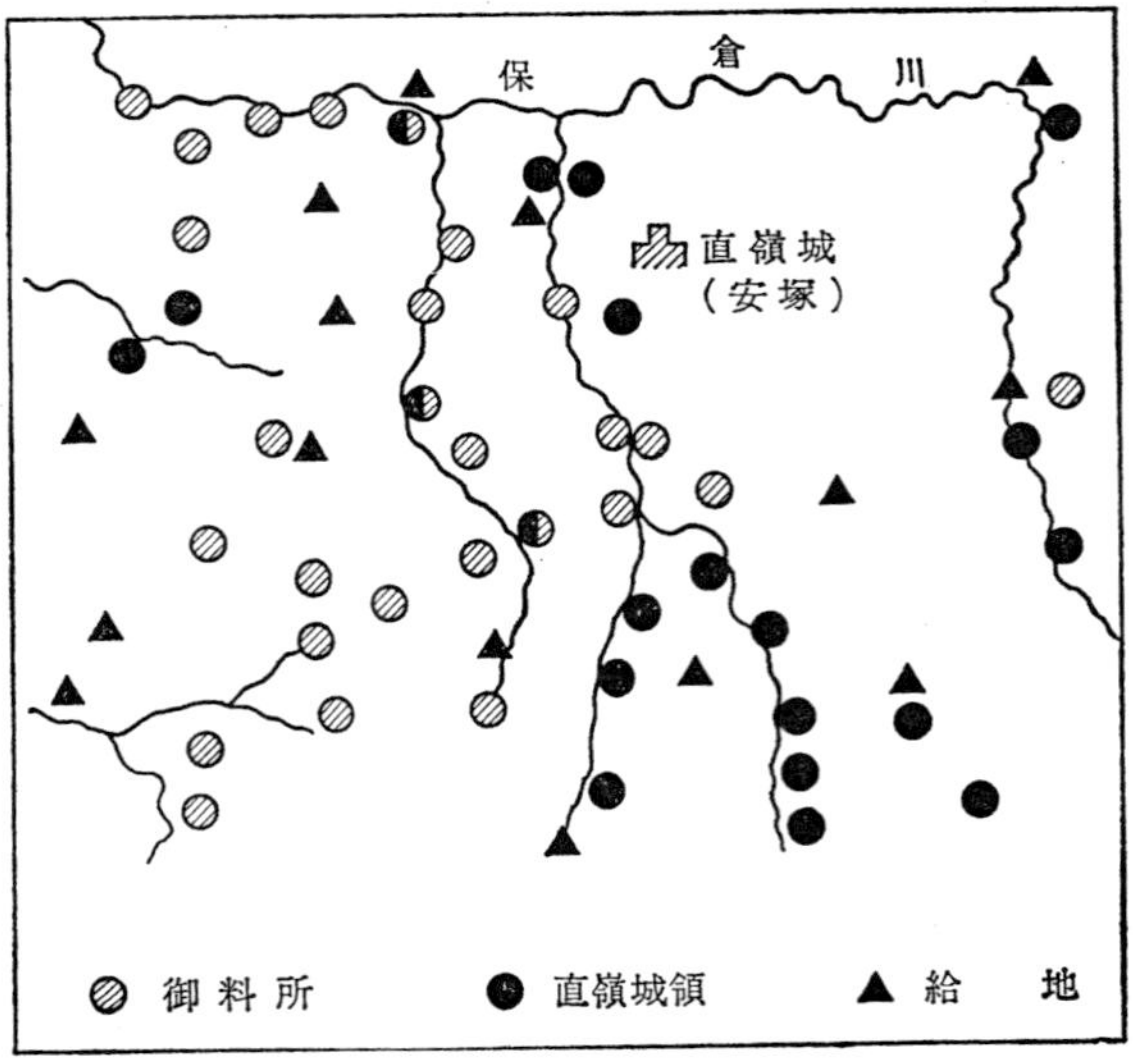


直嶺城を中心とした知行地と蔵入地の分布図

逃し得ないものがある。ただこれについては史料的な制約から多くを論じ得ないが、まず御料所との関係では、たとえば右に掲げた直嶺城辺の城領分布図に、城領とともに膨大な御料所が番城の周辺に集中していることに注目しよう。このような御料所分布は番城と御料所の結びつきをしめすものであろうし、またたとえば庄内坂田城でも、城将甘糟氏に対し城領と御蔵納分との管掌が委ねられている事実がある。

この点については先に、番城周辺における蔵入分の集中は番城による蔵入分管理を前提とするものではないかと述べ、さらにその収取体系として、蔵入分―番城―代官―御蔵という機構の存在を推測した。このような体系が蔵入分収取以外にも、一般に適用される在番支配の本来的な機構であるかどうか。著しい史料的制約にもかかわらず、つぎのごとき諸点からみぎの推測が裏付けられるので、城領の機能を窺いうるようである。たとえば、

一、堀越分為代官、百姓以下仕置可申付之由被仰出候、但、当納者三郎殿へ可進置事、
一、其方在城本堂山可取置旨之事、
一、過上之所、其方取集納尤候、但、検地之所は河村相談尤候事、
一、小成物漆之木以下、能々入念可被相調候事、
一、分一は何方も其方分別次第可被申付候事、

など、本堂山城在番の鎮将丸田俊次に宛てて、在番管轄下の一般知行地の仕置、年貢・小成物・分一などの徴収以下の広汎な権限を、執政直江兼続を通じて付与した指令(一四〇頁参照)に、在番機構の概括的な特性がしめされる。

その他、この丸田周防守と同様在番の将で代官を兼ねた者に、木場城将蓼沼友重の新潟代官、本庄城代春日元忠の坂町以下三ヵ村の代官などがある。僅かな事例をもって全般を推すことの危険性は、著しい地域差の存在によっても明瞭であるが、少なくとも給人と給地との間に在番制の介在することは疑いを容れず、とりわけ次節で述べるように、

番城―中使―知行地という収取体系の基軸に据えられる中使の存在は注目すべきものである。なお、上越頸城郡において、知行宛行奉行（蔵入分代官を兼帯）が給人に宛てた給分算用状の末尾に、「右之御算用之内、引取被申御かし米之外、御公方米御かり候所候者、利分を以御算用仕、御知行所ニ而請取可申者也」と述べて、給分決済は代官が自ら知行所において行なうことを規定し、ここでも右例のごとく、給地年貢の権力による直接掌握の方向を明らかにしている。

（1）「越後治乱記」（天正六年九月十二日条）・「景勝一代略記」（天正六年九月条）。
（2）「文禄三年定納員数目録」では旧侍衆グループの末尾近くに、
百七十一人半　　慶長二年御叱　柿崎弥次郎分
（都合）同二千八百六十一石八斗三升五合五勺
と記載される。
（3）「歴代古案」十、天正六年八月二十二日上杉景勝判物（柿崎千熊丸宛）、「訂正柿崎系図」に「――晴家 平三郎 左衛門大夫 天正六年死去――憲家 千熊丸 弥次郎 能登守 母北条輔広女 寛永十年死去」。
（4）「越佐史料」所収安田文書「知行定納之覚」（文禄三年と推定）・天正二年九月安田領検地帳。

## 四　知行地支配の構造

つぎの課題は、「中使」支配の性格の究明である。先に見た安田氏の直轄領支配は、領主―家臣―代官―中使―（小使）―農民という体系を示し、中使＝小使が「中使免」「小使免」等の特権を与えられて権力構造の末端にとらえられ、明確に収取実現の槓杆としての役割を果している。(1) かかる例ははやく永禄期に国人色部氏が「小使」を介して公事徴収を行ない、(2)また大名上杉氏にあっても、春日山城周辺の地下人の軍事動員が「郷司・小使」に相触れて実現される(3)など、かなり広汎に指摘することができる。これを大名権力の基本的土地・農民政策を具現せる検地帳面に求めるならば、そこに「中使」が、

桂沢村　蔵王分　　中使長井
一、十王てん本四斗　見出六斗五升　与五左衛門
一、やちた本四斗　見出七斗　　弥七郎
（中略）
同村　長尾平七分　中使与左衛門
一、一の坪本一石　見出三斗　　半右衛門

のごとく、(4)大名＝給人―中使＝農民という全収取機構の基軸として、その位置を体制的に確定されているという重要な事実を指摘しうる。

　こうした中使の体制上の位置づけをもっとも明確にしめすものは、「中使検地」とよばれる慶長期の上杉総検地への直接的な関与と、検地帳の掌握であろう。(5)この慶長検地は、近世地方書に所謂「本苅に中使検地之見出を付け」(6)るという上杉氏独自の方式をとったとされ、それが中使検地と称された所以は「中使共居村と入替検地為打故也、並中夫（使）免・江料免被下」(7)と説明される。慶長二年の蒲原郡富永村検地帳(8)はかかる「中使検地」の結果をしめす著例であろう。すなわち、富永村検地は「拾人検対」(9)つまり与板分中使十右衛門以下給人一〇名に分付される中使一〇名の立会いによって施行されたのであり、地方書の「村々名主共に申付け代る代る検地致させ候」(10)と説くところである。要するに上杉検地は、中使検対方式によって行なわれたところから中使検地と唱えられた。このように各給人を代表する

中使の検対によって検地された結果は、各給人ごとに一括され、その奥にはたとえば古志郡小楚根村のばあい、(11)

慶長二年丁酉

九月廿日　　　河村彦左衛門尉（黒印）。印文「福田栄舎」

中使新右衛門とのへ

のごとく、検地奉行河村氏が署名黒印をもって確証を加え、各給分中使に交付するという手続きによって完成した。検地の結果、給人と農民との関係は検地帳面に完全に定量化され、中使はこれを掌握しつつ給人知行を実現したのである。したがって知行・分付関係の著しい錯綜により、給人と給地農民との間に直接的強制関係が成立しえないにもかかわらず、大名権力があえてそれを検地帳面に分付関係として把握したのは、各給分ごとの検地帳が各給分中使に交付されている事実もしめすごとく、各給分中使と給地農民との対応関係の確定、中使支配の基礎づけという要請にもとづくものであった。

以上、検地への直接的な関与と検地帳の掌握により中使支配の基礎が確立されたことを明らかにしたが、つぎにはそれに支えられた中使の権限行使の具体的な内容と中使の存在形態が問題となる。たとえば、先述の古志郡桂沢村のばあい、総額四〇〇石の村高が、二八名の給人知行地に分割され、総数一一一名の名請人は、かれらと散懸り的に結ばれるという錯綜せる知行分付関係をしめし、その限りでは給地農民に対する給人知行権の直接的強制が成立しうる余地はまったくないことを推断した。そこでの中使支配のありかたをみるならば、「岡村分中使源三」「佐藤分中使隼人」「蔵王中使長井」など、各給人別に中使九名の存在が知られ、二八名の給人全部について一給人一中使という対応関係は成立していないことが注目される。

まず、かかる特定の給分中使の設定について、その明らかな基準は存在しないようであるが、具体的には特定中使をもつものは村内知行高が一五石を超える上位の給人に限られている。そしてそれ以外の零細知行高の給人については、他の中使による兼務が行なわれ、ほとんど在地の有力給人たる蔵王堂分の中使長井、佐藤氏の中使隼人がそれぞれ当っている。すなわち、蔵王分中使長井による給分の年貢決済の内訳をしめす「桂沢ニ長井手前之分請取」[12]には蔵王分以外に滝沢・近藤・相浦等七名の給分年貢が「かん定」され、また給人蔵王堂の手になる「引め中使免」などについての日記[13]によれば、

一、一石三斗五升引め　長井扱相浦分

一、参石かし　はやとあつかい　佐藤五郎兵衛分

のごとく記され、「長井扱」の給人は一〇名、「はやとあつかい」は佐藤氏以下四給人分となっている。

さてかかる給分中使の性格については、地方知行制をとる肥前大村藩で一給人が一村に五〇石以上の私領を知行するばあい、その村に「私領庄屋」の設置された事例が想起される。[14]また、前述の安田氏の場合も直轄領のうち高山・神田の両家臣の「刷」とされた小栗山村では、その下に代官も中使も二名ずつがおかれ、給分中使として存在している。また中使の「十人検対」が行なわれた富永村でも、各中使はたとえば「与板分中使十右衛門」、つまり与板城直江兼続知行分の中使などとあるように、明確に給分中使として把握されたのである。

ところでこれに対して多くの給人知行地を管掌する中使長井のごときは、給分中使というよりは、むしろ村中使ともいうべき性格をしめすのであり、近世の地方書が中使を「村々名主」といい「其当時(慶長期)は名主を中使と申候」などと述べているところである。[15]この点たとえば三島郡下桐原村における中使新介は慶長元年十一月、「中夫(使)之儀申付候間、於何事も無如在相調可申者也」[16]のごとく、明確に村中使として下桐原村に関する一切の管掌を委ねられている。この深沢分中使新介[17]はまた白井分中使としても中使免を与えられており、[18]それをあえて村中使というのは、桂沢村におけ

る中使長井のごとく多くの給分を管掌する中使という意味においてである。この村中使新介の収取機構における役割をみれば、下桐原村内に知行地をもつ給人白井氏の慶長二年度分の年貢は中使新介から近辺の上杉支城与板の城将志駄氏に納入され、その皆済状は翌年正月に給人白井氏からではなく志駄氏から中使新介に与えられた。(19)つまり「佐藤分中使隼人」のごとき給分中使のばあい、知行分年貢は給人へ直接納入されているのに対し、村中使のばあいは所轄の在番機構を通じて間接的に給人へ交付されたことを知る。

ところでかかる中使の性格を明らかにするため、かれらの権原について考えておこう。まず、直接的には中使に対する特権付与があろう。中使が権力によって任命されているのはその著例であるが、(20)史料的制約からかかる任命制をすぐさま一般的なものとすることはできない。むしろ重要なことは、すでに明らかにしたように検地過程への直接的関与と検地帳の掌握である。そしてまた一般的な特権としてあげられるのは中使免・中使給・江料免・荷かしき免とよばれる得分の付与であり、桂沢村では平均一石、最高六石におよぶ「中使めん」が付与され、下桐原村では白井分の年貢総額六石六斗のうち五斗が「江堀、中使免ニ引」かれている。ただし、特権が付与され中使に任命されるといっても、かれらの地位は分限帳に登録される大名家臣ではなく、あくまでもその身分は検地帳に名請人として登録される農民である。

したがってかかる特権にうらづけられた中使支配を支える基本的な要因は何よりも、中使の村落構造の中に占める位置に求めらるべきであり、以下の諸例がしめすごとく、総じて中使は村内の最有力者としてたちあらわれる。たとえば蔵王・五十嵐・小田ら六氏の知行関係が錯綜する頸城郡吉岡村の場合（一八一頁の表参照）、中使の存在は蔵王分中使掃部以外は明らかでない。しかしこの掃部は蔵王など六給人に分付され、その名請高は総村高の三五％という圧倒的なものであることから、蔵王分のほか零細な全給人の中使をも兼ねる村中使的存在であったことが考えられる。(21)また苅羽郡藤井村中使太郎左衛門は蔵王分内に屋敷をもち、中使免田畑を含む村内最高の名請高をもち、[22] 蒲原郡富永村の中使清兵衛もその名請高一八石余は次位の四石をはるかに引き離す。[23] さらに佐渡でも大野村の中使中右衛門尉、[24] 吉井村の剛安寺分中使玖左衛門尉など、[25] いずれもその経営に名子・下人を擁し、村内最高の名請高を登録される有力農民であった。このように中使は村落内における圧倒的優位を基礎とし、権力によって付与された諸特権を背景として、権力と農民を媒介する中使支配を実現しえたものである。

以上、中使支配方式には給分中使＝一給人一中使と村中使＝一村一中使の二類型が存在するとみられる。まず一給人一中使のばあい、給人知行権は給分中使を通じて給地農民のうえに直接的な諸種の強制を加えうる契機は十分に存在したと考えられる。この際の中使は仙台藩の「地肝煎」[26]、大村藩の「私領庄屋」など、地方知行をとる諸藩において同様な存在が指摘されるのは重要である。

これに対して一村一中使方式のばあい、錯綜せる給人知行権は給地支配からは切り離されて、経済外強制はともなわず、中使検地を通じて定量化された年貢上分取得権に限定されざるをえない。そして村中使と給人との間にさらに在番機構が介在するという事実をみれば、村中使方式を基礎とする知行制の性格は、形式上の地方知行にもかかわらず、その実体は著しい俸禄制への傾斜をしめすものとみなければならない。そしてすでに多くのばあいに明らかなごとく、給分中使はむしろ村中使のひとつの側面であり、両方式は相互に対立する収取体制として存在するのではなく、在番支配の確立、錯綜せる知行関係の展開にともなう基本的収取機構として、村中使方式が推進されたものと考えられる。

（1） 天正二年九月、安田領検地帳。
（2） 永禄四年八月、色部氏年中行事、米沢図書館所蔵。

(3) 永禄三年八月廿五日、上杉景虎書状、上杉家古文書。

(4) 慶長二年九月廿日、古志郡桂沢村蔵王分検地帳。

(5) 近世庶民史料調査委員会第三科会佐渡史料調査報告（『越佐研究』五・六集合併号所収）は中使に関する包括的な史料紹介と問題提起を行なっている。

(6) 「佐渡風土記」。

(7) 注(5)参照。

(8) 慶長二年九月廿六日、栗林長三所蔵。なお本検地帳の利用は小村弌氏の御好意による。

(9) 右検地の表紙ならびに第一紙の冒頭はつぎのごとく記されている。

与板分　中使十右衛門
小玉分　同　時松
河村分　同　高嶋
山吉分　同　松田
山岸分　同　吉原
越後国蒲原郡之内富永村御検地帳
村山分　中使飯塚
山脇分　同　中田
拾人検対
若林分　同　次気
神松分　同　同人
大石分　同　本宮
富永村拾人検対　　中使清兵衛

(10) 注(5)参照。

(11) 古志郡大嶋庄内小楚根村御検地帳、安禅寺所蔵。なお同様な記載をもつ検地帳は他にも例は多い。

(12) 慶長三年三月十日、安禅寺御用記。

(13) 欠年（慶長三か）「かつほ沢桂沢両所ニ而引め又中使免さかりいつれもの日記」安禅寺御用記。
(14) 藤野保「近世における大名家臣団の展開過程」（『史学雑誌』六五―六）。
(15) 注(5)参照。
(16) 文禄五年十一月八日、近藤文書（『大日本地名辞書』所収）。
(17) 『大日本地名辞書』三島郡の項。
(18)(19) 慶長三年正月十四日、近藤文書、越佐史料稿本。
(20) 注(16)参照。
(21) 慶長二年頸城郡高津郷吉岡村御検地帳、安禅寺所蔵。

(A) 村中使と村

| 給　人 | 給　地 | 掃部名請高 |
|---|---|---|
| | 石 | 石 |
| 蔵　王 | 88.89 | 16.55 |
| 五十嵐 | 10.07 | 8.95 |
| 称念寺 | 7.85 | 0 |
| 小　田 | 7.47 | 2.25 |
| 楡　井 | 6.87 | 6.87 |
| 光明寺 | 1.20 | 1.20 |
| 計 | 122.35 | 35.82 |

(B) 吉岡村名請人階層構成

| 名 請 高 | 名請人数 |
|---|---|
| 石<br>35 | 1 |
| 14 | 1 |
| 10 ～ 5 | 3 |
| 5 ～ 1 | 9 |
| 1 以下 | 12 |
| 計 | 26 |

(22) 慶長二年九月八日、苅羽郡藤井村御検地帳、安禅寺所蔵。
(23) 注(8)参照。
(24) 慶長五年、大野村検地帳（『新穂村史料調査報告』第二集）。
(25) 慶長五年十一月十六日、佐州吉井之内御検地帳、剛安寺文書。本検地帳の披閲は井上鋭夫氏の御好意による。
(26) 渡辺信夫氏の御教示による。

## おわりに

文禄慶長期を画期とする越後上杉氏の知行制ないしその政策的展開の主要な特質として、石高制樹立をふまえて、そのうえにたつ知行分付関係の錯綜化、それを実現する収取機構の基軸としての中使支配の体制的確立、膨大な大名直轄領の設定、貢租体系の中核をなす雑公事賦役体系からの給人知行権の排除などの諸点を指摘しなければならない。ただ上杉氏の知行制は、その内にいわば異質的な領主的知行を含んで、顕著な地域差を呈示することが注目され、みぎのごとき知行制の政策的展開も大名の直接支配地域に限定されるのである。しかしながら、領主的知行それ自体かならずしも大名の土地所有に対立ずる土地所有関係とはいえず、また地域差の存在は大名権力のひとつの特質をしめすものではあっても、権力の基本的性格やその指向性は、大名の直接支配地域に展開せる知行制ないしその政策的基調によって論じらるべきであるから、前述の諸特質をもって、文禄慶長期における知行制や大名の性格を考える基本的な指標とすることに問題はないと思われる。

如上の知行制の政策的展開の画期となったのはこの文禄慶長初頭であり、まさにこの時点における領国総検地の完了、その成果を反映する「慶長二年越後国絵図」の成立は、織豊政権下の大名上杉氏を戦国大名からわかつ明確な指標となるであろう。権力構成の側面からみても、この時期にいたる上杉氏領国支配の確立は上杉景勝直臣団支配の確立として現象し、その構成原理にはきわめて濃厚な私的性格が顕現する。そして「文禄三年定納員数目録」の成立はそのような権力構成の体制的な確立をしめす画期であったと考えられる。

# Ⅳ　豊臣期の戦国大名＝佐竹

## 一　豊臣期大名論序説

初出「豊臣期大名論序説―東国大名を例として―」（『歴史学研究』二八七、一九六四年）

### はじめに

小稿の目的は、さしあたり豊臣期大名論という観点から、豊臣体制およびその下での大名領国の対応・変革の特質を究明することにある。具体的には「戦国期大名」から「豊臣期大名」への展開をとげる、いわゆる旧族大名上杉・佐竹・毛利三氏についての調査の一環をなす、佐竹氏（領知高五四万石）に関する個別報告である。

さて、予断めくが、豊臣政権による天下統一は、畿内に成立した豊臣体制が直線的に全国を包摂する自然史的過程ではない。小稿の対象とする東国についていえば、たしかに、東国は豊臣型の統一権力を生み出しはしなかった。しかし、そこには後北条権力を中心として、独自の過程を経て「統一」は進行していた。その過程の特質は、領主階級内部の整理としての群雄割拠の克服が、直接に兵農分離の政策をともなわずに進行した点と、東国統一権力の敗北壊滅と同時に、兵農分離が畿内統一権力の圧力によって、まさに豊臣体制の型押しとして、強行される点に求められる。「天正十八年」は東国がこの中央の統一過程に圧伏される画期としてまず重要であり、徳川氏の「江戸打入り」はその一環にすぎない。

永禄末・天正初年、東国における後北条・長尾上杉間の激しい対立と緊張は、その間に介在する佐竹（常）、結城（総）、宇都宮（野）以下群雄諸氏の積極的な発展をも阻止する条件となり、その中から、割拠状態を克服すべき権力を生み出すことは困難とみられた。しかし、天正六年（一五七八）、上杉謙信急死の頃から、後北条氏が、豆・相・武の統一を基礎に、常・総・野の領国化を目指して、明らかに東国の統一権力として立現われるに至る。

この過程で、一貫して反後北条勢力の中心をなした佐竹氏は、常陸奥七郡に限られた自らの領国の拡大を、主として陸奥に求めて北上し、ここで新たに伊達氏との対立を生ずる。豊臣秀吉が柴田勝家を倒して制覇の道を固め、はじめて東国に連絡を求めて来たのは、天正十一年佐竹と後北条・伊達の対立がいよいよ激化しはじめた時期であった。この時、直ちに秀吉に答報した佐竹氏が、秀吉を当面の同盟者とみたか、全国統一権力と予見して、それへの従属を意図したか。いずれにせよ、秀吉もまた後北条・伊達と対抗関係にある佐竹の掌握をはかり、佐竹・豊臣の間に密接な結びつきが形成される。

しかも、天正十四年に秀吉が東国に向かって「関東之儀、近日差越使者、相立堺目、可属静謐候」と宣言するに及んで、佐竹・後北条の対抗関係は東国内部の統一過程を超え、佐竹はそこで新たに豊臣政権による天下統一機構の一環としての役割を果すこととなる。この点に、佐竹氏が豊臣政権下の東国において優位を占める大きな理由があった。小田原役はたんに統一政権による一戦国大名の征伐ではなく、東国の統一権力との決戦対決と評価すべきであり、周知の大規模な動員態勢はその明証となる。

この段階での佐竹領国は、那珂川以北の旧域を大きくは超えず、小田原参陣にさいし、旗下とみられた水戸城江戸・府中城大掾ら諸氏を離反せしめ、陣中に従えた額田・島崎両氏らをも翌春には誅滅せざるをえなかった。かくて佐竹氏はついに領主体制の安定確立を果しえぬまま、豊臣権力と直面する。それ故に佐竹氏は直ちにその強圧のもとにさらされざるをえないが、同時に、まさにその権力に依拠することによって、兵農分離政策を推進し、領国体制の変革を強行しつつ、自らの弱さを克服し、統一政権下の一大名としての地位を確定する。

## 一 領知安堵と軍役の特質

### 1 知行体系の成立

小田原落城の直後、天正十八年七月十六日、佐竹義宣は領内に一般法令の形式（黒印状）をもって、「一、先刻如申届、手前之知行分、以書立急度可承事」という指令を発した(1)。明らかに知行高届け出指令であり、佐竹氏が領内に施行した統一的知行地調査のさきがけとして、画期的な意味をもつ。しかし、それは佐竹氏が自らの権力をもって独自に強行しえたのではない。黒印状は二ヵ条から成る「覚」であり、佐竹氏当面の課題は、第一条にあった。その内容は豊臣軍役の領内賦課と皆済の強制である。すなわち早くも宇都宮・会津進駐を開始して、東国・奥羽の「分領堺目」画定に着手した豊臣軍の軍事費が、新たに豊臣政権に従属した東国諸大名に転嫁され(2)、佐竹氏にも、多額の「俵子」の現物納が要求された。義宣はこれを直ちに領内に割付け、さらに豊臣の緊急催促に接して、この黒印状を発したものであった。重要なことは、この佐竹領最初の知行高調査が、まさに豊臣軍役の賦課を契機として、指令強行されている点である。この知行高掌握＝軍役の基礎の確定という政策は、明らかに豊臣政権への従属能力を高めるために迫られた、佐竹氏領主体制の対応であった。指令中で義宣はあからさまに「重而増田方・石田方如催促」と強調し、「殿下様」の名を威嚇的に掲げたのである。

しかも、この知行高調査は、豊臣政権による佐竹領安堵の直接の前提＝準備措置に他ならなかった。八月一日佐竹氏は「常陸国幷下野国之内所々、当知行分弐拾壱万六千七百五拾八貫文」を「目録別紙」を相添えて安堵され(3)、豊臣政権下における大名の地位を確定した。ところで、この本朱印状に付属する目録とは、「洞中のさしいたし帳をかきたて、其おくに御朱印のおさり候帳」(4)、いわば佐竹領の明細書上帳であった。すなわち、豊臣の佐竹領安堵は、あらかじめ佐竹氏に要求して提出させた「洞中のさしいたし帳」に加判＝点検・承認するという方法で行なわれた。この過程で、佐竹氏は知行分書立の強行、「洞中のさしいたし帳」の掌握を実現し、豊臣もまたそれを直接に掌握することによって、大名領の基礎をおさえた。大名が領国支配の基礎とした「洞中のさしいたし帳」は、豊臣政権が大名支配を行なう基礎となり、統一政権下に豊臣―佐竹―佐竹家中という一貫した知行体系が成立した。豊臣政権による大名領安堵の意義は、まずこの点に求められよう。

所領安堵の答礼上洛を命ぜられた義宣は、同十一月「分国中へ、就上洛ニ、十分一ヲ懸」けた。その内容は「地行分之積を以、十分一之金子可被相済」(採四)という、知行高基準の統一賦課であり、佐竹の新領国支配上、おそらく最初の方式であろう。それを可能にしたものがこの安堵であったことはいうまでもないが、義宣はこの自らの上洛用途の調達をも「殿下御催促」を名として強行したのであり、なおも豊臣政権への依存を強めざるをえない、佐竹権力の脆弱さを如実にあらわしている。

問題はその領国体制にあった。まず、佐竹領二一万六七五八貫文＝二五万五八〇〇石の構成を見よう(5)。その内訳は、義宣一一万石（うち蔵入分一万石）・その父義重一万石・一門義久一万石・与力家来一二万八八〇〇石となる。これはあくまでも「さしいたし」数値にすぎないが、この限りで問題とすれば、義宣分は全領知高の過半を占めるにいたらず、佐竹氏全体と与力家来分の比率も五〇・二対四九・八であり、佐竹氏の領主権力は著しく不安定であったと結論せざるをえない。しかも、この佐竹領「当知行分」は、佐竹旗下とはいえいまだ完全に家臣化をとげていない、水戸（江戸氏）、府中（大掾氏）、行方・鹿島（南郡三十三館）等の諸氏分をも包括するものであった。つまり、豊臣政権は常陸国内で小田原参礼を果さなかった江戸・大掾以下の領主権を認めず、これらのいわば非佐竹領国部分をも「当知行分」として、佐竹領知権に帰属させたのであり、領知安堵が領内統一に先行した。佐竹権力の弱さと豊臣政権への依存性は、まさしく以上の点に発しているといえる。

したがって、領内統制の強化と不安定さの克服は、佐竹氏の当面する最大の課題となった。すなわち、七月末一門の義久を鹿島郡に当らせ、十一月重臣和田昭為・真崎重宗に江戸・行方の仕置を命じ、十二月末には江戸・大掾両氏に武力攻撃を加えて族滅させ、翌年二月行方・鹿島両郡の諸勢力をすべて葬り去った。領国統一は完了した。(6) この過程で注目すべき点は、第一に、それが豊臣の当知行安堵を根拠に、純粋な内政問題として処理されたものであり、戦国期の戦争とは質を異にすること、第二に、国内統一が家臣団編入＝人的掌握の形で進行せず、武力掃討＝土地掌握として強行されたことの二点であろう。

かくして、佐竹氏は豊臣権力を背景として、領主権力の不安定を一挙に解決しうることとなった。十九年三月、江戸重通から奪った水戸城を新たな領国支配の中枢と定め、広大な諸氏旧領を基礎に、蔵入地設定・知行割替を推し進め、新たに造成せる城下町を中心として、兵農分離政策を強行し、豊臣政権下の大名としてその地位を強化して行くのである。

領国体制の急速な変革を佐竹氏に迫ったものは、みぎの領知安堵＝統一的知行体系をテコとして豊臣政権から強制された「際限なき軍役」(家一八)であり、それに継起して、さらに体制変革を推進し合理化する政策として、太閤検地・知行割が断行された。以下、本項では、その過程を明らかにしよう。

## 2 「際限なき軍役」

天正十九年春水戸城進出の直後、佐竹義宣に「奥州御陣」の軍役が賦課された。「自京都、今度奥州御陣付、当国人数積之儀、昨日、弐万五千之預御催促候」(家一八)と、義宣が家中への軍役割付で明らかにしたごとく、軍役人数は二万五〇〇〇にのぼった。これを先の領知安堵高と対比すれば、一〇〇石一〇人役(文禄四年朱印高五四万石余を基準としても、一〇〇石二人半役)となり、かりに元和幕府軍役令が一〇〇石二人役であるのと比較しても、著しく過大な軍役であったといえる。

ところで、義宣はこれを「俄与云難成候間、自分以積申届」としながら、騎馬四四騎・歩者二二〇人もの軍役を負わせた有力一門に向かってまで「此通聊も致相違者、各身上可為安危」と、威嚇的に軍役達成を要求した。かくてこの軍役令は、大名に「自分以積申届」と相応の軍役実現の余地をのこしつつ、大名権力を貫徹させる要因として作用し、同時に、知行高の過少報告や旧来の不統一な年貢慣行にもとづく知行関係をそのままに容認した、先の指出安堵の実質を大きく検地宛行のそれに近づける強制力をもつものであった。

そのうえさらに豊臣政権は「唐入」の大軍役令を発した。十九年九月佐竹義宣はいまだ奥州に在陣中であった。「来正月つくし陣へ可罷立よし、以御朱印被仰出候、人衆積之儀、五千つれへきよしに候」(家一八)と、義宣は水戸城の守将和田昭為に報じている。軍役人数は五〇〇〇、一〇〇石一人役に当り、奥州陣の割当よりははるかに低率である。

しかし、この軍役令は全大名的な強制、空前の長駆長期の出騎という規模において、他のどの豊臣軍役をも凌ぎ、人数は比較の基準とはならない。

動員は文禄元年正月から同二年閏九月まで、じつに一年九ヵ月に及び、義宣以下ほとんど全家臣団主力が本領を離れて戦陣に滞在した。(7) 全大名領国が、豊臣政権の基盤をなした畿内先進地域と同一の対応を否応なしに迫られた。まさしく「日本のつきあい」という性格をもった。(8) その強制力は、兵農関係がいまだ十分な展開をしめすにいたらず、在地から遊離すべき十分な条件をもたない佐竹家臣団=在地領主諸階層に、大規模長期の本領離脱を強行せしめた。それは文字通り兵農分離政策を強行すべき画期的な契機となった。しかし、かかる強力そのものが、直接に兵農分離を結果しうるものではなく、領主層の離脱によって、在地では「無用之事いいたて、ねんぐすますまじきとすいりやう」(家一八)という「百姓共」の抵抗を生じたごとく、なおそのためには農民支配の体制的安定を必要とした。

文禄三年(一五九四)正月、この軍役解除後まだ半年も経ずに、またしても佐竹氏に対し「人数三千人召連、可罷上」との命令が下った。(9) 伏見城普請のため、これもまた全国的規模をもって諸大名に賦課された、普請役の一環である。出夫期間はおそらく一〇ヵ月にわたったと推測される。(10) これは天正十九年六月の奥州御陣二万五〇〇〇人の軍役以来、三年半にわたり、間断なく賦課された豊臣の出騎出夫軍役のさいごとなった。そして総量じつに三万一〇〇〇にのぼった一連の軍役の終結直後に、石田三成による太閤検地が佐竹領全域に施行される。

(1) 「義宣家譜」二、東京大学史料編纂所架蔵。

(2) (天正十八) 七月六日、増田長盛書状(天徳寺宛)、「秋田藩採集文書」一(以下、本稿では採一のごとく略称して、本文中に注記)、東京大学史料編纂所架蔵。秀吉の会津進発のための「御とまり」の設営が、この小田原落城の翌日、佐竹と宇都宮衆に命令された。

(3) 「佐竹文書」五乾・坤、東京大学史料編纂所架蔵。

(4) 年未詳三月二日、佐竹義宣黒印状（山方つしま宛）、「秋田藩家蔵文書」十九（以下、本稿では家一九のごとく略称して、本文中に注記）、秋田県立図書館所蔵。
(5) 文禄四年六月十九日、豊臣秀吉「佐竹知行割」朱印状による。総知行高五四万五八〇〇石から「御加増」二七万石を引いた分を、天正十八年領知高に比定した。詳細は後述。
(6) 『水戸市史』上巻第一一章（以下、『市史』と略称）、水戸城攻略・南郡三十三館の滅亡（本書二一〇〜三頁）参照。
(7) この間の情勢については、大和田重清が文禄二年に書留めた「日々記」および「秋田藩家蔵文書」十八・十九に詳しい。
(8) 藤木「豊臣政権論の二三の問題」（『国史談話会雑誌』六、本書Ⅴ—2）参照。
(9) 豊臣秀吉朱印状、「佐竹文書」一乾。
(10) この年霜月八日、東義久は松野大膳亮に「今度於伏見御普請中節々申談本望候」と述べており（家二七）、十月三十日、秀吉は伏見の佐竹邸に臨んでいる（「鹿苑日録」）。佐竹氏の勤役は十月頃に解除されたと思われる。

## 二　領国の対応

### 1 「唐入」下の領国統制

大軍役令のもとで、三〇万を超える大軍を肥前に動員し渡海させるため、名護屋の陣中では、豊臣奉行衆による厳重な大名軍役実数の調査が行なわれた。佐竹氏の算用方大和田重清が陣中で書き留めているように、「御人調之帳被直、何も判を可仕と御催促付、小者夫までのはん造テするゝ」という、徹底的な人別統制を内容とする「人しらへの帳」の提出が要求された。佐竹氏に対する軍役令は当初の五〇〇〇人が三〇〇〇人に修正され、陣中では「御軍役弐千八百六十九人」と届け出されている。

軍役内容はほぼつぎのようなものとなった。動員期間は一年九ヵ月に及び、陣中では不断に臨戦態勢をもって「御渡海之御催促」に備えながら、その間にも「名護屋普請」「御城之石敷普請」「おこし炭」などの頻繁な徴発をうけ、また秀吉好みの華美な大名交際にまきこまれた。文禄二年六月から約一ヵ月間、東義久を指揮官とする佐竹軍の半数一四四〇人が朝鮮陣中に動員され渡海した（軍船約一〇〇艘は豊臣の船奉行から貸与）。この月、石田三成からの借米は八〇〇石に達し、国元へは「何もがしにおよぶべく」と義宣自ら報じて補給強化を促し、陣中では「夫両人かけ落」という事態も頻発した。(1)

かかる戦陣の窮迫は直ちに領国統制に転化された。はじめ、領内への軍役割付に当って、佐竹氏は「償不罷成方者、知行方可返上仕」（採二二）と厳規を定め、あわせて、知行を担保として「今度唐入ニ付、借銭之儀無機遣可借置」という扶助策を講じなければならなかったごとく、(2)この軍役は当初から明らかに知行不相応に過重なものであった。ために、給人・百姓の消極的ながら根強い抵抗を生みだしたが、上からは「上様より御軍役きわとく」（家一八）という強制を蒙りつつ、佐竹氏の不安定な領国統制は強行された。

まず「償不罷成方者、知行方可返上仕」という原則の強行である。その事例は一に止まらない。たとえば、家臣の竹原氏が名護屋陣中に病没し、国元に老父と幼児が遺されたさいに、義宣は「只今御軍役上様よりきふく被仰付候に、両人なから軍役せられさうにも無之候間」という理由をもって、竹原氏の知行地竹原村を取り上げて、直轄領としてしまった。名目は遺児成長までの借上げである（家一八）。しかし、竹原氏が竹原村（九一八石余）(3)を本領とする旧族（大掾遺臣か）であること、以後遺族は竹原に置かず水戸城下町へ移らせ、別に堪忍分を支給せよ、と令していることをみれば、義宣の真の意図が、豊臣軍役を口実とした旧族本領知行の否定、蔵入地拡大＝領国体制の強化にあったことは疑うべくもない。

つぎに「給人三ヶ一」賦課である。これは「唐入付而知行分物成三分一納所」（採一三）と宇都宮氏も述べるごとく、家中に知行分の年貢の三分の一を「軍役」として強制する態勢を意味した。それは「諸在郷奉公のもの、水戸・太田は勿論、諸さいく以下までも、三ヶ一をさいそく」と定められ、「留守のものにもきふく申付」よと厳命された。賦課対象は家中奉公人から諸細工にまで及び、しかも国元残留の給人のみに止らず、従軍家臣の留守領からも徴発された。「供衆もこゝもとニおゐてはいふんす可候間、此度は皆以手元へあつめ候て、金をのほせ可候」（家一八・一九）という義宣の指令はその事情を明証する。従来、知行地はもとより家臣の支配するところであり、大名の支配権は及ばなかった。ところが、家臣・農民三〇〇〇人の本領離脱という事態のもとで、知行地年貢を大名（水戸城の守将和田昭為）が一括徴収し家臣に配分するという方式が、はじめて強行されたのである。しかも、義宣は引き続いて「もし其内にも、すましかね候もの候はゝ、知行めしはなし、秋さくをおさへ、直百姓のかたへとり申可」（家一九）と、知行地・農民に対する直接支配強化の意図を露骨にのぞかせたのであった。しかしながら、現実には「給人三ヶ一之儀も一向事済候はず」という事態を打開できず、「無是非次第に候」と歎息せざるをえないのが実情であった。強硬策はむしろその反映に他ならない。

さらに、直轄領農村においても、太田郷・水戸郷など膝下農民までが「たゞ〱いろ〱の事をいひたてかけて」年貢納入を拒み、この空前無謀の出兵を見て、動員される佐竹軍を「高麗へ渡候へば、二度かへらぬものと心得候て、無用之事をいいたて、ねんぐすますまじ」という抵抗が拡大した。これに対し佐竹氏は「とかく無用の事申立候て、すまさす候郷を、二・三郷も、女おとこによらす、其一郷のものを不残、はたものにあげ可」といい、「郷中百姓共、年貢不相済候者、一郷も二郷もめこ同然ニはた物ニあけ候て、其郷中はう所ニいたし候ても、くるしくあるましく候」とくり返し威嚇的な方針のみを強調する。しかし、それは農民支配の安定をもたらすものでなく、ここに農民の抵抗の体制的圧伏のために、太閤検地は必至となる。

ところで、遠路長期の軍役を直接に支えたものは「中登」と呼ばれた軍資補給であった。この名護屋陣では、国元との間が「上下七十日計」という遠路であったことから、徴集された米穀類は「皆以手元へあつめ候て、金をのほせ可」と指令され「中登之事、少も無油断支度、十まい（黄金）つゝも節々可相登」と、黄金送付がのぞまれた。ために、この出陣中における佐竹氏の金山開発にしめした関心と努力、開発の進展にはまことにみるべきものがある。一方、城下町における蔵米の換金も急速に進み、金商人の集中もみられた。また、短期間に大量の武器を製造するため（たとえば、動員令以来二年間に発注された鑓は五〇〇丁にのぼった）、城下町への職人集中がはかられた。かくして城下町は領国支配の中枢として、急速な成長をとげるのである。(4)

## 2　豊臣期城下町の成立

領国統一の達成と同時に、義宣は新しい領国経営の中枢として水戸城を選び、天正十九年三月、伝統ある太田城からここに進出した。新たに造成された城下町は、佐竹氏が戦国大名の旧殻を脱し、豊臣政権下の一大名として領国体制を変革して行く拠点となり、いわば兵農分離の推進装置として豊臣期における独自の役割をになう。その意味で、佐竹氏の城下町造成の問題は、ほぼ同時期に強行された毛利氏の広島進出とともに、豊臣政権論をめぐる注目すべき研究課題をなす。(5)

### (1)　新「城下町」の選定

佐竹氏はなぜこの時期に新しい城下町を必要とし、それを水戸に定めたか。その目的が基本的には、すでに明らかにしたような豊臣政権の強制に対応して、領国体制の変革を遂行することにあったのは、まず疑うべくもない。そしてその主体的理由は、佐竹領国の実情に則してみるなら、つぎのように推測される。約五世紀もの間佐竹氏の本城であった太田城は、旧来の複雑な勢力や慣習に束縛されること多く、しかも新たに拡大した領国内では北部の山地に偏在するのに対して、佐竹氏自らの手で旧勢力を壊滅させた水戸城は、あたかも常陸の中原にのぞむ位置を占める。これらの点から、佐竹氏にとって水戸城は新たな支配体制を造出し、さらに開発の進む豊かな平野地帯を制するため、きわめて有利な条件を備えていたと思われる。

しかし、さらに重要な条件となったのは、港湾との関係であったのではないか。つまり水戸城と那珂川・那珂湊との連関が注目されるのである。水源を下野山中に発し、水戸城の直下を流れて太平洋に注ぐ那珂川は、古来流量の豊かなことで知られ、藩政期、その河上に舟運を発達させ、河口には那珂湊を繁栄させた。すでに佐竹時代にも、その家臣たちは各自に少なからぬ川舟を所有したし、太田城・水戸城を連絡する久慈川―太平洋沿岸―那珂湊―那珂川の領内水上交通の発達もかなり顕著であった。那珂湊は当時すでに明らかに「湊」と呼ばれ、義宣がこの湊を自らの直轄領として掌握し、重臣の真崎宣広に管理させている事実は、その港湾としての重要性を示唆する。しかも、この湊が二一一三石という大きな石高で評価され、「定物成」一七四貫文余の貢租を賦課されていることも、湊の発達ぶりをしめす明証といえよう(6)。ただこの那珂湊を拠点とする佐竹氏の領外市場との関係は未詳であるが、その点に関して、慶長七年（一六〇二）義宣が行方郡内の蔵米について「行方之舟付ニ何方へも相集可指置」（家一九）と指令しているのは、米の領外市場への積出しを推測させ、また、東廻海運の開設にさいし、那珂湊が重要な中継港として登場するに至る事実も見逃しがたく、天正十八年江戸の成立による湊・銚子航路の開発についても注意を払う必要がある。

ともあれ、天正十八年を期して、豊臣政権の全国支配の一環に編みこまれた佐竹氏にとって、中央と不断の接触を保ち、間断ない豊臣軍役に対応し、さらに急激に拡大した領国を制し、各地に設定した蔵入地からの年貢を収め、大量の軍需資材の城下集中を容易ならしめるため、良港と本城を一体として掌握することは、さし迫った課題であった。

そこに領国内水上交通の結節点として常陸随一の良港たる那珂湊と直結する水戸城が、新たな領国の中枢として選ばれるに至った最大の理由があると考えられる。以上の点についての全面的究明はなお今後の課題である。

### (2)「城下町」建設の実体

第一に、家臣団の城下集住と常備軍化は、次節に詳述するように、きわめて顕著に認められる。城郭（館・堀・堤）自体の建設は、天正十九年水戸進出と同時に着手されたが、文禄二年閏九月、名護屋陣の動員解除後、佐竹軍三〇〇〇の帰国と同時に、義宣は直ちに全家臣団を投じて「御賦」＝屋敷割の計画の実現に着手した。直属家臣団のほとんどが城下に屋地を割当てられ、城下集住を強制された。屋敷造りは個々の自力に委ねられ、十二月末には建築移住がほぼ終った。[7] 引き続いてこれら直臣団には城下周辺において知行新給が断行され、城下の義宣の蔵入地もすべて城下諸士の管理に委ねられた。直臣団の城下集住体制（屋敷・知行地の城下集中）は文禄四年に確定する。

第二に、城下町への諸職人集中は、前節で指摘したように、豊臣軍役への対応の中で、とくに急速に進行した。五〇〇丁もの鑓の発注を受けた鋳物師大原とは（家一八）、佐竹氏から「いもの師とうりやう」の特権を付与された根本氏であった。[8] その鑓柄の製作に当ったのは、早くから「うつろ中とぎ、つか・さやの大工」の特権を得ている吉田氏であった。[9] 軍役下における大量の武器の短期完成をはかるため、かれらの特権は強化され、領内の鋳物師・柄鞘職人らの組織化は著しく進んだと考えられる。「鑓のゑ仁百丁あつらい候可候、みをも二百つくらせ候可候、うるしさいけんなく入可候」（家一八・一九）といった性急な催促がしばしば発せられたのである。

また諸職人の掌握が強化され、矢の根を「数の儀はいかほとも、留主中たへず可為造」という必要から、「くろかね細工をあまたあつめ」よと指令された（家一八）。鉄細工＝鍛冶を多数集めよというのは、たんに領国内の小土豪領主の在所に散在する武器製作者を指すに止らず、新たに農村への農具供給者が広く領内に成立しはじめている事実を示唆するものではないか。その城下町集中の強行はこれら手工業者の農村離脱を促し、一方、武器供給源の独占的統制をすすめることによって、領国支配における大名権力の優越は決定的となる。

第三に、家臣団・諸職人の集中策と併せて、町造りの促進が図られた。佐竹氏のもとで「町賦ノ絵図」が作成され、「町指南落居」にさいし重臣和田昭為と「町衆」が談合をとげているごとく、この町造りは大名と豪商の緊密な結合のもとに遂行されたのである。それは「大町」（現存）を中心として進められ、水戸の近世城下町としての基礎は、ここに確立した。大町が「御町」、町衆が「御町衆」とも呼ばれているのは、領主経済の中枢としての特権的性格を色濃くしめしている。(10)

これら豪商は、かれらが城郭近辺の常葉郷で一七〇五石余の義宣蔵入地を代官として預けられている事実(11)が象徴的にしめすように、まず何よりも大名自身のためのいわば台所方商人として存在し、それが「御町衆」として城下町の中心に据えられることによって、さらに領国市場の統制組織としての役割を新たにになうことになる。とりわけ「御町検断」(12)と伝えられる豪商深谷氏はそのような特質をあからさまに示す存在である。

(3)　「城下町」の特質と市場構造

まず、その領主的特権的性格を、「常陸御町検断」深谷氏の分析を通じてさらに究明する。深谷氏はすでにこれより半世紀を遡る天文年中に「商人役」免許を保障され、以来、佐竹領商業を全面的（紙役のみ例外）に支配して来た特権的豪商であり、天正十七年十月には、佐竹義宣もこれに代替り安堵を与えて、その伝統的地位を認めた（採二八）。天正十九年、新城下町の建設にあたり、その推進力をなしたのは、まさしくこの深谷氏を中心とする豪商勢力であり、それが城下において「御町衆」と称されたのである。文禄二年当時の水戸城下町において、かれらはつぎのような問屋的豪商として、その姿を現わしている。たとえば、領外からこの新城下町には、すでに堺・伊勢・宇都宮等の有力商人団が入りこむに至っているが（後述）、かれらはいずれも「深谷所」「遠山所」等を商宿とするという注目すべき事実が知られる。それ以外にも「小川市右衛門所ノ境衆」「越後所ニテ宮衆三人并伊勢衆」など、城下豪商と国外商人の関係をしめす史料は少なくない。大和田重清の日記が詳細に書留めているように、深谷氏をはじめ遠山・小川らの諸氏は「亭主」と呼ばれ、諸国商人と顧客たる佐竹氏自身および家臣の間に立ち、商品の取引価格決定に与り、代銭預託・立替、切手裏書の類の信用取引に常に介在した。以上のように、大名が新たに造り出した城下町は、大名の台所方商人ともいうべき性格をもち、有力外商と密着する特権的豪商によって構成され、さらに大名の領国市場統制の中枢としての性格をも明らかにしめすに至る。

新城下町の造成による領国市場の統制という佐竹氏の意図は、伝統的な商人司の性格をもつ深谷氏を、新城下町建設の中心にすえている点にすでに歴然としているのであるが、つぎの撰銭禁制（文禄年間）はその性格をあらわにしめす端的な徴証である(13)（採二八）。

一、代物之事、所々上銭厳密ニ可相調事、
一、新銭・欠銭・われ銭、厳密相調へき事、
一、悪銭とり候者、取手のかたへ返しおくへき事、

この禁制は以上三ヵ条から成り、黒印状＝一般法令の形式をもって全領国に公布されたもので、およそつぎのような注目すべき特徴をもつ。その第一点は、この禁制＝大名の経済政策の施行が先に述べた深谷氏に委ねられている事実である。このことは、つぎの点とともに、かれら豪商＝御町衆が大名と一体化し、いわば領主的貨幣経済に合流した存在であることを明らかにしめす。第二点は禁制の内容にある。そのねらいは上銭使用の政策的強制、およびそれと表裏をなす悪銭禁止令にある。これは藤田五郎氏が指摘し(14)、近年滝沢武雄氏も結果的には承認しているごとく(15)、ま

さしく中銭（根本渡唐銭）を含む大量の貨幣を蔵する大名＝特権商人の伸展政策であり、城下の御町衆深谷氏はその政策を直接にになう。

つぎに、「城下町」の性格について市場構造という観点から若干の検討をこころみる。このような撰銭禁制を問題とする時、一般に法令発動の前提としては、商取引の発展や貨幣需要の増大等の条件が指摘され、藤田五郎氏においては、代官的名主層・農民的勢力上層からの商人層の参加、「農民的貨幣経済」の萌芽が推測された。みぎの佐竹氏撰銭禁制をそのように一般化することができるかどうか。以下、その点をまず大名蔵米・家臣知行米（領主米）の城下町における商品化を指標として検討する。

すでに明らかにしたように、家臣団・職人・商人の集住の強行により、新城下町は急速にその市場としての能力を高めたことになる。しかも、この家臣団以下の城下集中それ自体が、一般的には、それを可能ならしめるための一定度の「農民的貨幣経済」の展開を前提とするものである、ということができるであろう。しかしながら、中央政権への従属直後に強行された新城下町の造成は、むしろ一般的に指摘されるような内在的な必然性をともなわぬものであった、とみるべきではないか。たとえば、次節で詳述する、蔵入地・城領・知行地をそれぞれの本・支城周辺に集中せしめる家臣団・知行制の新たな編制をみよう。これは新編成された家臣団のいわば地域自給体制とみなされ、家臣を在地農村から引き離すための条件の十分な成熟を欠いたままで、外から強行された体制の変革であったことを如実にしめすものではないか。

したがってまた、たとえば、慶長七年五月佐竹氏の出羽国替にさいし、義宣自身が重臣和田昭為に対し、「在々境目ニ在之兵子ハ、かいてさへ候ハヽ、やすくもうり可申候、是も所望候者無之候者、ふうを付候てしらへ可指置申候」と指示していることに注目する必要がある。国替という混乱の中ではあるが、この端境期五月に、領国内の各地に分散蓄蔵される兵子＝蔵米の安値売却をはかっても、領内市場はそれを消化し切る能力をもたず、「行方（行方郡）之舟付ニ何方へも相集可指置」と、領外市場積出をはからざるをえない状況であった。

そしてむしろ、豊臣政権下における地方の領国城下町の特質は、以下に述べるような、城下町における蔵米の換金、中央（畿内）と地方の商品格差の二点に象徴的に現われている。まず、天正十九年九月、義宣の発したつぎの指令をみよう（家一八）。

町中におゐて金こかいいたし候もの、しろかねをうめ候てはなし候へは、用立へからす候、右、廿人のものによく〳〵申付可候、うめさせましく候、

すなわち、移転早々の水戸城下町に、すでに二〇名もの金を調製する商人が存在し、それが金を佐竹氏に「用立」てるものとして掌握され、厳重な統制を加えられているのである。

じつに黄金遣いは豊臣政権の性格の重要な一面を象徴する。佐竹氏の豊臣政権への従属を支えた財政的基礎は黄金であった。「江戸・太田分年貢さいそく致、金を所望」「役銭之儀申付、金所望致」「（年貢米）皆以手元へあつめ候て、金をのほせ可」等々の佐竹氏の指令（家一八・一九）は、すべて黄金に対するなみなみならぬ関心を露呈している。連年の軍役を支える「中登」はほとんど金によって賄われ、また、人質として在京する佐竹義重の生活も同様であり、慶長七年正月には「砂金十四枚御借金」を生じ、「大くほ八まい」「部垂上三枚」「保内上三枚」など大量の黄金を、佐竹領内の諸金山（大久保・部垂・保内）から送付させている。

では、みぎに佐竹氏の指令するような、年貢＝蔵米の換金はいかに実現されたか。つぎにその一例を、佐竹氏の算用方をつとめた大和田重清の日記によってしめす。文禄二年十月末、重清は下野宝積寺・泉（義宣蔵入地）の蔵入年貢を、宇都宮に赴いて現地収納し、宇都宮城下町において、数人の金商人（会津新右衛門・ツシマ・大塚弥・黒堅・今小

路等）を歴訪し、年貢米を引渡して金を得た。そして水戸城中に帰り、これを御蔵衆に「宝積寺ノ御コク放候金」（砂金・はづし金五両二歩）として納付した。これによって明らかなように、佐竹氏の「金所望」という要求が、じつに二〇名もの金商人を水戸の新城下町に集中せしめたのであり、城下に集積される蔵米の換金はかれらによって支えられたのである。

しかし、先にも述べたが、以上のことはただちに領国内における広汎な金遣い経済・米穀市場の展開を前提とするものではなかった。つまり、それは豊臣政権下において強制された上方市場との接触や軍役負担により、特殊に増大した黄金の需要を外力とし、それに促された佐竹領金山の急激な開発に主として負うところの、統一政権下における特異な事態とみられるのである。しかも、金山の発展はたんに黄金の供給量の増大のみならず、必然的に米穀需要の増大を生じ、城下町を結節点として、金山群は佐竹領内における最大の蔵米市場化する。豊臣期における水戸城下町の特質の一はまさしくこの点に求められる。

さいごに、城下町で集約的に現われる畿内商人と領国商人の商品格差を具体的に指摘し、ついで佐竹氏の商人役切下令を検討することによって、豊臣期における領国市場の特質を窺う。大和田重清の日記により、文禄二年閏九月から同年末までの、水戸城下町における重清の買物の仕方と商品を分析すると、つぎのような興味ある事実が明らかとなる。まず、当時の城下町における商形態およびその商品はおおよそ以下のように大別できる。なお、あらかじめそれぞれの日記所載の例をあげると、(イ)「市ニテ、ヨシズ・縄・竹・桶等トル」、(ロ)「町ヨリ、扇卅五本・帋七十五文ヲトル」、(ハ)「境衆へしゝらの代五百文、たひの代七十五文、亭主へ借銭百廿文」などがそれである。

(イ)六斎市　薪・竹・ヨシズ・オモテ・縄・桶・肴・精進物など

(ロ)町　商　チヤウチン・酒・木綿・帋・馬・扇など

(ハ)外　商　端物・白物・絹・しじら・茜・紫茜合物・染物・肩衣・袴・帯・足袋・紫皮・下緒・手燭台・上林茶など

この記事に対する傍証はなく、城下町商業の展開度や専業化の実体は不明であるが、(イ)・(ロ)は当時の領国市場の一般的な特色を典型的にしめすものといえよう。(ハ)は境衆（堺商人）・伊勢衆（伊勢商人）・宮衆（宇都宮商人）など「アキ人」「旅人衆」と呼ばれる領外商人群とそのもたらした商品である。ここに領国城下町と領外とくに畿内との商品格差は歴然たるものがある。また堺・伊勢商人群は広汎な商業活動を全国的に展開する大商人であり、領国市場はその完全なる影響下にさらされざるをえなかったと思われる。

さらに佐竹氏の発したつぎのような商人役の切下指令（年未詳）を見よう。「諸国之諸商人目安之侘言之儀、いつれも合点候間、今日よりは、役以下俵別之事、壱分用捨候間、六分とり可申候」（採一三）。これはいわば関税引下令であり、一般に国内市場保護の政策とは原理的に矛盾する政策である。それはみぎの文言の示すごとく、まさしく外商の要求・圧力に屈服した、佐竹氏の領国市場保護策の「破綻」を意味する。佐竹氏にとって、自らの基礎とする領国市場の未熟を補いつつ豊臣政権（権力・市場）への対応を果すためには、既述の諸国諸商人への大幅な依存は必然であり、一方、この統一政権にとって「畿内と、一般大名領との生産力水準の格差の存在」は、佐々木潤之介氏の指摘のごとく、[16]「必要にして不可欠の経済状態」であった、と結論することができるであろう。

(1)『市史』名護屋在陣の項（本書二三〇～四頁）参照。
(2)「義宣家譜」三。
(3)「文禄五年御蔵江納帳」秋田県立図書館所蔵。
(4)以上、この項はすべて家一八・一九による。
(5)以下、本節の記述は、『市史』第一一章「府城の建設と商工業の振興」（本書二三八頁以下）による。
(6)「文禄五年御蔵江納帳」。

(7)　「大和田重清日記」。
(8)　採二七、「佐竹家中総系図」下、御鍛冶の項。
(9)　「佐竹家中総系図」下、御とぎの項。
(10)　「大和田重清日記」。
(11)　「文禄五年御蔵江納帳」。
(12)　「佐竹家中総系図」下、色々御免の項。
(13)　深谷氏は佐竹氏の出羽移封（慶長七年）に随従し、秋田城下町の経営を委ねられ、遠山氏とともに「御天秤屋」として、佐竹領商人の天秤免許を専断し、商業統制の責をになった。
(14)　『封建社会の展開過程』第二章撰銭禁制と貨幣改悪。
(15)　「撰銭令についての一考察」(一)・(二)(『史学雑誌』七一—一二・同七二—一)。
(16)　「軍役論の問題点」(下)(『歴史評論』一四七)。

## 三　領国体制の変革

三万一〇〇〇にのぼった一連の軍役賦課と連続して、文禄三年十月から佐竹全領に施行された太閤検地と知行割は、「知行めしはなし」「はたものにあけ」「郷中はう所ニ」の威嚇のみをもってした不安定な領国支配の克服、合理化をはかり、体制の変革をさらに推し進めるものであった。全国的にみても、文禄三・四年に太閤検地（豊臣奉行による）の実施された国数は、知られる限りでも、のべ二五ヵ国（大名による検地を合わせれば三〇ヵ国を超える）と、全豊臣期におけるピークをしめす(1)。

佐竹領の太閤検地実施計画が最初に打出されたのは、天正十九年九月のことであった。「つくし陣」動員の報を水戸城に伝えた義宣が、同書中で「石田殿之衆を以、なわうちをさせられ可被下候、いまの年ぐ一ばいに可有之候」（家一八）と述べているごとく、豊臣政権はまさしく朝鮮出兵への大動員の準備措置として、石田三成による佐竹領検地を企図したのである。事実、天正十八・十九両年の豊臣奉行による検地は全国一八ヵ国、大名による検地（豊臣政権への結果報告をともなう）を合わせれば、のべ四〇ヵ国以上に達し、これら一連の太閤検地が朝鮮出兵と密接な関係をもって強行されていることは明らかである。ただし、「奥州御陣」（二万五〇〇〇の軍役）と「つくし陣」（五〇〇〇の軍役）の連続という事情によってか、佐竹領検地の実施は延期されて、文禄三年十月、全軍役の解除と同時に石田三成の手によって開始された。

検地期間中に東義久が家臣団に指令して、「田畠以下其外境目之儀、少も不隠候様、地下百姓ニ堅可被申付候、聊も有私ハ、以来屋形様ゟ可為御調候」と明示したごとく、佐竹氏はこの石田三成の検地をたんに消極的に受け容れたのではなく、豊臣権力に依存して、この機に自ら積極的かつ厳重に領国検地を遂行しようとした。

検地は十二月末に完了し、実施範囲は全領国（常陸一一郡、奥州南郷、下野武茂・松野・茂木、江戸崎領）に及んだ。打出された公定生産高は五四万五七六五石九升に達した[2]。この打出総高はそのまま、豊臣政権が翌年六月十九日、あらためて佐竹領知行割を実施する基礎となった。「佐竹知行割」[3]朱印状は、明確に「今度以検地之上、被成御支配候也」と注記し、知行総高と検地総高とは一致する（『市史』「検地と村落」、瀬谷義彦氏稿参照）。

つぎに、この知行割朱印状の大まかな特徴を、先の天正十八年八月一日領知安堵朱印状と対比しつつ摘記しよう。まず、前提において、指出安堵と検地宛行の差が厳存する。つぎに、文禄のそれは「被成御支配候」と注記されて、秀吉による分配であることが強調され、「知行割」は詳細に指定された。「義重・義信（宣）任覚悟、全可令領知」と付記された天正の安堵状とは、この点でも決定的に異なっている。さらに知行割の内容において、第一に、佐竹領内に新しく太閤蔵入地および豊臣直臣（石田三成・増田長盛）知行分が設定されたこと、第二に、佐竹領が義宣・義重・義久および与力家来分にわけられ、軍役高・無役高の明細が指示されたこと、以上二点が新知行割の注目すべき特徴をなす。

本節では、みぎの文禄四年の佐竹「知行割」の重要な特徴をなす、太閤蔵入地の設定の意義とその機能について考えてみよう。

## 1　太閤蔵入地の設定

まず、旧族大名領への太閤蔵入地設定それ自体に動かしがたい意義がある。ここにおいて、豊臣政権は大名領知権そのものに対して、直接的な制肘策を具体化したとみられるからである。蔵入地の設定地域をみよう。義宣が蔵入地代官東義久に発した黒印状(4)（蔵入地目録）に「御蔵入久慈之郡里川東」としめされたごとく、それはすべて佐竹氏の伝統的な本領域たる太田城の東、里川流域に集中的に設けられたのである。時すでに佐竹領国の中枢は水戸城に移り、形式上太田城は義重の隠居城にすぎない。しかし、たんなる中心点の移転のみで五世紀にわたる伝統的な諸関係が自然消滅するものではない。豊臣政権は政治的にはこの佐竹の旧本領との関係の切断によって、新城下町を中心とする佐竹氏の体制変革＝兵農分離の促進をはかろうとしたのではなかろうか（経済的性格については後述）。

つぎに、豊臣政権はこの太閤蔵入地に直接代官を送りこまず、佐竹一門の東義久を代官とした。秀吉はそのことを知行割朱印状に明記し、「御代官徳分」一〇〇〇石を付与した。それには蔵入地内の一村があてられた。同時に秀吉は佐竹領内で義久知行地を一挙に六倍して六万石を保障した。かくして、東義久は佐竹一門でありながら、太閤蔵入地代官として豊臣政権と特殊な関係を取り結び、豊臣政権の大名統制機構の重要な一環を成すにいたったといえる。

ところで、豊臣政権が自らの蔵入地の管理を大名側に委ね、直接支配を実現しえなかった事実をもって、のちの徳川政権の蔵入地支配方式と対比し、豊臣政権の弱さの指標とみなす見解がある。しかし、太閤蔵入地の設定を歴史的な発展過程に則して評価するには、まず戦国段階との差異を考えるべきであろうし、のちのものと比較して「おくれ」のみが強調されては、太閤蔵入地の歴史的意義が見失われるおそれがあろう。

佐竹領内の太閤蔵入地は豊臣政権の財政的基礎としていかなる実質的な意味をもったか。まず、東義久の蔵入地代官任命は、決して蔵入地支配の白紙委任を意味するものではなかった。たとえば、某年（慶長二年カ）八月、豊臣の重臣（前田・浅野・増田・石田・長束の連署状）が義久に対して「諸国御蔵入・御給人方田麦年貢」について、「百姓迷惑之由、被聞召候間、被成御免許」旨を通達し、これを「百姓共ニ可被申聞」と詳細に指令を送っているのは、その一証である。さらに、義久にあてたつぎの前田・増田・長束の連署状をみよう（家六）。「為御意申入候、其方御代官所去年分物成内七百石、金替候て可有運上之旨候、其外有米之儀者、御上使を被遣、可被成御覧之旨候、被得其意、堅可被相拘候」。佐竹領の太閤蔵入地支配について、直接に秀吉の「御意」という形で命令が発せられ、しかも蔵米の一部七〇〇石の換金運上が求められ、残りの現米については「御上使」の現地派遣による直接監察さえも実施されようとしていることが窺われる。

以上により、佐竹領の蔵入地がまさしく豊臣政権の財政的基礎として実質的意味をもち、きわめて厳重な統制を加えられている事情を看取すべきであろう。遠隔地の太閤蔵入地物成の上納形態について、秋田氏の杉板、上杉氏の金、堀氏の布など、特産物のかたちで現物が直送されたことを知る。しかし、なお米年貢指定の場合の上納形態について疑問があった。その点について、みぎの「物成内七百石、金替候て可有運上」という指令はきわめて示唆的である。

つまり、佐竹領の太閤蔵入地と佐竹領金山との関係について注目する必要がある。蔵入地設定前、文禄元年五月の義宣の金山関係の指令をつぎに摘記する（家一八）。

一、大くほ・せやく金の事、せやへ五ツ、大くほへ三ツ引わけ、あらためて可申付候、其をとかくわひ事申候ハヽ、山をめしはなし、ほつこをしらへ、検使を付、ほらせ可申候、

一、ほうない・南郷・部垂ニけんしをつけ、ほつこ一人まへより、金二ふつゝも、やくを取可申候、かなておろし候事ハ無用候、

一、ひかし山りう所にて、あたらしく金をほりいたすよし肝要候……やくの儀ハ、かねのいてやうによりて、やくくわふんニあて可候、

以上、大久保（日立市）・瀬谷（常陸太田市）・保内（久慈郡）・南郷（東白川郡）・東山（久慈郡）・山尾（多賀郡）という佐竹領の代表的金山に対し、佐竹氏は終始大きな関心をしめし、直轄化の機をねらっていたのである。太閤蔵入地の設定にともない、このうち瀬谷が蔵入地一六ヵ村の内に入れられた。蔵入地目録はたんに、「一、七百弐拾七石七斗八升　瀬谷」とのみで、金山に関しては触れていない。しかし、豊臣政権が出羽で秋田杉の産地を前提とし、越後では越後布の産地を蔵入地と指定している事実をもってしても、また先の蔵米の換金指令をみても、この瀬谷の蔵入地化が金山の掌握と無関係であったとは考えがたい。さらに注目すべきは、この蔵入地域「久慈之郡里川東」は、上記のどの金山とも至近距離に位置する、という事実であろう。つまり、主要金山はすべて太閤蔵入地の周辺に分布するのである。これはまさしく豊臣政権の太閤蔵入地設定の最大のねらいであったのではないか。そのような位置に蔵入地を設定することによって、蔵米換金の条件を確保し、さらに「其方分領中金山之事、被預置」として、佐竹氏に預けて運上のみを課した金山経営の基礎を固めようとしたものであったと考えられる。豊臣政権の蔵入地設定と管理が、この佐竹領においては、きわめて綿密周到な政治的財政的配慮のもとで実現されている。

## 2 知行割替と家臣団編制

豊臣政権の佐竹「知行割」は、ほぼつぎの(1)〜(3)のような特色をしめす。佐竹氏総知行高五四万五八〇〇石のうち、先の天正安堵高（二一万六七五八貫文＝二五万八八〇〇石、換算率一貫文＝一石二斗）に対し、検地後の新たな「御加増」高は二七万石にのぼった。かくして作り出された変化はきわめて顕著である。

(1)佐竹氏の与力家来に対する優位の確定。両者の知行高比率は、天正の五〇対五〇から、六六対三一となり、与力家来知行比の減少は著しい。(2)義宣権力の飛躍的強化。豊臣政権は義宣に軍役高五万石を加増（五割増）のうえ、さらに一挙に一〇万石（一〇倍）の無役高を容認することによって、大名権力を保つための領主財政の基礎を保障した。かかる無役高の比重の大きさは、豊臣政権下における旧族大名の注目すべき特徴をなす。(3)義久に対する独自特殊な地位の保障。これについてはみぎに述べた。

佐竹氏は豊臣政権への従属下に、義宣を頂点とする領主権力確立の基礎を完全に保障された。義宣は六月十九日の秀吉の佐竹「知行割」朱印状をふまえて、同年七月十六日を期し、つぎのような全領国的規模をもって知行割替を開始した。この日からおよそ二ヵ月間に発行された知行宛行状は、知られる限り、一四七通にのぼり、水戸在城時代の全宛行状二三五通の六割を占める。この数字は文禄四年七月が佐竹氏の知行制展開の画期をなしたことを如実にしめすものである。(5) 知行宛行状一四七通は、形式上から義宣黒印状（四九通）、義宣奉行人奉書（七九通）、義久黒印状（一八通）等に区別される。(6) 奉行人は小貫頼久・人見藤道・和田昭為という義宣の旗本直臣であり、したがって、この佐竹氏の領内知行割は、一門・外様を介在せしめず、義宣とその直属重臣のみによって推進されたことが明らかである（東義久宛行状は自らの家中に対するもの）。

ついで、みぎのごとき宛行形式（黒印状・奉書）の意味を、便宜上、秋田国替後の家臣団編制と対比しつつ調査すると、義宣黒印状はすべてのちの秋田城下諸士および城代層、つまり義宣の旗本家臣団および一門・与力を対象としたものであること、奉行人奉書はほとんどがのちの組下給人に宛てられていることが知られる。(7) このことは、佐竹氏の近世的家臣団編制およびその特質と考えられた「所預り制」が、じつはすでに国替以前のこの知行割において造り出されているという注目すべき事実を示唆する。とすれば、いわゆる近世的体制の成立の画期を単純に国替におくことはかならずしも適切ではなく、佐竹氏のばあい、文禄四年知行割が決定的な意味をもったことを重視する必要があろう。

さらに、知行政策の特色をみよう。文禄四年七月十六日、知行割の開始にさいし、義宣は黒印状「掟」をもって、つぎの二ヵ条からなる知行地支配の原則を家中に公示した（採二八）。

一、此度遣候知行、一郷一村之内、相わけとり候所を八、其給人として相談候て、ひきわけへき事、

一、給人知行之内、竹木弁よし・かや、前々のとをり念を入可相立事、

この二原則を知行宛行の実体に則して検討を加えると、(1)一村の多給化、(2)一村の均分、(3)端数なし操作、(4)給地の分散、(5)山林原野の統制、などの諸点を著しい特色として指摘することができる。

たとえば、水戸城外の藤井村は、知られる限りでも、四名の旗本家臣に二五〇石、二〇〇石、二〇〇石、一〇〇石と分給され、城下の常葉村は、一七五〇石九斗二升の蔵入地のほか、五〇石、三〇石、二〇石、三斗五升と零細に分割されている。(8)「一郷一村の内、相わけとり」と定めたごとく、一村の相給多給化は知行割の基本方針であったと思われる。また、とくに組下給人への宛行に著しいのは、一村の多給均分であり、那珂郡長倉村は、五〇石宛で七名の給人に分けられ、南郷の伊香村はじつに九名に対し四〇石宛の均等宛行が行なわれた。さらに特徴的なことは、多くのばあい、知行高のうち一〇石未満の端数をなくすため、特殊な加除操作が加えられている事実である。深谷清五郎の

知行高五〇石は、飯岡村での四九・六五四石に常葉村から〇・三五〇石を引足し、〇・〇〇四石を切り捨てて作り出された。大和田重清の知行高二〇〇石も、赤尾関で一三七・三七二石と原かいで六二・六二八石とを巧みに組合わせて宛行なわれた結果である。(9)組合わされた知行分の村は、かなりとび離れているのが普通であり、以上の操作の結果、知行地は分散化した。さらに、掟の第二条に明示された「給人知行之内、竹木并よし・かや」に対する佐竹氏の統制令は、おそらく知行地内の山林原野の全体にわたる規制を意味し、知行権に対して著しい制約を加えるものであった。

以上のごとき知行政策は、豊臣期（慶長二年）上杉氏のそれと酷似し、(10)この時期を画期とする大名知行制の特質とみなすことができるであろう。なお、これは実際には、旗本組下給人への知行割にもっとも顕著であり、大身の一門・外様の一円的知行傾向と明らかな対照をしめしている。しかしながら、これとあわせて、つぎに述べるような大規模な知行の割替が推し進められ、慶長三年に至れば、大身を含むほとんど全家臣団の「転封」＝「所替」によって、佐竹氏の知行政策は貫徹する。

さいごに、全体的な知行割替と家臣団の配置編制の展開をみよう。総じて、義宣への権力集中と家臣団の所替はきわめて顕著である。その主要な特徴は、(1)旗本家臣団の水戸城下集中、(2)一門・与力家来の新領域支城への配置、(3)「組下給人」制の成立、(4)足軽鉄砲隊・鑓隊の編成強化、以上の四点に要約される。(11)

すなわち、知行宛行状一四七通の分析によって、つぎの状況が明らかとなる。義宣直属家臣団の知行地はほとんどが水戸城下茨城・那珂両郡域および久慈郡に集中する。大身の一門・与力家来は佐竹の新領域たる新治・筑波・行方諸郡（鹿島郡は東義久の独占）および陸奥・下野の一部に知行を宛行なわれた。さらに、四〇石前後の知行を主として新領域に得た下士層が一門・与力家来の下に配置されて「組下給人」制が成立する。

これを、「文禄五年御蔵江納帳」をもとに、義宣蔵入地の分布管理状況についてみると、この特徴はさらに端的に現われる。総高一〇万石、一六二ヵ村にのぼる義宣蔵入地はほぼ全領域に広く分布し、その管理はすべて約七〇名の家臣に「預り分」として預託された。うち五六名は旗本で、その預り分は六万六六一二石余、一〇〇ヵ村（納入率六一・四％）、そのうち六万二〇〇〇余石、八三ヵ村が水戸城下茨城郡を筆頭として、那珂・久慈諸郡域に集中する。その他一門が約一万六五六七石、三七ヵ村（納入率五〇・三％）を新治郡（旧大掾領）に、与力家来が一万三七五一石余、二五ヵ村（納入率三八・八％）を真壁・筑波両郡等で預るという状況であり、(12)知行配分の傾向と一致している。

かくして、義宣は領国中心部の蔵入地化・直臣団知行地化を果し、その基礎のうえに、直臣団の城下集中体制を確立した。有力一門（北義憲・南義種・石塚義辰・長倉義興・小場義成）のすべて、与力家来（真壁房幹・宍戸義長・梶原政景・太田景資・松野資通・前沢筑後・茂木治良）のすべてが、（慶長三年中までに）本領から引き離されて領国周辺の支城に移され、支城区域に知行を与えられ、城下に集中的に設けられた義宣蔵入地を城領として預託され、義宣の領国支配機構の一部として組織された。(13)

さらにそのもとに四〇石前後の下士層が一括して配属された。奉行人奉書による宛行はすべてこれである。その編制の意図は、支城の軍事力を強化し、義宣直属の下士団により支城主権力を規制することによって、全領国支配機構の有機性を高めることにあったと推察される。それと同時に佐竹氏直属の足軽鉄砲隊・鑓隊の編成が急速に進んだ。それは「鉄砲之者五十人」「やり衆百人」などと集団でとらえられ、一〇人から五〇人程度の「組」編成で、旗本家臣等のもとへ随時に「寄騎」として預けられ、給分も一人五〜一〇石位宛が組で一括されて、そのつど、その寄親に預けられた。これら寄騎の足軽は、寄親に隷属的な束縛はうけず、佐竹氏に直属し作戦計画にしたがって流動的に配属される、独自の編成を保った（家二七・採一八）。このように、組下給人足軽隊の成立は、直臣団の城下集中・大身の支城配置＝全家臣団の本領離脱という新知行割に対応した、新たな家臣団編制の注目すべき特徴をなすものである。

(1) 速水佐恵子「太閤検地の実施過程」(『地方史研究』六五) 参照。
(2) 文禄三年常州検地覚書 (「佐竹文書」三坤)。
(3) 「佐竹文書」(レクチグラフ) 東京大学史料編纂所架蔵。
(4) 「義宣家譜」三。
(5) 知行宛行状は、主として「佐竹文書」「秋田藩採集文書」「同家蔵文書」「佐竹古証文」「水府志料」から蒐集した。
(6) 次章第6表「知行宛行状の二形式」参照。
(7) 次章第7表「文禄四年佐竹氏の知行割と家臣団編成」参照。
(8) 次章第10表「佐竹氏知行宛行の相給形態」参照。
(9) 次章第11表「分散知行形態」参照。
(10) 藤木「上杉氏知行制の構造的特質」(『史学雑誌』六九―一二、本書Ⅲ―二所収) 参照。
(11) 次章第8表「郡別にみた佐竹氏の知行割一覧」、第2図「佐竹領知行割の概況」、第3図「水戸城を中心とする義宣蔵入地の分布」参照。
(12) 次章第9表「佐竹義宣蔵入地の管理状況」参照。
(13) 次章第12表「佐竹領内の支城と城将」、第4図「佐竹領内の支城と蔵入地の配置」参照。

## おわりに

天正十八年八月一日、豊臣政権下の一大名として保障され編制 (統一的知行体系の成立) された佐竹氏の直面した豊臣体制とは、過大な軍役と体制化された畿内・佐竹領の格差に他ならない。こうした豊臣政権への従属下に、大名＝特権的豪商によって造成され、金山・港・外商との結合を特質とする新城下町は、まさしくこの豊臣体制へのもっとも総合的な対応形態であった。しかも、それはたんなる従属的対応ではなく、豊臣政権のもとではじめて保障された、倍旧の領国とその領主権を確立すべき、かれ独自の課題への対応をも意味した。

とはいえ、太田城（戦国大名）から水戸城（豊臣期大名）への道程は、けっして自然史的な発展の帰結とはみなしがたい。すでに明らかなように、以上の大名の対応は、直接その内在的必然性にもとづくものではなく、豊臣体制への対応が、その結果として兵農分離を推進せしめ小農自立の促進要因として作動したと考えられるからである。

# 二　豊臣期佐竹領国の構造

初出「佐竹氏の領国統一」(『水戸市史』上巻、第十一章〔第四節を除く〕、水戸市、一九六三年)

## 一　常陸統一の実現

天正十四年(一五八六)の春、佐竹家では当主義重が引退し、長子義宣が嗣をついだ。義宣(徳寿丸、次郎)は元亀元年(一五七〇)太田城中に生まれ、この時すでに十七歳に達している。(1) ところが、義重もまだ三十九歳の壮年であり(慶長十七年〔一六一二〕没、六十六歳)、むしろ円熟期を迎える年頃で、隠居の身となる年齢ではない。この代替わりに何か不自然さが感ぜられるが、その事情は不明である。この年四月、義宣は嗣立後はじめて軍勢を率いて、北条氏直方の軍と下野壬生・鹿沼・羽生田の間に戦った。四月二十九日、宇都宮国綱が平塚氏に宛てた書状の中で(2)「義宣始而出陣」と述べているのは、このことを指したものである。義宣の家督相続の後も、しばらくの間は義重が義宣を後見して国政を行なった。十四年七月八日、一族大山氏と親交を誓約した起請文を、父子連名で発したのを初見として、義重・義宣連署による書状の形式は、翌十五年の末頃までつづく。(3) そして、十六年以降には義宣が単独に発行する文書が多くなり、ようやく独自の権力で領国経営に乗り出していることがわかる。ただ十七年に佐竹氏にもたらされた二通の豊臣秀吉朱印状が、(4)いずれも佐竹（北）義斯と同（東）義久に宛てられている例をみると、佐竹家の若い当主義宣の背後で、この佐竹一門が重要な地位にあったことは明らかである。

この頃、佐竹氏は相模小田原から北関東を制圧しようとして北上する北条氏直の軍と対抗するために、常・総・野の間に不断の出兵を余儀なくされていた。そのうえ、奥羽の強豪伊達政宗が北条氏と謀って佐竹氏の挟撃を企て、南奥各地で、南下する伊達軍と同地方への勢力拡大をはかる佐竹軍との戦いがくりひろげられていた。さらに中央からは、全国制覇の事業を進める豊臣秀吉が、東国平定の意図をはっきり打ち出して来た。このように天正中期・義宣嗣立当時の佐竹氏は、背腹両面で関東・奥羽の強敵と対立し、そのうえ新たに中央統一権力の動向にも対処を必要とする、まことに困難な局面を迎えていたのである。

佐竹氏と秀吉の連絡は、これよりさき天正十一年、秀吉が柴田勝家・滝川一益らを討って制覇への道を固めた頃にはじまる。まず秀吉が義重に書状を送って連絡を求めたのに対して、同年六月二十日、義重はこれに答えて北条氏との対戦を報じ、好を通じた。その後もしばしば音信が交わされ、十三年六月十五日、秀吉は近く関東に出兵して義重らを援けようと伝えている。十五年二月、佐竹氏の北方進出策をになって会津の名族芦名家の名跡を嗣いだ佐竹義広（芦名盛重、義宣の弟）が、十七年六月、伊達政宗に黒川城（会津若松）を追われて常陸に逃げ帰った。これを聞いた秀吉はただちに増田長盛・石田三成の両奉行に命じて、佐竹義宣・上杉景勝に政宗討伐を指令し、さらに寺内織部正を使節として太田城の佐竹氏のもとに派遣した。

これに対して、奥羽では伊達政宗を中心とする諸豪間の対立がくり返され、関東では北条氏直が旧来の広大な地盤により、また姻戚の徳川家康（氏直は家康の女婿）に頼って、秀吉への従属を肯んじなかった。十七年九月、秀吉は関八州につき「面々分領堺目」を画定する計画を、石田三成から佐竹義宣に伝えさせ、詳細は上洛のさいに申し聞かせようといって上洛要求をほのめかした。そして十一月二十八日、北条氏宛の宣戦布告状の写しを添えて小田原出陣の命令を佐竹氏にも通達し「氏直不届きの次第、書き顕わされ、北条に対して御朱印を成され候。その写、覚悟のため遣わされ候」と述べ、東国平定の強い態度を示したのである。[5]

天正十八年正月、小田原討伐の軍がついに動きはじめた。このころ、佐竹義宣と伊達政宗の抗争は、義宣の弟芦名義広が政宗に会津を追われて以来、さらに激しさを加え、佐竹の軍は白河・浅川方面に転戦していた。その義宣に対して、従兄弟にあたる宇都宮国綱（母が義重の妹）と宇都宮の重臣芳賀高継は、正月二十三日には早くも「殿下御進発必然」とか「小田原取乱不ㇾ成ニ太形ニ」という急迫した情勢を伝えて、一刻も早く奥州境目の戦闘を中止して小田原攻めに加わるよう、と勧めてきた。[6] しかし、他方の政宗の許へは、北条氏政が甲冑を贈りとどけて佐竹との抗争を励まし、当の政宗はまた京都へ使者を送って、会津攻略の件を秀吉に言いわけするという複雑な政略がからみあって、義宣も政宗も戦陣を解くことは容易ではなかった。

三月一日、豊臣秀吉は華麗な陣容を整えて京都を進発した。そして、三月末には、小田原本城を包囲する態勢を整え、同時に他の豊臣方諸将も、関東各地の北条氏の支城にいっせい攻撃を開始した。佐竹義宣はいぜんとして伊達政宗の軍と対戦したまま、奥州白河に在陣していた。しかしこのような情勢の推移を知ると、友邦の宇都宮氏に使者を派遣して、小田原参陣のことを相談し、三月二十五日には同氏の同意をえた。[7] いっぽう伊達政宗もようやくこのころ小田原の秀吉に謁しようと準備に着手した。このように義宣と政宗は共に牽制しあいながらもその戦いをやめて秀吉の許へ参礼する機をうかがいはじめている。そして四月下旬、小田原の石田三成から佐竹氏へ使者が到着し、豊臣方の圧勝ぶりを伝えた。[8] ここに及んで、ついに義宣も「上・武之儀者勿論、奥口までも此度一変ニ無ㇾ疑」と判断をくだし、[9] 宇都宮国綱と合して小田原参陣の軍を進めた。政宗もまた前田利家や徳川家康らの勧めを受けてようやく態度を決し、五月九日には会津を発して小田原に向かった。

やがて五月二十五日、義宣・国綱らは秀吉の腹心石田三成・増田長盛らに迎えられて小田原入りし、(10)二十七日はじめて秀吉に謁した。この時義宣に従った佐竹氏麾下の将には、東・北・南家をはじめ、宍戸・太田・額田・嶋崎・長倉・真壁・茂木・小場・千本ら一二人の有力な一族・客将・国衆らが名を連ねている。(11)この時義宣は秀吉方に太刀・馬・金などを献じ、麾下の諸将もこれにならった。この参礼によって、豊臣政権のもとにおける佐竹氏の地位は、ひとまず保証されることになった。しかもこの時、義宣とその一族佐竹（東）義久が、特別に石田・増田の両氏にも多額の黄金を贈っているが、この後一貫して、佐竹氏は豊臣政権の奉行のうちでも、とくに石田三成と深い結びつきを保つのである。

ところで、小田原に参陣した佐竹氏麾下の常陸諸将のなかに、水戸城の江戸重通や府中城の大掾清幹らをはじめ、姿を見せない有力豪族が少なくない。かれらはこの大事件に際して、いったいどのような態度をしめしたのであろうか。江戸重通については、この間の動静を知る直接の史料はきわめて乏しいが、諸種の江戸氏系図類の所伝を調べてみると、ほぼつぎのような事情がうかがわれる。秀吉の小田原包囲に先立ち、北条氏政は重臣松田康秀を常陸に派遣して、江戸・大掾・小田をはじめ常陸南郡の諸将を北条方に勧誘して盟約を結んだ。そのためこれら諸氏はついに秀吉の動員令に応じなかった。その後江戸重通は佐竹氏が小田原陣に赴くのを知ると、いそぎ家臣の武熊氏に手兵を授けて、義宣のもとに従わせたが、自らは動かなかったという。宮本茶村はこのことを、当時江戸氏の家政がみだれて、小田原動員令に対する家中の意志統一ができなかったからである、とも述べている。(12)これは天正十六年末から十七年に及んだ神生《かのう》の乱の内訌を指しているのであろう。氏政の臣松田康秀という人物の常陸下向のことは、まったく傍証を得ない。しかし、たとえば十八年三月六日、会津黒川城の伊達政宗のもとへ、北条氏政の使者が訪れて協力をもとめ、これを迎えた政宗がその夜城中で軍議を催しているのをみると、(13) 同じころ常陸の反佐竹勢力に対しても北条氏の積極的な働きかけがあったことは十分考えられる。

同年四月十六日、常陸下妻城主の多賀谷重経が水戸城の江戸重通に音信を通じて、水戸地方の政情を問い、さらに、小田原普請が進行しているとか、また一説では陣触れが中止されたとか、いずれも敵国遠境のことなので実情は不明である、などと報じている。(14) 四月中旬といえば、豊臣・北条両軍の間で、関東一円にわたる激しい攻防戦がくりひろげられている最中である。そして、すでに常陸へもその形勢はただちに波及し、豊臣方の動員令も発せられている。したがってこの多賀谷情報はまことに不審という外はないが、江戸氏がこの頃いまだに小田原陣に対する態度を決しかねていることは明らかである。いずれにせよ、江戸氏や大掾氏らがついに小田原の秀吉のもとへ参礼しなかったことは確かである。たとえ北条方へ積極的に与同しなかったにせよ、中央の統一権力の要求に服しなかったことは、かれらの将来を決定的に不利なものとした。

小田原参礼の後、佐竹義宣は秀吉の命にしたがって武蔵国内を鉢形城・忍城などの攻撃に転戦した。七月五日、ついに小田原が落城すると、翌日には秀吉の奥羽征伐・会津進発のことが発表され、佐竹・宇都宮衆に対しては秀吉の宿所設営・会津先達の命令が下った。(15) この奥羽仕置にさいし、秀吉から義宣に軍費が賦課された。その額は明らかではないが、義宣は課役の半分を俵子(兵糧米)、半分は金で上納しようと考えていたところ、急に石田・増田の両奉行から、全額現物納の要求が伝えられた。七月という端境期の兵糧米調達の命令に、義宣は困惑をしめしながらも、二、三日中には秀吉が宇都宮に到着すると伝えられ、切迫した期限におどろいて、十六日、黒印状により、つぎのような緊急命令を領内に発した。二十日までに割当てられたとおり俵子を調達すること、家臣各自の所領つまり知行高を届け出ることの二ヵ条である。(16) 知行高届出の指令は、義宣が豊臣氏からの軍役賦課を契機として、軍役を果す基礎となる家臣団の知行地を確実に掌握しようとする意図をしめす。

一方、二十日に江戸を発して陸奥に向かった秀吉は、途上で岩城常隆の死没を聞くと、自分に忠実な佐竹氏に命じて、義宣の弟（義重の三男能化丸貞隆）をもって岩城氏を嗣がせた。[17]そのうえ秀吉は朱印状をもって、軍勢甲乙人（雑人ら）の地下人百姓に対する濫妨を戒める三ヵ条の禁制を、陸奥の内滑津・赤館・南郷の各地に下して、この地域を「奥州内佐竹知行」と公認した。このように、この地域に対する佐竹氏の地位は、ここに秀吉の力によって確定されたのである。[18]

やがて二十六日、秀吉は宇都宮に着陣と同時に、米沢の伊達政宗、山形の最上義光に急使を派遣して宇都宮参集を命じ、五、六騎ばかりの軽装で夜を日についで馳参せよ、妻子は人質として上洛させよと指令を発した。[19]そのさい秀吉はおだやかに「奥州之儀は貴所御差図をも」聞きたいなどと申し送ってはいるが、じつは秀吉の仕置を前に、奥羽の強豪大名伊達・最上らがすでに秀吉の意のままに駆使される情勢となっていた。そしてこれと同じ頃、佐竹義宣に対しても、人質を京都へ差し出せという命令が下っている。二十九日、義宣は一族の東義久に「此度、殿下御催促につき、家中上洛」と報じ、[20]八月一日には、秀吉から信濃の松平康寛や尾張犬山城の土方雄久（織田信雄の老臣）らに対して、佐竹義重と義宣の妻子を上洛させるから、領中をたしかに送付せよと指示している。[21]妻子だけでなく義宣の父までも、人質として上洛を求められたのである。秀吉の宇都宮着陣とともに、北関東・奥羽の諸大名に対する統制が急速に強化されている事情が如実にうかがわれる。

さて、秀吉は義宣から父子を人質に徴発すると同時に、義宣に対して、つぎのような朱印状をもって、その地位に確実な保証を与えた。[22]これは佐竹氏が豊臣政権下の一大名として、領国支配を行なうための公的な基礎となる重要な文書である。

常陸国幷下野国之内所々、当知行分弐拾壱万六千七百五拾八貫文之事、相二添目録別紙一令二扶助一之訖、然上者、
義重・義信(宣)任二覚悟一、全可レ令二領知一者也、
天正十八年庚寅八月朔日　(朱印)(秀吉)〇
佐竹常陸助殿

すなわち、佐竹氏が常陸・下野両国内において、現実に支配している二一万六七五八貫文の土地を、秀吉があらためて佐竹氏の支配地として公認したものである。目録別紙とは、この朱印状に詳細な所領の内訳を記した目録が添えられたことをしめす。その間の事情について、後（年未詳）に義宣が直臣の山方対馬守に「うつのみや(宇都宮)にて下され候御朱印ならびに目録有るべく候。急度さしこすべく候。目録は洞中《うつろ》のさしいだし帳をかきたて、其のおくに御朱印のおさり候帳」と説明しているから(23)、宇都宮在陣中の秀吉から朱印状と目録とが下付されたのである。その目録とは、洞中つまり佐竹領の指出帳をまとめた帳簿の末尾に、秀吉の朱印が捺されたものである、というのである。なお指出帳とは、義宣が領内の直轄地と家臣知行地に対して、各地の貫高をそれぞれに届出させた帳簿のことで、これより先七月十六日義宣が領内に黒印状を発して「手前之知行分、以二書立一急度可レ承事」と命じているのがそれにあたる。このようにして、義宣は自分の領国の明細目録をあらかじめ家中に命じて作成し、これを宇都宮に着いた秀吉のもとへ提出した。いっぽう、佐竹氏の領国支配を公認する方針を定めていた秀吉は、これに認証の朱印を捺し、前掲の本朱印状に付けて、あらためて義宣に下したものであった。

ところで、この目録は伝存しておらず、「洞中のさしいだし帳」の内容も、二一万六七五八貫文におよぶ佐竹領の明細も、現在では知る由もない。しかし、ここで公認された佐竹領がどの範囲を含んでいるかは、江戸氏らの地位がどうなったのかという問題と関連する重要な点である。そこで、以下若干の史料を調査してみると、「当知行」とい

いながら、実はその中に鹿島・行方などいわゆる常南諸郡や江戸氏の所領など、まだ佐竹氏に完全に服属していない諸豪の支配地もすでに含まれていたと推測される。

たとえば、右の朱印状が正式に下付される直前の七月二十九日、義宣は東義久に対して、鹿島一郡を新たに与え、義久の本領である檜沢・武部の支配を認めるかわり、南郷・保内の地は義宣のもとへ返させている。したがって、義宣が「洞中のさしいだし帳」に鹿島郡を含めて届け出ていることは、まず疑いない。そして、義久は翌十九年閏正月十三日、まだ実際に鹿島郡を手中に収めない先に、自分の家中に対して、「鹿島郡配当の砌《みぎり》」は五貫文の知行地を与えよう、などと約束している。[24] また、十八年十一月十日、義宣は上洛に先立ち江戸氏領と行方郡の仕置を定めているので、[25] 当時すでに秀吉からこれら地域の支配権も認められていたと推察される。したがって佐竹氏は本来の勢力圏である、いわゆる奥七郡（常陸北部）や下野の一部のみならず、常陸の南部諸所をも含めて二一万余貫文の地を認められ、豊臣政権のもとではじめて北関東随一の大大名としての地位を固めたということができる。

そして、この朱印状を与えられた年の冬、義宣は秀吉の命令により、その地位を保証された礼に上洛しなければならなかった。十一月二日、上洛費用を調えるため、家臣に対しても、「分国中へ、就二上洛一十分一ヲ懸候、其方事、地行分之積を以、十分一之金子可レ被二相済一」という命令を下し、[26] 同十日、真崎重宗（兵庫助）・和田昭為（安房守）の両重臣に江戸・行方の仕置を委ね、おそらく同月末には上洛の途についたと思われる。やがて、十二月二十三日、義宣は秀吉の推挙によって従四位下・侍従の位官を授けられ、あくる十九年一月二日、このことを謝するために参内して黄金三〇枚を献じた。さらに羽柴の姓を秀吉から与えられて、羽柴常陸侍従と呼ばれ、まったく名実ともに豊臣政権下の大名となって、閏一月二十五日、ふたたび常陸太田に帰城した。[27]

佐竹義宣は新しい領国経営の拠点として、江戸重通の本拠である水戸城を望んだ。義宣は上洛に先立つ十八年十一月十日、「江戸」の仕置を真崎・和田らもっとも有能な重臣に委ねているが、水戸城進出の意図を明らかにしはじめたのは、実は秀吉から領国支配を公認された八月頃からであったという。しかし、江戸重通がこの要求を強く拒んだため、佐竹氏はついに武力進攻を決意することとなった。とはいえ、すでに天下統一は成り、豊臣政権の支配秩序が成立しているこの時期で、秀吉の権力を背景とする佐竹氏に対し、江戸氏はいまやその公認をえない地方の一勢力にすぎない。つまり、義宣は水戸進出すなわち江戸氏討伐をまったく自分の領国内部の整理のため、十八年以前の戦争とは質的にちがった、いわば内政の問題として処理しえたわけである。

佐竹氏の水戸城攻略に関する確かな直接史料はほとんど伝存しないが、諸系図類を中心に調べてみると、ほぼつぎのような所伝が知られる。

まず佐竹軍の進攻開始は十二月十九日に行なわれ、全軍は二手に分かれて水戸城に向かった。義重の率いる一軍は、太田→村松→市毛原→勝倉→枝川と進んで水戸城の天王曲輪に突入し、義宣の本隊は太田→久慈川→後台→青柳→神生平を経て水戸城内に殺到したという。この日、勝倉台で江戸氏の家臣笹嶋小四郎重道が戦死した、と記している袴塚村本行寺過去帳が、この戦いに関するほとんど唯一の史料かと思われる(28)。あくる二十日、はやくも江戸氏一族の根城一三館八ヵ所が焼亡し、水戸城はあえなく落城して、義宣は城中に入ったと伝えられる。以上の佐竹軍の進路や一三館八ヵ所という数字などに、確かな支証があるわけではなく、まして、この時義宣が上洛中であってみれば、この水戸城進撃を義宣が陣頭指揮し、ただちに水戸城に入城した、とする所伝は明らかに誤りといわなければならないが、水戸城の郭内にあった和光院の記録(29)に「天正十八、水戸没落、和光院ヲ田島へ引」と見えるように、江戸氏の本城とその領国は、この時の佐竹氏の攻撃に屈して、十八年十二月中には、完全に崩壊し去ったことは疑いないのである。

なお、「常陸誌料」や「江戸旧記」は、水戸落城当時の江戸氏の支城砦や討死をとげた家臣名をかなり詳細に列挙している。

　江戸重通の領国を制圧した佐竹氏は、さらに同二十二日、軍を転じて府中城に攻撃を加え、わずか数日の内に、これも粉砕してしまった。城主大掾清幹は自殺をとげ、ここに大掾氏は族滅を喫したという。さらに、義宣が上洛に先立ち、水戸城攻略とあわせて重臣に命じた「行方郡之仕置」は、十九年閏正月二十五日、義宣の帰国を期して急速に推し進められることになった。

　かつて常陸南郡には平姓大掾氏の一族がひろく蟠踞し、俗に南方三十三館と呼ばれた。ただし、この数字は形容であり、三三の勢力があったわけではない。かれらの多くはいずれも秀吉の小田原参陣の命をきかず、豊臣政権下にその地位を公認されることができなかった。ここにおいて、南郡諸将もまた江戸氏らと同様な立場に追いこまれたわけである。佐竹氏の南郡対策について、たとえば小宮山楓軒は、佐竹氏が東義久の奔走によって石田三成から南郡成敗を許可された、とその下知状を掲げ、中山信名は、佐竹氏が秀吉の猛威を背景として南郡三十三氏を太田城に招致し、一挙にこれを滅したと説いている(30)。石田三成下知状のごときはもとより信ずるに足りないが、以上の所説は、佐竹氏の常陸統一が豊臣政権を背景として推し進められた、という時勢の大局をとらえた見解である。

　佐竹氏の南郡討伐に関しては、過去帳類以外に拠るべき史料は見当たらない。「和光院過去帳」によれば、「天正十九季辛卯二月九日、於佐竹太田ニ生害ノ衆」として、「鹿嶋殿父子カ……嶋崎殿父子・玉造殿父子・中居殿・釜(烟)田殿兄弟・アウカ殿・小高殿父子・手賀殿兄弟・武田殿、已上十六人」の諸氏を掲げている。また「六地蔵寺過去帳」には、わずかに嶋崎氏のみであるが、「桂林杲白禅定門《シマザキ》天正十九年辛卯、於上ノ小河横死」「春光禅定門《シマザキ》号一徳丸　於上ノ小川生害」という記載が見られる。

　ここに挙げられる諸氏のうち、鹿島・中居・烟田三氏は鹿島郡の旧族であり、嶋崎・玉造・相賀・小鷹・手賀・武田六氏はすべて行方郡の将である。これら多数の諸豪が十九年二月九日、太田城下や小河において一挙に誅伐された、と以上の過去帳は伝えているのである。南方三十三館由緒書や諸氏系図等の所伝によれば、義宣はこれら諸氏を会盟にことよせて太田城下に誘殺し、従わない者には軍をさし向け、一朝にして葬り去ったという。義宣はそのうえさらに、額田城の小野崎照通が先に小田原参陣には従軍しながら、ふたたび反抗の構えをしめすのをみて、南郡仕置が終わると、二月二十三日、強力な軍をもって額田城を包囲し、ついにこれを破った。かねて伊達政宗と通じていた照通は城を逃れて陸奥に落ち、政宗を頼った。ここに佐竹氏は豊臣政権のもとで、はじめて宿望の領国統一をなしとげることができた。

(1) 「小野右衛門義当家蔵文書」・「義宣家譜」一・「佐竹家旧記」。
(2) 「宇都宮氏家蔵文書」。なお「秋田藩採集文書」（以下、「採集文書」と略称）十四に、天正十四年夘月十七日、佐竹義宣感状がある。
(3) 「義宣家譜」一・「採集文書」十三・「採集文書」十一・「採集文書」十四。
(4)(5) 「義宣家譜」一。
(6) 「佐竹文書」五乾。
(7) 「宇都宮氏家蔵文書」。
(8) 東義久書状、「秋田藩家蔵文書」（以下、「家蔵文書」と略称）二十七、東義久文書所収。
(9) 「採集文書」四。
(10) 「常陸遺文」二。
(11) 「佐竹文書」三坤。
(12) 「常陸誌料」。
(13) 「伊達家日記」。
(14) 「水府志料」五。
(15) 増田長盛書状（佐野宝衍宛）、「採集文書」一所収。

(16)(20)(25)「義宣家譜」二。
(17)「伊達政宗記録事蹟考記」・「宇都宮氏家蔵文書」・「出羽亀田岩城家譜」。
(18)「佐竹文書」一乾。
(19)「伊達家文書」・「士林証文」。
(21)「依田文書」(「信濃史料」十七所収)・「家蔵文書」六、近畿文書。
(22)「佐竹文書」五乾・坤。
(23)「家蔵文書」十九、佐竹義宣文書。
(24)「家蔵文書」二十七、東義久文書。
(26)「採集文書」四。
(27)「義宣家譜」二・「御湯殿上日記」・「佐竹義重証文」。
(28)「水府志料」付録四。
(29)「増修和漢合運図」。
(30)「常陸三家譜」・「新編常陸国誌」。

## 二　朝鮮軍役と領国

### 1　軍役の荷重

国内の統一を成しとげた佐竹義宣は、天正十九年(一五九一)三月二十日、太田から水戸城に移って、ここを新しい領国経営の中心地と定めた(1)。旧来の本拠である太田の地域は、父の義重に委ね、南方の鹿島郡は一門の東義久に与え、府中城には一族の松平信久らを置き、奥州南郷には一門の北義憲を派遣し、赤館城に在番させて、岩城平城の岩城貞隆（義宣の実弟）の後楯とした。

これら諸地域における支配の進捗ぶりを、諸氏が発行した知行宛行状について見ると、第1表のしめすとおり、それぞれが配下の士に所領を給与し、支配組織を固めている事情を知ることができる。たとえば、義宣は松平信久（上総介、山入系佐竹一族、久慈郡松平村〔水府村〕に居り、又高垣姓を称す）に「府中普請」に関する二ヵ条の定書を与えて、(2)鎮城の構築を急がせている。また、東義久はすでに十九年閏一月頃から、家中諸士に鹿島郡内の地を五貫文・一〇貫文と給与しはじめている。北義憲もまた二月には陸奥赤館に在城しており、多数の家士に対して「今度当地罷移」について知行を加増し軍務の精励を求めている。このような新しい領国の経営は容易ではなかったらしく、北義憲などは太田城にいる義重の老臣田中隆定（越中守）に、五月二十六日、岩城植田から書を送って「岩城へ罷移、万端迷惑之儀、可レ有二御察一候」などと、その苦心をもらしている。(3)

しかし困難はただ領内の支配だけにあったのではない。北義憲が家中の太（大）縄義辰（讃岐守）に、同年二月二十九日「去年以来、就二御公用一無二際限一辛労、無二是非一候」と述べているように、すでにかれら自身が御公用、つまり上部から課されてくる軍役に辛労していたのである。(4)そのような事態は、豊臣政権のもとに一大名として編制された佐竹氏にとって、避けがたいものであった。

第1表　佐竹氏の知行宛行

| | 天正19(1591) | 文禄1(1592) |
|---|---|---|
| 佐竹義宣 | 4 | |
| 佐竹義重 | 1 | 7 |
| 佐竹義久 | 5 | 1 |
| 佐竹義憲 | 10 | 4 |

このころ、奥州では葛西・大崎一揆につづいて、九戸政実の反乱が起こり、秀吉は六月二十日、大軍の奥羽派遣を決定した。すなわち、徳川家康・羽柴秀次を総大将に、奥州中通り（仙道）二本松口から伊達政宗・蒲生氏郷を、浜通り相馬口からは佐竹義宣・宇都宮国綱に石田三成を軍監として進攻させ、出羽最上口からは上杉景勝を進ませ、大谷吉隆を軍監とし付属させる、という陣容であった。この陣容には、外様旧族と豊臣直臣を組合わ

せるという細心の配慮がうかがわれる。

水戸城にはすでにこれよりも早く出陣の指令が届いていた。義宣は直ちに奥州出馬の準備を整え、六月十五日、一族の大山義景に水戸城の留守居を委ねている。ところが、同十七日、秀吉から重ねてつぎのような厳しい軍令が到着した。(5)これを受けて、十八日義宣が大山義則に送った軍勢催促の指令をみると「自二京都一今度奥州御陣付、当国人数積之儀、昨日、弐万五千之預二御催促一候、雖レ然、俄与云、難レ成候間、自分以レ積申届候」と述べている。(6)つまり、秀吉はこの奥州陣につき、二万五〇〇〇人の軍事動員を義宣に割当てて来たのである。これはまことに驚くべき軍役量である。義宣は、突然のことなので成りがたいからとて、自前の動員計画を立て、翌日には家中に発令したのである。大内義則に課した軍役の内容は、騎馬四四騎・歩者二二〇人で、この通りに引き連れて出陣しなければおのおの身上の安危たるべし、と高圧的な態度を示している。

ところで、佐竹義宣がこの奥州陣にさいし、果してどれだけの軍を実際に動員しえたか、どこまで軍を進めたかは明らかでない。同年八月六日、徳川家康・羽柴秀次は二本松に着陣し、浅野長吉・伊達政宗・蒲生氏郷もここに来会して軍議をめぐらしている。やがて、十八日、家康は陸前岩手沢（玉造郡岩出山町）に到り、九月四日、氏郷・長吉らは福岡城に九戸政実以下の叛軍を降して、ついに争乱を鎮定した。おそらく佐竹氏は秀吉の軍令どおり、石田三成とともに浜通りを北上して陸奥に到ったものと思われる。同年十月義宣は三成から、秀次が大森（福島市の西南）に在陣中であるから、佐竹軍は亘理か相馬に残留させ、義宣は平か富岡に在陣せよなどという指令を受けており、三成もその九月には平に着陣している。(7)

天正十九年九月十六日、奥州争乱を鎮圧した大軍がいまだ奥州の内に在る頃、秀吉はさらに引き続いて、新しい朝鮮出兵の動員計画を発表した。それは先の小田原陣よりも、奥州陣よりもはるかに規模の大きい、全国の大名を総動員しようという空前の計画であった。陣中の佐竹義宣にもこの命令が伝えられたことはいうまでもない。義宣に割当てられた軍役の人数は、五〇〇〇人にのぼった(8)。義宣は直ちに準備に着手し、同二十日、奥州の陣中から、国元の和田昭為（安房守）に、つぎのような指示を発した。まず、来月十日頃、石田三成が水戸に立ち寄るので、俵子以下の準備をすべきこと。つぎに、去年石田三成に約束した黄金五〇枚を、三成から催促されているので、領内の年貢を金で納めさせて調達すべきこと。第三に、筑紫陣の動員令に従って、油断なく領内に催促すべきこと。第四に、石田三成の麾下の手で、縄打（検地）を行ない、年貢を倍増させる計画であること。第五に、鑓二〇〇丁を新たに製造すべきこと。第六に、城下町の金商人に良質の金の精製を命ずべきこと、などである。

人員の徴用、物資の調達のため、土地・農民の実地調査、すなわち太閤検地が促進された事実は重大である。この年には陸羽・関東・北陸・畿内・中国・九州などの諸地域で、太閤検地が施行されており、出兵準備が本格的に推し進められている。石田三成の水戸訪問が、この佐竹領検地の瀬踏みにあったことは、まず疑いないところであろう。しかし、なぜか石田三成の手による検地は、文禄三年まで延期された。

さて、肥前名護屋への進発の期日を、来る正月十日と決した義宣は、年末には家中に対する軍役割当ての切符の配付を完了した。この軍役切符には、「償不㆓罷成㆒方者、知行方可㆓返上㆒」すなわち、割当どおり軍役を果せなければ知行を取り上げる、という厳しい条件を付けた(9)。そして別に「唐入ニ付、借銭」の求めにはいくらでも応じ、もし事故を生じた場合には、知行方をもって弁済させるという対策まで講じて、借金をしてでも軍役を調えよ、という徹底的な動員体制をとった(10)。

軍役の内容は詳らかでないが、家中のおのおのが所定の武器・人数を調えて自ら出陣する出騎のほか、「給人三ヶ一」とよばれる現物の徴発があった。宇都宮国綱が家中の太沢氏に「京家へ公役相重候上、尚今度、唐入付而、知行分物成三分一納所、無二料簡一候」と、豊臣氏の軍役の過大さを嘆き、代わりに宇都宮役は免除しようと申し送っているのをみると、[11]宇都宮氏でも同様な事情であったらしい。給人三ケ一とは、家臣知行分の年貢三分一を徴発することで、義宣自身も諸大名の軍役の例をいろいろと聞き込んで、「伊達なとにては、十貫知行分之者は、八貫つつ軍役をすまし候」とか「相馬なと之軍役のすみも、三ケ二被レ取由、ききおよび候」などと報じており、[12]諸大名がともに、それぞれの家中に対して知行分年貢の差上げを、軍役として強制していることが窺われよう。去る十八年十一月、義宣が上洛のため分国中に「地行分之積を以、十分一之金子」を割り当てさせているのにくらべて、この朝鮮出兵のための軍役は、きわめて過重なものとなっている。

あくる文禄元年（一五九二）正月、佐竹義宣は水戸城を進発した。同じころ、伊達政宗も三〇〇〇の兵を率いて岩出山を発し、南部信直も南下している。二月十四日、遠州掛川に着いた義宣は、水戸城の留守居和田昭為に便りして、「石田三成から、十八日に京を発つとしらせがあった。その前には京都に着くつもりである」などと述べている。[13]同二十日、石田三成・大谷吉継らが京都を出発し、ついで前田利家や毛利輝元ら多くの諸将が、朝鮮役の本営と定められた肥前名護屋に向かって続々出陣を開始した。義宣は徳川家康・上杉景勝・伊達政宗らと打揃って、三月十七日、京都を発した。そして、おそらく四月中頃には、名護屋に着陣したものと思われる。秀吉もやがて四月二十五日に本営に入り、陣容はまったく整うに至った。

「高麗江御人数被遣候御備張（帳）之次第」[14]によれば、秀吉麾下の諸軍はすべてで二八万五六九〇人にのぼり、さらに人夫以下を加えれば、これをはるかに上廻る人数になるわけである。このうち佐竹氏の軍勢は、第十六番衆に「弐千人　佐竹侍従」と記載されている。ところが、文禄二年三月十日、秀吉が発した普州城包囲の陣立計画をみると、宇喜多秀家の組に「三千人　羽柴常陸侍従」として配属されている。[15]しかし前述のごとく、もともと義宣は秀吉から出兵五〇〇〇人を指令されており、以上の数と一致しない。この不一致は、おそらく前の二例がそれぞれ渡海出征の割当て人数であり、後者が名護屋出陣の総人員をしめす、という相違によるものとも思われる。ただし、義宣が最初の指令通り、五〇〇〇の軍勢を完全に動員し得ているかどうか、確証はない。

これはむしろ、名護屋陣中で佐竹氏の算用方をつとめた、大和田重清（近江）が自分の日記の中に「御軍役弐千八百六十九人」と現地の軍役人数を記録しているところからみても、(16)概算三〇〇〇人というのが実際の軍役数であったと考えるのが妥当ではあるまいか。もちろん、この外に人夫・番匠・舟子などの者を加えると、全体ではもっと多くの人員に達したと考えなければならない。たとえば、義宣は名護屋着陣後も、しばしば国元水戸城の和田昭為に「よし田番匠三人、ゐさし一人、急度さしこすべし」とか、「舟子こゝもとへあまためしつれ」とか、「よき番匠を三人」などと催促して、陣中へ集めさせているのである。(17)

さて、豊臣軍のうち小西行長らの一番隊は三月はじめに名護屋を出帆して対馬に向かい、四月以降は他の諸隊も続続と朝鮮にわたって行った。ところが、東国の軍にはながく出動指令が出ず、そのまま名護屋の陣中で過ごし文禄二年をむかえ、五月二十三日、佐竹義宣は石田三成のもとに呼び出されてついに渡海命令を受けた。その翌日には、石田・増田・大谷ら重臣連が揃って渡海した。義宣も急いで家中へ出陣の準備を指示した。六月四日、舟組みのため家臣人数の調査を開始し、十三日には、乗船の割付を発表した。義宣の奉行大和田重清は、十二日以来連日のように、名護屋にいる豊臣氏の舟奉行衆のもとへ軍船の受取りに赴き、七月四日までの間に、「四反帆」から「八反帆」の舟や「大舟」など、九七艘にのぼる多数の軍船を貸与されている。

引渡された軍船は直ちに東義久・北義憲をはじめ家中諸将に配付され、六月十三日、東義久家中の船が渡海したのをはじめ、十数人の部将が手兵を率いて相ついで出陣して行った。その総数は一四四〇人にのぼった。ところが、七月七日の夜、豊臣の本営から長束正家らの使者が出船延期の旨を伝え、義宣自身はついに朝鮮へ渡らずに終わった(18)。渡海した佐竹軍の行動は詳らかでなく、わずかに六月十五日に出陣した戸村義和（摂津守）がこもかい（熊川城）に戦病死しているところから、その一端を窺いうるにすぎない(19)。やがて八月十八日、義宣以下佐竹氏の全軍は名護屋を発って帰国の途につき、閏九月六日水戸に帰着した。

## 2　軍役の転嫁

水戸城を進発して以来ふたたび帰着するまで、実に一年八ヵ月という空前の大遠征であった。小なくとも三〇〇〇人を超える大軍勢が、この長期間の大部分を名護屋の地で出動待ちのままに費やし、その後わずか一ヵ月余の間とはいえ、朝鮮での戦闘に一四四〇人を投じた。佐竹軍は滞陣中他の諸大名の兵とともに、ある時は秀吉の本営建設、「名護屋普請」「御城之石敷普請」に従事し、ある時は長束正家を通じて「おこし炭」八六一俵の徴発に応じ、時を限らず「御渡海之御催促」に備え、また諸大名と相応の交際もしなければならなかった。文禄元年十二月のころ、義宣は石田三成から借りた七〇人の舟子を返せずに苦慮し、翌二年六月には三成からの借米は八〇〇石にのぼった。

諸軍の士卒の逃亡という事態も起こった。秀吉は文禄二年二月十四日、この状況を防止するため、諸軍に軍令を出したが、諸氏の留守居に対して、「人留番所」を領内諸処に設けて、高札を掲げ、不審の者は搦め取り、隠匿する者がいたら、その在所全体に誅罰を加えよと厳命している(20)。これより先、義宣自身が元年十二月二十日、水戸城の和田昭為に出した書状によれば、「ここもとよりも、夫両人かけ落候。一人はくにい《国井》の夫、一人はをつつみ《小堤》の夫、かけ落候間、其元へ罷越候はば、則せいばいいたす可候、せいばいいたしても、いたさず候ても、別の夫を申付、正月はさしこす可候」という事態が佐竹軍でも起こっている(21)。つまり、国井・小堤から名護屋に連れて来た人夫二人が逃亡したことを報じ、国元にこの両名が立ち帰ったら直ちに成敗を加え、かわりの人夫を至急派遣せよと命じているのである。名護屋陣では秀吉の命によって、「人しらへの帳」の作成が行なわれ、(22)「御人調之帳被レ直、何も判を可レ仕と御催促付、小者・夫までのはん《(判)》造テするゝ」という、徹底した軍役人数の統制が行なわれた。すなわち、たとえ一人の人夫をも欠かせない厳しい統制が加えられている。

厳しい軍役の重圧は領国統制の強化となり、戦陣の労苦は直ちに国元にしわよせされた。豊臣氏の天下一統を背景として統一を実現したばかりの佐竹氏の領国の支配は、この朝鮮軍役の統制を機として急速に整備強化されたのであった。水戸城の留守居として、領国支配の任に当たったのは義宣の重臣和田昭為であり、佐竹義重や佐竹一族の小場義宗・義成らがその相談にあずかった。陣中の義宣は、万事北城（義重のこと）の御意を得てすみやかに政務を推進するよう、いちいち名護屋まで言ってよこすに及ばない、と和田昭為にくり返して申し送っている。(23)

この国元から名護屋陣中への軍資輸送は「中登《なかのぼり》」と呼ばれた。「中登之事、少も無二油断一支度、十《(金)》まいつつも、節々可二相登一候」などという、中登の催促がしきりに国元に伝えられている。使者の往復には「上下七十日計《ばかり》」を要したというから、軍需物資の直送より、黄金の送付が望まれたのは当然である。義宣もしばしばその旨を指令し、徴発する米などは「皆以手元へあつめ候て、金をのほせ可」などと要求している。金の需要はこのような大規模な遠征の間に著しく増大したのであって、そのため佐竹領金山の開発はまことに目覚ましいものであった。

また、軍需品の随一たる武器の大量生産が進められたことはいうまでもない。たとえば、天正十九年九月、動員令が下るとともに、義宣は鑓二〇〇丁の製造を命じ、翌年九月には、陣中から国元へ鑓三〇〇丁を発注し、矢の根などは無制限に作らせている。そのために「くろかね細工をあまたあつめよ」といって、職人に対する統制も同時に強めていった。なお、これら鉱工業の振興と統制については第三節に詳述する。

さて、これら軍需物資を含めて全軍役の基礎となったものは、家臣知行地から徴発する「給人三ヶ一」ならびに直轄領内郷村百姓の年貢である。したがってまた、佐竹氏の統制はここにもっとも厳しく加えられた。先に、軍役の割当てに際し、義宣は、勤めかねる者は知行を返上すべしと厳命を達したが、それはただのおどかしではなかった。家臣の知行召放ちが、この出陣のさなかに断行されているのである。

名護屋に着陣した年の夏、陣中で竹原某という者が急死し、国元の竹原村に残されたのは、病弱の老父と幼い子供ばかりであった。これを知った義宣は、子供が成人するまで、竹原氏の知行地を借り置くといって取り上げ、これを山県信濃守という家臣に預けてしまった。その理由を、義宣は「只今御軍役、上様《(秀吉)》より、きふく被二仰付一候に、両人なから、軍役せられさうにも無之候間」といい、「上様より御軍役きわとく」ということをくり返し述べている。(24)つまり、豊臣氏から賦課される軍役の過大さを強調し、確実に軍役を果せる家臣に知行地を預けるというのである。さらにまた竹原氏を以後竹原の地に置かず、水戸近辺の在郷か水戸の町内に移せ、手当は別に与えよう、と指示している。その在所名を姓としているように、竹原氏は茨城郡竹原村（東茨城郡美野里町）の古くからの土豪であり、その土地はかれの本領であった。ところが、佐竹氏は豊臣氏の厳命を好機として、これら土豪的な家臣の本領を自由に処分し、領国支配を強めているわけである。この竹原村は義宣蔵入地（九一八石余）に編入され、山県宣澄（正左衛門）の預り分となっている。

右の例は出騎の軍役をめぐる統制であるが、年貢等の徴発についてもより徹底した統制が加えられた。「給人三ヶ一」の軍役の対象となった者は、士分の者ばかりではなかった。「諸在郷奉公のもの、水戸・太田は勿論、諸さいく以下までも、三ヶ一をさいそくいたし」と定められた通り、それは水戸城や太田城の近隣に在郷する下士から、佐竹の扶持をうける諸職人にまで及んだ。

この「三ヶ一」の徴発の仕組みは、各給地の百姓から「郷中政所《まんどころ》」に納入されたものを、佐竹氏の「奉行」が取りまとめて水戸城下に集積し、それを国元での軍需物資調達の費用に充て、また、あるいは金に換えあるいは現物のまま、中登に託して現地に輸送するという方法が採られた。しかし給地の年貢三分の一という負担の過重さから、徴発は渋滞をきわめた。

そのことから、中間に不正行為も生まれた。間にたつ政所の者や奉行の者が、横領や収賄によって私腹を肥やしているという事態がしばしば指摘され、名護屋陣中の義宣のもとへも「奉行之者共わたくしをいたし候」とか「奉行の者徳分ばかりに成候」などと、徴収組織の腐敗が報告された。だがその対策としては、わずかに奉行たちに連判の誓書を書かせ、目付（監視役）を付けるという程度の処置しか講じえなかった。このような不正をまねいた一因は軍役の過重にあった。出騎した家臣の給地に対しても、「留守のものにもきふく申付」よと厳命されたが、給人はいろいろの手段で、この三ヶ一の徴発を免がれようとした。役人が来ると、かれらの中には名護屋陣中に嘆願して免除された、などと言い逃れする者が多かった。そのため、義宣は自分の「直判」を持たぬ者は「ほんにいたすまじく候」というような指示まで、和田昭為に申し伝えている。

三ヶ一の拒否は軍役の拒否を意味する。したがって、家臣給地に対しては、先の出騎軍役に加えたと同様な、知行召放ちの統制が行なわれた。「もし、其内にも、すましかね候もの候はば、知行めしはなし、秋さくをおさへ、直百姓のかたへとり申可候」という規定がそれである。つまり、滞納する家臣の知行地を取り上げ、秋作（米の収穫）を差し押えて、直接に百姓から徴収すべしというものである。軍役の催促を理由に、家臣の知行権をおさえ、佐竹氏の直接支配力を各家臣の所領内の農民にまで及ぼそう、という意図が露骨にあらわれている。

農村に対する統制はさらに厳しく加えられた。文禄二年二月十七日、義宣が水戸城の和田昭為に発したつぎの指令には、義宣の農村に対する態度、農民たちの動向が如実に窺われる。

百姓共、高麗へ渡候へば、二度かへらぬものと心得候て、無用之事をいいたて、ねんぐすますまじきとすい《(推)》りやう《(量)》候。郷中年貢も、すましさうの郷より、とかく無用の事申立候て、すまさず候郷を、二、三郷も、女おとこによらず、其一郷のものを、不レ残、はた《(磔)》ものにあげ可候。如レ此、あらぎ《(荒気)》に不二申付一候ては、相済まじき、とすいりやう候。其元の郷中のもの、ねんぐも有之候を、ただ〳〵いろ〳〵の事をいひたてかけていたし候てすまし候はず、とたしかにきゝ及候間、太田郷・水戸郷、両郷之者、四、五郷も、必々、はたものにあげ申可候。又、給人三ケ一之儀も、一向、事済候はず候様に其訴候、無二是非一次第に候、

興味深いのは、農民の動向である。領内の百姓は、佐竹軍は高麗に渡海すれば、もう二度ともどって来ないなどといろいろに言い触らして、年貢を納めようとせず、太田城・水戸城周辺の郷民までが、命令に従わないという状態であった。かれら農民たちはこの朝鮮出兵の失敗を早くも見抜いて、佐竹氏の出陣をも、他人事として傍観しているかのようである。これに対して領主側では、いろいろの口実を申し立てて頑強に年貢の上納を拒む郷村は、四郷も五郷も、男女によらず郷中のものを残らずはりつけにせよ、という苛酷な方針を取ったのである。それは、直接には義宣自身も言っているように、これ以上補給がなければ「何もがしにおよぶべく」という陣中の窮迫のしわよせであった。しかしこのような戦時における国元の家臣・農民への統制が、佐竹氏の領国支配を大きく推し進めたであろうことは疑いない。

文禄二年（一五九三）八月十八日、肥前名護屋を出発した佐竹軍は、閏九月六日、水戸城に帰着した。前年一月に出陣して以来一年一〇ヵ月ぶりに故郷の土を踏み、将士はそれぞれ家族の待つ本領に帰って行った。水戸の城内や城下の八幡社をはじめ各所で祝宴が開かれ、異国の土産物が披露された。国内の給地からは百姓衆が続々と樽肴の祝儀や

塩・銀・餅・年貢などを持って、城下に留っている諸将のもとへ挨拶に集まって来た。大和田重清の日記は、諸士の喜びの様をいきいきと伝えている。

大和田重清の日記には、帰陣後半月も経たないうちに、城下普請の記事が現われる。義宣は軍陣の間も、水戸の和田昭為に、城下町整備普請の事業を進めさせてはいるが、名護屋陣の大軍役を果し終えた今、ようやく本格的普請となったわけである。九月からは水戸城の普請が集中的に行なわれ、十一月に入ると家臣の屋敷の建築がいっせいに開始され、領内にはさらに普請のための課役が加重された。建設の工事は年内にまず一段落をつげ、文禄三年の正月を迎えた。

ところが、その安らぎも束の間、豊臣氏から新しい過大な公役が賦課されて来た。伏見城の普請に従事すべし、という命令である。これより先、秀吉は去年八月に生まれたばかりの愛児拾丸《ひろいまる》（後の秀頼）に大坂城を譲り、自らは新しく京都南郊の伏見を居城にしようとして、築城工事を急がせた。その普請役を諸大名に分担させたわけである。佐竹義宣に対しては、三〇〇〇人の夫役が割り当てられた。

於二伏見一惣構堀普請、従二来月十日一可レ被二仰付一之条、令二用意一人数三千人召連、可二罷上一候、不レ可レ有二由断一候也、

正月十九日　（朱印）（秀吉）〇

羽柴常陸侍従とのへ

これが秀吉の命令を伝える朱印状であり、来る二月十日から、伏見城の堀普請に、三〇〇〇人を召連れて従事せよ、と指示している。(25) このような伏見普請役は全国の大名に賦課されたものであった。たとえば出羽秋田氏は、国産の杉板八〇〇枚の供出を指令され、これを搬出して敦賀港で秀吉の奉行大谷吉継に引き渡すため、のべ一一〇〇人もの人

を動員しなければならなかった。また信濃木曾から材木を伐り出すために、材木奉行昆野・池田・宮部氏らに一五〇〇人の夫役徴発が指令され、同国上田の真田信幸なども、三月から八月にわたる石垣築造のため、一六八〇人の役を割り当てられた。また江戸の徳川家康も、この伏見城の工事に従うため、江戸城の修築をやめて、二月には上洛した。このように諸大名に対する動員ぶりはきびしかった。義宣自身も秀吉の命令通り、直ちに準備に着手し、二月初めには伏見城にいたり、三〇〇〇人を率いて堀普請に従ったものと思われる。しかしその状況は詳らかではない。

その上、文禄三年十月、あたかも豊臣氏の支配の総仕上げを行なうかのように、石田三成の指揮による佐竹領検地が開始された。いわゆる太閤検地がこれである。先の朝鮮出兵にさいし、「今の年貢一倍に」という意図のもとに計画された、石田三成による太閤検地が、ここにようやく実現したわけである。検地は年内に終了し、秀吉に報告された。やがて翌四年六月十九日、右の成果にもとづき「佐竹知行割」を定めた豊臣秀吉朱印状が、義宣に下付された。ここに義宣はあらためて、五四万五八〇〇石という石高を知行する豊臣政権下の大大名として、その地位を再確認されたのである。

(1)「常陸三家譜」・「新編常陸国誌」・「常陸誌料」。
(2)「秋田藩採集文書」(以下、「採集文書」と略称)十六。
(3) 同十六。
(4) 同十三。
(5)「義宣家譜」二。
(6)「秋田藩家蔵文書」(以下、「家蔵文書」と略称)十八、佐竹義宣文書。
(7)「採集文書」二十一・「家蔵文書」二十八、岩城文書。
(8)「義宣家譜」二。

(9)「採集文書」二十一。

(10)「義宣家譜」三。

(11)「採集文書」十三。

(12)「家蔵文書」十九、佐竹義宣文書。

(13)「義宣家譜」三。

(14)「信濃史料」十七。

(15)「大日本古文書家わけ第二浅野家文書」。

(16)「大和田近江守重清日々記」（以下、「大和田重清日記」と略称）。

(17)「家蔵文書」十八・十九、佐竹義宣文書。

(18)以上、「大和田重清日記」による。

(19)「家蔵文書」二十七、東義久文書。

(20)「佐竹文書」一乾。

(21)「家蔵文書」十九、佐竹義宣文書。

(22)「大和田重清日記」。

(23)「家蔵文書」十八・十九、佐竹義宣文書（以下、本項の記述は同文書による）。

(24)「文禄五年御蔵江納帳」

(25)「佐竹文書」一乾。

## 三　城下町と領国経済

### 1　城と屋敷

佐竹義宣は天正十九年三月、水戸城に入り、ここを新しく領国の中心と定めた。江戸氏が一六〇余年の間在城していた水戸は、あらたに佐竹氏の本拠となり、常陸の中心地として発展することとなった。義宣がなぜ新しい府城として水戸城をえらんだか、かれ自身はその点について何も語らず、その理由を明らかにする史料もない。しかし、推測をくだすならば、まず、豊臣政権によって新たに公認された広大な領国を統治するためには、太田城はあまりに北に偏在していること、新たに領国体制を整えるためには、旧来の勢力や慣習に束縛されることの多い太田城では都合がわるかったこと、山間を背にする太田城に対して、常陸のいわば中原にのぞむ江戸城は、開発の進む常陸の豊かな平野地帯を制するため、地形上・地勢上、きわめて有利な位置にあったこと、すでに江戸氏の根拠として発展していたこと、これに比べて府中は佐竹氏にとって疎遠の地であったこと、などいくつかの点をあげることができる。

天正十九年義宣入城のころ、水戸の地域にはなお旧領主時代の色彩が濃厚に残っていた。その年九月になっても、佐竹氏自ら水戸を江戸と呼び、水戸・太田両城の地域を「江戸・太田」と記し、翌文禄元年五月になって、ようやく「水戸・太田」と呼ぶようになっている。(1)なお、水戸・太田の語はたんに城地、城下の称であるだけでなく、「太田郷・水戸郷」とか「太田領・水戸領」というように、両城を中心とする、かなり広い行政圏を指す場合にも用いられている。(2)また義宣の書状や「大和田重清日記」には、水戸よりも三戸と書いた例が多いことは注意すべきことである。あるいは三戸を正式に用いようとしたのではあるまいか。

さて、義宣は間断ない豊臣の軍役割当てのために、ほとんど水戸城に居る暇もなく、府城の建設は停滞がちであった。それにもかかわらず、佐竹氏にとって、領国体制を整えるためには、水戸城の整備を急ぐ必要があった。そのような重責をになって、一貫して水戸城の留守を預かり、領国支配の推進の任に当たったのは、義宣の重臣和田昭為(安房守)である。文禄元年九月十八日、義宣が名護屋の陣中から、水戸城の和田昭為に与えた、六ヵ条の指令をみると、(3)留守中にも水戸城下の経営を強化しようとする、積極的な意図を知ることができる。

その指令の内容はつぎの三点に要約される。第一は、戦陣に備える武器の大量製造、第二は府城建設の資材調達、第三は城下町統制の諸法度に関するもの、以上である。第一は、武器(鑓・矢の根等)の量産とその内容などについては、以下の職人統制の項で詳しく述べる。つぎの第二、第三の点に関する二つの条項の原文は左のようなものである。

一、門・橋の道具なども、もて《(たカ)》山共□にて候間、申付、沢山にとらせ可候。板をも沢山にとらせ可候。はしい《(橋板)》たは三間板、其外、七尺の板をたくさんにとらせ可候。是は家造の用にも入可候間、多用所たる可候。材木とりの儀は、追而可二申遣一事、

一、度々申遣ことく、鉄放《(砲)》留、人のうりかい《(売買)》、はくち《(博奕)》・けんくわ《(喧嘩)》、よく〳〵法度可二申付一候、けんくわは、誰か者成共、見合に双方成敗いたし候へ、と能々町へ可二申付一候、

まず、門橋の道具・橋板とは、水戸城の城門や周囲の堀に架ける橋の資材を指し、家造の用とは、城内の邸宅および城下の家臣屋敷の建築のことを意味するものと思われる。つぎの鉄砲留とは、佐竹領の内外に自由な鉄砲の出入を禁止したことを指している。当時鉄砲といえば、最新鋭の兵器であり、多くの諸大名が多少ともその統制には心を配っている。佐竹氏にとって、鉄砲はいまだ国産するまでには至らず、その供給を堺・宇都宮など国外での購入だけに頼っている以上、鉄砲留めにはとりわけ深い関心を寄せたのである。このほか、人身売買・博奕の禁止、喧嘩両成敗

第2表　大和田重清の水戸城普請日誌（抄）

| | |
|---|---|
| 閏9月19日 | 大讃ヨリ嶋田へ，普請之事，切帋ニテ催促アリ |
| 閏9月20日 | 大讃へ，普請之事，申分ル，嶋田ノ人足五人来，即出ス |
| 閏9月21日 | 普請ばへ出，上意堀御覧有，御作事アリ，屋敷押廻御覧，御賦被成 |
| 閏9月22日 | 普請ばへ，昼ヨリ出ル |
| 閏9月23日 | 昼ヨリ普請へ出 |
| 閏9月24日 | 太フゴ為造，堀場へ二ツ出ス，終日普請見廻，人主普請被見廻 |
| 閏9月26日 | 大讃ヨリ，普請へ可罷出ト使アリ，御城へ罷出，ヤガテ帰テ，普請ニ出ル，堀口有御覧，ヒロゲラルル，中ヒトヤ京下，堀場ニテ相 |
| 閏9月27日 | 返事アリ，普請場ニテ見ル，右近殿・平八殿被入，屋地之事，内談アリ |
| 閏9月29日 | 昼ヨリ普請ニ出ル，屋形様御覧有 |
| 閏9月30日 | 返事，堀バニテ見ル，又七様，普請場ニテ懸御目 |
| 10月1日 | 堀，猶掘入テ究ル |
| 10月2日 | 六様，普請場ヨリ被成御出 |
| 10月3日 | 屋地替付談合アリ，替地有増見立，上意御一覧之上，三日之間可為落居，天徳へ参，門前ノ屋敷共見物，直ニ六郎様御普請見廻 |
| 10月4日 | 大讃ヨリ使アリ，堀ノ上土ニ御作事アリテ，普請アルト被為知，羽周屋敷普請ニ被越 |
| 10月6日 | 平八町賦ノ絵図取寄テ被見 |

の規定などは、佐竹氏が新領国内に発布した国法のもっとも早い例である。

翌二年二月二十九日にも義宣は「普請、三月より中付」よ、と指令しているが、(4) 進行状況は明らかでない。

府城の建設が本格化し、急速に進行したのは、やはり文禄二年閏九月、佐竹軍の帰国以後である。豊臣の軍役から解放された佐竹氏は、水戸帰陣と同時に、城下町整備の年内完成を目指して、義宣以下、家中をあげて奔走し始めたのである。大和田重清の日記には、その有様が生き生きと描かれている（第2・3表参照）。

まず第一に推進されたのは、水戸城の城郭修築である。普請奉行としてその全体を統轄したのは、義宣の重臣太縄義辰（讃岐守、上表の「大讃」）であり、義宣自身もしばしば普請現場に出向いて指揮をくだした。閏九月二十一日、義宣は普請を監督し、城下の家中屋敷の割り付けを自ら行ない、同二十六日には、普請場に現われた義宣の指図によって、堀の拡張が行なわれるなど、城下町の建設によせる義宣のつよい熱意を窺うことができる。

日記には、閏九月十九日以降、ほとんど連日のように、城郭普請の記事が現われるが、工事の中心は城をめぐらす堀と土塁の修築であった。十月一日、堀普請が一段落すると、つぎには、同四日から、掘上げた土による築地普請、つまり堀の内側に沿って城を囲む土塁の修築に取りかかり、それも十月中旬には終了したようである。どのような規模のものがどのあたりに築かれたかは、明らかではない。なお、のちに徳川時代に入ってからのこと、佐竹氏が江戸城普請の助役を命ぜられた際、「常陸者は石垣普請不案内ゆえ、土普請を請うべし」と梅津政景の日記にみえている。おそらく水戸城は土の築地で造られ、石垣はなかったと思われる。

佐竹氏は水戸入城の当初、江戸氏時代からの本丸を古実城《こみじよう》と呼んでいる。江戸氏の時代は城郭といえばこの部分だけであったが、義宣はここを修築して新しい本丸とした。さらに義宣はもと宿城とよばれ、士庶がともに住んだ宿町の一角に「天王小屋」と呼ぶ自身の居館を新築して、二の丸として完全に城郭化した。商人たちは大町に移され、大町は「御町」として保護を加えられた。またこの二の丸の反対側、大掾氏時代からの古い水戸明神や浄光寺のある側にも新しく一郭を設けた。浄光寺郭（下の丸）と呼ばれるものがこれである。この時、浄光寺は常葉村（市内、その後、那珂湊）に移されたという。そのほか二の丸の外側にも郭を作って、三の丸となしたと伝えられる。町人町の大町はこの郭の門前に定められたのであり、城郭は町人町からはっきりと分離された。徳川時代の水戸城郭の基礎は、この佐竹氏の在城一三年間に築かれたものであった。

水戸城修築とともに、城下には家臣団の屋敷の建設も推し進められた。義宣は閏九月二十一日、城下の家中屋敷の検分に自ら出向き、「御賦《くばり》」つまり屋敷割を指図している。佐竹家臣団のうち、どれだけの数が水戸城下に集住させられたか、詳細はわからない。大和田重清の日記によれば、少なくとも義宣直臣団の大部分と有力な諸将は水戸城下に屋敷地を与えられ、邸を構えたようである。朝鮮出兵の際水戸城の留守を預かった諸士は、早くから城下に定住するに至ったと思われるが、出陣に従った家臣たちは、帰府の後もしばらくは旅宿に仮住居して普請に従事した。重清などは、一日の勤めが終わると「夜更テ、旅宿へ帰る」という生活を続けており、日記の中でも、家臣たちの居所を「宿」とよび、十一月頃から続々と完成する「屋敷」と、はっきり書きわけている。

さて、日記をみると、連日のような城郭普請の記事は、十月一日の「堀、猶掘入テ究ル」の記事をさかいに、きわめて稀となり、十月末頃から、こんどは家中屋敷の普請の関係記事がしきりにあらわれてくる。同時に「町賦《まちくばり》ノ絵図」つまり城下の町割り図の検分も行なわれた。このころから、府城建設の重点は城郭から城下の家臣、町衆の屋敷店舗に移っているのである。同年十一月二十三日、義宣は片岡氏に対して、この城下町の建設に関する指令を発して、「就二屋地普請一奉行之者、無二如在一致之様に」と普請奉行の精励をもとめ、作事の進捗をはかっている(5)。

さて、水戸の城下町がどのように形造られ、どのような町が成立したか。重清の日記にあらわれる地名・寺院名と地誌類の所伝をあわせ、現在の町名と対比して、佐竹氏時代の水戸の城下町の成り立ちを調べてみよう。

まず家臣団の屋敷は、古宿にもっとも多く造られたようである。たとえば、重臣和田昭為は十一月十二日、古宿の自邸の棟上げを行ない、義宣もその見物に立ち寄っている。同十九日には、前沢筑後守が古宿に完成した屋敷に入居し、「兵」（真崎兵庫か二方兵庫か）も十二月十七日、仮住居を引き払って古宿に移った。また、先に大和田重清も竜泉寺で馳走されたあと、片岡筑前と同道して古宿に帰っている。現在、古宿に比定できる地名は市街には見当たらず、千波の低地を隔てた吉田の台地上（吉田城址の裏手）に古宿という土地がある。しかし、一般に大名城下町の構成をみると、軍事上の見地から、旗本・重臣層はほとんど本城のまわりに配置されている。したがって、佐竹氏の直臣団の屋敷が集中した古宿も、やはり江戸氏時代に宿町の栄えた水戸城の宿城のあたりに考えるのが妥当であり、吉田古宿に比定するのは無理であろう。

古宿について、相坂のあたりにも新参の重臣向右近《むかい》や大森氏の邸など、かなり多くの屋敷があった。相坂は大坂のことであり、当時の大坂町は現在の大坂町（梅香一、二丁目）とは反対の田見小路（北見町、大町）側にあったと伝えられる。重清は天徳寺に赴き、門前の屋敷を見物している。同寺は太田にあった佐竹氏の菩提寺で、天正十九年、江戸氏の菩提寺円通寺の跡地（現在東照宮のある宮下町〔宮町〕の辺）に移されたものである。門前屋敷とは、町方の門前町か家臣の屋敷のことか詳らかでない。杉山宝鏡御門前は、いまも杉山宝鏡院跡とか宝鏡院門前（城東一丁目）などと呼ばれる川岸の通りで、那珂川に面した水戸城の外郭にあたる。ここには重臣真崎豊後や外様の与力大名である武茂《むも》氏らの有力者が屋地を与えられて、早くから邸を構えていた。神先は現在の神崎町（天王町）で、おそらく神先寺の門前の濠に沿ってできた町であろう。大町は御町とも呼ばれ、いまの大町のことである。ここには町衆のための町賦りがなされて、多くの商人・町人を集めている（これについては次項で詳しく述べる）。

重清の日記に現われた地名はほぼ以上のようなものであるが、このほか「新編常陸国誌」は佐竹時代以来の町としてかなり多くの町名を伝えている。そのうち中町・南町・藤沢小路などは、それぞれ密蔵院・円雲院・神応寺などの寺院の所在地として知られ、また梅香の町名は、岩城氏の旧臣で太田に在住した岡本梅江斎が、ここに屋敷を構えて梅を賞でたことから起こったという。この他、大坂横宿・西町などの町は前代の江戸氏の頃からすでに知られる町名である。

大和田重清自身もまた新しく水戸城下に屋敷を構えた家臣の一人である。大和田氏は行方郡大和田村の出身で、のち太田城下に来て佐竹氏に仕え、知行・屋敷を太田に与えられた。義宣が太田城を去って水戸城に移ると、重清もこれに随従し算用方として活躍している。しかし、重清がしばしば「ヤドニテ支度シテ、太田へ帰」とか「太田ヨリ親子四人来」などと書き記しているように、家族の者たちは依然として太田に居り、重清だけが従僕をつれて水戸城下

第3表　大和田重清の水戸城下屋敷普請日誌（抄）

| | |
|---|---|
| 11月7日 | 宮尾呼テ，作事談合スル |
| 11月11日 | 右（向右近）へ参，住居ノ換様問申，両郷（高貫・わくい）ノ人足ニテ，地引，家ノ指図スル |
| 11月13日 | 古屋破ル |
| 11月14日 | 古屋コボシテ，や敷へハコブ |
| 11月15日 | 宮尾来，ナタ・ノコキリ太田よりもたする |
| 11月16日 | 裏屋ノ柱立ル，太田ヨリ，ハリ（梁）弐丁，牛ニツケテ来 |
| 11月17日 | 裏やフキ（葺）カケテ置，桃（武茂）ヨリ，フキ手両人来，ワクイヨリ，飯米壱駄来，人足八人昼程来 |
| 11月18日 | 裏屋フキ出来ル，屋移スル |
| 11月19日 | 讃岐家破 |
| 11月20日 | 宝蔵之家，同弥一家破 |
| 11月21日 | 讃岐家立ル |
| 11月25日 | 宝蔵家立ラル |
| 11月26日 | 讃岐家フキ出来，同弥一モ |
| 12月4日 | 家具ハコビノ舟，日ヨリ悪テ不来 |
| 12月5日 | ウラヤノスノコ（簀子）カク |
| 12月6日 | 嶋田ヨリ，舟調テ，宝蔵・左介来 |
| 12月7日 | 宮尾地賦テ，柱穴為掘，同馬屋ヲモ，舟三艘，神五郎・彦六乗テ来，舟人十五人アリ |
| 12月8日 | 舟二艘来，一艘ハチン（賃）舟，一艘ハ真兵（真埼兵庫）ヨリノ借舟，佐介家フク |
| 12月9日 | 大工衆四人，内衆六人，舟ハヨリハコヒ究ル |
| 12月11日 | 四人大工衆へサケアリ，サヌキ所持ノ杉借テ，ムネ（棟）取替ル |
| 12月14日 | 田越（田中越中守）ヨリ，カヤ六十四駄被越ト云 |
| 12月16日 | ウス畳十五畳・カグ為持，中カツチノ舟越ニ十五文ヤル，門立ル，家ノ立初スル，馬屋ノモ |
| 12月17日 | 家立テ，ハリ上ル |
| 12月18日 | 棟上ル…番匠二人，内衆十人，里者三人 |
| 12月19日 | 青柳ヨリ，カヤハコブ，駄チン十五文，船頭ニ十五文，番匠二人，わく井ノ者三人，内衆十一人仕 |
| 12月21日 | 家フク，里ノ者八人，ヤトイ（雇）十七人，内衆十一人，カヤテ一人，山信より三人 |
| 12月23日 | スノコカク，スノコカキ果テ，里ノ者皆返ス，太田ヨリ夫馬二疋来，油・包丁・五徳・枕・炭・小袖等ツケテ来 |
| 12月24日 | レンジ（櫺子窓）二間仕付ル |
| 12月26日 | 馬屋立ル，家ノマワリ垣造作スル |
| 12月27日 | 二兵，内ノ造作サセテ返ス，馬屋フク，荷物為取寄，里ノ馬ニテ三七太田へ遣 |
| 12月28日 | 太田より，牛・夫馬二疋来，畳九テウ来，酒四樽・味噌以下来，門松トル，若水桶・同タライトル |
| 12月29日 | 雪陰造，同炉明ル |

に仮住居を続けていた。そして、重清が時折、郷里に帰ると、知行所の村々から年貢・薪などを馬に積んだ百姓たちや、酒肴を携えた「家風ノ者共」などが大和田家に集まって来る、というような生活であった。このような状態は、多くの家臣たちにしても同様であったと思われる。

さて、重清が水戸城下に自分の屋敷を造りはじめるのは、文禄二年十一月に入ってからで、この頃にはすでに、城下全体に家中屋敷の普請がいっせいに開始されている（第3表参照）。建築資材・用具は太田の知行所から運搬し、人夫は知行所の村々から集めた。「里の者」といっているのがこれである。「内衆」とは、大和田氏に仕える家人・従僕らであろう。普請は、まず、十一月十一日、屋地の地ならしからはじまり、十三日、これまで仮住居していた古屋を取りこわして、この新しい屋敷地へ運んだ。ついで十六日、裏屋造りに取りかかり、十八日にはその屋根葺きを終わって屋移りした。裏屋といっているから、本屋の裏手に、まず離れ屋のようなものを建てたのであろう。これが一段落した後、しばらくは家人らの家の普請にかかり、讃岐・弥一・宝蔵らの家がつぎつぎに完成している。十二月に入ると、いよいよ本屋の建築をはじめ、中旬には、母屋・馬屋・門構えなどができ、二十四日、縁側の簀子《すのこ》や櫺子《れんじ》窓をつけ、二十六日、垣根を作り、家の内の造作をし、二十九日には、雪隠《せっちん》を作ったり炉をあけたりし、年がおしつまって、ようやく屋敷普請は完了した。

この期間に、太田の屋敷から、衣類・家財道具・日用品・食糧などを水戸の新しい屋敷へ運ぶため、馬・牛がいくども往復し、那珂川を利用して舟も使われている。薄畳・畳・染付鉢・油・飯米・味噌・酒・炭などから、包丁・五徳・枕・小袖など、実にこまごまとした物までが、すべて太田から持ち運ばれた。里の馬を使って荷物運びをやっている三七という人物は、重清の子息らしく、二十四日に、内衆の喜六が知行所高貫村の馬に乗せて、太田から連れて来た「亀メ」というのも、子供の一人にちがいない。こうして、家族の者がこの新しい水戸城下の屋敷に揃って、文禄三年の正月を迎えたことであろう。大和田家の所在は、古宿と推測される。

## 2　大町と市と金山

水戸城下の町は明応年間（一四九二〜一五〇一）、江戸通雅の時代に大坂宿がひらかれ、祇園社が勧請されて以来、[6]かなりの発展をしめして、佐竹氏の支配下に受けつがれたものと思われる。佐竹義宣は天正十九年九月「町中におゐて金をこかいいたし候もの」二〇人に対して、良質の金の調製を命じ、[7]翌年九月、鉄砲留、人身売買・博奕の禁、喧嘩両成敗の国法を定め、これを「能々町へ可申付」と指令しているのは、[8]統制令のもっとも顕著な事例である。そして、前にも記したとおり、朝鮮役からの帰城後直ちに城郭・城下屋敷の普請を開始するとともに、「町賦ノ絵図」つまり町割り計画の点検を行ない、本城・家中屋敷と町中を一体化した、いわゆる城下町を整備強化し、これを領国統制の中枢として確立する事業を推し進めたのであった。

佐竹氏の町造りの指図を担当したのは、和田昭為・向宣政ら義宣の直臣層であり、文禄二年十一月十五日「町指南落居」とて、和田・向の両氏の所へ「町衆も罷出」て談合を行なっている。町割りの一段落をしめすものであろう。大和田重清も「大町見物」に出かけて、新しい町造りの有様を眺めたりしている。義宣はこの大町に町造りの力点をおき、特権を与えて保護を加え、城下町統制の中心に据えようとしたらしい。詳細はのちに述べるが、たとえば大町は「御町」とも呼ばれ、「御町衆」は、城下の常葉郷にある一七〇五石九斗二升にのぼる義宣蔵入地の管理を委ねられた。また「御公用ニテ町へ参」などと記されている例もあり、これらはそのような大町の特権的な性格を端的にあらわしている。

さて、この水戸城下町で行なわれた、商業の性格を調べてみると、まず、市《いち》の商業、つぎに町衆の商業、さらに旅人衆の商業の三通りのものが成立していたようである。まず、市の商業とは、重清の日記に「市ニテ、ヨシズ・縄・竹桶等トル」とみえるものがそれである。市の商品は、肴・精進物（海藻・野菜）・薪・竹・ヨシズ・オモテ・縄・桶などすべて水産物・農産物やその単純な加工品から成っている。したがって、この「市」と呼ばれるものが、直接に農・漁村における生産物を基礎として成立し、「水戸近辺之在郷」からの農民の参加によって、市立てが行なわれていることは明らかである。なお注目されるのは、重清が市で買物をしているのが、大体三・八の日であることで、あるいはこの市は、毎月三・八の日、六回きまって開かれる定期市、いわゆる六斎市であったと推測してよいであろう。

つぎに、町衆の商業とは、「町ヨリ、扇卅五本・帋七十五文ヲトル」とあるものを指す。城下町に定住して、固定した店舗を構えて、商売を営む「町人」の数は少なくなかったであろう。商品としては、木綿・紙・扇や馬などが知られる。ただ、それら商品ごとに店舗が分かれ専業化していたかどうかは、詳らかでない。

これよりも顕著な活動をしめしているのは、城下の商人宿と、そこに商荷物をおろして商業を行なう佐竹領外からの商人である。外来の商人は「旅人衆」とか「アキ人」などとも呼ばれているが、その実体をみると、境衆（和泉堺商人）・伊勢衆（伊勢商人）・宮衆（宇都宮商人）をはじめとして、京（京都）の材木屋や唐人なども、水戸城下に種々多彩な商品をもたらしていることが知られる。商品の内容は、端物・絹・縮羅《しじら》・茜《あかね》・紫茜合物・染物・肩衣・袴・帯・足袋・紫皮・下緒・手燭台・上林（宇治）茶など、いずれも高級衣料や特産物によって占められている。これを市の商品とくらべるまでもなく、みぎの城下町人のそれと対比しても、格段の差が認められる。

佐竹氏は水戸城下において、御町を中心とする城下町の育成を、上からの力で推し進め、また下からも、農村を基礎にした定期市が成立してきていることは、みのがせない。しかし、以上のような商品の格差は、城下町の商業と、それを支える領国内の産業が、なおかなり未熟な段階にあったことをしめすものである。当時、堺・伊勢商人といえば、ほとんど全国的に商業活動を展開している、もっとも有力な商人であり、水戸の城下町商業はその影響のもとに立たされざるを得なかったと思われる。

ところで、外来商人衆の営業法は、振売りではなく、それぞれが城下町に定宿をもち、そこに商荷物をおろして、取引きを行なうというやりかたであった。佐竹家中の武士たちが、「深谷所」「遠山所」などで端物を買求め、「小川市右衛門所ノ境衆」「越後所ニテ宮衆三人幷伊勢衆」と取引きを行なっている例が、重清の日記に数多く記されている。このように旅商人の営業の場＝「所」を提供している深谷・遠山・小川らは「亭主」と呼ばれるように、商人宿の主人である。しかし、かれらはたんなる貸宿の宿主であったのではない。自分の宿に荷をおろした諸国商人と佐竹家臣ら客人との間に立って、切手（手形）を裏書したり、客の代銭預託・立替えなどの信用取引きに介在し、取引価格の決定に立会うなど、かれら自身が明らかに問屋の機能を果たす大商人であったと思われる。

さらにこの深谷・遠山らの性格を調べると、たとえば、深谷氏に「商人役」の特権が付与されている事実が知られる。商人役とは、義宣が和田昭為に指令して[9]「諸国之諸商人目安之侘言之儀、いつれも合点候間、今日よりは、役以下俵別之事、壱分用捨候間、六分とり可ㇾ申候」と述べているように、諸国から佐竹氏領国に入りこむ諸商人に対して、俵別七分（この時一分切下げ実施）の割合で、商業税を賦課徴収する特権を意味し、佐竹氏の領国における商業統制上のもっとも重要な権限であったといえる。深谷氏はこれより先太田時代に、「紙役」だけを除く一切の業種に対する課役権を、佐竹義篤から与えられており、義宣も天正十七年十月十五日、商人役安堵状を発して、その特権を保障している。[10]

それればかりではなく、深谷氏には撰銭令の実施が命令されている形跡がある。義宣は文禄三年（推定）四月二十四日、つぎのような三ヵ条の撰銭令を発布した。[11]

一、代物之事、所々上銭厳密ニ可相調事、
一、新銭・欠銭・われ銭、厳密相調へき事、
一、悪銭とり候者、取手のかたへ返しおくへき事、

すなわち、物品の代銭にはよく調べて上質の銭をとり、新しく鋳造された銭や欠けたり割れたりした銭で取引きせぬよう厳重に調査し、もしもそのような悪銭があったら取手のところへ返すよう、という法令である。これは義宣の黒印を捺した印判状により、一般法令の形式で発布され、特定の宛所は記されていない。しかし、この文書が代々深谷家に伝えられて来たことをみれば、この撰銭令が義宣からまず深谷氏に通達され、深谷氏にその施行が委ねられた、として誤りないものと思われる。

なお、深谷氏と遠山氏はのちに秋田城下に移って「御天秤屋」と呼ばれ、[12]佐竹領内の商人は両氏の免許する天秤を使用せずに営業することを厳しく禁じられたのであった。商取引の基本となる度量衡の統制が領国内の商業統制の要をなすことはいうまでもない。「佐竹家中総系図」はこの深谷氏を「常陸御町検断」と記している。水戸時代に御町検断という職名の存否は不明であるが、この言葉は以上のような深谷氏の性格を端的に表現したものとして注目される。要するに、深谷氏は古くから佐竹領の商業を支配して来た特権的な大商人であり、佐竹義宣はこの深谷氏を利用して、新しい水戸の町造りを進め、商業統制を行ない、水戸の城下町を文字通り領国経済の中枢として確立しようとしたのである。水戸城下の常葉郷にある義宣蔵入地の管理を委ねられている御町衆、[13]町造りにつき重臣たちと談合している町衆とは、この深谷氏をはじめ、先にあげた遠山・小川らの有力商人によって構成され、それ自体が城下町の統制組織をなすものであったと考えられる。

義宣の水戸入城後、豊臣政権のもとで相つぐ軍役を果すため、莫大な武器の需要が起こりそれを調達する必要から、

武器製造に従事する職人が、水戸の城下町に集められることになった。先にも述べたように、義宣は朝鮮役の動員令を受けると同時に、鑓柄二〇〇丁・鑓穂二〇〇丁の製造を指示し、大量の漆や良質の金の調達を命じた。引き続き翌年にも、鑓三〇〇丁を発注して、鑓柄は長さを二間に円く黒く、鞘は朱色で、穂は鍛冶の「大原」に製造させよと指示し、そのほかに矢の根をも、他のくろがね細工（鉄鍛冶）を多数集めて、制限なしに量産させよと命じている。(14)

これほどの多量の武器を短期間に製造させるため、城下町には、鍛冶をはじめとする多様な手工業の分業が成立したと思われる。このうち、くろがね細工というのは、領国内の諸所において、小土豪・領主たちに武器を供給するとともに、農村に対する鍋・釜・庖丁・農具の供給者として、ひろく成立して来ている職人であった。そうした職人たちを、豊臣氏からの軍役賦課を契機に、武器製作に従事させるため、城下町に集めようとしているのである。その結果として、やがて、佐竹氏は領内に対する武器・農具の供給を、自らの城下町において保護育成し、直接に統制するに至るのである。

「大原」と呼ばれる鍛冶は、ひとりで三〇〇丁にものぼる鑓穂先の製造を委ねられており、相当の有力な鍛冶であったと推察される。大原とは、佐竹氏から特権をもって保護される鍛冶・鋳物師の号であったらしく、水戸城下では根本氏が、義宣から「いもの師とうりやう」つまり領国内の鋳物師頭の特権を与えられて、大原と呼ばれ、秋田城下では、岡崎姓を称し、佐竹氏の御用鍛冶として、大原を号している。(15)したがって、義宣で鑓先三〇〇丁を大原に命じて作らせよと指令しているのは、大原に領内の鋳物師らを指揮して、武器製造に従わせよ、という意味であったのである。この方面でも、鋳物生産の向上、鋳物職人に対する統制の強化は著しいものがあったことが窺われる。

武器職人には、このほか刀剣師があった。吉田修理亮が義宣の父義重から、元亀二年に「うつろ中、とぎ・つか・さやの大工」の地位を認められている。(16)大原鍛冶が鑓先三〇〇丁の発注をうけたさい、それを付ける長さ二間の黒色の柄と朱色鞘三〇〇丁分の製造は、この吉田氏に命ぜられた。かれは自らの配下に属する柄鞘職人を動員してその供給を果したものと思われる。なおその後、吉田氏は秋田城下においても「御とぎ」（御研ぎ）として、佐竹氏の御家職人の地位を与えられている。

城下町の果す商業的機能のなかで、とくに注目を要するのは、年貢・役銭等を金に換える仕組みである。義宣・義重は豊臣政権への軍役を果し、要路にある石田三成らに黄金の贈与を行なうため、「役銭之儀申付、金所望致」すべし、とか「江戸・太田分年ぐさいそく致、金を所望」すべしなどと命じ、(17)給人三ヶ一の物成が城下に集まったら金に替えて名護屋へ送れ、と指示したりしている。(18)つまり、佐竹氏が年貢・役銭を金納させ、また納米を城下で換金させている事例を、少なからずみることができるのである。年貢米その他の貢租・役銭は、実際にどのような過程を経て金にかえられたか。

たとえば、大和田重清は佐竹氏の算用方として、義宣の蔵入地から上がる年貢を金にかえて城中の奉行中に納付するという仕事に当たっている。(19)かれが文禄二年十一月二十八日の日記に、宝積寺の御穀を放した代わりの、砂金と「はづし金」あわせて五両二歩を御奉行衆に渡して請取りをとった、と記しているのはその一例である。以下、重清の換金方法を詳しく調べてみると、つぎのような仕組みが明らかとなる。

農村の収穫期を過ぎた十月二十六日、重清は下野にある蔵入地宝積寺・泉両村の年貢を収納し、金に換えるため、宇都宮に到着した。宝積寺からは孫右衛門、泉からは隼人という者（おそらく村の肝煎）が、それぞれの村の年貢を一括して、宇都宮に滞在する重清のもとへ運び入れた。この年貢は「泉年貢弐貫五百文、隼人上ル」などと、いずれも貫文単位で銭の高で表示されている。しかし、これはかならずしも全部が銭納されたことを意味するものでなく、のちに重清自身が「宝積寺ノ御コク放候金」と明記したり、泉村の隼人を使として脇差の金細工を頼んだ時も「金ノ代方ニ」穀物で算用を行なわせているのをみると、年貢の物納が行なわれていたことはまず疑いない。数日後に全年貢が手元に集められると、宇都宮城下町で会津新右衛門・ツシマ・大塚弥・黒堅・今小路等、多数の金商人を歴訪して金の現物を検分し、値段・手数料（すあい）の折合いをつけたうえで、年貢米を渡して金を買い入れている。

このように、宇都宮の城下町が年貢を換金する場となっており、城下町にはそれに応ずる多くの金商人が存在しているのである。このばあいは義宣の蔵入地が宇都宮近在にあるため、現地の宇都宮で換金が行なわれているのであり、水戸近在の郷村の年貢は、水戸の城下町で金にかえられたものと推測される。その傍証となるのはつぎのような義宣の指令である。(20)「町中におゐて、金こかいいたし候もの、しろかねをうめ候て、はなし候へは、用立へからす候間、右廿人のものに、よく〳〵中付可候、うめさせましく候」すなわち、水戸城下の金商人たちが金に銀を混入させて流通させることを取り締ったものであるが、城下町中の金商人は二〇人という多きにのぼっているのである。おそらく、これら商人達がみぎの宇都宮金商人と同様、年貢を城下で金にかえるさい、金の供給者としての役割を果したと考えられる。だからこそ、義宣は朝鮮軍役の動員令を受けると、軍費調達の必要から、まっ先に金商人に対するみぎのような取締令を発しているのである。

佐竹氏は豊臣政権の軍役賦課に応ずるため、多大の軍資金の必要にせまられた。そのため、しばしば領国内に貢租の金納を要求しているが、とくに朝鮮軍役を契機として、直接に金山の開発統制策を積極的に打ち出すに至った。佐竹氏領内の金山として史料的に明らかなものには、大久保（日立市）・瀬谷（常陸太田市）・部垂（那珂郡）・山尾（多賀郡）・保内（久慈郡）・南郷（磐城、東白川郡）等の金山があり、そのほかにも佐竹氏が経営したと伝えられる金山ないし金採取地は、金沢・八溝・胴坂（以上久慈郡）や、現在も歴然たる遺構をとどめる木葉下《あぼけ》（市内）の金山など、その数はけっして少なくない。

常陸地方の産金は早くから世に知られたらしく、秀吉は佐竹義宣にいち早く天正十九年正月二十八日、佐竹氏領国内の金山を秀吉直轄領と定め、これをあらためて佐竹氏に預け置くという名目のもとに、産金の一部を「分一」(十分の一の意味)と称して、秀吉のもとへ運上させる政策をとった(21)。秀吉は同様な金銀山政策を、天正十八年以降、陸奥・越後・佐渡・越中・甲斐・石見など諸国の著名な金銀山に対して実施し、産額の一割の運上を課している。したがって、佐竹領金山運上の取り立ても全国的な鉱山統制の一面をなすものであった。

佐竹義宣は秀吉がこの政策のもとに佐竹氏に発した「其方分領中金山之事、被二預置一」という朱印状を拠り所として、領国内の全金山に直接統制を及ぼしうることになったわけで、佐竹氏の金山経営は、まず豊臣政権の鉱山政策によって大いに促進された。そして、さらに朝鮮役の軍需の増大により、金山の開発統制は飛躍的に強化されたのであった。佐竹氏の金山経営には直営方法(直山《じきやま》)を採るものと、山師の持山に一定の金役を賦課する方法(請山《うけやま》)とがみられ、そのほかに新金山の開発については、経営の直接間接を問わず、積極的な奨励を行なっている。

まず、直山の経営をみよう(22)。その代表的なものとしては、保内・南郷・部垂地方の各金山があげられる。経営は金山奉行の統轄のもとに、各金山に検使を派遣して、掘子を監督させ、掘子一人につき、金二分(年間か)という掘子単位の課役をするやり方であった。直轄とはいえ、佐竹氏は各金山に「かなて」(金手)つまり採掘経費を下して、直接に掘子を使役する方式はとらず、所定の金役以上の金を徴収するさいには、代物(米など)を掘場に渡すことと定めていた。しかし、採掘現場の監督は厳重をきわめ、検使には公正な人物を選任し、さらに横目(目付役)をつけ、不正は発見次第成敗せよ、などと指令している。

つぎに、山師の請山のばあいをみよう。大久保・瀬谷の両金山、山尾金山などがその例である。文禄元年正月、義宣は大久保金山の役金を三ッ(金三枚)、瀬谷金山には五ッ(金五枚)と定めており、山尾金山の方は不明であるが「御やく金丼めし金」の名目で、年ごとに厳しく金役を課している。そして、この課役についてとやかく申し立てるならば、「山をめしはなし、ほつこ（掘子）をしらべ、検使を付、ほらせ申可候」、つまり請山を取り上げて直営とし、掘子の員数を調査し、検使をつけて採掘を行なうという厳しい統制を加えたのである。ここに山師の経営する金山をも直轄化しようとする意図をありありと読みとることができる。

これら間接統制の金山に課した金役の徴収は、家臣団の有力者等に委ねられるばあいもあったらしく、義重は石井修理亮に対して「如二前々一其身かなやくの儀、たの家風に候共、速に可二申付一者也」という証状を付与している。(23)この文言は先に述べた深谷氏宛の商人役安堵状の文言に酷似し、また他の家風に対しても課役せよとあるところから、これは佐竹義重の支配圏内の金山については、直山・請山の別を問わず金役を課徴する特権を、石井氏に与えた証状であると考えられる。さらに十九年五月、新金山の開発については「新金山、誰か拘成共、ほらせ可レ申事」と定めて、(24)領国内にひろく金山採掘を奨励する方針を明らかにしている。翌年五月には、「東山りう（料）所」（久慈郡下金沢の東山地内の直轄領）で新金山がひらかれ、義宣はこれを「肝要候」といって喜んでいるから、開発が大いに進んでいたらしい。こうした新金山には、検使三人ほどの人数が監督として派遣され、「やくの儀は、かねのいでやうにより」賦課することと定められた。

慶長三年の豊臣氏蔵納目録によれば、諸国から秀吉の蔵に納められた金は総計三三九七枚余とある。そのうち佐竹領常陸金山からの運上は、二二一枚七両三朱にのぼり、大名領別の順位では、上杉・伊達についで第三位を占めている。この目録の数字が絶対に正しいと断定はできないが、当時佐竹領金山の産金額は全国でも屈指のものであったといえるであろう。

さいごに、交通の大動脈であった那珂川は、その水源を下野山中に発し水戸城の直下を流れて太平洋に注ぐ、流量の豊かな川として知られている。前代以来、その流域に江戸氏の勢力を育み、また水戸城の天然の要害を形造って来た川であるが、同時に河上交通もまた早くから開けたものと推察される。ただ、那珂川による交通が、いつ頃からどのように行なわれ発展して来たかは、佐竹氏の時代になるまで史料のうえでは、ほとんど知られない。ところが、大和田重清の日記を見ると、すでに文禄二年頃には、那珂川の舟運の発達はかなりいちじるしく、河岸・渡し場や舟数も多く、賃舟・舟人・船頭などの専業も現われており、頻繁にそれらが利用され、佐竹氏の家臣たちのなかにも、自分で舟を持つ者があった。

たとえば、重清は水戸城下に屋敷を新築するため、嶋田から舟を調達し、建築資材の運搬に当たらせ、あるいは粟原の舟をもって、太田から荷物を水戸に届けさせている。嶋田（常澄村嶋田）は涸沼《ひぬま》川下流の川岸の村である。嶋田の舟はこの涸沼川をくだって、那珂川河口の合流点に至り、そこから那珂川を溯上して、水戸城下に達したものであろう。また、粟原（常陸太田市粟原）は山田川と久慈川の合流する地点に位する。粟原から水戸へは、久慈川をくだって太平洋に出、海岸沿いに那珂川の河口に入り、そこから同様に溯上したと思われる。したがって、以上の経路で当時舟運が行なわれ、利用されていたことは明らかである。したがって、那珂川の河口（現在の那珂湊市）は、那珂川舟運の門戸として重要な位置を占めたに相違なく、後世、この地は、港として発達をとげる。佐竹氏の時代にどの程度に利用されていたかは不明であるが、この地が「湊」と呼ばれて、二一一三石余の大きい石高（定物成一七四貫文余）で義宣蔵入地として掌握され、旗本重臣の真崎宣広に預けられている事実は、那珂湊の港湾としての重要性をしめすものと思われる。(25)

舟運が開かれる一方、那珂川を横切る渡船はこれよりも早く発達し、舟の発着場となった水戸城の対岸青柳・上河内・中河内などの河岸《かし》には、「舟越」「船頭」など舟運専業者の成立が認められる。「酒ヲ舟越ニノマスル、青柳ニモ」

「中カツチ《中河内》ノ舟越ニ、十五文ヤル」などと重清日記に見え、また上河内村内で佐竹の舟運に従事する者に上畠八畝四八歩、九斗六升の「ふなこしめん《舟越免》」が与えられているなど[26]は、その例証である。また重清はこれら「船頭」や「賃船」を雇い、さらに、真崎・根本・長崎ら家中諸氏に依頼して「借舟」をして、建材や家具などを運搬させている。「家具ハコビノ舟、日和悪テ不来」というように、天候に左右されることがあったとしても、太田の本領から重い荷物を直ちに久慈川で舟に積込み、前記の経路で水戸城の直下に陸揚げできる舟運の便宜は、きわめて大きいものであったと考えられる。

この那珂川舟運の起こりは、おそらくかなり古いものであろうが、とりわけ義宣が水戸城を領国支配の中心と定めるに及んで、その役割はにわかに重要なものとなり、年貢米・軍需物資の水戸城集中を中心として、飛躍的な発展をとげるに至ったものであろう。

(1)「義宣家譜」二・「家蔵文書」十八、佐竹義宣文書。
(2)(3)「家蔵文書」十八、佐竹義宣文書。
(4)「義宣家譜」三。
(5)「採集文書」十五。
(6)「増修和漢合運図」。
(7)「義宣家譜」二。
(8)「義宣家譜」三。
(9)「採集文書」十三。
(10)(11)「採集文書」二十八。
(12)「佐竹家中総系図」下。
(13)「文禄五年御蔵江納帳」。

(14)「義宣家譜」二・三。
(15)「佐竹家中総系図」下・「採集文書」二十七。
(16)「佐竹家中総系図」下。
(17)「義宣家譜」二。
(18)「家蔵文書」十九、佐竹義宣文書。
(19)「大和田重清日記」。
(20)「家蔵文書」十八、佐竹義宣文書。
(21)「家蔵文書」六、近畿文書。
(22)「義宣家譜」三・「家蔵文書」十九、佐竹義宣文書。
(23)「採集文書」十一。
(24)「採集文書」十六。
(25)「文禄五年御蔵江納帳」。
(26)「茨城郡上河内村検地帳」。

## 四　知行制と家臣団

### 1　知行の構成

天正十八年八月一日、豊臣秀吉は二一万貫文余の佐竹氏領国を、佐竹家中から届け出た指出帳によって安堵（領有を承認）した。(1) 何貫文の土地といっても、前々から慣習的に定まっている年貢高を基準にして、所領を表記したもので、新たに実地調査を施して決めたのではない。しかし、そのことはかならずしも豊臣政権の妥協を意味しない。秀吉は領国安堵と同時に、あいつぐ過大な軍役の強制を加えて、実質的には、旧来の慣習通りの複雑な知行関係や「指出」のさいに加えられた工作の活きる余地を封じ、しだいに統一政権の支配を末端に滲透させて行った。

文禄三年の冬、佐竹氏の領国内に施行された太閤検地は、いわばその総決算であった。その結果にもとづいて、さらに翌年六月、豊臣政権による新しい佐竹領知行割が行なわれた。まさにこれは六年前の届け出・安堵の総仕上げであったといえる。またその翌月から佐竹自身がこれにもとづいて、領国内に家臣の知行割を行なうに至った。この点でも画期的な意義をもつものである。佐竹氏に対する知行割を指示した秀吉朱印状をつぎに掲げる。

佐竹知行割之事

一、拾五万石　此内五万石御加増　義宣

一、拾万石　無役　此内九万石御加増　内（マヽ）義宣蔵入

一、五万石　無役　此内四万石御加増　義重

一、六万石　此内壱万石無役　此内五万石御加増　佐竹中務（東義久）太輔

一、拾六万八千八百石　此内四万石御加増　与力家来

一、壱万石　（後筆カ）「太閤様」御蔵入

一、千石　佐竹中務　御代官徳分ニ被下

一、参千石　石田治部少輔（三成）

一、三千石　増田右衛門尉（長盛）

都合五十四万五千八百石

右、今度以二検地之上一、被レ成二御支配一候也、

文禄四年六月十九日御朱印（秀吉）

羽柴常陸侍従（佐竹義宣）とのへ

これにより、佐竹義宣は秀吉から五四万五八〇〇石にのぼる領国を新たに保証された。末尾の文言に検地の上とあるように、前年冬の石田三成による検地の結果が秀吉のもとに報告され、それにもとづいて御支配つまり分配（知行割）が行なわれた。その知行総高が、佐竹領検地の結果を集計した惣都合五拾四万五千七百六拾五石九升とほとんど一致するのはそのためである。(2) 知行割の内訳をみると、佐竹義宣・義重・義久と佐竹氏の与力家来の知行地（以上、佐竹領）のなかに、わずか一万七〇〇〇石であるが、新しく秀吉の直轄分（太閤蔵入地）・同代官分と石田三成・増田長盛の知行分（以上、豊臣領）が設定され、これが新知行割の注目すべき特徴をなしている。

まず、後者の豊臣関係分から調べてみる。いわゆる太閤蔵入地は一万石であり、他にその代官給分として、一〇〇〇石が代官東義久に与えられた。ただみぎの秀吉朱印状は佐竹領知行割の大綱を定めただけで、具体的な地域指定を行なっておらず、そこまで詳細に指示したかどうか確証はない。しかしつぎに述べるように、太閤蔵入地が旧来の佐竹本領域に一括して設けられている事実は、それが秀吉の意図によることを暗示している。

佐竹義宣は秀吉朱印状にもとづいて、領国内の家臣知行割を開始すると同時に、まず太閤蔵入地の代官に定められた東義久に、蔵入地と同代官分の村・村高の明細を指示する黒印状を発した。(3) その地域は、黒印状の冒頭に「御蔵入、久慈之郡里川東」とあるように、奥七郡の一つとして俗に呼ばれた佐都東郡に当たる。この地は太田城と久慈川河口の間、久慈郡内を流れる里川の東側の一帯にあって、旧来、佐竹氏の発展を支えてきた、もっとも豊かな水田地帯である。村数は赤須・茅根以下すべてで一六ヵ村で、その村高を合わせた一万石が太閤蔵入分とされ、このほか小沢村

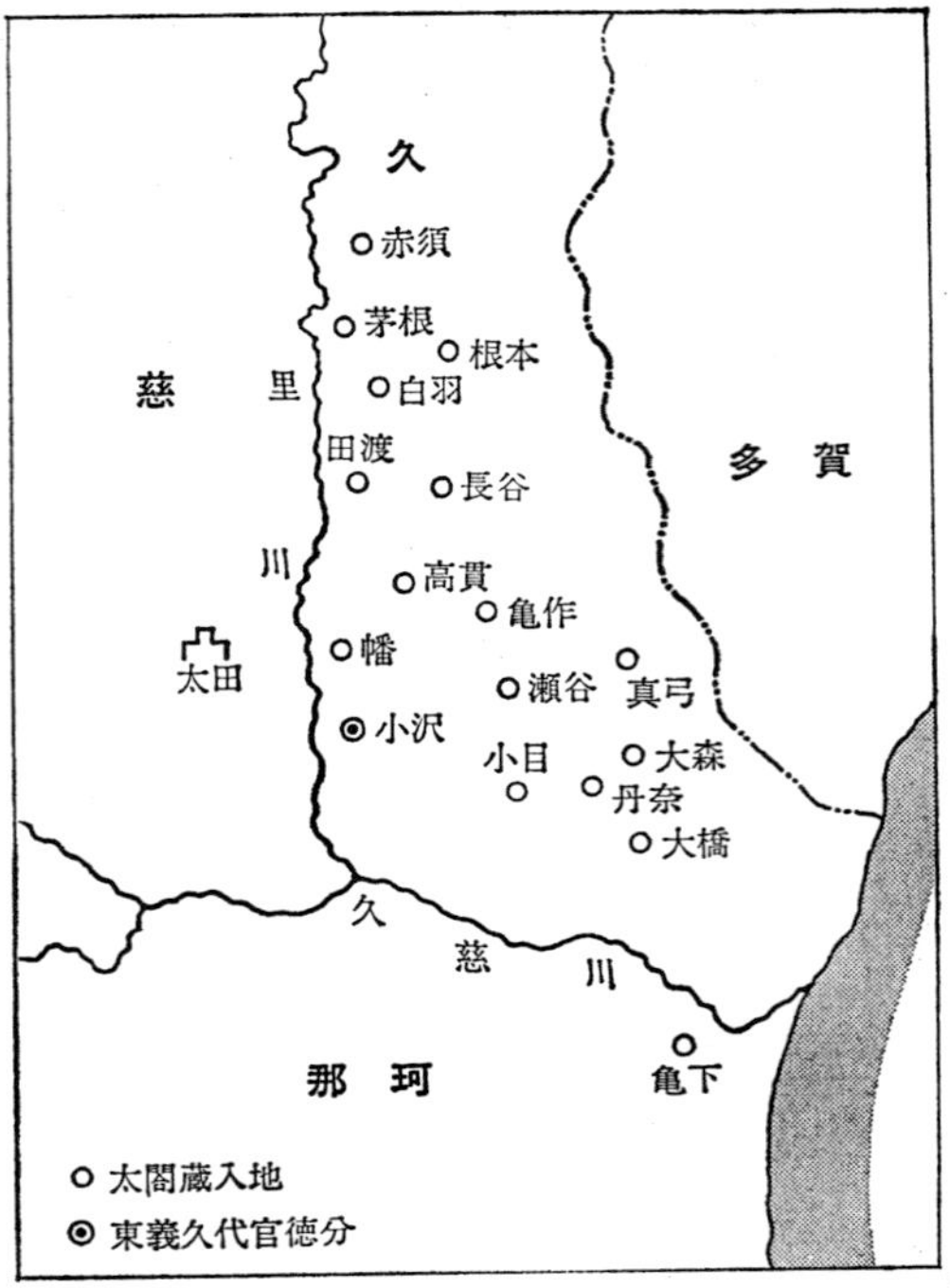


第1図　太閤蔵入地の分布

「文禄四年七月十六日御蔵入目録」（「秋田藩家蔵文書」24所収〔秋田県立秋田図書館所蔵〕による）

（二九九八石余）の内一〇〇〇石が「中務（義久）代官分」に指定され、残りは「あまり分」となっている。それら諸村の分布は第1図のとおりで、すべて里川東つまり佐竹氏の本領域に一括して設定されている。義宣は新しい領国支配の中枢を水戸城に定めて、権力の基盤を茨城・那珂両郡の地域に移している。したがって、すでにこれらの地域は以前ほどの重要性をもつものではない。しかし佐竹氏の伝統的な本領域に、新たに太閤蔵入地が設定されたことの意義はけっして軽視できない。おそらくこの地域の決定は、秀吉の指図によるものと推測される。慶長三年、秀吉が堀氏に越後の知行割を行なったさい、太閤蔵入地は越後布の産地に設けよ、と地域を指定しているのは重要な傍例である。なお、石田・増田に対する知行宛行は、旧来の佐竹氏との特殊な結びつきによるものであろう。その知行分の所在と管理方法は明らかでない。

つぎに佐竹氏関係の知行割の内容をみよう。まず各知行高に「無役」の注記がある。これは豊臣軍役の賦課の対象から除外（免除）される知行高をしめすものである。たとえば秀吉が浅野長吉に五万五〇〇〇石の知行を与えたさい、内四万五〇〇〇石について「軍役千人」と定め、残る一万石を「同人無役分」としている例からも傍証できる。(4) 無役高を得ているのは義宣・義重・義久の佐竹三氏だけで、与力家来には認められていない。第4表から明らかなように義宣は知行高の四〇%、義重は一〇〇%、義久は一七%を無役(軍役免除)高と定められ、その総高は一六万石にのぼる。このうち義重の無役高比がきわだって大きいのは、おそらく隠居分の意味をもつものと思われる。義宣も一〇万石にのぼる自分蔵入高の全部を無役とされており、それだけでも与力家来の軍役高の過半に匹敵する。間断なく過大な軍役を賦課する豊臣政権のもとで、これほどの軍役免除高を保証されたことは佐竹氏にとって実に大きな特典であったに相違なく、領国財政の基礎を維持するうえに重要な意味をもつことになったわけである。

第4表　文禄4年豊臣秀吉の佐竹領知行割一覧

| | 知行高 | 構成比 | 加増高 | 本　高 | 構成比 | 無役高 |
|---|---|---|---|---|---|---|
| | 万石 | % | 万石 | 万石 | % | 万石 |
| 佐　竹　義　宣 | 15.00 | 27.5 | 5.00 | 10.00 | 38.6 | 0 |
| 義　宣　蔵　入 | 10.00 | 18.3 | 9.00 | 1.00 | 3.9 | 10 |
| 佐　竹　義　重 | 5.00 | 9.1 | 4.00 | 1.00 | 3.9 | 5 |
| 佐　竹　義　久 | 6.00 | 11.0 | 5.00 | 1.00 | 3.9 | 1 |
| 与　力　家　来 | 16.88 | 31.0 | 4.00 | 12.88 | 49.7 | 0 |
| 太　閤　蔵　入 | 1.00 | 1.8 | (1.00) | 0 | 0 | 0 |
| 太閤蔵入代官(義久) | 0.10 | 0.2 | (0.10) | 0 | 0 | 0 |
| 石　田　三　成 | 0.30 | 1.1 | (0.30) | 0 | 0 | 0 |
| 増　田　長　盛 | 0.30 | | (0.30) | 0 | 0 | 0 |
| 計 | 54.58 | 100.0 | 27.00 | 25.88 | 100.0 | 16 |

　このような無役高の承認は、先に述べたような、前年の伏見普請手伝い(公役三〇〇〇人)に至るまでの佐竹氏の忠勤に対する恩賞の意味もあったのであろうか。ところで豊臣取立大名の浅野長吉父子の例をみると、知行総高二二万五〇〇〇石の内、太閤蔵入地は一万石、軍役高は一八万五〇〇〇石にのぼり、無役分はわずかに三万石(一八%)に過ぎない。これと比べて佐竹氏の無役高の比重が大きいのは、豊臣政権下における旧族大名の特徴をしめすものである。

　佐竹関係諸氏の知行高には、みぎの無役高のほか「御加増」分の注記がみられる。御加増とは、秀吉による知行高の増額を意味するが、それはおそらく、天正十八年八月一日の公認高（豊臣政権の公認した表向きの佐竹氏知行高）に対する、太閤検地増分を内容とするものであろう。もしこの推測が正しいとすれば、文禄の知行総高から、加増分を引いたものは、天正の知行高となり、相互の変化と新加増高の内容は、この文禄四年の秀吉知行割の特徴をしめすものといえる。以上の点を計算のうえで検討してみる（第4表参照）。まず文禄の知行総高（五四万五八〇〇石）に対して、加増分はじつにその半ば以上の二七万石を占めており、加増前のいわば本高は、二五万八八〇〇石に相当する。つまり、佐竹氏の表向きの知行高は、数字上では完全に倍増されたわけである。つぎにみぎの本高（二五万八八〇〇石）と天正の知行高（二一万六七五〇貫文）の関係を調べると、貫高と石高の換算率は一貫文が約一石二斗となる。

さらに、佐竹一家それぞれの加増率は第4表のしめすとおりである。ここに現われた著しい特徴としては、佐竹一門内部の知行高の比率の変化、佐竹一門と与力家来の知行高の比率の変化をあげることができる。すなわち、この知行割はまず佐竹宗家の当主義宣に、軍役高五万石を加増のうえ、一挙に一〇万石の無役高を認めることによって、豊臣政権下で大名権力を保つための領主財政の基礎を保証した。そして、義宣の父義重と一門の宰臣義久にも、それぞれ五、六倍の知行高を与えることによって、佐竹一門の領主的地位を強化した。とりわけ、義久にはその他に一〇〇〇石の知行を給与して、太閤蔵入地（秀吉の直轄分）の代官という地位を与え、豊臣政権との特殊な関係を作り出した。これは、太閤蔵入地一万石、石田・増田両氏知行分六〇〇〇石の設定とあわせて、知行制のうえにあらわれた豊臣の佐竹統制の一端であった。

ところで、以上の佐竹一門と与力家来の知行高の比重の変化は、さらに顕著なものがある。ただし、天正十八年から文禄四年に至る六年間には、知行の異動もあろうから、断定はできないが、一応の計算上からいえば、天正の知行高では、佐竹一門五〇・二％、与力家来四九・八％とほぼ同等な比重を占めていた。これに対して、文禄の知行割の結果、六六・二%対三〇・九%と、佐竹一門の知行高は与力家来を完全に圧倒するにいたっている。これはいうまでもなく天正十八年以来続けられて来た、佐竹氏の内外に対する経営の結果を物語るものであって、佐竹氏はここに豊臣政権の保証をえて、義宣を頂点とするゆるぎない領国支配権力を確立したということができるであろう。

第5表　天正18〜慶長6年，佐竹氏の知行宛行状一覧

| | 義　宣 | 同奉行 | 義　重 | 義　久 | 義　憲 | (岩城貞隆) | 計 |
|---|---|---|---|---|---|---|---|
| 天正18 | 2 | | | | | | 2 |
| 19 | 4 | | | 5 | 10 | | 19 |
| 文禄 1 | | | 7 | 1 | 4 | | 12 |
| 2 | 1 | | 5 | | | | 6 |
| 3 | 1 | | 1 | 1 | | | 3 |
| 4 | 49 | 79 | 1 | 18 | | | 147 |
| 慶長 1 | 5 | 1 | | 1 | 16 | | 23 |
| 2 | | | | | | | |
| 3 | 14 | | | | | | 14 |
| 4 | | | | | | | |
| 5 | 4 | | | 6 | | 7 | 17 |
| 6 | | | | | | 1 | 1 |
| 計 | 80 | 80 | 14 | 32 | 30 | 8 | 244 |

さて、佐竹義宣は文禄四年六月十九日、豊臣政権の知行割を受けると、直ちにこれを自らの領国体制内に貫徹するため、翌七月十六日を期して、全領内に新しい知行割を開始した。すなわち、佐竹氏の知行割をしめす知行宛行状について、数のうえでその状況をみれば（第5表参照）、佐竹氏が天正十八年八月、領知公認をうけて豊臣

第6表　知行宛行状の二形式

◇義宣黒印状

一、三拾石　茨木郡　常葉之内

文禄四年乙未七月十六日□（黒印）

鈴木左馬助

◇義宣奉行人奉書

一、五拾石也　小井戸之内

小貫大蔵（花押）

文禄四年乙未八月十一日

人見主膳（花押）

政権下に編成されて以来、水戸在城の一三年間に発した知行宛行状は、知られる限りでも二四四通にのぼる。(5) そしてそのうちの実に六一％近い一四七通までが文禄四年秋（七月十六日～九月二十三日）の短期間にほとんど集中的に発行されている。つまり、佐竹氏の知行制度確立のうえで、秀吉の知行割に直接つづくこの時期が、もっとも重要な画期をなしていることは疑いない。したがって、以下この文禄四年秋の知行宛行状一四七通の内容を調査し、佐竹氏の知行割の意義を明らかにしよう。

まず、宛行状をその形式によって整理すると、佐竹義宣の黒印状と義宣の奉行人の奉書（第6表参照）、ならびに東義久黒印状とに、はっきり分けられる。奉行人は小貫頼久（大蔵）・人見藤道（主膳）・和田昭為（安房守）の三人に限られ、宛行状発行の際には、主として小貫・人見、人見・和田の連署が行なわれ、人見と小貫の単独奉行もいくらか認められる。かれらはいずれも領国支配の枢機にあずかる最高の重臣であり、佐竹氏の領内知行割が義宣自身とその直属重臣によって推進されていることが知られる。

つぎに、これを発行月日との関連でみると、黒印状や奉行人奉書はけっして無原則に雑然と発行されているのではない。すなわち、七月十六日義宣黒印状（四三通）によって、知行割が開始されて以来、八月十一、十五両日の小貫・人見連署奉書（二二通）、八月二十八日の人見・和田連書奉書（四二通）に至る約四〇日間、各奉行人の奉書が継続的に発行され、九月下旬の義宣黒印状（五通）で終わっている。以上の状況は、そのまま佐竹氏の知行割実施の経過をしめすものであり、同時にそれがまことに整然と行なわれたことがしめされている。

では、以上の宛行状形式（黒印状・奉行人奉書）と発行月日の違いは何を意味するか。この点を、受給者の性格を調べることによって明らかにしよう。その手掛りとなる史料は水戸在城時代のものには、はなはだ乏しいため便宜上、秋田移封後の家臣団編制をしめす史料を手掛りとして調べてみると、つぎのような注目すべき結果が明らかとなる

第7表　文禄4年佐竹氏の知行割と家臣団編成

| | 知行人数 | 旗本 | 湯沢 | 大館 | 角館 | 檜山 | 十二所 | 横手 | (東) | 士着 | 不明 | 発行月日 |
|---|---|---|---|---|---|---|---|---|---|---|---|---|
| 佐竹義宣黒印状 | 51 | 48 | | | | | | | | 3 | | 7月16・22日<br>9月18・22・23日 |
| 小貫・人見連署奉書 | 22 | 2 | | 11 | 1 | | | 1 | | 5 | 2 | 8月11・15日 |
| 人見藤道奉書 | 9 | 1 | 4 | 1 | | | 2 | | | 1 | | 8月15・18日 |
| 小貫頼久奉書 | 5 | | | | | | | | | 5 | | 8月20日 |
| 人見・和田連署奉書 | 42 | 3 | 21 | 2 | 11 | 3 | | | | | 3 | 8月28日 |
| 東義久黒印状 | 21 | | | | | | | | 9 | 7 | 6 | 8月27・29日<br>9月2・4〜10日 |
| 計 | 150 | 54 | 25 | 14 | 12 | 3 | 2 | 1 | 9 | 21 | 11 | |

(第7表参照)。すなわち、まず、義宣黒印状の対象となった家臣は、すべて佐竹家中の有力諸将(たとえば、東・大山・真壁・松野・小野崎・真崎)と旗本(後の秋田城下諸士)だけに限られること、つぎに奉行人奉書は大部分がそれ以外の諸士(秋田時代は湯沢の南家・大館の小場家・角館の北家・檜山の多賀谷家・十二所の茂木家・横手の戸村家に配属された、いわゆる所預りの家臣)にあてて発行されており、旗本家臣宛のものはきわめて稀であること、などである。

つぎに、このような家臣の性格と、分与された知行地の分布との関係を調べてみる。なお、伝存する知行宛行状は、実際に発行された宛行状総数のごく一部分にすぎないため、調査の結果は絶対正確なものとはいえず、一応の参考とするにとどめなければならない。

第一に義宣黒印状の内容をみると、つぎの状況が窺われる。まず水戸城・太田城を中心とする茨城・那珂・久慈諸郡の地域では、船尾(一六〇〇石)・小野崎(九〇〇石)・真崎(八〇〇石)ら義宣の重臣がかなりの知行高を得ているが、むしろ、家臣数のうえでは、二〇〇石前後を知行する義宣の旗本中士層が、この地域に集中している。これに対して、筑波・行方・下野松野など、水戸城から遠く離れた佐竹氏の新領域では、佐竹一門の大山氏(四〇一七石)のほか、外様の与力家来である直壁・松野などの有力諸将が広大な知行地を擁しており、低身の旗本家臣はほとんど認められない。

第8表　郡別にみた佐竹氏の知行割一覧

| 郡　域 | 検地高 | 義宣蔵入高 | 村数 | 義宣（黒印）宛行高 | 村数 | 小貫人見奉書宛行高 | 村数 | 人見和田奉書宛行高 | 村数 | 東義久知行高 | 村数 | 計 |
|---|---|---|---|---|---|---|---|---|---|---|---|---|
| 茨城 | 石 85,688.31 | 26,800 | 39 | 4,680 | 36 | | | 96 | 4 | 5,839 | | 37,415 |
| 那珂 | 77,733.59 | 17,200 | 25 | 1,960 | 5 | 665 | 13 | 277 | 8 | 10,936 | | 31,038 |
| 久慈 | 75,355.70 | 18,150 | 25 | 690 | 10 | 150 | 3 | | | | | 18,990 |
| 多賀 | 15,033.32 | 1,740 | 2 | | | | | 50 | 2 | | | 1,790 |
| 鹿島 | 25,909.82 | | | | | | | | | 25,909 | | 25,909 |
| 行方 | 26,371.83 | 2,080 | 8 | 4,012 | 9 | | | | | | | 6,092 |
| 新治 | 35,428.97 | 15,260 | 35 | | | 110 | 3 | ? | 8 | 5,095 | | 20,465 |
| 真壁 | 49,030.69 | 8,100 | 15 | | | | | | | | | 8,100 |
| 筑波 | 43,539.80 | 2,550 | 6 | 2,017 | 2 | 150 | 3 | | | 12,098 | | 16,815 |
| 河内 | 16,461.01 | | | | | | | | | | | |
| 信太 | 48,978.28 | | | | | | | | | | | |
| 奥州南郷 | 26,830.30 | 800 | 1 | | | | | | | | | 1,471 |
| 下野ノ内 | 9,408.48 | 3,250 | 4 | 706 | 1 | | | | | | | 4,059 |
| | 535,770.10 | 95,930 | | 14,065 | | 不明 70 | 同 1 | 同 641 | 同20 | 59,877 | | |

第二に奉行人連署奉書の内容をみよう。みぎに述べたように、給人のほとんどがいわば陪属の家臣である。そのうえかれらは知行高のうえでも、大部分が五〇石以下のまったくの下士層であり、一〇〇石以上の者は、六四人中わずか四名（一〇〇石が三名、一五〇石が一名）にすぎない。その知行地の分布は、のべ知行村数八七のうち郡名未詳のものが二〇ヵ村もあるため確かでないが、ほぼ佐竹領の全域に及ぶ。しかし、那珂郡（二一ヵ村）のほかは、水戸・太田両城下などの中心部に少なく、むしろ岩城南郷（二〇ヵ村）・新治郡（一一ヵ村）などの新領域に多いのが特徴である。

これを要約すれば、水戸の地域に知行地を宛行われた者は、佐竹家臣団のうち、義宣に直属する二〇〇石前後の旗本中士層である。かれらは直接に義宣の黒印状によって宛行を受け、奉行人奉書によって周辺の支城まわりに知行地を与えられた下士層とは、明らかに区別されている。

右の結果に、東義久の知行地の分布状況をあわせて調べてみよう。義久（佐竹中務大輔）は先に秀吉から六万石の知行割を直接に受けており、まずその点で、他の佐竹一門・家臣とは異なる特殊な性格をもつ。七月十六日、義宣は一般家臣に対する知行宛行の開始ととも

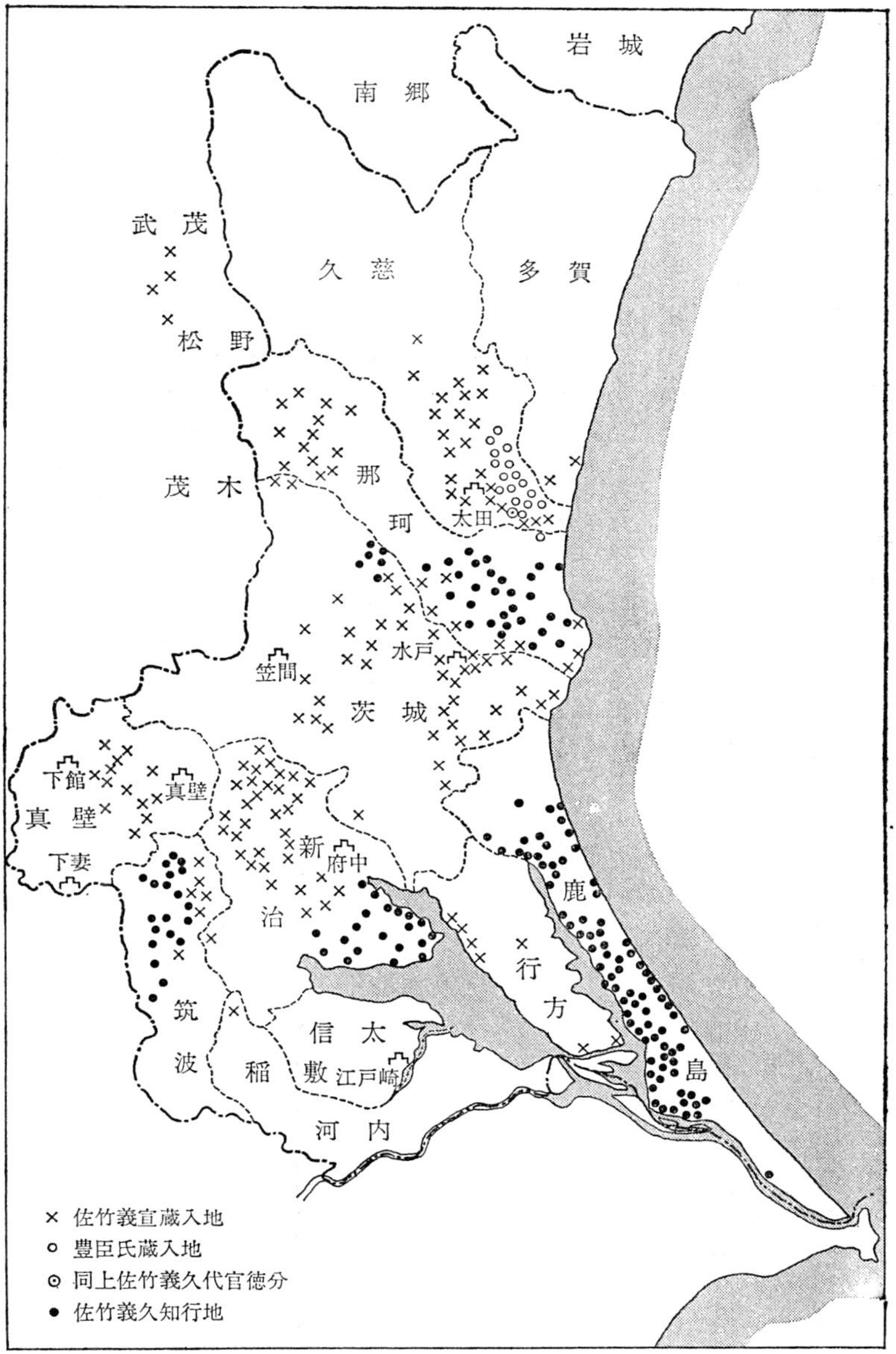


第2図　佐竹領知行割の概況（文禄4年）

に、この義久に対しても六万石の内訳を郡村ごとに明示した黒印状を発行した。その全容は第8表のとおりであり、鹿島全郡（二万五九〇九石余…知行高と検地高が一致）をはじめ、筑波・那珂両郡の各一万石余、茨城・那珂両郡の各五〇〇〇余石など、その知行規模の大きさは、つぎに述べる義宣蔵入地を除けば他に例をみない。このうち、那珂郡は高部・檜沢をふくむ義久の本領域であり、鹿島全郡もすでに天正十八年に義宣から与えられた所領である。しかし、領国の南辺に位する筑波郡（一万二〇九八石…検地高四万三五三九石）と水戸城下の茨城郡（五八三九石）は、その後の新しい知行割によるものと思われる。

そもそも、佐竹氏の領国内における義久の総知行高六万石は、秀吉によって保証されたものであった。義宣の知行割はこれにもとづいて行なわれた。その内容をみると、義久は旧来の本領支配をそのまま維持したうえ、領国南辺に多大な所領を与えられて、この地域を制圧し、同時に領国の中心水戸の周辺にもかなりの知行地を給付され、佐竹家中に並びない優位を確立している。以上のように、水戸城下の地域は、この義久のほか義宣直属の旗本層によって掌握され、領国支配の中心地という性格を如実にしめしている。

これに義宣蔵入地の分布・管理状況をあわせてみると、みぎの事情はいっそう明確となる。蔵入地は秀吉の知行割で「義宣蔵入」と定められた無役高一〇万石の土地である。この蔵入地の全体にわたって、御蔵衆が一ヵ年（文禄五年）分の年貢（定納・定物成）の収納状況を明細に調べ上げた帳簿（「文禄五年御蔵江納帳」）(6)が伝存する。この納帳を集計すると、総高は九万五九三〇石余、郡数は常陸八郡と奥州南郷・下野那須の一部から成り、村数は一六二ヵ村に達する（第8表参照）。

まず、これにもとづいて、全蔵入地の分布状況を郡村別に調べよう。第8表のとおり、水戸城周辺の茨城郡内にもっとも多く、全体の二八％近い二万七〇〇〇石程度、村数にして三九ヵ村を占める。これにつぐのが太田城下の久慈郡（一万八〇〇〇余石、二五ヵ村）と旧来の所領那珂郡（一万七〇〇〇余石、二五ヵ村）で、合わせて三万五〇〇〇余石、茨城郡共では六万二〇〇〇余石となり、本領域だけで全体の六五％にのぼる。この他に多いのは新治郡（一万五〇〇〇余石、三五ヵ村）であるが、これは府中城を中心とする大掾氏の旧領を直轄化した結果と思われる。つまり、義宣は旧来常陸の政治上の中心をなした太田城・水戸城・府中城の周辺を、自らの直接掌握下に置いたわけで、この分布状況は義宣の領国支配の顕著な進展をしめすものである。

つぎに、これら蔵入地の管理方法とその実情を明らかにしよう。まず管理の役人としては、納帳の作成を行なっている「御蔵衆」が知られる。ただ、これは蔵を管理し出納を行なうだけで、現地支配には関与しなかったらしい。大和田重清が文禄二年十一月二十八日、下野宝積寺の年貢（米銭を換金）五両二分を納めている「奉行衆」とは、この御蔵衆のことであろう。蔵米を収納する御蔵は、水戸城内だけでなく領国内の各地に設けられていた。後年、秋田移封に際し、その始末のため、義宣は和田昭為につぎのような指令を発している。(7)「城（水戸城）に指置候兵子」は、封印を付けてそのまま置き、「在々境目に在レ之兵子」は、買手さえあれば安値で売却し、「行方《なめかた》にある兵子」は江戸城へ送り、それも難しい分は行方にある諸所の舟付（湊）へ集めよ、と。兵子は俵子とも書き、ここでは兵粮米つまり蔵米を意味する。それが領内各地の蔵に分散して納められている状況を知ることができる。

領国内の一六二ヵ村に及ぶ全蔵入地の現地支配を行ない、年貢を御蔵に納入するのは代官であった。義宣麾下の多数の上中層家臣たちが、一村ないし最高一五ヵ村を「預り分」として預託され、代官となった。これが義宣の蔵入地の管理方法の特徴で、陪属の小身の吏僚層が直接管理する上杉景勝の蔵入地のばあいとは、まことに対照的である。

まず、蔵入地の預託の典型的な一例をあげよう。太縄義辰（讃岐守）は文禄四年七月二十二日、義宣の黒印状により、那珂郡高部村（美和村）六九七石五升一合六夕の地を「預り分」と指定された。(8)その管理状況を、納帳についてみれば、

第9表　佐竹義宣蔵入地の管理状況

| | 預り分 | 構成比 | 定納・定物成 | 納入額 | 納入率 | 預り分(郡別の村数) |
|---|---|---|---|---|---|---|
| 佐竹一門 | 石 16,566.93 | % 17.1 | 貫 2,182.000 | 1,097.600 | % 50.3 | 新治30・久慈6・真壁1 |
| 外様与力 | 13,751.24 | 14.2 | 1,642.894 | 638.442 | 38.9 | 真壁13・筑波6・下野4・新治1・陸奥1 |
| 旗本 | 66,612.04 | 68.7 | 7,052.847 | 5,190.667 | 73.6 | 茨城39・那珂25・久慈19・行方8・新治4・多珂2・真壁1・不明2 |
| 計 | 96,930.21 | 100.0 | 10,877.741 | 6,836.709 | 54.3 | 162 |

注「文禄5年御蔵江納帳」による。

文禄五年度は総高六九七石五升・荒高七三石と査定され、それに対する定物成(所定の年貢)額は八四貫二四六文であり、この年、太縄氏はその全額を「皆納」した。なお、かれは他に茨城郡橋詰(友部町)、那珂郡小田野(美和村)と合わせて全部で三ヵ村(一三五八石一斗、年貢額一七五貫六一〇文)の蔵入地を管理しているが、納帳には、そのうち二六貫文が「かかり」つまり滞納となっている。このような管理状況を蔵入地の全体について集約したのが第9表である。

すなわち、蔵入地を預けられた家臣は、すべてで約七〇人を数え、その性格は系譜別にみて、おおよそ(イ)大身の佐竹一門、(ロ)与力家来(外様家臣)、(ハ)義宣の旗本上中士層などに分けることができる。そして、預り地の分布と管理の状況は、この三つの区分別に、興味ある対照をしめす。

(イ)佐竹一門(南義種・北義憲・石塚義辰・長倉義興・小場義成)の預り高は約一万六五五六七石(全体の約一七%、三七ヵ村)で、そのほとんど大部分(三〇ヵ村)が新治郡に集中する。そして所定の年貢額に対する納入率は五〇%強である。

(ロ)外様与力(真壁房幹・宍戸義長・梶原政景・太田景資・松野資通・前沢筑後)の預かり高は一万三七五一石余(一四・二%、二五ヵ村)で、真壁・筑波の両郡をはじめ諸氏の旧領や領国の縁辺に分布する。所定年貢額に対する納入率はわずか三八・九%に過ぎない。

(ハ)旗本上中士層など五六人の預り高は、六万六六一二石余(六八・七%、一〇〇

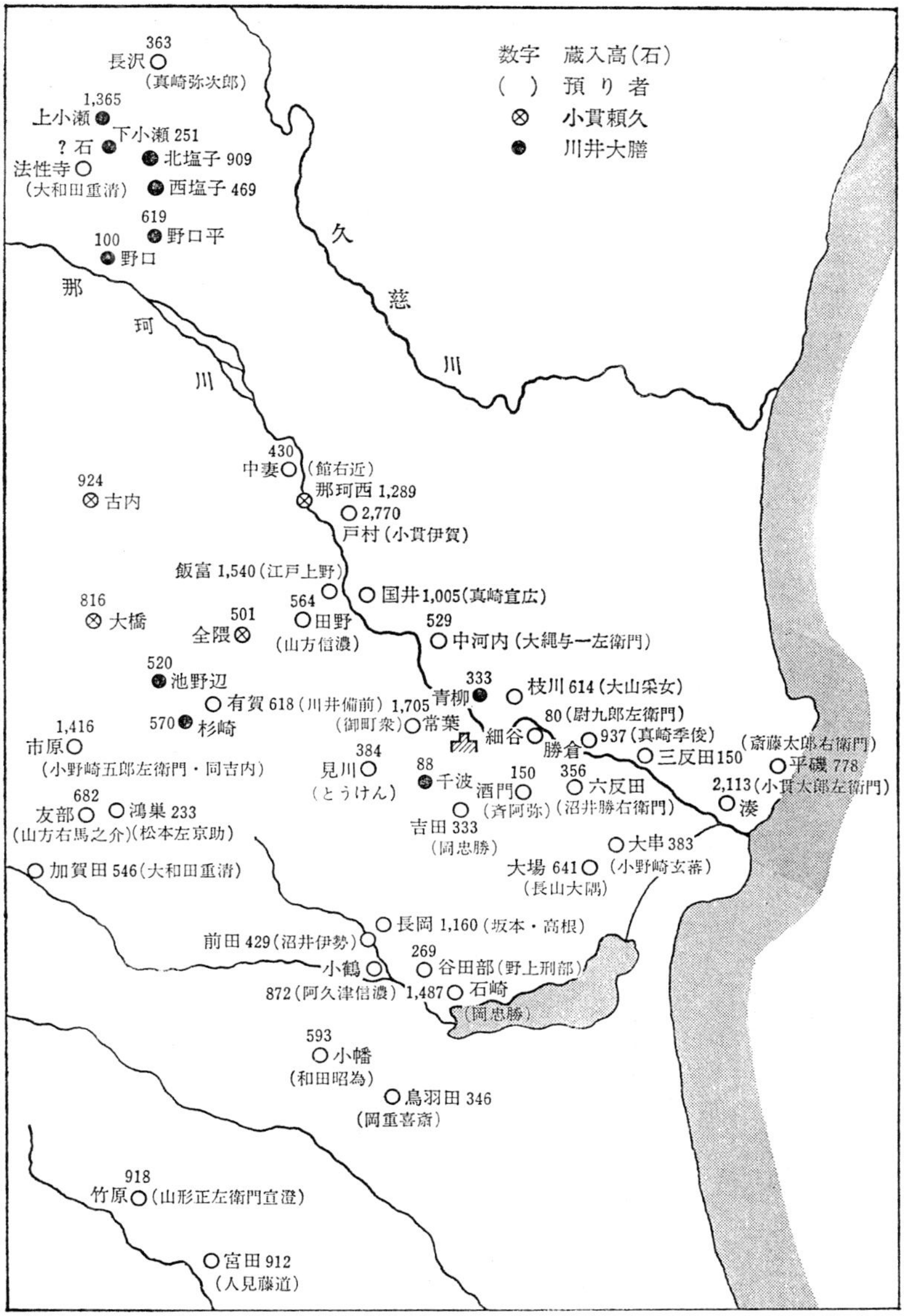
数字　蔵入高(石)
(　)　預り者
小貫頼久
川井大膳
久慈川
那珂川
363 長沢 (真崎弥次郎)
1,365 上小瀬
下小瀬 251
？石
北塩子 909
法性寺 (大和田重清)
西塩子 469
619 野口平
100 野口
430 中妻 (館右近)
那珂西 1,289
924 古内
2,770 戸村 (小貫伊賀)
飯富 1,540 (江戸上野)
国井 1,005 (真崎宣広)
816 大橋
501 全隈
564 田野 (山方信濃)
529 中河内 (大縄与一左衛門)
520 池野辺
333 青柳
枝川 614 (大山采女)
有賀 618 (川井備前)
1,705 (御町衆) 常葉
80 (尉九郎左衛門)
570 杉崎
1,416 市原 (小野崎五郎左衛門・同吉内)
細谷
勝倉
937 (真崎季俊)
三反田 150
(斎藤太郎右衛門)
平磯 778
2,113 (小貫大郎左衛門) 湊
384 見川 (とうけん)
88 千波
150 酒門 (斉阿弥)
356 六反田 (沼井勝右衛門)
吉田 333 (岡忠勝)
682 友部 (山方右馬之介)
鴻巣 233 (松本左京助)
大串 383 (小野崎玄蕃)
大場 641 (長山大隅)
加賀田 546 (大和田重清)
長岡 1,160 (坂本・高根)
前田 429 (沼井伊勢)
269 谷田部 (野上刑部)
小鶴 872 (阿久津信濃)
1,487 石崎 (岡忠勝)
593 小幡 (和田昭為)
鳥羽田 346 (岡重喜斎)
918 竹原 (山形正左衛門宣澄)
宮田 912 (人見藤道)

第3図　水戸城を中心とする義宣蔵入地の分布

(「文禄五年御蔵江納帳」による)

ヵ村）で、そのほとんど大部分（八三ヵ村）が茨城（三九ヵ村）を中心に、那珂・久慈両郡にわたる水戸・太田両城の間に集中する。そして、所定年貢額に対する納入率は七三・六％に達する。

以上を要約すれば、佐竹一門の大身や外様の与方家来に預託されたのは、すべて領国周辺部の新領域、またはかれらの旧領域に設けられた蔵入地であり、水戸城下の地域には皆無で、太田城下にも稀である。そして納入率はきわめて低率である。これとは逆に、義宣旗下の諸士には、水戸・太田両城間の領国中心部の全蔵入地が委ねられ、納入率も外様層の倍以上という高い成績をしめす。

このように、義宣蔵入地を管理する専門の吏僚層が成立せず、これをすべて有力な家臣団に預託している事実は、明らかに義宣の権力の未熟さの一面を物語っている。また(イ)・(ロ)の地域と(ハ)地域との納入率の差は、そのまま支配力の地域差をしめすものといえる。しかしながら、以上調査した家臣知行地と義宣蔵入地の分布状況をあわせて考えると、義宣は直臣団に知行を宛行うと同時に、かれらにその知行所の周辺の蔵入地を預けて代官とするという方法で、水戸城下とその周辺地域（茨城郡・那珂郡）ならびに太田城域をほとんど完全に掌握していることが判明する。したがってこの事実をもって、旧来の本拠地である太田城（久慈郡）を離れて水戸城（茨城郡）を新しい領国支配の中枢と定めた、義宣の意図は十分に達成され、義宣の支配権力は確立されたものとみなすことができる。

## 2　知行政策の展開

この点について、つぎに知行の内容と政策の側面から検討を加えてみよう。文禄四年七月十六日、義宣は知行割の開始に当たって、つぎのような二一ヵ条の掟を定め、これを黒印状により領国内に公布した。(9)

掟

一、此度遣候知行、一郷一村之内、相わけとり候所をば、其給人として相談候て、ひきわけべき事、
一、給人知行之内、竹・林并よし・かや、前々のとをり念を入、可相立事、已上、

七月十六日□（黒印、義宣）

要するに、第一条は、此度郷村を知行地として分与するが、各知行人はお互いに相談し合って、現地を引き分けるべきこと。第二条は、各人の給地内にある竹・林・よし・かやは、従来どおり念を入れて育成すべきこと、以上である。これは義宣の知行割の基本方針を公示したものであり、また知行宛行を受けた義宣の家臣（給人）が、知行地（給地）を支配するさいの原則（心得）である。

まず、第一条について、「一郷一村の内、相分け取り」という内容を、実際に行なわれた知行宛行に則して調べてみよう。

一、弐百五拾石　茨木之内藤井之内

文禄四年乙未七月拾六日□（黒印、義宣）

古内下野守殿

みぎの黒印状は、義宣が家臣の古内下野守に対して、茨城郡藤井村（市内藤井町）内の地二五〇石を給与した証書である。[10] このように佐竹氏の知行宛行状には、すべて知行石高・（郡名）・地名が確実に記載されている。地名は前年の太閤検地のさい、その単位として定められた村をしめし、石高は各村ごとに作成された検地帳にもとづいて、算定されたものである。

ところで、みぎの証書はこの藤井村が総石高二五〇石であり、その全部を古内氏一人に給与する、ということをしめすのではない。他の史料を調べてみると[11]、藤井村はこの古内氏をふくむ四人の旗本家臣に分給（相給《あいきゅう》という）されて

第10表　佐竹氏知行宛行の相給形態

| | | |
|---|---|---|
| 〈常葉村〉 | | |
| 石 1,750.92 | 義宣蔵入地 | 御町衆預り分 |
| 0.35 | 家臣知行地 | 深谷清五郎 |
| 50 | 家臣知行地 | 吉田和泉 |
| 30 | 家臣知行地 | 鈴木左馬助 |
| 20 | 家臣知行地 | 清水左馬助 |
| 〈藤井村〉 | | |
| 250 | | 古内下野守 |
| 200 | | 松平上総介 |
| 200 | | 片岡志摩守 |
| 100 | | 今井源五 |

おり、その石高は合わせて七五〇石となる。これは史料の伝存する分だけの数字であるから、給人数はもっと多かったかもしれない。たとえば、水戸城下の常葉村（市内）のばあいは、知られる限りで、村高は一八五一石二斗七升にのぼる。そのうち、一七五〇石九斗二升は義宣蔵入地として、水戸城下の町衆に預けられ、他は五〇石・三〇石・二〇石・三斗五升と零細に分けて、吉田氏ら四人の旗本家臣に給与されている（第10表参照）。このように、一村を多数の給人に細かく分割して給与するのは、義宣の知行割の基本方針であったようである。

そのうえ注目すべきことは、多くのばあい各給分に一〇石未満の端数がなく、しかも均等割りまで行なわれている事実である。それは陪属家臣への宛行のばあいにとくに著しい。一例をあげると、那珂郡長倉村（東茨城郡御前山村）などは、一村が七人の給人に五〇石宛ならしで分与されており、陸奥南郷（福島県東白河郡）の伊香村は、四〇石宛に分けて、九人に均分されている。この端数なし宛行や均分宛行は、明らかに佐竹氏の知行政策上の特殊な操作によるものである。すなわち、第一に、知行宛行の基になった各村の検地帳には、石以下、斗升合勺才まで微細にわたって村高が調べられ、記載されている。それは、たとえば文禄三年十一月二十日の水戸市域の上河内村検地帳を見ても明らかで、その末尾には、検地の結果が、

惣都合田畠数、弐拾町壱反弐拾五歩
右之分米、百九拾五石四合之内
四石一斗一合　きのくら村ふん《(木倉村分)》

と集計され、隣村とのわずかな出入りにいたるまで、まことに詳細に記されている。つまり端数なし宛行は基礎帳簿そのものに石以下の端数がないためではない。

第二に、義宣蔵入地を家臣に預託した義宣黒印状はすべて零細な端数を表記している。たとえば、太縄義辰の預り分那珂郡高部村は六九七石五升一合六勺と記され、片岡志摩守の預り分多珂郡生沼《おいぬま》（日立市大沼町）は六一六石一斗四升と黒印状に記載されている。全蔵入分の決算を行なった納帳についてみても同様である。

第三に、与力家来や佐竹一門の大身に対する知行宛行状にも、零細な端数が表記される。たとえば、真壁房幹（式部大夫）は筑波郡で二〇〇七石六斗三升を与えられ、大山義則（孫次郎）は行方郡で四〇一二石四斗八升を給与されている。(12)

第11表　分散知行形態

| 人名 | 知行地 | 石 合 | 知行高 石 |
|---|---|---|---|
| 深谷清五郎 | いい岡 | 49.654 | 50 |
| | 常葉 | 0.350 | |
| 館右近 | 駒場 | 110.320 | 150 |
| | 平戸 | 39.680 | |
| 大和田近江守 | 赤尾関 | 137.372 | 200 |
| | 原かい | 62.628 | |
| 藤沢　神応寺 | かしわい | | 200 |
| | 中どろ | | |
| 船尾右兵衛 | もちち | 777.890 | 1,600 |
| | 下谷かけ | 821.762 | |
| | 田崎 | 400.348 | |
| 遠山理助 | こふき | 39.270 | 50 |
| | 柳沢 | 10.730 | |

第四に、一〇石未満の端数なし宛行の内容を調べてみよう。第11表(13)にしめすとおり、深谷氏の場合は、五〇石に整えるため、飯岡村の四九石六斗五升四合に、常葉村の内からわずか三斗五升を加え（第10表参照）、余分の四合を切り捨てている。また、館右近に対しては、一五〇石の知行高を、涸沼西寄りの駒場村（東茨城郡茨城町）の内からの一一〇石三斗二升と、そこからはるか離れた大洗近くの平戸村（東茨城郡常澄村）内の三九石六斗八升とを合わせて作り出している。また、船尾右兵衛には、三ヵ村分を巧みに組み合わせて、一六〇〇石を宛行っている。つまり、きわめて機械的に加除操作を行なって、知行高を

整えていることが明らかである。

以上要するに、知行高を端数なしとして均分をも行なうという知行宛行は、蔵入地や大身の一門・外様の場合には認められず、義宣の旗本層（とくに一門・外様らの支城将に配属する小身家臣団）への知行割にさいして行なわれた、新しい知行政策であった、ということができる。言いかえれば、家臣団中のもっとも弱い部分に、この特殊操作が加えられたのであり、大身の場合は旧来通りに放置されたものであろう。このような知行割は慶長二年冬、上杉景勝の採った知行政策と酷似し、豊臣政権下の旧族大名の知行制に、はじめて顕著に現われた、重要な特色とみなすことができよう。おそらく、その目的は知行制の整備により、財政の基礎をかためるとともに、軍役賦課の基準となる家臣の知行を統一的に画定することにあったと思われる。

たとえ旗本層だけに限られるとはいえ、以上のように、一村を数人に分けて知行させ、一給人の知行を零細に何ヵ村にも分散させ、端数を加えたり引いたりするという操作をしたことは、前年冬に行なわれた全領国の太閤検地の成果をもとにして、はじめて可能になったものであった。そして、この知行割の結果、個々の家臣のもっていた領主的な知行権はますます弱められ、知行高は佐竹氏のもとに統一して掌握され、家臣団統制の基礎が確立した。この知行割の結果、広汎に分散した零細な知行地に対する家臣（給人）たちの直接支配は困難となり、かれらは、政所・肝煎などの農村支配の組織を通じて、年貢を収納するだけという間接的な支配関係が、しだいに一般化して行ったと思われる。

さきに掲げた掟の第二条は、以上のような知行政策と密接な関係をもつものであろう。この掟の内容は、知行地内の竹・林・よし・かやの育成を命じたものであり、とくに、義宣が家臣知行地の内部に統制を加えている点が注目される。竹・林・よし・かやは、弓・矢・鑓などの武器を製造し、城砦を築き、家屋を造るための重要資材であった。

したがって、その保護育成には、戦国期以来の諸大名がいずれも細心の注意を払っており、かれらの定めた掟書類の中には、ほとんど例外なく、竹木以下に統制を加えた一項が見出される。

たとえば、義宣は松平信久（上総介）に府中城（石岡市）の修築を命じたさい、とくに竹木資材の調達に関する三ヵ条の掟を与え、大略つぎのように定めている。(14)

(1) 府中普請につき、城壁を造るための竹林が府中城領内に無ければ、必要なだけ誰の知行地内からでも採取して、普請を進めよ。

(2) 竹木を伐り出す者が、在々所々で目にあまる行為を働いたばあいは、直ちに成敗（死罪）せよ。

(3) 竹木は囲いの壁に必要なだけ採取せよ。むざと多く伐らせたら、其身（松平氏）を処罰する。伐採した本数を自ら記録しておくこと。

以上によって、竹・林が築城の資材として、いかに重視され、厳しい統制下に置かれたかを如実に知ることができる。しかも「誰が知行成共きり候て」と定め、それを調達するため、直轄領だけでなく家臣の知行地内にも入りこむことを規定している点が重要である。つまり、文禄四年七月十六日、知行割の開始に当たり掟書として公布した、知行地内の竹・林・よし・かやの育成令は、じつは、竹林以下を佐竹自身の直接統制下に置くことを定め、その育成を知行人に命じたものであろう。そして、この掟は同年十一月二十日、須田盛秀（美濃守）に与えた五ヵ条の掟（喧嘩両成敗、博奕・双六の禁止、飲酒の戒め、無奉公・非行の取締りなど）の中で定めた「一、立山へ人馬不レ可レ入事」という条項とも照応する。(15)

立山《たてやま》とは、一般に留山《とめやま》とも呼ばれ、領主から伐木・狩猟を禁じられた山林を意味する。(16) 天正十九年、佐竹義重も自領内に「立山なみ木森林」を厳密に育成せよと指令しているが、佐竹氏の立山の制は、すでに太田在城時代のかなり早くから行なわれていたようである。以上の事実から考えると、佐竹氏は領内の竹木等に対する保護統制策を立山として制度化し、支配領域の発展につれて、立山の範囲をしだいに拡大して行き、ついに文禄四年の全領知行割を契機に、領国内の一般知行地にまでそれを及ぼすに至ったものと推察される。竹・林・よし・かやという表現は、おそらく、知行地内の山林原野を包括する程の意味をもち、家臣の知行権は、この面でも著しく制約されたであろう。みぎの第二条の目的はこの点にもあったと考えられる。

なお、この佐竹氏の立山制度は、徳川時代にも承け継がれ、水戸藩の林制として確立される。[17] 佐竹氏の移封にさいし、慶長七年六月、事後処理に当たった徳川家康の奉行（大久保・本多両氏）の定書に「前々よりのたて山、みだりに取べからざる事」とあるのは、その例証である。

## 3　家臣団の編制

知行制の確立とならんで、家臣団編制も重要な政策である。ただ、佐竹氏のばあい、家臣の姓名・知行高・組などを記した分限帳の類や家臣団関係の確実な史料が乏しく、直接に家臣団編制の全容を知ることは難しい。そこで、家臣団編制といわば表裏の関係で進められた、知行割の状況から、権力編成の特徴を調べ、それをつぎの四点に分けて説明しよう。

(1)　旗本家臣団の水戸城下集住　文禄二年の暮、佐竹氏は新たに水戸の城下町に集住させる家臣団の屋敷の整備を終わった。家臣たちはただ屋敷を城下に新設しただけではなかった。城下での生活と軍役を支えるため、水戸城周辺の地域に新しく知行地を給与されたのである。文禄四年七月に施行された整然たる知行割は、それがまさしく旗本家臣団の城下集住に対応するものであったことをしめしている。城下の茨城郡一帯はすべて旗本家臣団に給与され、この地域に外様家臣たちの知行地が認められないことは、先に明らかにしたとおりである。このような知行割とともに、義宣自身の蔵入地も、水戸城下の茨城郡内にもっとも多く設けられ（第3図参照）、その管理はすべて城下の旗本家臣団に委ねられた。義宣は水戸入城以来わずか五年足らずの間に、旗本家臣団の城下集住を果して本城の軍備を強化し、それを支えるに足る知行制を確立したのであった。

(2) 一門・外様の有力家臣たちの支城配置　義宣に直属する旗本家臣団のほか、佐竹氏の一門や外様の大身たちは、水戸城から遠く離れた領国周縁にある支城に、城代として配置された。かれらは支城のまわりに新しく知行地を給与されて旧来の本領を離れ、支城の区域に集中的に設けられた義宣蔵入地を、城領として管理した（第4

第12表　佐竹領内の支城と城将

| 城館 | 城将 | 城領 | 村数 | 旧城主 | 備考 |
|---|---|---|---|---|---|
| 府中城 | 佐竹(南)義種 | 石 6,246 | 15 | 大掾氏 | |
| 片野城 | 石塚　義辰 | 3,776 | 9 | 太田氏 | |
| 柿岡城 | 長倉　義興 | 2,321 | 6 | 柿岡氏 | |
| 小田城 | 梶原　政景 | 2,703 | 6 | 小田氏 | |
| 海老ヶ島城 | 宍戸　義長 | 2,451 | 5 | | |
| 真壁城 | 真壁　房幹 | 4,571 | 10 | 真壁氏 | 知行高2,017石(筑波郡) |
| 玉造城 | 川井　大膳 | 821 | 6 | 玉造氏 | |
| 島崎城 | 小貫　頼久 | 1,261 | 4 | 島崎氏 | |
| 松野城 | 松野　資通 | 1,417 | 1 | 松野氏 | 知行高706石(下野松野) |
| 那須 | 太田　景資 | 1,808 | 3 | | |
| 那珂湊 | 真崎　宣広 | 2,113 | 1 | | |
| 戸村城 | 小貫　伊賀 | 2,770 | 1 | 戸村氏 | |
| 友部城 | 山方　右馬介 | 953 | 2 | 小野崎氏 | |
| 長倉城 | 中田　駿河 | 717 | 2 | 長倉氏 | |
| 滑津城 | 前沢　筑後 | 799 | 1 | | |
| 石神城 | 小野崎千代房 | | 1 | 小野崎氏 | 知行高900石 |
| 小高城 | 大山　義則 | | 9 | 小高氏 | 知行高4,012石 |
| 鹿島城 | 佐竹(東)義久 | | | 鹿島氏 | |
| 宍倉城 | 〃 | | | 菅谷氏 | |
| 石塚城 | 〃 | | | 石塚氏 | |
| 久慈(城館未詳) | 佐竹(北)義憲 | 3,020 | 6 | | |

注「文禄五年御蔵江納帳」等による。

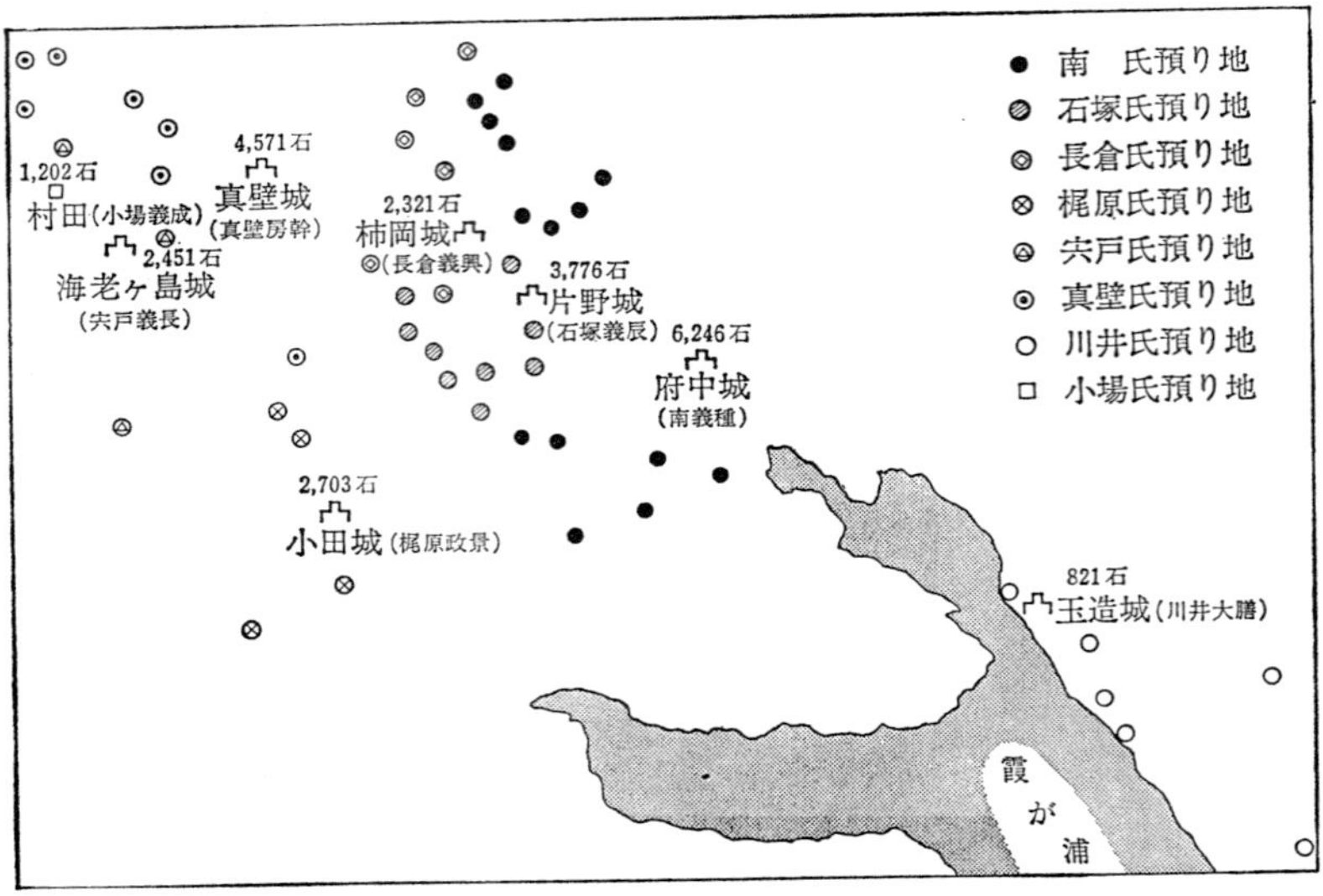


**第4図　佐竹領内の支城と蔵入地の配置**

(「文禄五年御蔵江納帳」による)

図参照)。領国内の城将配置の状況は、おおよそ第12表のとおりである。以下、この状況から、文禄末・慶長初年頃の家臣団編制の特徴を摘記しよう。

まず、府中城以下の領国内の要衝が、南義種をはじめとする数多くの佐竹一門によって支配された。これに六万石の知行を擁する東義久を加えれば、領国統制上に占める佐竹一門の地位は、絶大なものといえる。しかし、これら佐竹一門の性格について、注意を要するのは、かれらのほとんどがすでに本領から引き離されて、新番城に移っている点である。たとえば片野城将の石塚氏のばあい、その本領石塚は東義久の知行地となり、柿岡城将長倉氏の本領長倉は、義宣直轄領となって中田駿河が在城し、戸村義国の本領戸村も同様小貫伊賀の番城となっている。つまり、佐竹一門の新しい支城配置にさいして、かなり大規模な知行割替えが実施され、義宣の権力組織の再編強化が図られたのであった。

佐竹一門とならんで、外様の大身が相当数多く支城の城将に任じ、しかも佐竹一門とはかなり対照的な性格をしめしている。その代表的なものとしては、第12表のように、真壁氏（真壁城）・宍戸氏（海老島城）・梶原氏（小田城）・太田氏（那須）・松野氏（松野城）・前沢氏（滑津城）などがあり、他に茂木城の茂木治良、江戸崎城の芦名義広をあげることができる。

このうち、たとえば松野資通は旧来の本城である松野城に在城したままで、一四一七石余の義宣蔵入地を預かり、他に松野城下七〇六石の知行地を与えられている。この蔵入地は、おそらく松野氏の本領内に設定されたもので、それだけ松野氏勢力が削減されたことを意味する。しかし知行高は本領の残りの部分についての支配を、あらためて義宣から保証されたもので、松野氏はなお依然として旧領に在ったわけである。真壁房幹のばあいも同様である。房幹は旧領のうち四五七一石を義宣の蔵入地として取り上げられた。ところが、これをそのままあらためて預け置かれ、旧来通り本城真壁城に在城したうえ、別に近隣の筑波郡内で二〇一七石余の知行を給与されている。[18]なお、太田景資・梶原政景はいずれも、永禄七年、武蔵岩槻城を没落した太田資正（三楽斎道誉）の子で、資正は永禄末年佐竹義重を頼って常陸に亡命し、片野・柿岡両城を預けられていた。つまり、佐竹氏の客将であり、常陸土着の旧族ではないが、天正十九年九月、資正の死後、文禄四年までの間に番城の再編成が行なわれ、それぞれ那須と小田城に移され、その後に佐竹一門が送りこまれたのである。[19]

つぎに、義宣の旗本家臣団の支城配置状況をみよう。主なものは第12表に示した玉造城（川井大膳）・島崎城（小貫頼久）のほか、戸村城（小貫伊賀）・友部城（山方右馬介）・長倉城（中田駿河）や湊（那珂湊、真崎宣広）などである。ただ、川井・小貫両氏の行方郡玉造・島崎城域での預り分は、全預り高（小貫氏は久慈・那珂・茨城・行方四郡に九四七一石余、川井氏は茨城・行方二郡に四三五二石余）のごく一部にすぎず、この両氏が実際ここに在城したかどうかは疑わしい。したがって、これを除けば、常陸南部の新治・真壁・行方・筑波・鹿島の諸郡や下野・陸奥の一部など佐竹氏新領域には、義宣旗本層の在城は認められない。言いかえれば、義宣は領国外縁の新領域をすべて大身の佐竹一門と外様家臣に委ね、水戸城を囲む領国の中心部分に、旗本家臣団を配置したのである。

(3)　下士層の編成と支城配置　　義宣は文禄四年の知行割（奉書による宛行）によって、旗下に属する多数の下層家臣団を、旗本家臣団とは別に組織化した。かれらは各支城の城将のもとにまとめて配属され、その地域で新たに知行を与えられた。その知行高は四〇石前後の少額に限られ、しかもそれはいくつかの村の分を合算したり、一村を細分したり、均等割りするなどかなり機械的に操作された宛行であった。その結果、かれらは知行所の直接支配などは行なわず、各村から納入される所定の年貢を収めるだけの間接支配にとどまるばあいが多くなったと思われる。

なお、さきにも述べたが、かれら奉書形式による知行宛行を受けた下士層は、秋田時代に佐竹領内の各支城に配属された、組下給人の家系と一致する（第7表を参照）。これをもう少し詳細にみると、小貫・人見連署奉書は後の大館（小場家）給人、人見奉書は後の湯沢（南家）給人、人見・和田連署奉書は後の湯沢・角館給人（北家）というように、奉行の相違は陪属家臣団そのものの区別にもとづいていることが判明する。伝存する一部の史料の内から一例をあげれば、文禄四年八月十五日、人見・小貫連署奉書により、青柳右京ら七人の家臣が那珂郡長倉村内にそれぞれ五〇石宛の知行を均分された。その後、佐竹氏の秋田移封にさいし、そのうち長山・河澄両名は常陸に土着し、他の五人は秋田大館城を預かる小場家の組下に配属された。[20]この頃、長倉城将は旗本の中田駿河守であり、小場氏は真壁郡の村田を預けられている。したがって、右の長倉村の七人の給人と小場氏との間には、まだ統属関係は認められず、かれら給人たちが小場氏に配属されたのは秋田移封後と推測される。

以上のように、義宣が旗下の下層家臣団を支城に配置した目的は、まず支城の軍事力を強化することにあったと思われる。それは一騎打ち戦法から集団戦への戦争形態の変化に対応した、新しい家臣団編成の特徴である。

(4)　兵制の変化にともなう足軽層の増大　このような兵制の変化をもっともよく現わしているのは、足軽層の役割が増大したことで、佐竹氏のばあい、とくに顕著なものは、足軽の鑓・鉄砲隊の編成が急速に整えられている事実である。たとえば、義宣は文禄三年、旗本の宇垣伊賀守に「鉄砲之者五十人」を預け置き[21]、慶長五年、「やり衆百人」に知行五〇〇石をまとめて与え、同じく旗本の大和田重清に足軽五〇人を「てつはう衆」として預け、その知行分として五〇〇石を一括して給与している[22]。また義久も同じ頃、「鉄砲三百人」を「五十人組」に分けて、町田摂津守ら六人の諸将に配属せしめた。この時、町田氏備下の五〇人組はさらに「二〇丁・町田摂津守より騎(寄)、二〇丁・人見越前守より騎、一〇丁・甚兵部右衛門より騎」に分けられている[23]。

　つまり、佐竹氏は自ら掌握した足軽をもって、鉄砲を装備した五〇人ぐらい宛の「組」に編成し、これを有力家臣のもとへ「寄騎」として配属し、部将の備えの強化を図ったもので、断片的な史料をみても、これら足軽鉄砲隊や鑓隊の数は相当多かったことが知られる。なお、みぎの大和田氏のばあいや、町田氏が「作屋村之出目　三拾五人　寄騎　預候也」という黒印状を与えられた例をみると[24]、寄騎の足軽たちへの知行分は、個別に給与されたのではなく、おそらくは臨時給与として、寄親に一括して預けられたと考えられる。しかし、寄騎の足軽衆はそれぞれの寄親にまったく隷属せしめられたのではない。時として「五十人組の足軽、誰か寄騎にても候へ、此度のことは、頭《かしら》に付け候者の仕置次第に陣取いたすべきものなり」と指示されているように[25]、足軽家臣団は佐竹氏自身の作戦に従う独自の編成を保ったのであった。

なお、家臣団全体の軍事編成は不明である。

(1) 「佐竹文書」一乾。
(2) 「文禄三年常州検地覚書」、「佐竹文書」三坤所収・「佐竹文書」(東京大学史料編纂所レクチグラフ)。

(3)「義宣家譜」三。
(4)慶長三年八月一日、甲斐国知行方目録、「浅野家文書」。
(5)「佐竹文書」・「採集文書」・「家蔵文書」・「佐竹古証文」・「水府志料」等から蒐集した。
(6)「文禄五年御蔵江納帳」。
(7)「家蔵文書」十八、佐竹義宣文書。
(8)「採集文書」十三。
(9)「採集文書」二十八。
(10)〜(13)「佐竹文書」・「採集文書」・「家蔵文書」・「佐竹古証文」「水府志料」等から蒐集した。
(14)「採集文書」十六。
(15)「家蔵文書」十八、佐竹義宣文書。
(16)「家蔵文書」十七、佐竹義重文書。
(17)「続常陸遺文」二。
(18)「家蔵文書」二十四、佐竹義宣家臣知行判物。
(19)「太田氏関係文書集」第二。
(20)「家蔵文書」・「採集文書」・「水府志料」。
(21)(22)「採集文書」十八。
(23)〜(25)「採集文書」十八・「家蔵文書」二十七、東義久文書。

# V 戦国期研究の軌跡

## 1 一九六〇＝戦国大名覚書

初出「戦国大名覚書」（『日本歴史』一四七）

**戦国時代**　戦国時代といえば、ふつう応仁文明の乱から永禄十一年（一五六八）の織田信長上洛までの、おおよそ一〇〇年間とすることが常識的見解となっている。この時代を統一的中央権力の不在によって特徴づけ、分裂から統一への発展においてとらえようとするなら、室町幕府権力が実質的勢威をまったく喪失した応仁文明の乱にこの時代の起点をもとめ、織豊統一政権へのいとぐちとなった信長上洛に戦国の終熄をみようとする、「通説」的時代区分は一応妥当なものといえ、またその意味するところは重要である。

すなわち戦国時代というとき、(1)在京守護大名の領国下向に象徴される、権力の分裂と相剋を惹起する画期となった応仁文明の乱、(2)戦国大名独自の国法が打ち出され、知行宛行・不入破棄・検地という、大名の土地所有を前提とした一円的土地所有権掌握の主張が広汎に展開される天文〜永禄期、(3)織豊政権のもとで諸大名相互の激しい戦いが終熄し、かれらの領国が政治的に整理画定される気運にむかう天正期、などを重要な画期として理解さるべきであろう。

しかるに如上の時代区分の「常識」化にもかかわらず、なお多くの戦国大名論においては、この時代区分のもつ真の意味、すなわちみぎの諸画期を指標として、統一的中央権力の解体や分権的地域的権力の成立に、時代の基本的特質をみようとする視点が見失われ、織豊政権ないし織豊期大名をもって戦国大名の完成形態とし、多くそれによって戦国大名を論ずる結果となり、ために すぐれて過渡的な権力に固有の諸特質の理解は著しく困難となっている。

**戦国大名の位置づけ**　さて如上の時代区分と関連して、戦国大名をどう位置づけるかは戦国大名論の窮極の課題であるが、ここでは守護大名・近世大名との対比において、戦国大名権力の性格やその領国制の本質規定に関する現段階の主要な見解をみておこう。

まず守護大名との差異については（主として中世史研究者の側から）、守護大名は雑多な得分権を内容とする散在所職を経済的基盤とし、そのうえに立つ権力構造も国人層とのゆるやかな被官関係を基軸として、多分に旧来の荘園的収取体制に依存する古い体制であると規定し、これに対して戦国大名は荘園体制への依存性を払拭して、封建的小農民を基軸とする郷村制のうえに強力なヒエラルヒーを樹立せる地域的封建権力であるとする（永原慶二）。

他方、近世大名との関連の位置づけについては（主として近世史の側から）、両者の間に明確な質的相違をみとめ、応仁文明の乱以後一世紀半にわたる戦国動乱を通じて、「名」を基盤とする荘園体制社会が最終的に解体したのであり、荘園体制終末期における戦国大名の一般的形成、その克服否定を前提としてのみ、幕藩体制社会の体制的成立は可能であったとする（安良城盛昭）。さらに、戦国大名が把握した「百姓」の中核は、近世初頭の「百姓」身分の四類型（①「下人」「名子」「被官」上昇の結果をしめす小経営、②「名主」の複合大家族分裂の結果成立する小経営、③残存「名主」上層の手作大経営、④残存土豪的御館経営）のうち、③④の前身であったとし、①②を中核とする農奴制をその基礎にもつ幕藩体制社会＝近世大名との間に、再生産構造の基本的差異を指摘するのである。

このように戦国大名の位置づけについては主として荘園体制＝名体制の評価をめぐって諸説はいちじるしい隔たりをしめし、後者の見解については「発生期の名・庄が、そのままの名称がある故に、戦国時代まで同じものとして続いているという安易な解釈」（中村吉治）とも批判される。この点、応仁文明の乱前後における荘園所職の変質・擬制化を強調し、この段階の荘園所職はもはや名体制段階の土地所有の基準をしめすものではなく、新名体制による封建的権力者の一元的土地所有をしめすと説く見解（宮川満）は、戦国大名の性格を積極的に評価しようとする試みであるといえよう。

ともあれ、この点の評価に視点を定めぬ限り、戦国大名を荘園体制終末期に形成されたものとみ、戦国大名権力の直接的基盤を地侍領主化しつつある旧名主層にもとめ、それら大経営の下から分裂独立しつつある小百姓・平百姓らの小経営にいかに対応するかによって、戦国大名としての権力の強弱、近世大名への転化の成否は決定されたのであり、戦国大名それ自体きわめて不安定な過渡的権力であったとみることにおいて、諸説はほぼ一致しうるであろう。

**戦国大名と地域差**　したがって戦国大名の性格には、大名権力の基盤をなす諸階層の分化の進展度合とそれへの対応のありかたに規定されて、必然的にいちじるしい地域的偏差が生じ、そこから先進（畿内）・中間・後進（辺境）というおおまかな地域的類型化の試みは、戦国大名論の主要な問題となる。この類型的把握は、はじめ織豊政権の成立を理論的にあとづけようとして試みられ、以来いちじるしい研究のたちおくれから、なお結果論的な感じを免れないが、ほぼつぎのようなものとして理解される（宝月圭吾）。すなわち先進地域においては、荘園領主＝幕府権力に強く規制されて戦国大名は成長しえず、中間地域ではそうした制約は少なく、広汎に成長せる小農民を中核とする郷村制の基礎のうえに、有力な戦国大名の統一的分国支配が確立され、後進地域では名体制をふまえた守護大名がそのまま戦国大名として生きのこる、というものである。

とはいえ、この類型化は直ちに地域的に確定しうるものではなく、なかんずく典型的な戦国大名を成立せしめたという中間地域に関する研究はなお実証的な空白をのこしているが、以下少しく現段階での成果にもとづいて、いくつかの戦国大名を例として、その権力基盤の地域的特質を具体的にみておこう。

まず近畿の戦国大名浅井氏のばあい（横山晴夫）、大名権力の基盤となった地侍層は、郷村に生活の場をもち郷村のすべての百姓を与力・被官化して、郷村に絶大な権力をもって臨む存在であり、浅井氏の郷村支配はかれら地侍層を把握することによって実現された。ところがその郷村支配は、同じ近江六角氏にみられるように（宮川）、何人かの土豪国人が一郷村の農民を何人かずつ与力被官化するという、散りがかりの被官関係にもとづくものであって、土豪・国人層はいずれも一郷村の土地と農民とを完全に把握し支配することはできなかった。ためにかれらは相互に反目をひきおこし、下からは郷村結合の力に強く制約され、さらに上から荘園領主＝幕府権力に規制される結果、かれらは自己の体制の保証を求めて大名のもとに結集するが、ついに強力な戦国大名は成長しえなかった。

つぎに東海・関東でもっとも代表的な戦国大名とされる今川氏（菊池武雄）・後北条氏（中丸和伯）をみよう。戦国大名の同心・被官・知行人としてその権力基盤を構成するのは、郷村内部の政治と生産に深くくいいってその主導権をにぎる旧名主・小領主層であり、経済的自立の支柱をいまだ現物地代のうえに確立しえず、なお多分に平百姓・脇者・下人の徭役労働によって自己の体制を維持し、知行人の欠落が百姓の逃亡をともなうほどの隷属性の濃さをとどめる。それが、平百姓以下の自立性への傾斜や数の増加による、古い村落体制の解体の進行に対応して、旧名主・領主層は自己の在来の体制に強力な保証を与える専制的権力を求め、戦国大名の基盤となっていく。このように戦国大名は徭役労働の崩壊過程に成立した不安定な過渡的権力であって、後北条氏などは、知行人―名主―百姓の分離の進行に対応して、知行人支配下の郷村の名主百姓を把握しようとするが、郷村を領国支配の基礎にしたといっても、郷把握の目となったのは在郷知行人であり、なお古い構造にたつ旧名主・小領主層を郷村から切り離して、積極的に平百姓を掌握しえなかったところに戦国大名没落の原因があった。

さらに九州大友氏のばあい（杉本尚雄）その戦国大名化の基礎となった地侍層は、旧名主の系譜をひく土豪的小領主を家父長とし、これが同名の一族をひきい、下人・名子をしたがえ、外側に異族の小農民を付属させた、大規模な家父長的同族的組織をもつものであり、それが大きな変質をとげぬまま、大名権力の固定的な基盤を構成した。

**戦国大名家臣団の構成**　如上の諸成果は、用語の不統一による表現の多様性にもかかわらず、戦国大名の権力基盤の実体と地域差の存在について、かなり明確な指摘をなしえていると考えられる。ところで、戦国大名はその基盤のうえに郷村支配を実現し、家臣団を構成していくのであるが、その方式には、郷村外の封建的権力の強弱と、その郷村内の共同体的な強制力の強弱によって、おおよそつぎのような二形式があった（菊池）。郷村の土豪ないし有力農民を個別的に把握する与力・若党・被官百姓方式と、かれらを一つのグループとして把握する寄子同心方式とがそれであり、とくにふつう寄親寄子制とよびならわされる後者の方式は重要である。

すなわち戦国大名は領国内郷村における名主層の主導的地位を容認し、またかれらの在地における横の連帯組織を「同心」という名において公認することによって大名家臣化し、これを自己の部将（寄親・指南・奏者）の下に一括して寄子（同心）として「預置」ことによって、軍事・行政支配を郷村内にまで貫徹した。そのさい、寄親と寄子はともに大名家臣であって相互の主従関係はなく、むしろ先進的な地域では、寄子が自由に寄親をとりかえるなど、両者の関係はかなり不安定なばあいの多いことを知るが、後進地域などでは、両者が地域的なまとまりをもって存在するようなばあい、寄親は寄子に対して主従的な強制力をもちえたようであり、とくに上杉氏・後北条氏などにみられる二重の寄親寄子制のばあいにそれはいちじるしいものがあった。このような基礎のうえに、大名の直接的権力構成も、同族を中心とする党・一揆的なものから、領国の拡大にともない、小身の譜代直臣団を中核とし、さらに従来の同輩や敵対関係にあった領主層をも国衆・外様などとして家臣団にくりいれることによって、独自の強力な権力機構に発展する。

**戦国大名の検地**　その権力構成の発展とともに、戦国大名は天文〜永禄期にかけて、独自の所領宛行・不入破棄・検地など、大名の土地所有を前提とした一円的土地所有権掌握の主張を広汎に展開し、この時期が戦国時代の重要な画期をなしていることはじめにもふれた。検断不入とともに諸役不入をも内容とする不入制を打破する宣言は、今川氏・上杉氏のばあいにいちじるしく、後北条・毛利氏など多くの例をあげうるが、大名知行制の確立にとってもっとも重要なのは検地である。

戦国大名の検地については、従来それを太閤検地と比較するに急なあまり、それが兵農分離・小農民自立などの政策的指向性を有せず、また領国総検地でないこと等をあげて、否定的なことばで評価されることが多かった（高島緑雄・所理喜夫）。しかし、戦国大名の知行制確立が在地領主の本領安堵方式を一般的なコースとしたこと（永原）と対比するならば、後北条・武田・毛利など諸大名の検地が、たとい局地的なものにせよ、いずれも「知行改之上」「検地之上」などと、所領安堵・宛行・寄進の準備措置として実施強行されていることは十分注目に価するものであり、戦国大名が自らの一円的土地所有権を前提とした知行制の樹立を指向していることをしめすものとして、戦国大名発展の特定段階にもつ意義を正しく評価すべきであろう。

**戦国法の特質**　これらの重要な諸政策と機を同じうして展開されたものとして、戦国大名の分国法はすぐれて戦国的な、大名独自の基本的領国支配政策を直接具体的に表現するものといえる。その重要な性格として、まずその家法・式目・壁書・法度・国法などの名称もしめすように、形式的にも内容的にも本来は大名の家中法＝私法であったものが分国一円の統一法＝公法化していること、つまり大名個人の権力意思が国法としての性格をもつに至っている点が注目される。

つぎに特徴的な性格として、法の表現の平易さをあげえよう。これはやがて近世期への移行の中で、村方史料が漢文体から仮名交りとなり、年貢負担者の名前が名主の武士的なものから本百姓の庶民的な親しみ易いものに変わるという事実（安良城）に比すべきもので、先にみた戦国大名の権力基盤に対する対応の深まりをしめすものに他ならない。そして戦国法それ自体、そうした対応のありかたに規定されて、相対的にかなり明確な地域差をしめすとされ（井ヶ田良治）、それは、先進地域の法（例、義治式目）がとくに債務・土地売買など詳細な民事規定を含むこと、中間地域の法（例、信玄家法）が軍事的色彩を強くもつこと、後進地域の法（例、塵芥集）が刑法および下人規定に詳しいこと、などによって説明される。

**戦国大名を生みだした要因**　ところで激動の戦国時代・戦国大名を生みだす理由は何か。その要因についてはすでに少しく関説されているが、その基本的動因を日本農業の中心である水田稲作農業にもとづく生産力のいちじるしい発展と荘園制的支配の在り方との矛盾に求める、つぎの諸見解は注目すべきものといえる。

たとえば関東における後北条氏分国のばあい（中丸）、生産力の拡大は耕地開発以外になく、谷田や沢田より平地への耕地の拡張がその唯一の道であるが、根強く在地して独自の政治を行なう個別的な領主の存在は、大河川に対して積極的な工事を進めるうえに大きな障害となってくる。このことはようやく力を得てきた名主をして領主をつきあげて搾取量の軽減をはからせ、ために領主はより戦闘的に他領への侵略を試みなければならなくなる。これが戦国時代をひきおこさせる基本的な力ではなかったか、と指摘される。

また主として畿内・周辺地域では（中村）「村は家と耕地だけでできているものではない。山野河沼が必要である。

その必要さの内容も範囲も歴史がある。山野河沼は利用度が低ければ、とくに線をひいて誰のものとする必要はない。しかし利用度がたかまり利用方法が変ると帰属がむずかしくなる。中世末に山野河沼の争奪が、しばしば土一揆の形態にまでたかまって見えたことはそのためである。そしてその争いを利用しながら、ひっくるめた地域の権力をたかめる契機のひとつにした大名も多いのである。そこで領域を定めて大名支配下に安定することが行われた」と説明されるところである。

さらに戦国時代を農業生産力（用水土木技術）の飛躍的発展期とし、そこに時代の特質をみて、水田稲作農業に不可欠の山野草生地や用水土木工事をめぐって次第に激しくなる入会権・水利権のあらそいの解決は、荘園体制下の権力の小規模分散性をもってしては限界があり、そこに統一的な強力な政権＝戦国大名の登場が強く要請され、その権力によって戦国期の農業は飛躍的な発展をとげた、とする理解（大石慎三郎）はその代表的なものといえる。

**のこされた問題**　以上、戦国大名について、従来の諸先学の成果に拠りつつ、いくつかの覚えを記してみた。紙幅の制約と筆者の非力から意をつくしえず、まったくふれえなかった問題も少なくない。たとえば、戦国大名が旧名主層を通じて郷村を支配していたというとき、たんに戦国大名が窮極的には「村」を基盤としていたとするだけでは、その「郷村」の実体と性格についてなんらの解答をもしめしえないし、とくに、それを守護領国制下のいわゆる「惣村」から、幕藩体制下の「村」への展開の過程にどう位置づけるかという視点は、さらに明確にさだめられなければならず、すでにそれが過渡的な、度合のちがいを示すものにすぎないという理由によって等閑に付すことはゆるされないであろう。また、戦国大名がつねに中央＝先進地域を指向し、かれら（とりわけ中間地域の大名）のあいだから全国的な統一政権が成立してくることの理由は、戦国大名の発展それ自体のなかで、とくに流通機構への対応との関連において考えなければならないものであるが、のこされた問題はすべて筆者自身のこんごの課題としたい。

# 2　一九六三＝豊臣期大名論の視角
## ——大島正隆「北奥大名領成立過程の一断面」によせて——

初出「豊臣政権論の一、二の問題―大島正隆氏の論文の紹介―」(『国史談話会雑誌』六)

大島正隆氏の「北奥大名領成立過程の一断面——比内浅利氏を中心とする考察——」(昭和十七年『喜田博士追悼記念国史論集』所収)は、氏の東北大学国史学科卒業直後に成ったものであるから、もう二〇余年も前になろう。わたくしはつい最近山口啓二氏がこの論文を激賞して話されるのに接してはじめて手にした。豊臣政権論の大きなよりどころとして、佐竹氏の例などを補いながら、懸命にメモをとってみた。確かなものの極めて乏しい関係史料のなかから、浅利氏という滅び去った小土豪の事蹟を浮彫りにされた、若い日の大島氏の鋭い分析力と厳しい史料批判の方法は、まことにすばらしい。けれどそれ以上に、「天正末年より文禄慶長に至る、全国統一完成のその歴史的時期」に鋭く着目し、辺境の北奥世界の歴史も「全国統一勢力といふ、この新しく奥羽の天地に割込んで来た巨大な力に包摂さるる、新たな関係に於て見直される」と論じられるところに、つよくひかれたのである。

まず大島論文は、全国統一勢力という巨大な力に包摂される新たな関係が展開する画期を小田原陣におき、天正十八〜九年(一五九〇〜一五九一)の歴史過程をつぎのように理解される。論点は、小田原参陣をめぐる戦国争乱の停止、全大名の豊臣氏への参礼、奥羽仕置（検地）による「天下」＝豊臣政権秩序の完成と領国の画定、九戸征伐による戦国争乱の最終的終結、以上である。すなわち、北奥世界に天正十七年に至るまで継起した南部・津軽・秋田・湊・浅利・松前諸氏の激しい対立抗争は、豊臣氏による小田原攻めの動員令に接して急速に停止する。これら北奥諸氏は中央への顧慮から、自らの直面する重大な局面を放置し、津軽氏はいち早く三月に駿州沼津に赴き豊臣の安堵を得、南部氏・湊氏は小田原参礼、秋田氏は七月に会津において参礼、引続いて松前氏は上洛して狄之島支配を公認、という行動にうつっていく。小田原陣はすでにして北奥における戦国争乱を終熄せしめ、諸大名の豊臣政権への編成を完了せしめているのである。

相互の競合を停止したこれら諸氏の勢力は、太閤検地により、統一政権下に安定的に公認される。たとえば、従来秋田氏と争って来た浅利氏の地位は「検地帳・御朱印にも相のり、万端役義共仕」る秋田氏の家臣として確定されるが、浅利氏がかかる自らの地位を、「けんち之儀何分ニもあひまかせ候由尤候……天下ニて相済上ハかた〳〵きつかひ有間敷候」と自らの家臣に申し送っているのは注目すべき事実であろう。小田原参礼から太閤検地施行に至って、一土豪の意識のうちにも、明らかに「天下」＝豊臣政権秩序の成立がとらえられていることをみるのである。

翌天正十九年、葛西・大崎・九戸征伐をめぐって行われた大動員は、まずその規模において、徳川と羽柴（秀次）を総大将に、伊達と蒲生、佐竹・宇都宮と石田、上杉と大谷など、外様大名と豊臣直臣とを組み合わせた三軍編成を示し、東国諸大名を包括するものであった。作戦そのものは諸軍の出兵をまたずして終わるのであるが、この動員令は、諸大名に対し小田原陣において試みられた踏絵の総仕上げと確認に他ならず、たとえば佐竹氏のばあい、「自京都、今度奥州御陣付、当国人数積之儀、昨日弐万五千之預御催促候」という極めて過大な軍役賦課をともなったのである。ところで佐竹氏がさらにことばをついで「雖然俄与云難成候間、自分以積申届候、騎馬四十四騎・歩者弐百廿人被引連出陣尤候、此透聊も致相違者、各身上之可為安危候」と、その数日前まで起請文を取り交わす関係にあった有力家中に申し送っているのを見逃すことはできない。豊臣氏によって賦課された過大な軍役＝統一政権のしめつけは、直ちに佐竹氏によって自らの領国統制のてこに転化されていることをみるべきであろう。

さて豊臣政権によるかかる軍役の性格に触れるとき、この奥州御陣とほとんど継起する「名護屋御陣」と伏見普請にはさらに注目してゆく必要があると思われる。大島論文は、北奥諸大名のすべてが名護屋に参陣し、賦課された軍役はいずれも極めて過重であったことを指摘し、さらに名義は参陣であるが、実体は統一政権に対する諸大名の接近の好機として利用された、という重要な事実を明らかにされる。すなわち、天正二十年、秋田・南部・津軽諸氏が参陣、翌年松前氏の到着をみるが、賦課された軍役は、秋田氏旗下の浅利氏のばあい、かれが例年上納すべき御蔵入地(二三七〇石)物成の実に一年一ヵ月分に匹敵する二両三分＝五四五石九斗という膨大なものであった。「これだけの無理工面が、各家中を通じての現象であった」と考えられるのである。

試みに他をみれば、宇都宮氏のごときは「京家へ公役相重候上、尚今度唐入付而、知行分物成三分一納所無料簡候」と悲鳴をあげ、佐竹氏は三〇〇〇人近い軍を送った上に「給人三ヶ一」も「一向事済候ハす候」と嘆きながら「余之給之公役あたり候をきき候ハヽ、伊達などにて八十貫知行分之者ハ八貫つゝ軍役をすまし候……相馬なと之軍役のすみも三ヶ二被取由きき及候」と述べていることを知る。これへさらに追打ちをかけるごとくに、伏見普請役が諸大名に賦課されて行く。佐竹氏など、名護屋から三〇〇〇の軍の常陸引揚げを完了するや否や「於伏見惣構堀普請……令用意、人数三千人召連可罷上候」という豊臣氏の朱印状を受けている。南部・秋田氏らは自領より敦賀港へ杉板の搬出が指令され、秋田氏のごときは、一七〇日間に一一〇〇人もの人夫を動員して橋杉板八〇〇枚を敦賀の大谷刑部に引き渡さなければならなかったのである。

ところでさらに重要なことは、かかる豊臣政権下の諸大名に対する軍役賦課が、そのまま大名が領国統制を強化すべき契機となっているという点であろう。たとえば佐竹氏は豊臣氏の唐入動員令を背景として「給人三ケ一」の軍役賦課を領国内に強行するが、それは家臣団に対する「償不罷成方者知行方可返上仕之由、従江戸被仰越候」（天正十九年）という強制をともない、さらに郷村百姓に対しても「郷中百姓共年貢不相済候者、一郷も二郷もめこ同然ニはた物にあけて、其郷中はう所ニいたし候てもくるしくあるまじく候」（天正二十年）という高圧的な政策を領国末端まで滲透せしめている。

大島論文のいう「全国統一勢力といふ、この新らしく奥羽の天地に割りこんで来た巨大な力に包摂さるゝ、新たな関係」の実体は、ほぼ以上のごときものであった。小田原陣・奥州陣を画期として、名護屋陣・伏見普請に至れば、それはもはや踏絵などではなく、全国統一政権たる豊臣政権の軍役体制は、北奥の末端に至るまで滲透し確立されたのである。

さて大島論文は北奥の小土豪浅利氏が太閤検地の完了を「天下」＝豊臣体制の確立と把握し、全大名が間断なき軍役賦課を通じて豊臣軍役体制に編成されていく事実を明らかにしつつ、さらに豊臣内部の複雑な事情（文治・武断両派の抗争）が豊臣政権下の北奥諸氏の動向に直接の影響を及ぼしている事実を挙げて、統一政権の存在を強調し、またその過渡期的性格を指摘する。

まず中央政界と地方諸大名の接近の実体については、名護屋に参陣中の南部氏の言葉が如実に物語っている。「上衆、遠国をとかくなふり心候。然間、筑前《（前田利家）》へ月ニ一度御見舞申候。……日本之つき合にはぢをかき候へハ、家《（南部家）》のふそくニ候。……朝夕気遣苦労推量可有候。つかる右京《（津軽為信）》、筑前殿へ参候て、はしめぬいつこくニ物を申候て、奥村主膳殿《（利家老臣）》にこめられ、はちを取候、其後ハ弾正殿《（浅野長吉）》・筑前殿へも不参候。大事のつきあいニ候間、きつかい計ニ候」。かように豊臣政権の有力者への接近は、統一政権のもとで「日本之つき合」という性格をもち、豊臣政権の厳しいしめつけの中を生きぬく懸命の手段であった。なお、その日本のつき合も、南部・津軽・浅利氏らは前田利家・浅野長吉・徳川家康らに頼り、秋田氏は長束正家ら豊臣の奉行衆と結ぶなど、政権内部での分裂はすでに北奥諸氏の動向にも直接に反映しているのである。

それはやがて浅利事件や関ヶ原役における諸将の動向に決定的な影響を与えることになる。小田原陣を境に収まっていた戦国期以来の秋田氏と浅利氏の抗争は、文禄二年（一五九三）冬、浅利氏の名護屋陣軍役の未進問題から再発し、慶長三年（一五九八）春に及ぶが、秋田方は佐々正孝・長束正家を肝煎人とし、浅利方は浅野長吉・前田利家を後楯として、大坂における召決の結果、「浅利事、条々秋田殿へ不義をかまへ、御蔵入之算用をも不仕、其上くんやくをも不仕」という吏僚派長束正家の意見が「大納言様（前田利家）・弾正殿（浅野長吉）御肝煎の筋目」を制し、浅利家は断絶する（かかる関係は関ヶ原役に尾を引き、秋田氏は大坂方奉行衆との深い関係から、形勢観望の態度をとり、慶長七年常州宍戸五万石に転封となる）。

豊臣政権のもとに受け身の立場でのみ編成された辺境諸大名であればこそ、「天下」「日本のつき合」の意識は痛切なものであったに相違なく、北奥地方大名の家中紛争が豊臣政権の最高主脳部の裁決に委ねられている事実とともに、統一政権成立の動かしがたい支証とされるのである。とはいえ、秋田氏の一属臣たるべき浅利氏が、秋田氏と対等以上の地位に立って公に争い得た背景に、豊臣政権の内部分裂の存在したことは疑いを容れず、そこに豊臣政権の過渡期的性格をみ、関ヶ原役の予兆を読むことができるのである。

さて大島論文紹介の結びとして、大島氏が「山中又々の御検地」（慶長二年・秋田家文書）の史料にふれて、太閤検地後の再検地施行を推測されている点に着目したい。従来豊臣政権下における検地は、知られる再検地の事例もすべていわゆる太閤検地の一般論に解消され抽象化されがちであった、と考えるからである。また「公義より御なわ入候ても、又入事ニ候間」という佐竹義宣の指令に注目するからである。

筆者は先に上杉氏の研究に従い、越後において文禄四年に増田長盛を奉行とする「太閤検地」が施行され、さらに慶長二年河村彦左衛門尉（上杉重臣直江兼続麾下）を奉行とする上杉検地が、前者とまったく異なる上杉氏独自の方式をもって施行されている事実を明らかにし、これが「河村検地」「中使検地」等と汎称され、越後の近世的体制の成立にきわめて重要な意義を有することを指摘した。

また佐竹氏の領国常陸においても、文禄三年石田三成奉行による太閤検地のうち、慶長三年牛丸兵左衛門（佐竹家臣）を奉行とする検地が施行されている事例がある。ただこのばあいは、いまだ両者に検地方式の相違は認めえず、わずかに検地帳記載形式上に些細な異同をみるに過ぎないが、つぎの史料はまことに示唆的である。「秋田仙北兎角検地なく候てハならさる事ニ候間、致検地候者を、ふせう之もの成共、三戸よりあいこす可候、是ハ右之書立ニのらさるもの成共、はからい候て申付、こさせ申可候、公義より御なわ入候ても、又入事ニ候間、必々相こさせ可申候」。これは佐竹義宣が慶長七年、常陸より出羽への国替に際し述べるところである。したがって、この公義とは徳川政権とみてもよいが、むしろ「公義より御なわ」は太閤検地を指すものとなすべきであり、右史料の示すごとく、すでに佐竹氏が常陸水戸在城の時代に、自らの家中に検地専門の低身の吏僚層を擁している事実をあわせ考えるならば、「公義より御なわ入候ても、又入事ニ候」とは、豊臣政権期以来の大名の方針であったとみられるのである。

とすれば、天正・文禄期の東国（出羽・越後・常陸）に木村・増田・石田の行なった太閤検地と、慶長初年に大名（秋田・上杉・佐竹）家臣の行なった大名検地とは、いずれも豊臣政権下における検地であることをもって「太閤検地」一般に解消しえないのではないか、と思うのである。ただ大名検地＝再検地施行の理由についてはにわかに決しがたく、大島氏のごとく、太閤検地が「拙速主義で強行された粗略なものであつた」から、とのみ言いうるかどうか。とまれ、それが補充検地であれ、完全な再検地であれ、検地政策が大名の領国支配上のもっとも重要な対応であってみれば、その意義を没し去ることはできず、さらに付け加えるならば、如上の大名（再）検地がいずれも慶長初年という、豊臣政権の変質期に符合することにも注目すべき問題が潜むか、と臆測されるのである。

# 3　一九六九＝中世後期の政治と経済

初出「中世後期の政治と経済」（『日本史研究入門』Ⅲ、東京大学出版会）。なお、四「土一揆と村落―小領主・地主論をめぐって―」は『戦国社会史論』に収録。

## はじめに

便宜的に中世後期としてとらえられる南北朝・室町・戦国期（たとえば永原慶二「中世経済史総論」〔『日本経済史大系』2中世所収〕）に関する研究は、なお著しい混迷のなかにも、幕府論などを中心として着実な歩みをとげつつあるといえる。いまその現状を精細にしめすことはとうていできないが、問題状況の一端は、多くの研究者によってじつに多様な研究史整理ないし学説批判が試みられているという事態を通じても、窺うことができるように思う。

以下、それらのおもなものを気づくままに挙げれば、羽下徳彦「室町幕府論――覚書・主要研究の整理――」、島田次郎「中世の村落」、三浦圭一「中世の商業」（以上、『日本歴史』二〇〇号記念、『日本史の問題点』所収）、佐々木銀弥「中世商業・手工業の諸問題」、井上鋭夫「大名領国制をめぐる諸問題」（以上、創刊三〇年記念『社会経済史学』三一―一～五合併号）、永原慶二「南北朝～室町期の再評価のための二、三の論点」（『日本史研究』六二）、同「日本国家史の一問題――その法則性と特殊性に関連して――」（『思想』四七五）、大山喬平「中世史研究の一視角」（『新しい歴史学のために』一〇九）、島田次郎「日本中世村落史研究の課題と方法」(『日本中世村落史の研究』所収)、網野善彦「職の特質をめぐって」(『史学雑誌』七六―二)、佐藤和彦「国人一揆の研究視角――研究の現状と課題――」(『民衆史研究』五、のち『歴史評論』二〇四、再録)、村田修三「土一揆論の再検討」(『新しい歴史学のために』一二二)、同「戦国大名研究の問題点」(『新しい歴史学のために』九四)、田中健夫「中世対外関係史研究の動向」(『史学雑誌』七二―三)などがある。

これに比較して、中世後期を総括した概説は乏しく、わずかに、この期を国人領の展開を基礎において大名領国制という体制概念で一括する新しい試みをしめした永原『大名領国制』(一九六六年)を得たにとどまる。それだけに、一荘園に生きる人々の歴史を通して中世社会をみようとした網野『中世荘園の様相』(一九六五年)の味わいは忘れがたく、ほかには、啓蒙書とはいえ高い水準をもつ佐藤進一『南北朝の動乱』・永原『下剋上の時代』・杉山博『戦国大名』(一九六五年)を、雑誌『歴史評論』『日本歴史』誌上の書評・座談会記事と併読することで、豊富な事実や論点をとらえていく便宜がある。

さて、以上あげた多様な研究整理の試みは、たしかに研究深化のあらわれであり、入門へのすぐれた指針となることはいうまでもないが、同時にそれは研究対象の著しい細分化と諸説混迷の現状を反映するものに他ならず、中世とは何かを考えようとするものを困惑させずにはおかないだろう。中世後期の研究の直面する困難は、一方では、中世成立史の中から提起されてきたいわゆる二元論と、これまでのいわゆる名主ウクラード一元論との対立という、すぐれて理論的な問題のなかで、中世後期はいまだ理論的・実証的に厳密な論議の対象とされるに至っていないという状況と、他方では、高い研究水準をしめす近世史との関連で、近世への移行の問題を中世史の側から明らかにすべき課題へのとりくみもまた、決定的に立ち遅れているという状況とに、集中的にあらわれているといえよう。ただ如上の困難を全体として克服しようとする方向の具体化として、中世史がようやく国家論を研究課題とするに至ったという点は見逃さるべきでなく、封建国家論をめぐる理論と実証の深化の動向には注視していく必要がある。いま、こうした中世後期研究の動向を適切に紹介し、さらにこんごの展望をも明示することは、とうてい筆者の力のおよぶところではない。そのことはすべて如上の諸論説に委ねることとし、ここではわずかに幕府論と土一揆論とのかかわりかたに注意を払いながら、未熟な感想を述べることをお許しいただきたい。

## 一　幕府論を中心に

幕府論の前提をなす建武政権と動乱期の問題に関するおもな研究としては、これまでの主流的研究を代表する永原「南北朝内乱」(『岩波講座日本歴史』中世2所収)と、それに対し、後醍醐天皇による宋朝官僚制的な政治体制への幻想と足利義満によるそれの継承完結(日本国王へのみち)というまったく新しい構想を展開した佐藤進一『南北朝の動乱』(前掲)とをあげるべきであろう。それらの主要論点については、この両氏と赤松俊秀・黒田俊雄・豊田武による座談会「〃南北朝時代〃について」(『日本歴史』二三七)および羽下「室町幕府論」(前掲)に指摘されており、ここでいうべきことはない。ただ天皇・幕府を論ずる一つの基礎として、後段との関連でより具体的に考えておきたいのは、まさに悪党の時代ともいうべき鎌倉末期における変革主体と新たな結集の構造、そこでの王朝権力の役割についてである。永原は、組織された政治的軍事的権力としての鎌倉幕府に挑むためには、王朝だけがこれと対抗しうる唯一の権威であり、結集の媒介物として不可欠の存在であったと述べたが、歴史的階級的性格を異にする討幕諸勢力の結集のあり方の究明は、旧来の結果論的傾向やたんなる諸勢力の析出の段階をこえた、新たな課題としてとらえ直さなければならないのではないだろうか。その視角は室町幕府論についても、戦国期の大名権力の分析においても、再確認されるべきであると思われる。

さて、封建制論の分化にもとづく内乱評価の視角の多角化、それとふかい関連をもつ中世国家論への多様な関心は、幕府論に新しい特徴を与えつつある。佐藤進一「室町幕府論」（『岩波講座日本歴史』中世3所収）は、それまでの幕府研究の方法的特徴を要約して、幕府権力と他の政治諸権力との対抗関係からのアプローチと、幕府権力を規制する諸勢力の相互関係からの視角という二つの方法をあげ、そこから幕府の性格規定をめぐる「足利氏その一門及び外様大名の連合政権」説（佐藤）、「守護大名の連合政権」説（永原）などがでてきているとし、後者への批判を展開した。一方、永原「南北朝内乱」（前掲）もあらたに将軍権力と守護勢力とは補完関係＊にあるものとみるべきで、両説のいずれかに偏るのは正しくないと論じ、稲垣泰彦「応仁・文明の乱」（『岩波講座日本歴史』中世3所収）も、たんなる連合政権説では不十分であるとし、将軍優位→将軍・守護均衡→守護優位という転換図式で両見解の統一を試みている。

＊「補完」ないし「相互補完」というわかりにくい語の多用は近年の傾向であり、永原「日本国家史の一問題」（『思想』四七五）じしん、黒田俊雄の権門体制論における相互補完という概念の厳密さを要求して、「相互補完的」とは、もともと異質の階級が一面対立をふくみつつも、他面、一定の連帯関係をむすんで統一権力を複合的に構成するばあいには有効な説明概念であるが、同一階級内の機能分担ならば、そのような特殊的概念を使うまでもなく、一般にごく常識的に認められる事実にすぎない、と批判した。このばあい永原は将軍と守護をもともと異質の階級と理解しているのであろうか。

このような見解は、いわゆる南北朝内乱封建革命説に理論的にささえられてきた、守護領国制論――地域的封建制説が検討し直されようとしている傾向のなかで理解さるべきものであるが、補完・転換というような説明のもつ曖昧さはおおいがたく、いま幕府論に決定的な影響を与えているのは、佐藤（前掲）が、連合政権論的な視角への批判として、諸勢力結集の求心力の問題の追究という観点から、新たに提起した将軍権力論である。

その方法的基礎は将軍権力の二元性論におかれているといえよう。すなわち、室町武家政権の性格を、将軍権力にほんらいそなわる私的・個別的・人格的な主従制的支配権と公的・領域的な統治権的支配権、あるいは支配論理における身分概念（人の支配）と所領概念（土地の支配）、の二元性の矛盾の展開において分析追究しようとする方法がそれである。佐藤氏のばあい、その視点は中世武士の主従関係の特質を家人型（絶対隷従説）と家礼《けらい》型（双務契約説）との共存に求めようとした、佐藤「時代と人物・中世」（『日本人物史大系』第二巻所収）に発し、尊氏・直義の二頭政治の政治的基礎の分析として、同「室町幕府開創期の官制体系」（『中世の法と国家』所収）に具体化されていらい、方法論の中核として一貫して展開されてきたものである。これについて脇田晴子は、封建権力を公私に区分しうるかと反論したが（『史学雑誌』七三—五）、いまこの二元性論は、網野善彦「『職』の特質をめぐって」（『史学雑誌』七六—二）も指摘しているように、権門体制・中世法・職・中世村落・封建的土地所有の問題など、総じて中世国家論ないし中世特質論の方法的基礎として深められようとしている。

関連する諸説の特徴とみられる点だけを、中世後期にそくしてごく要約的にあげると、まず佐藤は、二元性の要素（ないし両側面）の関連を、二頭政治から管領制にいたる分裂・調和・集中ととらえたが、黒田俊雄「中世の国家と天皇」（『岩波講座日本歴史』中世2所収）は、所論の中核をなす中世の国家体制としての権門体制の権力機能を、各権門内部にたいする私的支配の機能（私的性格）と各権門相互間の調停機能（国家権力的性格）との二元的構成とし、全体を各権門とくに公武政権の分業・補完関係の展開変化としてとらえながら、室町幕府を中世国家の第三段階、つまり室町幕府がその国家権力的側面を拡大しつつ他の権門を従属させるにいたる段階とする。羽下徳彦・笠松宏至「中世法」（『岩波講座日本歴史』中世2所収）は、先の佐藤説とその前提をなす竹内理三「荘園制と封建制」（『律令制と貴族政権』Ⅱ所収）をうけて、職を土地の論理（荘園制）と人の論理（封建制）の共存ととらえつつ、中世を職の時代として論じ、網野もこの考えかたをうけつぎながら、職を得分権的・都市的—荘園制的・土地の論理の側面と、主従制的・農村的

―封建制的・人の論理の側面との統一として理解すべきであり、将軍権力の二元性は職の二側面の表現に他ならないと主張し、両側面の関連については、中世を通じて前者の優越から後者の前進昂揚へという構想をしめしている。

いっぽう、このような二元論的構想は、戸田芳実らの中世農民の隷属形態にかんする農奴・封建的隷属農民という二種の農民範疇の設定を起点としながら、大山喬平によって家父長制と構成的支配という観点から中世村落の二重（名主・散田作人）構成論として展開され、峰岸純夫「室町・戦国期の階級構成―とくに『地主』を中心に―」（『歴史学研究』三一五）では、エンゲルスの支配隷属関係成立の二重の道―公共的機能の階級的支配機構への転化の道・個別経営の階級分化の道の理論をもとに、在地領主権力に内在する矛盾をも固有の支配隷属関係の二元性の矛盾としてとらえ、それの展開において日本封建制を解明しようという構想をしめし、さらに、朝尾直弘「前近代アジアにおける国家」（『歴史評論』二〇一）がこの「二重の道」とそれによって構成される二重の支配＝隷属関係の相互の連関およびそのアジア的形態の特質について、封建国家論の理論的起点として厳密な追究を試みている。このように、二つのものの成立のしかた、連関のとらえかたなどをめぐって諸説は多様であり、何よりも二元性というようにとらえることそれじたいに問題があると思われるが、すくなくとも諸説が権力論・村落論等をつうじて、はっきり中世国家論ないし中世特質論を構想する理論的基礎として、この二元論への関心を強めつつあることだけは、所論の皮相的な一般化を戒めるためにも、確認されてよいであろう。なお、みぎにあげた諸氏の論点については後段で詳論したい。

さて、佐藤の幕府＝将軍権力論の影響は大きく、十四・十五世紀政治史としての赤松俊秀「室町幕府」（体系日本史叢書1『政治史』Ⅰ所収）や成立期の将軍権力の強弱を問題にした石田善人「室町幕府論」（『封建国家の権力構造』所収）なども佐藤説を前提としているが、将軍権力論の視角にもとづく研究の深化は、とくに幕府法制・御家人制や財政制度などの分野に顕著であり、佐藤・池内義資・百瀬今朝雄（三巻のみ）編『中世法制史料集』（第一巻 鎌倉幕府法、第二

巻　室町幕府法、第三巻　武家家法Ⅰ）の刊行が、その基礎にあって大きな役割を果している。

まず、法制面では、侍所・守護を基幹とする幕府の検断沙汰の研究に、羽下徳彦が「中世本所法における検断の一考察――訴訟手続における当事者主義について――」（『中世の法と国家』所収）にはじまり、「『検断沙汰』おぼえがき」㈠〜㈣（『中世の窓』４〜７）等をへて「室町幕府初期検断小考」（『日本社会経済史研究』中世編所収）にいたる厚い蓄積を示し、中世法の特質の解明に関して、笠松宏至は「中世法」（羽下と共同、『岩波講座日本歴史』中世２所収）や「中世在地裁判権の一考察」（『日本社会経済史研究』中世編所収）で、在地法の視角から各種裁判権の重層関係の追究をつうじて中世法の本質に迫ろうとし、同様な観点から、勝俣鎮夫「相良氏法度についての一考察」（『日本社会経済史研究』中世編所収）は、戦国法における在地領主層の法を析出し、藤木「戦国法形成過程の一考察」（『歴史学研究』三二三）も法の二面性を説いた河合正治「戦国武士の教養と宗教」（『広島大学文学部紀要』史学二四―二）などをうけて、在地の法のありかたに関心をしめした。

御家人制度については、まず佐藤進一の「地頭御家人制」論をうけた福田豊彦が「国人一揆の一側面」（『史学雑誌』七六―一）や「室町将軍権力に関する一考察――将軍近習を中心として――」上・下（佐藤堅一と共同、『日本歴史』二二八・二二九）で、佐藤進一のいう「親衛軍」の分析を深めるいっぽう、新たに「国人一揆」に地頭御家人以外の在地領主層を、守護の掌握から断って将軍権力につなぎとめる役割があると論じ、小林宏「室町時代の守護使不入権について」（『北大史学』一一）も、守護使不入権とは将軍直属御家人に付与された、段銭以下諸役の京済・守護介入拒否を内容とする、最大の特権であることを明らかにするなど、いずれも国人・将軍権力と守護・幕府体制との対立矛盾という視角から、集権的権力編成の解明を進めようとしている。百瀬今朝雄「段銭考」（『日本社会経済史研究』中世編所収）も段銭京済制度について、将軍と奉公衆とを守護とはまったく別の納税体系に直結させた点に意義を求め、小林と同様な結論に達している。福田はその分析から直ちに「室町将軍を頂点とする封建的主従関係を編成原理とする支配権力を封建国家」とする幕府＝国家論を引き出しているが、この点については、みぎのような将軍権力と幕府体制の矛盾という分析視角の当否をあわせた、慎重な検討が必要であろう。

財政制度の分野では、桑山浩然が「室町幕府経済機構の一考察——納銭方・公方御倉の機能と成立——」（『史学雑誌』七三—九）、「室町幕府経済の構造」（『日本経済史大系』2中世所収）、「中期における室町幕府政所の構成と機能」（『日本社会経済史研究』中世編所収）など一連の論文で、将軍への求心力の財政的根源を追究する仕事をつづけている。桑山によれば、幕府という権力構成の基礎として「料所」の果す機能はけっして大きいものではなく、また酒屋土倉との十四世紀末・十五世紀初頭における出会いもかなり偶然的であり、これを幕府経済確立の一指標とはみなしがたく、幕府の経済構造の基軸として重視すべきは、権力の根幹をなす将軍と守護・地頭御家人間における一国平均役・守護出銭・地頭御家人役などの賦課体系であり、そこに将軍への求心性の根源的契機が認められる、という。将軍財政（経済）と幕府経済（財政）のとらえ方にはなお多くの問題があるし、ことに幕府と酒屋土倉の結合を偶然的と評価するかどうかは重要な論点となろう。その点では、三浦圭一が「中世の商業」（前掲）で、地代収取への関与を高利貸擡頭の重要な契機とみる立場から、中世後期においてもなお、高利貸と在地領主との性格の未分化と幕府権力への依存性は濃厚であると注意を喚起し、新田英治「室町時代の公家領における代官請負に関する一考察」（『日本社会経済史研究』中世編所収）も、土倉の利潤蓄積の問題を、その荘園年貢収納過程への関与について具体的に究明している。酒屋土倉問題は財政論に限定せず、さらにこのような視角および実証との関連などから検討されなければならないと思われる。

ところで、桑山が将軍あっての守護（・地頭御家人）という求心性を国別賦課体系の面から具体化しようとしたことは、守護の諸権限を領国形成のテコとしてのみとらえがちであった、幕府ぬきのいわゆる守護領国制論にたいする批判となった。これまで、主として荘園制との関連で、一貫して守護領国を追究してきた田沼睦が、その後、「国衙領の領有形態と守護領国」（『日本史研究』八〇）や「公田段銭と守護領国」（『書陵部紀要』一七）などをつうじて、守護の一国的規模での分国関係の形成と幕府公権との関連に関心を集中しつつあるのは、以上のような将軍権力論の視角にもとづく幕府研究の深まりと無縁ではない。まず前者では、守護領国における国衙領の守護領化の意義の一般化や過大評価の傾向を批判して、関東分国・知行国のばあいは守護領化といえるが他は守護請化にすぎぬと論じ、ことに王朝さいごの全国支配権たる国衙進退権が十四世紀後半～十五世紀初頭に室町将軍権力に包摂されるとする指摘は、同時期に役夫工米徴収指揮・免除権という国家的権限が幕府に移譲される事実を解明し、桑山・田沼らの見通しを立証した百瀬「段銭考」（前掲）とあわせて注目される。また後者では、守護の公田把握にもとづく段銭知行制的体系の形成という構想がしめされるが、公田論提起の意義は、つまるところ公田支配の問題を公田耕作者身分たる「百姓」支配の問題にまで深めうるかどうかにかかって、権力論的方法に与えられた課題となろう。

如上の幕府論の契機は、幕府権力と他の政治諸権力との対抗関係から幕府を追究するという方法的立場（→将軍権力論）から、もうひとつの、幕府権力を規制する諸勢力の相互関係から幕府を論ずる方法（→守護大名連合政権論など）への批判にあった。もとより永原もいうように二方法は択一的でありえないとしても、しかしいま後者の視角は、将軍権力論の有効性のまえに、守護大名連合政権論とともに清算されようとしてはいないだろうか。その点で、見落してならないのは、村田修三が「日本封建時代の土地制度と階級構成」第四章（『北京科学シンポジウム歴史部門参加論文集』所収）でしめした、幕府守護体制を、村落共同体を基盤とする地域的な所領支配＝大土地所有を保障するために形成された、領主権力の結集による武力組織たる国家権力と解し、その本質を幕府権力と土一揆との対応においてとらえようとする方向であろう。つぎにその方向を幕府と荘園制の関係のとらえかたの問題をつうじて探ってみよう。

羽下徳彦「室町幕府論」（前掲）は、幕府草創期の課題を、王朝権力の否定とその裏付けとしての荘園制の破壊と要約したが、このいわば二重政権論による通説的理解にたいしては、黒田らの異なったとらえ方があり、さらに、幕府と荘園制とを本質的に対立的とみるか妥協的あるいは一体的（ともに没落すべき運命にあるもの）とみなすかは、諸説があって定まらない。永原（『日本史研究入門』Ⅱ）は、択一的見解に反対して妥協から侵蝕への段階的変化説を主張したが、これと前後して、黒川直則「守護領国制と荘園体制――国人領主制の確立過程――」（『日本史研究』五七）は、守護領国制の観点から、両者を本質的に対立するものとする見解を否定した。宮川満「荘園制の解体」（『岩波講座日本歴史』中世3所収）も、国家権力の保証が荘園制を体制として存立させたとして、幕府と荘園制の一体性を重視しつつ、荘園の解体は型別（重層的な本所―領家型、直轄支配による本所―預所型）に段階的（第一次・南北朝期、第二次・応仁乱期）に進行し、国家体制とともにほろび去ると論じた。その国家観はよく理解できないが、永原の段階変化説に近い考えをしめしながら、やはり一体性を重視しているといえよう。網野善彦『中世荘園の様相』（一九六六年）も、守護の支配は所職の再編成のうえに立った公家寺家の権門支配と本質的には異ならずとし、荘園制を南北朝期までの発展期・守護下の停滞期・応仁以降の崩壊期と段階づけているが、さらに大山喬平「室町末戦国初期の権力と農民」（『日本史研究』七九）は、幕府・守護が本質的に荘園制を補強する関係にあったと強調し、畑井弘「中世国家と民衆――守護分国支配体制下における在地領主と民衆の動向――」（『甲南大学文学会論集』二三）は、室町幕府を、荘園領主・在地領主の二つの領主階級が共通の階級的基盤のうえに立って実現させた妥協の産物であったと論じている。

いずれにせよ、ともかく現象面では、応仁文明の乱を画期とした荘園制の最後的解体と幕府権力や守護領国制の実質的崩壊との同時性に対するほぼ共通の理解が前提にある以上、幕府・守護や荘園制と対決し、これを崩壊のみちに追いやった諸勢力と、それへの幕府体制の対応という視角からの幕府論が必至であることはもはやいうまでもない。

その意味で、先の村田とともに黒川直則「中世後期の領主制について」(『日本史研究』六八)が、室町幕府は在地(村落共同体)とするどい対立(階級矛盾)をしめす、国人領主制を基盤とする知行制度によって構成された権力であり、領主層の年貢実現のための共同組織として成立したといい、新たに室町幕府知行制度というとらえ方を試みているのは注意されてよい。その知行制度とは、幕府の国人層に対する所領所職給付および惣領職補任をおもな媒介とした支配編成であり、国人層の領主制確立の要求を反映し、国人領主制の重要な出発点をなした、という。このような仮説が、先に紹介した将軍権力論の成果(たとえば、田沼の給付補任問題への関説、地頭御家人制の究明の深まりなど)とも関連して、どう具体化されうるかは今後に委ねられている。

ところで、幕府が実体としての権力の強弱を基準として論じられる事情は、幕府研究がもっぱら成立期にそくして行なわれている現状とも無関係ではないが、中世国家論までが「国家権力の機構を具体的客観的に問題とする」作業にかぎられるとすれば、「権門体制は荘園制とともに、応仁の乱をもって事実上消滅した。天皇・公家・幕府などの権門は、虚名を保って織豊の時代に及んだが、彼らが支配すべき国家も国政も、実際は存在しなかった」(黒田)という結論となることは必然であり、解体期から幕府を論ずるという視角は望むべくもない。だが黒田の理解は、いま通説的な重みをもっているのであって、「応仁・文明の乱」を主題とした稲垣もまた「守護たちの努力が中央に向けられ、形骸にすぎない幕府権力の保証獲得に向けられたとき、彼らはすでに目標を見失っていた」とするなど、権門体制・幕府・荘園制・中世法そして後述する商業史などかなり多方面の研究が、応仁の乱をもって決定的画期ないし中世の終焉とする結論に達している。

では乱後一〇〇年にいかなる位置を与えるかとなると、諸研究でもほとんど見通しすらしめされていないが、『政治史』Ⅱ(体系日本史叢書2)がしめしたように、この期は近世史に時代区分されるべきものなのであろうか。しかし如上の所説にたいしては、鈴木良一「戦国の争乱」(『岩波講座日本歴史』中世4所収)が批判を加え、十六世紀初頭まではなお、幕府体制がそう簡単に崩れたわけでも、新しい支配体制が成立したのでもなく、さらに十六世紀半ば以降には、将軍と大名との関係が観念的・実質的にかえって強化される(権威の再生)と指摘し、永原も地域領主制の複合のうえに成立している権力の総体を中世後期段階(日本封建国家の第三段階)の封建国家権力とする見解をしめした。いずれにせよ、解体期からの視角をも包みこんだ形で幕府―国家を論ずるには、三浦圭一(中世史サマーセミナー、第五回)も強調するように、実質的に全社会を支配する権力のみを追い求める方法だけではどうしても不十分であり、あくまでも実体としての権力機構・機能への具体的追究を基礎としながら、ついにはその権力が担い手をはなれ、実体を超えて自立するにいたるという、国家の特質を解明しうる方法を探って行かなければならないであろう。

## 二　分業・流通論の観点から

さて、幕府論における求心性の問題は、いわゆる商業史の分野で追究されつつある、分業流通の中央依存的特質との関連でも検討されなければならない。その基礎視角は、日本中世独自の分業流通体系の求心的性格つまり剰余生産物の中央吸収の構造に着目し、それが権力の分化・地域的領主制の強化を阻止し、中央集権的権力体制の形成を促進したと考える、永原「南北朝～室町期の再評価のための二、三の論点」(前掲)、大山喬平「領主制研究についての試論―石母田氏の方法にふれて―」(『歴史学研究』二六四)などで与えられた、といえる。

このような視角が、その後、それまで中世史のなかで商業史のもっていた孤児性を克服すべき積極的なよりどころとなっていることは、佐々木銀弥による『中世の商業』(一九六一年)以下一連の研究にも明らかである。佐々木は中世の分業と流通の展開の特質を、荘園商業の変化を中心にすえて三段階に区分してとらえ、南北朝期までを中世（前・後期の二段階に区分）――『荘園の商業』（一九六二年）、十五世紀以降の室町戦国期を中世とは異質の段階――「中世都市と商品流通」（『岩波講座日本歴史』中世4所収）・「産業の分化と中世商業」（『日本経済史大系』2中世所収）とし、第三段階の特質をつぎのように論じた。すなわち、室町戦国期は荘園制的分業・流通体制の変質解体と隔地間分業・流通体制の形成を特徴とし、地域内（惣村的）・領域内（領主的）↓地域・領域間↓地方農村・畿内都市間↓国内（畿内）・海外間という体系をもつ、分業流通の重層的求心的構造の展開をその内容とするが、これはいわゆる社会的分業の展開↓都市と農村の対立（個々の地方的諸都市・周辺諸農村間分業の形成）という、一般（西欧）的シェーマとは峻別さるべき、特定（中央）都市と全国農村間に形成された、まさに中世日本独自の分業体制であることを特質とし、それはとくに室町期特有の中央集権的な権力体制と、それにもとづく中央諸都市における巨大な消費市場と高度な手工業産地需要の形成に規制される、と。

問題となる遠隔地商業の展開については、とくに脇田晴子「中世商業の展開――今堀日吉神社文書を中心として――」（『日本史研究』五一）、畑井弘「守護領国体制と座商業――六角氏守護領国と得珍保座商業の展開――」（『日本史研究』七〇）、佐々木「中世座商人の独占について」（『日本社会経済史研究』中世編所収）をはじめ保内座商業を中心とした諸研究が、座商人による専売権（本座権）・流通路独占を指標として追究を進め、中核をなす畿内都市については、豊田武「座と土倉」（『岩波講座日本歴史』中世2所収）、中部よし子『近世都市の成立と構造』（一九六七年）のほかに、瀬田勝哉「近世都市成立史序説――京都における土地所有をめぐって――」（『日本社会経済史研究』中世編所収）が新しい分析方法をしめす。

しかし、佐々木の主張する室町幕府の集権体制と中央市場形成の関連に検討をくわえ、剰余生産物の中央吸収の構造を村落における剰余成立と分配のありかたの問題から究め、また畑井弘が「在地領主と流通路――守護領国体制下における流通路支配――」（『歴史学研究』二八七）ほか一連の論文で試みているような、分権化阻止とそれへの対決という観点を領主制研究と結びつけて具体化することや、一定度の商品生産の展開を前提とした小農民経営の成立という通説的シェーマの検討というような基礎的な諸問題は、これまでのいわゆる名主ウクラード一元論による商業史の方法に対して、いわば二元論の観点から批判的検討をくわえることと関連し、商業史のみのわくを超えた重要な宿題といわなければならない。その点で、大山喬平「中世史研究の一視角」（前掲）が、中世村落の二重構成論をふまえて、貨幣は中世村落の二重構成を支え、体制の維持と固定のための本来的役割をもつと論じた新たな貨幣論は、従来の商業史研究に根本的な疑問を投じたものとして注目される。

ところで、佐々木は如上の研究動向を「いまや中世の権力体制や再生産構造ひいては中世封建制の全メカニズムの解明も、商品流通の問題をぬきにしては考えられないような研究段階に到達している」（「中世座商人の独占について」前掲）と総括したが、たとえば成立期からの視角にもとづく幕府論が、応仁の乱期をもって中央権力機構の実質的崩壊と権力分散化の方向を見通すのに対して、商業史研究が室町戦国期をつうじて中央依存の求心的体制の強化の方向をあとづけつつあることは、中世後期研究の論点として、かなり重要な意味をもつと思われる。このこととかかわって注目すべきは、中世後期における海外交渉の位置づけをめぐる最近の研究動向である。流通史の側から、佐々木は海外貿易を重層的求心的構造の頂点・中央依存体制の要をなす、国内（中央）・海外間分業流通としてとらえ、三浦「中世の商業」（前掲）も政治経済的な東アジアの分業体制への参加としたが、これは、佐藤が幕府論の側で、勘合独占貿易を媒介とする明の東アジア支配権への編制――国王・外交権と永楽銭・通貨発行権の独占という、冊封体制の視角で中世国家論の核心に接近しようとするところと一体をなす立論である。この観点からの研究を進めるには、東アジアへの位置づけに関する、西嶋定生「六―八世紀の東アジア」（『岩波講座日本歴史』古代2所収）、藤間生大『東アジア世界の形成』などのほか、佐藤への反論をふくむ田中健夫「中世海外貿易の性格」(『日本経済史大系』2中世所収)や小葉田淳「勘合貿易と倭寇」(『岩波講座日本歴史』中世3所収)、中村栄孝『日鮮関係史の研究』(一九六五年)、田村洋幸『中世日朝貿易の研究』などが基礎としての意味をもつであろう。なおその把握を厳密にするには、一方で分業論そのものの深化が不可欠であり、生産力の発達の諸段階とその歴史的な質を明らかにすべき、分業の概念を論じた石母田正「日本古代における分業の問題——一つの予備的考察——」(『古代史講座』9所収)、石母田論文やマルクス『諸形態』に依拠しつつ、中世日本における社会的分業の東洋的特質を具体例で追究しようとした関口恒雄「惣結合の構造と歴史的位置——菅浦惣の歴史を通しての一考察——」(『経済志林』三三―二)、生産力と社会的分業の理解についての原則をたしかめようとした朝尾直弘「『幕藩制第一段階』における生産力と石高制」(『歴史学研究』二六四)なども参照されてよい。

さて、佐々木銀弥「中世商業・手工業の諸問題」(前掲)は、流通史ともかかわる戦国期研究の課題の一として、新たに戦国期特有の収取体系・知行制度の特質をしめすものとして論じられはじめた貫高制論を取りあげ、その意義を重視しつつも、なおそれを体制として成立せしめた商品・貨幣流通にたいする評価の視角が欠如していることを指摘した。戦国期に関する研究は、概して他の分野と用語までがちがうといわれるような特異な状況にあり、問題の所在をしめすことさえ筆者にとっては容易ではない。研究動向のすぐれた総括と批判は村田修三「戦国大名研究の問題点」、同「土一揆論の再検討」(前掲)に委ね、ここでは村田自身の提起した戦国大名特質論としての貫高制の問題についてのみ、佐々木のいう流通史とのかかわりに留意しつつ紹介を試みるにとどめたい。

最近のおもな貫高制論としては、まず中村吉治「戦国大名論」(『岩波講座日本歴史』中世4所収)が、これを戦国大名権力の中軸(基本政策)として位置づけ、大名の一円的統一的収取体系の基準としての性格を重くみ、そのような統一基準としての土地表示(年貢基準)法が貨幣単位となった理由の第一には、中世の丈量単位の錯雑多様性を包みこんだ貨幣表示の便利さをあげた。このような貫高制理解は、それまでの諸説にほぼ共通の傾向であったといえる。しかし「貫高制は近世の石高制に先行する」（中村）という以上、幕藩体制の編成原理をしめす概念として設定された「石高制」にたいし、「貫高制」をただ収取体系の問題でとらえるだけでは明らかに不十分である。また貨幣表示の問題もいたずらに超歴史的概念に拡散させず、流通史や統一的通貨の存在しないこの期に固有な撰銭問題との関連からの具体的な把握が必要であり、質の差を量の差に還元するという数量概念の成立という観点（竹内啓「社会科学における数量的方法の問題」〔『思想』五一四〕）などからも検討されるべきであろう。藤木「大名領国の経済構造」（『日本経済史大系』2中世所収）もこの欠陥を克服しえていないし、中部よし子『近世都市の成立と構造』（一九六七年）は、都市の特質を、役銭制―貫高制―石高制という、権力構造の推移に対応して追究するという独自の方法を提示したが、幕府・守護の収取体系という役銭制を貫高制・石高制と対置する理解のしかたは、やはり中村に近い。これらに対して、村田修三「戦国大名研究の問題点」（前掲）、「戦国大名毛利氏の権力構造」（『日本史研究』七三）は、これまでの戦国大名研究が権力の固有の矛盾の構造を追究する視角を見失っていたと批判し、貫高制を農民諸階層による反権力闘争と領主階級による農民支配とを統一編成する中核的原理として設定し、これをもとに戦国大名特質論を展開する方向をしめした。すなわち貫高制は、個々の在地の完全な掌握をあとまわしにしても統一的な権力の原則を確定し、農民弾圧を体制化することを緊急な客観的課題とする、戦国大名によって強行成立されたもので、貫高は権力により知行制・軍役・反銭賦課の統一基準として、幕府守護体制にもとづく反銭賦課原理を歴史的根拠として設定されたのであって、貨幣流通や銭納制を基礎とみなす説は認めがたい、という。所論は通説の欠陥をついて、貫高制に石高制と対置しうる位置を与えようとする積極的試論として注目をあびたが、貫高設定の説明が十分でなく通説にたいして清算的であることから、年貢銭納制説による宮川満「戦国大名の領国制」（『封建国家の権力構造』所収）の反論をうけ、藤木

「戦国大名制下の守護職と段銭」(『歴史』三二)、「貫高制と戦国的権力編成」(『日本史研究』九三)は、農民闘争評価の観点から反銭高と年貢高との関連性を追究する必要を説いた。以上の諸説にはなお問題は多いが、最大の欠陥というべきは、権力の基幹をなす在地領主制の分析と佐々木銀弥の指摘する流通史評価がまったくぬけている点であり、そのため実体の把握もきわめて不十分である。しかしながら、貫高表示の有無とその根拠だけが取りだされて論じられるかぎり、問題がふたたび銭納制の地域差論に解消し去られるであろうことは明白である。

その点で、分業流通の発展を中世末期の社会構造の急激な変動、戦国大名・統一権力の形成要因として追究する角度から、佐々木潤之介「幕藩制の構造的特質」(『歴史学研究』二四五)・『政治史』Ⅱ(前掲)の提起している「貫文制」論が重要な意味をもってくる。すなわち貫文制とは、先進地における分業関係の全国的拡延が、後進地における小農民経営の生産力的基礎を扶植強化しようとする動向に対処する名主層の要求にもとづく、御館被官制度を基礎とした、軍事的権力的対応の基軸であり、荘園制下の名主の被収奪形態の継承と分業流通支配の商業政策を特徴とする。戦国大名を前代と分かつものは、この貫文制を軸として権力編成の原則を確定した点にあり、職と分業流通の求心的構造への対応は、戦国大名の自己変革と統一を必然化する、という。所論は個別分析をともなわないため具体的に理解しにくい点は多いが、農民支配と流通対応を統一的に説明する論理としてしめされた貫文制論には、ウクラード論・農民分解論をふくめて、具体的には村田・佐々木の観点を統一しうるかどうかなど、中世後期の側から積極的に検討が加えられるべきであり、そのさい職・分業体系のもつ求心的構造の規定性を指摘した朝尾直弘「兵農分離をめぐって」(『日本史研究』七一)、貫高制と石高制の関連にふれた中村哲「幕藩体制の構造と矛盾」(『封建国家の権力構造』所収)も対象とさるべきであろう。実証的側面では、さしあたり在地領主制研究の深化を第一の課題とし、さらに「和市」「撰銭」の構造を全国的関連で究明することなど、立論の基礎として確かめらるべきことがらは多くのこされている。

なお、貫高制に関連して、中村吉治・村田・藤木らがしめした守護体制と反銭賦課権への関心、宮川の公儀論、鈴木の天皇・将軍の権威への注目などが、幕府（守護）体制を戦国期をもふくむ中世後期全体の問題として究明しようとする方向をしめしつつあるが、中世後期社会の一貫性と段階性をどのように内容づけうるかは、土一揆から一向一揆への一貫した展望の可否と対応した、新たな課題となるであろう。

## おわりに

以上で偏頗な紹介の稿を閉じる。触れえなかった問題、取り上げえなかった論文は余りにも多い。とりわけ在地領主制論の観点から研究動向をとらえようとしなかったのは致命的であり、その点の脱落によって、小稿は中世後期研究の動向を村落・土一揆論と幕府・戦国大名論との密接な連関においてとらえる道をみずから閉ざしてしまったように思う。筆者の非力はいうまでもないが、在地領主制の実体の究明は中世史研究の当面する課題なのではなかろうか。その点で、永原『大名領国制』（前掲）が中世後期の基本領主制として新たに在地領主制（国人領）の積極的追究を企図しているのは注目すべきであろう。これまでも、ふつうに国人領主制といわれるこの期の在地領主制の研究は、すでに掲げた黒川の「守護領国制と荘園体制」「中世後期の領主制について」などで典型化され、佐藤和彦「国人領主制の展開」（『歴史学研究』別冊4）、同「鎌倉・室町期における在地領主と農民をめぐって」（前掲）や田端泰子「中世後期畿内土豪の存在形態——革島氏・寒川氏を中心に——」（『日本史研究』八二）、同「中世後期の農民闘争と国人領主制——備中国新見庄を中心として——」（『日本史研究』九九）、あるいは田代脩「戦国期における領主制——近江国高島郡朽木氏を中心に——」（『歴史』二二六）、峰岸純夫「東国における国人一揆の基盤」（『歴史学研究』三〇〇）、大山喬平「十五世紀における遠州蒲御厨地域の在地構造」（『オイコノミカ』三―一・二）などによって積極的に進められてきており、佐藤和彦「国人一揆の研究視角」（前掲）にその動向の総括がしめされているが、本格的な追究はなお今後の課題として残されているといわなければならないであろう。

# 4　一九六九＝戦国大名論の動向

初出「戦国大名について」（『日本の歴史　別巻　日本史の発見』読売新聞社）

## 中世後期の社会変動

**守護大名と戦国大名のちがい**　「守護大名は、荘園体制というヴェールの彼方に農民を見た。それに対して戦国大名は、農民そのものを把握しようとした」。これは杉山博（「守護領国制の展開」〔『岩波講座日本歴史』中世3〕）の守護領国制論の結論だが、この表現は文学的にすぎるだろうか。これまで、守護の研究では、守護大名が荘園制をいかに破壊したか、あるいは温存したかに論議が集まり、戦国大名の研究では「下剋上のチャンピオン戦国大名」というイメージの上に、その新しい権力組織の特質を解きあかすことに力が注がれてきた。そして「守護大名と戦国大名はどうちがうか」という問いかけが、つねに研究の出発点となり、目標とされてきたのである。みぎの杉山のことばは、こうした研究の流れのなかで試みられた、もっとも適切な要約であったといえよう。

これを黒川直則（「守護領国制と荘園体制」〔『日本史研究』五七〕ほか）が批判的にふかめていった。室町幕府・守護大名は、年貢実現のための領主層の共同組織であり、その基盤は「国人領主制」にある。国人（鎌倉以来の地頭の系譜をもつ在地領主）は村落のむすびつきの中心にいる土豪（有力名主・地侍層）を介して間接に農村をとらえていた。だが国人はしだいに土豪たちの村落支配にかわって、直接に農民を支配しようとする方向をつよめ、国人領主制から戦国大名制に移行する、というのである。「どうちがうか」の焦点は一貫して「農民支配がどう変化したか」にしぼられていることを、まず確認しておこう。

ところで、黒川が「基本になる領主制は国人領主制にあるのだ」といい、「守護領国制から戦国大名制へ」というこれまでの通説に反対しているのは、注意されてよいだろう。ちかごろでは永原慶二も、守護領国制は南北朝内乱を市民革命としてみた「おとし子」だというふうにいっているが、もともとこの守護領国制ということばは、その内乱を画期として封建社会が成立してくると主張する永原らによって、守護こそは西ヨーロッパふうの地方分権的な地域的な封建権力をになう日本の封建諸侯であるとされ、厳密な学問上の用語としてつくられたものであって、ただばくぜんと守護の領主らしさをあらわすことばではなかったのだ。だから、最近のように南北朝内乱や守護の封建的な性格を積極的には評価しないとすれば、この守護領国制という語そのものが、もはや「おとし子」というほかはない。こうした前提をぬきにして、このことばだけがひとり歩きするならば、研究の混迷はさけがたい。

「国人領主制から戦国大名制へ」とは、こうした守護領国制論からの脱皮を説く、黒川の積極的な提案であった。これをうけて、永原（「大名領国制」『体系・日本歴史』3）は新たに、中世後期の社会は国人（在地領主）領の独自な発展を基本動向とし、「大名領国制」ということばで一括できる特徴をもつ、というふうに論じているし、五味文彦（「領主支配と開発の展開」『史学雑誌』七七の八）も、中世社会の全体像はこの在地領主を通じてこそ豊かに描かれうる、かれらこそは生産のにない手である農民とじかに対立する関係をもっていたのだし、中世社会の経済と政治のむすび目をなし、精神的にも指導的な社会層であったのだ、という。国人（在地）領主らの直面した、土豪層とかれをとりまく社会変動とはいったいどのようなものであったか。

**惣の動向**　戦国のはじまり十五世紀末に、空前の大教団を築きあげた蓮如は、激動の戦国期のもっともすぐれたオルガナイザーのひとりであり、その組織方針は注目すべきものだといえよう。かれはいう、「坊主と年老《トシヨリ》と長《オトナ》と、この三人さえ」まずつかめば「余のすえずえの人はみな法儀になり、仏法繁昌《はんじよう》であろうずるよ」と（『栄玄聞書』）。つまり、かれはその目を、現実に中世の村落をうごかしていたトシヨリ・オトナらの土豪層のうえに注ぎ、これをつかみさえすれば、村ごと教団に組織できるとみたのである。その判断のたしかさ、するどさは、その教団の発展ぶりをみればよい。その本願寺門徒による一向一揆のたたかいは、井上鋭夫（『一向一揆の研究』）のいうように、つねに「惣」の要求、つまり地下の年貢・公事・夫役の減免・排除の要求をその底にもち、「惣」の共有としての道場・惣有財産をよりどころにしてたたかわれたのであった。

　このような中世後期の農村の動向は、つきつめていえば、農村に生みだされた勤労の果実＝剰余生産物のとりあいをめぐる、守護・荘園領主・国人・商人・土豪・百姓など諸階層の激突にほかならない（黒川「徳政一揆の評価をめぐって」『日本史研究』八八）。ふつう加地子得分・加地子名主職としてとらえられる新たな取り分は、ときに本年貢の量の三倍以上にも達し、増年貢・段銭さらに高利貸などによって、耕作農民の手からもぎとられつつあり、その配分をめぐって、諸階層のあらそいが複雑にからみあい、ぶつかりあっていた。

　十六世紀のはじめ、和泉の日根野庄の村々は、守護細川方の軍勢の侵入にたいし、「惣寄合」をひらき、早鐘をうちならし、武器をとってたたかった。その「惣」は「年寄・古老」―「中老」―「若衆」という三クラスの年齢階層を基本とし、トシヨリ層を指導者として運営された（『人物日本の歴史』六巻一六五頁）。そのあり方は、おそらく、ひろく惣村に共通する。トシヨリ層の指導とは、長幼の序列いわゆる年齢階梯制にもとづく村政の運営を意味し、力ある土豪百姓らも単独で村落を私的に支配する領主となることのないように、惣のつよい結びつきによってさえぎられ、その支配の内容もトショリ・オトナという地位を通じて、集団的にしか表現しえないということであろう。だから「惣」とは、土豪百姓たちにとっては、その指導的地位と村内からの加地子の吸いあげを集団的に確保するための組織であり（三浦圭一「惣村の起源とその役割」〔『史林』五〇―二・三〕）、かたや一般百姓にとっては、土豪百姓たちを村落の結びつきのなかに封じこめておくためのワクであり、トショリ以下の年齢階梯制とは、ひとつの「惣」に村内のすべての人を結集させるための秩序であった。

とはいえ、そのなかでも、生産力の増大の成果をじかに加地子として吸収しうる地位にいた、名主（とくに地主とよぶ）たちが惣村支配層として、もっとも有利な地位を占めたことは明らかである。したがって外部の領主（国人など）からの攻撃も直接にはこの地主層にむけられ、内部では一般農民とも当然対立せざるをえない。それゆえにこそ、惣の動きは、村外にむかっては、トショリ・オトナ層の主導のもとに、もっともするどくは、年貢減免・債務破棄を領主層やそれと結ぶ高利貸したちに要求する、土一揆・徳政一揆となって現われ、村内では、村民との表立った対立を和らげようとする指導層によって、加地子分の買得が「惣有」という形式で進行したりする。だから階層をこえて、ひとえに結集しえた共通の利害は、つまるところ、剰余を村落のなかに確保する、という一点に係わっていたといえる。蓮如が目をつけたのは、このような村のあり方であった。

**地主と農民の対立**　しかし、大山喬平（「室町末戦国初期の権力と農民」〔『日本史研究』七九〕）・峰岸純夫（「室町・戦国時代の階級構成」〔『歴史学研究』三一五〕）らもいうように、中世後期のもっとも根源的な対立は、やはりこれら地主層と一般農民層のあいだにひそんでいるのである。かれら地主層が経営を拡大するにつれて、この対立をあらわにして孤立をふかめ、外部の領主（国人層）への被官（家来）となることによってこの不安定さを克服しようとする動きを強める。こうして村外の雑多な利害が村内にもちこまれ、政治的な分裂の色合いはこくなり、村内で一揆を組織化することはむずかしくなっていく。しかし、だからといって、戦国期の村落の分裂が急激に進行したというふうにだけみるのはいささか性急であり、農村というものの性格を無視した、かたよった見方だといわねばなるまい。宮本常一(「民俗学への道」〔『宮本常一著作集』I〕)も強調しているように、村はほんらい主体的なものであり、生産の営みを通じて有機的に結びあった生活集団なのだ。そうした村の農民であり指導層である土豪(地主)層が、村外の上級の領主に結びついて村落を去り、土着性をかなぐりすてて上昇していくというような事態は、地主たちが、農村に根ざさなくてもかれらの存在が保障され、新たな剰余を吸収しうるための、新しい支配組織を創造しえないかぎり、まったく「危険な跳躍」(村田修三「土一揆論の再検討」〔『新しい歴史学のために』一一二〕)にすぎない。それに、かれらを被官として権力組織にとりこもうとする国人領主らとしても、村落を分裂させたり、被官を村から切り離したり、村をにぎることによってはじめて維持してきた、地主の経営の土台をみずから掘りくずすようなことは、けっしてたやすく強行できることではなかったはずだ。

なにより、かれら地主層が、一面では自らも耕作し年貢を負担する「百姓」として被支配身分でありながら、反面では加地子を吸いあげる「領主」として、経済的には支配階級でもある。地主層がこうした相異なるふたつの面を一身に負う、複雑な存在であることにふかい注意をはらうべきで、この中間的な複雑さは、戦国期社会をただいちずに兵農分離という一方向にむかってのみ直進させるというようなものとはとうてい考えがたい。たとえば惣の動向によみとれるような、いわば「地主連合王国」への底流を、兵農分離への潮流とからませて探り出すことなくしては、近世社会にあの幕藩制という特定の形質を与えた、中世末期の社会変動の特質をほんとうに解きあかすことは望めないだろう。

**毛利氏の場合**　このような農村・土豪の動きとじかに対立した国人領主はどのように領主制を発展させたか。そのほんとうの解明は今後の課題だが、そのいとぐちを安芸の国人から戦国大名となった毛利氏について探ってみよう。享禄五年（一五三二）、毛利領内の村々を支配するおもだった土豪たち三二名が寄り合って、各自の領内の用水路の管理権を毛利氏にゆだねること、かれらのもとから逃亡した農民らをたがいに取りこむことなく返しあうべきこと、その監督権を毛利氏に委託することについて協約をむすび、それを三二名が連名の誓約書の形で毛利氏にさしだした。ここに土豪たちと国人との結びつきの生々しいすがたがある。当の毛利氏は、安芸国も中国山地に近い高田郡吉田庄の地頭職をもち、庄内の郡山《こおりやま》城を中心に、郡内の可愛《えの》川・三篠《みささ》川流域を支配する国人領主であり、みぎの三二名はこの国人のもとで「御親類、御年寄衆そのほか御家人衆」とか「年寄中」などとよばれるが、その実体はようやく高田郡内の範囲で結集する村々の土豪層にすぎない。しかも、かれら土豪層は村々を強力な支配下におさめ、まっしぐらに上級領主のもとに結集、上昇してくるのではない。それどころか用水管理とか被官下人の支配という、農業経営に基礎をおく村落領主として確保さるべき、支配権の源泉が深刻な危機にさらされ、いやおうなしに結集を迫られているのである。

にもかかわらず、国人領主への結集は個別にじかに毛利への絶対服従としてのみ進行してはいない。たしかに、主従関係はほんらい個人的なものだし、土豪たちも毛利にたいし「御家来」であり「御家中」であるという身分意識をはっきりしめしてはいる。けれども、そのことはただちに現実の領主権までを毛利にすっかりあけわたしたことを意味しない。むしろ現実の国人領主と土豪とのあいだは、土豪レベル集団の協約によってへだてられ、媒介されていることを見のがしてはなるまい。

**土豪たちの結集**　このようなあり方を他に探ってみると（藤木「室町・戦国期における在地法の一形態」〔『聖心女子大学論

叢』三二)、たとえば九州に大領国を形成した大友氏の領国で、百姓逃散《ちょうさん》の事件が起こったとき、大友氏は百姓逃亡先とみられる地方の家臣たちに手紙を送って、「ここもと衆の領内のことは、年寄中・国の衆・そのほか御近辺衆がたがいに相談してとりまとめるとのことであるから、ぬかりなく成敗されたい。いうまでもないことだが、もし処分をせぬ場合は、こちらにも覚悟がある」と伝え、大名権の立ち入りをさけて、現地領主たち相互の裁判権に処置をゆだねている。また領主(家臣)間の訴訟事件も、当事者の近隣の領主たちの「助言」で解決することをたてまえとし、「当事者たちはともにじぶんと被官関係にあるものだが、その方角のことでもあるから、よろしくご助言ありたい」などといって、じかに裁判権を発動しない。越後の上杉領内でも、在地の領主のあいだに紛争が起こると「ご近所の儀にそうろうあいだ」などといって、近隣の領主たちが調停にのりだし、大名権の干渉を拒絶したりしているし、勝俣鎮夫(「相良氏法度についての一考察」〔『日本社会経済史研究』中世編〕)が明らかにしたように、相良氏法度は「所衆談合」といって、領主たちの合議をたてまえとして制定されている。

領国の経済のなりたちをみても、おなじような事情がある(藤木「大名領国の経済構造」〔『日本経済史大系』2〕)。たとえば小田原北条氏のばあい、大名城下小田原の町はけっして領国経済の中枢ではなく、領国内にはそれぞれにまとまった領域経済圏がいくつも各地にわかれて存在し、総じて「領」あっての領国という性格をはっきりとしめす。

## 国人領主から戦国大名へ

**家臣団の再編成**　このようにみてくれば、毛利家の年寄衆とか年寄中と呼ばれるような譜代老臣層の組織は、毛利権力の中核であると同時に、国人領主権のほしいままの発動を制約し、領主をしてかれら共通の利害を代表させるための、土豪層の共同組織でもあったといえる。だから、国人領主権の発展としての大名権の本源は、まったくはじめからの専制権力ではなく、大名は何よりも土豪領主層の調停者として立ちあらわれる。それだけに大名譜代の形成の意味は大きい。それはたんなる直属軍事力の編成というだけにとどまらず、個々の土豪たちが村落内でその支配権の源泉としてもちつづけてきた、勧農（生産管理）・下人（農民）支配など、本源的な領主権を吸収統合して、大名権力の中核として編成し直すことにあったのだといえよう（藤木「戦国法形成過程の一考察」〔『歴史学研究』三二三〕）。

十六世紀の中ごろ、毛利氏直属家臣団の数は約二五〇名で、その分布範囲は高田郡域をこえていない。一般に戦国大名の権力の本体というのは、ほぼこれくらいの規模であったといえそうである。その家臣団のもとに、郡内の村々のより下層の小土豪・地主らが一所衆・一戸衆という呼び名で、軍事力の、そして農村支配の先兵として編成され、あわせて毛利権力の底辺をかたちづくった。これら下層家臣たちが農村の指導層として、一般農民層とのあいだにしだいに対立をふかめつつあることは、すでにみたとおりである。村田修三（「戦国大名毛利氏の権力構造」〔『日本史研究』七三〕）は、これを上層家臣と下層家臣との二重構造・二重編成というふうに特色づけたが、大名（国人領主）は土豪領主らの協約によってワクをはめられ、小土豪層は農民とのあいだで村落のワクにしばられる。大名から農民にいたる権力の体系は、このような構造のなかにあった。いま、これを「二重の在地不掌握」といっておこう。

いまも毛利家に伝えられる数多くの史料のなかに、弘治三年（一五五七）冬にあい前後してつくられた、ふつう傘連判といわれる形式の誓いの文書二通が収められている。内容は軍規ひきしめというだけだが、一通には譜代の年寄衆など一六名、一通には安芸・石見の国衆たち一〇名が、ともに毛利元就・隆元父子をまじえて、輪をかこむようにまるく連なって名を記している。たがいの地位や結びつきの対等であることが、家臣団の編成をおしひろげてゆくさいの原則として強調されているのだ。譜代と結んだまるい輪、国衆と結んだまるい輪、これは戦国大名の権力のなりたちの象徴といえるだろう。

**戦国大名と守護職**　戦国大名制は家臣団の主従による権力の体系を基幹とし、これに村落結合と地域結集という重層する連携を媒介環として成り立つ。こういっても、まだ問題はのこる。新しい研究のなかで、たとえば北条氏・伊達氏・毛利氏ら、いわゆる代表的な戦国大名たちが、いずれも軍役と知行とによって権力体系をささえるとともに、段銭という「一国平均の役」（国ごとに田地一反当たりに課せられる臨時税）をもって、その領域の全体をおおう財政体系をうちたてている、という事実があいついで解明されてきた。このような領域支配のあり方は、大名権力の性格のなかに、私的な主従の権力体系だけではなく、それをつよいささえとして、大名の支配をまとまった一郡・一領域ないしひとつの領国として成り立たせる、もうひとつの異なった権限がひそんでいる、と考えなければ、どうしても説明がつかない。将軍権力の二元性という、室町幕府論で佐藤進一の示した理論が、この視点をかためるうえで、大きなよりどころとなった。

さて、段銭の賦課権の性格が、こうして注目されることになるが、さしあたりそれが、戦国大名の勝手につくりだしたものなどではなく、かつては室町将軍の権力と、それの国別執行人として、公権を国ごとに分かちもった守護の職権に属していたことは明白である。問題は「戦国大名にとって守護職は何であったか」というふうにすえられなければならぬ。「守護大名と戦国大名はどうちがうか」という、これまでの研究動向のなかでは、軽視され埋もれ続けてきた、しかしあまりにも自明の設問がここにある。「守護は上古の吏務である、治国安民のため、守護には徳ある人物・政務に器用の者をえらばねばならぬ」。室町幕府の法は、守護のあるべき姿について、くりかえしこうのべている。この幕府法のことばは、大犯三ヵ条といわれる検察と軍事動員をおもな任務とした前代の守護の権限にあわせて、地方行政官としての国司の性格をも吸収することになった、室町時代の守護の性格をよくあらわしている。

羽下徳彦（「越後に於る守護領国の形成」〔『史学雑誌』六八―八〕）が、越後の守護上杉氏を例に、守護の権力の基礎として、国衙・国衙領つまりかつての国司の行政組織やその私領が、大きな位置を占めていることを明らかにしたのは、この分野をひらく先がけであった。これをうけて、おなじような事例が数多く報告されるようになった。

**大田文をにぎる**　その後、田沼睦（「国衙領の領有形態と守護領国」〔『日本史研究』八〇〕）は、守護と国衙の関係をひろく検討した結果、かつての鎌倉将軍家の直属地域のほかは、守護が直ちに国衙領をにぎったと一般化することはできないのではないかといい、むしろ幕府法（追加）第一二二条が明記するように、守護が「国の大田文」（土地台帳）をにぎり、一国の公田に段銭をかける権限を将軍から与えられ、それをわがものにしていく過程を明らかにすることに力を注いだ。やがて百瀬今朝雄（「段銭考」〔『日本社会経済史研究』中世編〕）は、ほんらい朝廷の国家大権に属する段銭の賦課権が、康暦二年（一三八〇）ごろに、幕府に移譲されること、その権限を国別に執行する守護が十五世紀の中ごろからは、もともと朝廷や将軍家のための臨時の課税であったものを、守護のための年ごとの課税として固定するようになることを論証し、桑山浩然（「室町幕府経済の構造」〔『日本経済史大系』2〕）や田沼（「公田段銭と守護領国」〔『書陵部紀要』一七〕）の見解を支持した。越後の段銭帳が「国衙の帳」「こくかのにつき」などと呼ばれる例からも、大田文をにぎって段銭をかけることが、守護の国衙掌握の中心であったことをうかがうべきである。

守護のうけついだ「国の大田文」には、室町幕府法（追加第三四条）によれば、「内検」（臨時の現地調査）による補正も加えられたとみられる。田沼も、長禄三年（一四五九）作成の丹後の大田文はそのよい例で、守護による一国規模の再編が十五世紀以降、国人領主にたいする知行事実の確認政策を中心として進められたと指摘し、その強行ぶりについて、「土地の権利書の理非もしらべず、ただ支配の事実の有無だけできめようというのか、ひどいことだ」という、都の公家万里小路時房の嘆きを紹介している。

十六世紀はじめのころ、大内氏の領国では、段銭取り立ての役人らが農村にはいりこんで居すわり、不法な要求をかさねるために、農民たちは困窮し、家・田畑をすてて逃散におよび、村々の荒廃を招く、というような事態がひろがっていた。守護が年ごとに春秋の課税として要求するようになった段銭が、領主のとる本年貢とあわせて、農民に二重の負担をしい、激しい農民層の抵抗を誘発していることが察知されよう。大山喬平（『室町末戦国初期の権力と農民』）が報じたように、摂津では、守護が段銭だけでなく、築城人夫までも「公田一段別、一人宛・三十日ッ、」というふうに、大田文にもとづいて徴発し、人夫の食料を段銭でまかなったりしているのである。守護の大田文掌握が守護体制の基礎としていかに重要な役割を果たしているかをみるべきであろう。

**守護の遺産**　大名は大田文の表現する限度内で、一国支配への展望が可能であった。そのことが戦国大名制の成立にも大きな意味をもつことになる。そればかりではない。播磨の守護赤松氏が郡ごとに「郡使」を配置し（岸田裕之「守護赤松氏の播磨国支配の発展と国衙」〔『史学研究』一〇四・一〇五〕）、西国の守護大内氏が「郡代」をおき「郡段銭奉行」による段銭の課徴を行ない、越後守護上杉氏の守護代長尾氏がみずからを「七郡の代官」とか「郡司」とかいい、段銭帳が郡単位に作成され、支配が郡ごとという形をつよくしめしているのも、まったくこうした歴史的な事情による。さらに戦国大名の支配編制がしばしば郡単位であると指摘されたり、国の範囲でまとまる傾向がつよいといわれる特徴をしめすのも、まさしく守護体制の遺産を負わされ、うけついだ結果にほかならないのだ。

国人領主の毛利氏が永禄三～六年（一五六〇～六三）のあいだに、芸・備・長・防の守護職をあいついで獲得しているのも、おなじく国人領主伊達氏が大永二年（一五二二）、先例もない陸奥の守護職を求めて手に入れているのも、それがこのような領域支配の根拠として、重要な意味をもっていたからにちがいない。もともと守護職をもち大名化した今川・武田・佐竹・大友・島津らはもとよりのこと、上杉・赤松・大内などでは、たとえ守護家の系譜はほろびても守護体制そのものは、遺産として戦国へのしかかって行く重みをのこしていた。かくて、戦国大名がそのことばのイメージほどには守護体制から自由でありえなかった、ということがしだいに明らかになってきた。その遺産は領主層にとっては結集のよるべであり、農民層にとっては重苦しいマイナスの遺産であったといえるかもしれない。

**貫高制論の試み**　こうして、新しい中世後期の研究の関心は、つまるところ、土一揆に象徴される激動する農村の、いわば台風の目にいる地主＝土豪の独立の動向→地主論を核心として、その農村とじかに対立する国人領主制の運動→在地領主制論と、それにくいこむ守護体制の重み→公権論・守護職研究を、どう統一してとらえうるか、に注がれることになる。それはまだ、ひとつに結晶して、これが戦国大名の特質だ、といえるところまで進んではいない。

しかし新しい戦国研究は、かつて「戦国大名は、近世にいたるまで、不断に流動してやまない過渡的な権力だ」といい、その未熟さだけを問題にしがちだった、これまでの通説をのりこえ、「戦国大名の固有の矛盾は何か」の解明をはっきりと目標にかかげはじめた。村田修三（「戦国大名研究の問題点」『新しい歴史学のために』九四）による貫高制論は、そのもっとも積極的な試みであり、貫高制という概念で、戦国大名権力のもとに領主諸階層を結集させるとともに、土地と農民を把握することを可能にした、統一的な権力の編制原理を明らかにしようというのだ。

かつて貫高（土地の課税額を銭貨で換算して示す）の問題といえば、東国のような商品経済のおくれた地方に、かえって早熟的に、貫高表示による年貢の銭納があらわれてくるとして注目され、貫高制はそのような特異な年貢銭納制のあり方の問題として論議されてきた。だが、村田の注目したのは、銭納年貢のことではなく、むしろ、表示のたてまえは貫高でありながら、実際は雑多な現物で領主への貢納が行なわれている、という多くの事実である。つまり雑多で不均質な対象を、ひとつの共通基準（このばあいは銭貨の量）に引き直し、統一的にとらえるという役割を果しているところに、貫高の特異な歴史的な性格をもとめ、そのような貫高の基準としてのはたらきが、雑多な内容をもつ知行地の表示を貫高で統一し、それを基準にして貫高にふさわしい軍役と段銭とをかけるという、大名権力の統一的な体系化をささえたのではないか、というのである。問題は大名がその貫高をどのようにして掌握できたかであるが、村田は大名が農村の激動に対処し、領主層が結集して早急に強大な軍事力を築きあげる必要に迫られたなかで、在地の掌握よりも先に、つまり在地の掌握されない部分をつつみこんだままで、権力の統一的な体系化が強行されざるをえなかった、という条件を重視する。

すなわち、体系化の基準が貫高という銭高表示の形をとったのは、中世後期を通じての年貢の代銭納のひろがりや商品流通の発展、膨大な軍事力を維持するための大名の貨幣要求、などとふかい関係があることはもちろんだが、個個の領主が農民からとりたてている年貢高を大名が完全に掌握できたとはとうてい考えがたく、大名が領域内の土地の貫高をとらえることのできた手がかりとしては、守護からうけついだ唯一の公権ともいうべき、段銭の賦課権をおいてほかにはない（藤木「貫高制と戦国的権力編成」〔『日本史研究』九三〕）というのである。

この見解について、戦国期に多くみられる貫高がはたして年貢高と関係はないのか、段銭の高から貫高が具体的にどうきめられたのか、それを一般化できるのかなど、この考えについての疑問は多い（宮川満「戦国大名の領国制」〔『封建国家の権力構造』〕）。しかし、在地の不掌握をつつみこんだ権力の体系化の原理の解明という方向で、戦国大名の農民支配と守護体制の遺産の問題を統一してとらえ、戦国大名の独自の矛盾の展開を追究しようという、この仮説が、いまや戦国大名研究のもっとも骨のあるたき台となっていることは疑いない。

**大田文の終焉**　天正十六年（一五八八）の夏、島津義弘は堺の町のある法華宗の寺に滞在していた。ちょうど一年前、豊臣秀吉の九州征伐をうけて屈伏し、日向・大隅の支配を安堵されたあと、大坂城にいる秀吉に臣従の礼を強要されて、堺の港に着いたのであった。ひとまず、秀吉にあいさつをおえると、義弘は国もとにいるむすこの家久にあてて、泊まり泊まりのありさま、堺や大坂のもようなどをくわしくしたためた長い手紙をだした。これは一見たんなる近況報告のようにみえるのだか、たったひとつだけ要件らしいことが書かれていて、注意をひく。「日向図田帳が遅々として手もとに届かず、たいへん困っている。わざわざ使いの者をとりにやらせたはずだが。せいいっぱい急いでとどけるよう、家老の上井秀松に命じてもらいたい。このために、もういちど使者を発たせる」というのだ。

図田帳というのは大田文のことで、それを取り寄せようというのである。文中で、今となっては用に立たないようなものだが、などといってはいるのに、この催促ぶり、急ぎようは普通でない。秀吉に会ったときに、はやくさしだせと、きつく催促されたにちがいない。秀吉から、これまでどおり日向・大隅の支配を認められたのとひきかえに、日向（おそらく大隅も）の大田文（図田帳）を取りあげられ、臣従をゆるされたのであろう。

上井秀松の兄覚兼の日記をみても、げんに図田帳は島津領内の土地紛争を解決するためのよりどころとされ、となりの大友領でも、田数や分銭（年貢高）をきめる台帳として用いられるなど、明らかに戦国大名の領国支配の基礎帳簿として機能していたのだ。それがいま統一政権にとりあげられ、やがて太閤検地帳を新たに交付されることになる。図田帳（大田文）から検地帳へ、それは戦国大名制の終焉を示すひとつの象徴であった。

# 5　一九七九＝自由都市論から封建都市論へ

## ——魚住昌良「ヨーロッパ中世都市史の研究状況」によせて——

初出「自由都市論から封建都市論への転換」（『史潮』新6号）

**一つの動向**　外国史の報告に私見を加えるなど筆者には思いも寄らないことであるが、魚住報告を読み気づかされた一つの興味ある動向について、日本中世史の立場から、与えられたこの機会に振り返ってみたい。その動向というのは、いくつもの日本史関係の学会誌に現われた西欧中世都市史への関心の集中のことである。

魚住氏もしめされているが、服部良久氏「ドイツ中世都市研究の現状と課題」（『歴史評論』三二六、一九七七年）をはじめとして、森田安一氏「ヨーロッパ中世都市史研究から」（『地方史研究』一五四、一九七八年）、魚住・水野絅子・鵜川馨氏「ヨーロッパ中世都市研究の動向」（『日本史研究』二〇〇、一九七九年）を経て、本誌における魚住氏の「ヨーロッパ中世都市史の研究状況」に至るまで、日本史を中心とする四つの学会誌に、ここ三年ほとんど連続して、西欧中世都市についての研究動向が掲載されているのである。しかも『地方史研究』と『史潮』の論文はそれぞれの一九七八年度の年次大会の共通論題（「都市の地方史」・「世界史における都市」）に関連したものであり、『日本史研究』のそれも同誌の二〇〇号記念特集「都市史」のための寄稿であるなど、どれも各学会自身の当面する課題認識にもとづいているという特徴をもつ。これに、同じ一九七八年に西洋史学会が「西欧中世における都市と農村」を共通論題に掲げたことを併せてみるなら、以上の学界の現象は偶然ではないように思われる。こうした都市史・西欧中世都市論への新たな関心の集中は、一九七〇年代後半の日本の歴史学界の動向の一つの特徴とみなすべきであろう。〔付記〕

なお、すでに日本史研究会は一九七三年度大会で初の全体会シンポジウムの論題として「日本中世における都市の問題」を採り上げていたが（『日本史研究』一三九・一四〇、一九七四年）、その準備過程でも瀬原義生氏の「ヨーロッパ中世都市研究の現状」という予備報告が行なわれている　西欧中世都市の研究成果や動向が常に視野におかれるというのは、明らかに近年の日本都市史の研究の特徴の一つということができよう。

さて、新たな都市史への問題提起として、以上の各学会誌の共通してあげる起点は、直面する現代都市問題（環境・生活・文化財の破壊など）の深刻化への危機意識である。この事情は、鵜川氏の紹介するイギリス都市史の盛況の背景ともまったく同じであり、世界史的な拡がりの中で都市史の研究を組織・集約しよう、という動向に連なっているのである。都市の現状についてのこのような認識のうえに立って『地方史研究』は、同会が一九五〇年代末の三回の大会で追究した、「日本の町」の中心課題であった、農村史研究を深化させるための都市研究という視角を、都市中心（地方としての都市）に転換する条件の成熟したことを説いた。

『日本史研究』は、封建制論に新たな視角を導入するための封建都市論を目指して、日本封建制における都市と農村という問題意識と都市理論の確立を説き、都市論の停滞の原因はヨーロッパ対比論＝自由都市論にあると指摘した。この問題提起に関わった黒田紘一郎氏も、別に都市論を追究する「中世都市成立論序説」（『新しい歴史学のために』一三一、一九七三年）を書いて、日本中世史研究において都市は久しく後期の研究課題であったが、それもヨーロッパ中世都市に固有な「都市共同体」的なものが、日本中世の都市において、いつどこで成立したか、という問題関心によっているだけでは、日本の中世都市研究は停滞し、ヨーロッパ史観を脱却できない、と力説した。

この点は、すでに佐々木銀弥氏によって、西欧自由都市との形態や類型の比較に偏った、比較史的方法に依存しすぎた方法上の行詰り、として指摘されたところでもあった（「日本中世都市の自由・自治研究をめぐって」『社会経済史学』三八—四、一九七二年）。いま日本の都市史が西ヨーロッパ中世都市研究の動向にあらためて深い関心を寄せる、その背景には、やや逆説めくが、ヨーロッパにあまりにも明快な典型を求めすぎた日本中世都市研究の「全体の再出発のため」（佐々木氏）の方法的反省が横たわっていたのである。しかし、「都市の地方史」に寄せた問題提起で、中部よし子氏は「日本の封建都市が、ヨーロッパの中世都市のように、近代市民社会の母胎的意味を持っていなかったと認識された場合は、さらに都市の史的研究は、歴史研究の主流からはずされる傾向となるであろう」といい、なおもヨーロッパの自由都市論の影響の根強いことをしめしている。

**西欧の中世都市論から**　このような気運にある日本史の研究に向かって、いま西ヨーロッパ中世都市史の側からは、総じて自由都市論から封建都市論へともいうべき、研究視角の大きな転換が相ついで告げられ始めているのである。以下、もっぱら魚住報告に頼り、前記の各誌に掲載された論文について学びながら、比較という観点からではなく、都市理論ないし研究方法に関して、示唆されるところを記してみることにしたい。

まず、魚住氏（『史潮』・『日本史研究』、以下同じ）は、比較史的関心の強いかつての日本の都市研究がその基準としてきた、自由都市＝中世都市像はいまヨーロッパ学界の意識からも影をひそめ、むしろ領主制の色濃い日本都市像に近いものに変わりつつある、と指摘する。魚住氏も引く森本芳樹氏『西欧中世経済形成過程の諸問題』が、自由と自治の牙城という西欧都市像は一面的にすぎ、都市の形成過程における有力領主層の積極的役割を重視する立場が強くなっている今、かえって日欧都市の比較の途は新たに開かれつつあるといえる、とするのも同じ方向であろう。

魚住氏のみぎの理解は、中世都市を中世「封建社会」の本質的な構成的要素と見なす氏の基本的な立場にもとづいている。この課題認識は、中世都市研究は封建社会の異分子の研究であってはならない、とする森田氏（『地方史研究』、以下同じ）とも、封建社会における都市とは何であったかと問い、農業社会および領主権力との関わりにおいて都市の成立を論ずる服部氏（『歴史評論』、以下同じ）とも、さらに、中世都市の起点を中世初期に求め、都市を農村との親近性においてとらえようと説く森本氏（前掲著書、以下同じ）とも、おそらくは共通する、新しい研究動向の焦点と考えられる。ピレンヌやプラーニッツに代表される研究動向にはヨーロッパにおいても大きな転換が生れている、と『日本史研究』都市史特集号が巻頭に指摘した、変化の核心は何よりもこの点に求められよう。日本封建制において農村と都市はいかなる関係にあったかと、日本封建制論における都市問題の重要性を説いた、黒田紘一郎氏の関心（前掲論文）もこのヨーロッパ史の新しい問題意識と軌を一にするものであった。

魚住氏の立論は、都市主導層論ともいうべきもので、農村とは切り離された自由な遠隔地商人を中核的担い手とする旧来の都市論の図式に対置して、もともと封建世界に属し、非自由人の系譜をもつ都市領主の家人（役人）であり、都市自治の対立物とみなされてきた、ミニステリアール層の都市形成における役割の再検討を通じて、かれらが都市役人「職《しき》」ともいうべき封建的な権益をてことして商業経済活動とも密接し、市民層とも共通する都市利害の代表者として、都市領主と対抗する側面をもあわせ持ち、都市発展に中核的な位置を占めるに至る、と主張する点にあると思われる。ミニステリアールを封建的な権益の観点からとらえるという視点は、日本中世史の「職」をめぐる論争を想起させて興味深いが、なお、K・シュルツのミニステリアール論を「別の枠組で捉え直す」という魚住氏の企図を十分に理解することは門外漢には難しい。室町期に成立する都市に類似の現象がありはせぬかという氏の比較史的な呼びかけを活かすためにも、より詳しい氏のミニステリアール像を求めたいが、これに近いと推察される日本の都市門閥町人論が中世都市研究の今後にどのような方法を提示し得るか、は筆者にはまことに覚束ない。

つぎに注目される動向の一つは、魚住報告が、従来都市の存在を考えもしなかった中世初期という早い時期に都市の成立を考える研究の現われ、としてしめした森本説であろう。ピレンヌ・テーゼへの全面批判と森田氏も端的に呼んだ森本説は、ベルギー学界の新しい所説を推し進めるものであり、西欧の内発的発展を重視し、中世初期の在地農村において、有力領主層による在地の経済発展の組織化を介して、進行する在地の流通拠点の都市化を、「都市現象」の追究を通して明らかにしようとする。この説は、比較経済史学（大塚史学）の方法論への、親近性（生産力説）と批判点（都市と農村の対立説）を同時に含む、積極的な問題提起であるだけに（赤沢計真氏書評『歴史学研究』四七〇）、都市理論の深化を図るうえでも注目される必要があろう。

法的に完成された都市概念の適用を排し、初期的な多様な都市現象に着目しようという森本氏の視角は、魚住氏によれば、かつての確固たる都市像への反省として広く提示されつつあり、日本の中世都市成立論にも示唆的であるが、ことに「都市と農村の対立」をめぐる森本氏の批判的（都市と農村の親近性と結合の側面を強調する）問題提起は、日本の中世前期の都市研究が、荘園制と都市（社会的分業）の視角から、同じ問題を焦点にすえて論じてきているだけに（黒田氏）、見逃すことはできない。そのさい、森田氏が、都市概念の柔軟化は必須だが、都市と農村の差をミニマムに見たり、逆に領邦権力の基盤とみるだけでは、旧説へのアンチ・テーゼにすぎないとして、都市概念の過度の多様化を戒めているのは参考にされてよい。

さらに、東ドイツ都市の研究史を背景として、社会的分業を視座に据えて、都市と封建社会の一体的把握を目指すことが中世都市研究の課題だ、とする立場をとる服部説も重要である。所説は非農業的集落＝商工業者の市場集落とするウェーバーの規定を起点におき、中世都市民を、所有・生産関係ならびに法的身分規定からみて、封建社会から相対的に自立した独自の階級とみる。こうして中世都市民＝封建市民説批判の視点から、封建社会の中になぜ異質な構造をもつ独自の階級集団が存在し得たか、を課題として設定するが、都市は封建社会から遊離した特殊な共同体ではなく、自由・自治はそれ自体として都市史の指標たり得ないとする点で、旧説とは峻別される。

服部説の核心は、社会的分業論にもとづく中小都市論というべきものであり、封建社会と都市を一体としてとらえるため、領邦権力の保護と支配の下に成立する多くの中小都市こそがテーマである、とする点にあると思われるが、両者の異質性に根ざす、相互規定性や矛盾の性格がどのように展開するのか、については今後に委ねられる。

この中小都市論への関心は、先の森本説とも深く関わり、日本の中世都市論において、佐々木銀弥氏が古代的関係をもつ大都市への研究対象の偏りを指摘し、館町・市場町など中小都市をこそ典型的な中世都市として、自由都市論を追究すべきだと説いていることを想起させる。森田氏が、中小都市（領主権力の役割）と大都市（遠隔地商人の役割）とをトータルとして封建制論にどう繰入れるかと問うたのは、この問題に関してであり、日本中世の封建都市論にとっても一つの課題となりうるが、服部氏の目指すところが、あくまで都市を包含した西欧型封建社会の構造的特質の究明にある点は留意されなければならない。なお、これに関連して、魚住氏や森田氏が「集合（集団）領主制」や「都市同盟」の例をあげて、都市自体が権力である側面についても注意を喚起している。

**日本の中世都市論では**　以下、日本史の側の動向を大摑みにみよう。まず、「日本中世における都市の問題」（一九七三年度、日本史研究会、全体会シンポジウム）の報告は、近代史の前提としての都市ではなく、全社会発展の中に都市の歴史的発展を位置づけるならば古代からやるべきだ、という立場から展開された。そこで、戸田芳実氏は中世＝荘園制形成過程の究明のための都市論を説き、脇田晴子氏は、封建農村における分業の発展という視角からだけの都市成立論では、古代社会の発展（カーストからギルドへの進化の道）は捨象される、と問題提起した。また、その前提として黒田紘一郎氏は石母田氏の「分業」論＝「都市」論の検討を行なった。そこでは、都市理論の核心となる社会的分業論を深めつつ、中世社会の農工未分離が指摘され、交換による分業の成立に、かならずしも農工分離を前提とするものではない、と論じた。この方法を深めていく新しい手掛りが、西ヨーロッパ都市論の中にも現われていることは先にふれたが、アジア的な古代都市がどうしてヨーロッパ的な中世都市に移行するかという立論、および「都市による農村の収奪」という視点の当否は、日本中世都市成立史の研究の一つの焦点をなすことは疑いない（同上シンポジウム、黒田紘一郎氏のコメント）。

しかし、カーストからギルドへという中世都市成立論に対し、佐々木銀弥氏（同上、コメント）は、むしろ館町・市場町など在地の中小都市を中世都市の典型とする方向を主張し、社会的分業論に対しても、中世社会の到達した経済的成果は、西欧のように、直ちに中世都市一般の成立や発展に結びつくのかと批判し、都市の構造的特質へ迫る新たな方法として、西ヨーロッパの研究では要をなす、中世都市法の体系的な追究が必要であると説いた。佐々木氏「楽市楽座令と座の保障安堵」（『戦国期の権力と社会』東京大学出版会、一九七六年）はその具体化の試みの一であるが、この視角については、勝俣鎮夫氏「楽市場と楽市令」（『論集　中世の窓』吉川弘文館、一九七七年）に、後述する自由論ともかかわる、まったく新たな展開がある。

ところで、中世都市を権門体制都市と性格づけ、荘園が中世社会を規定していることを典型的に現わす、としたのは黒田俊雄氏（同上シンポジウム、発言）であるが、とくに注目されるのは、われわれは商工業を中心に都市を考えすぎているのではないかと、商工業都市を都市の典型とする通念に疑問を投げかけている点である。どのような人間が自分たちの住むところとして都市をつくっているかが基本だ、と説く黒田説の意義を適切に理解するのは難しい。都市とは、多種多様な数多くの人間が一定地域に定住することによって形成された居住環境であり、その多くの構成要素の、ある固有の認識できる相互関係で結ばれた総合体である、とみる捉え方（飯塚キヨ氏「都市史研究について」『比較都市史研究会報』四一、一九七九年）に通ずるものであろうか、黒田説の展開が注目される。

この黒田氏の考えともおそらく深くかかわって、日本中世の自治都市は「楽津」「楽市」「公界」として戦国期にその明確な姿を現わしたと説き、アジール・無縁・公界・「自由都市」という一連のつながりが承認されるなら、西欧からアジア・未開民族にわたる、広く世界史的な比較の道が開けよう、と論じた網野善彦氏「中世都市論」（岩波講座7、一九七六年）がある。中世都市の「自治」、その「自由」と「平和」を支えたのは、「無縁」「公界」の原理であり、「公界者」の精神であった、とも述べられる（網野氏『無縁・公界・楽』平凡社、一九七八年）。

自由都市論の日本中世史におけるまったく新たな展開に接して、あらためて気づかされることの一つは、西ヨーロッパ中世都市の研究動向についての魚住氏ほかの立論に、いま都市の自由論がほとんどウェイトを占めていない、という事実である。網野氏は、西欧の社会が本源的な「自由」を多様なアジールを通して「自由都市」に定着させ、一年と一日の都市居住による農奴の解放という慣習を強固に確立して、近代的自由への道を開いたのに対し、日本の公界はついにその解放を一個の慣習法にまで高めることなく潰え去った、とアジール論を比較史の視点からもその立論の基点に据えている。だが、魚住報告に明らかなように、アジール問題はいま西ヨーロッパ史の自由都市論の成否にほとんど本質的な位置を占めていないのである。

しかし、自由の問題について、たとえばヴァイヒビルト論をめぐって、服部氏は、中小都市においても都市共同体はインムニテートを一つの重要な基部とし、解放領域が形成されていたと指摘し、魚住氏も、ラント法の裁判から離れた地区の発展による都市の形成という構想は、都市と領主権力の結合を強調する学説に対する有力な批判たり得る、と評価している。また林毅氏『ドイツ中世都市法の研究』（創文社、一九七三年）も法制史の立場から、ヴァイヒビルトの自由や都市の自由が、商人法の自由に由来するか領主の特権付与に由来するかは、プラーニッツ批判の成否を分ける重要課題だ、とする。

こうして、「自由」がなお中世都市論の課題であり続けている事情は確かであるだけに、領邦権力の下の中小都市にあっても多く見出される、市場平和・解放領域・平和領域などと呼ばれるもの、あるいはインムニテートやアジールの問題が、中世封建都市の特質を追究するうえでどのような意義を持ち得るのかについても、あらためて教えをいただきたいと思う。

なお、中世都市論をめぐる近年の新たな日欧交流は、魚住氏や鵜川氏・小倉欣一氏らを中心とする、比較都市史研究会の積極的な活動に負うところが大きいと思われる。同会の末席に連なることから、コメントの貴重な機会を与えられながら、非力のため偏った感想に終始してしまった。魚住氏や関係者のご海容をお願いしたい。

〔付記〕 小稿の脱稿後、『歴史学研究』(四七一、一九七九年七月)もまた「古代・中世の都市と国家」の特集号を発行した。

# 6 一九八四＝毛利氏研究の動向

初出『毛利氏の研究』解説（『戦国大名論集』14、吉川弘文館）

今日にいたる戦国大名研究の動向は、その関心や方法論の推移からみて、あえて整理するとすれば、

(1) 知行制論を中心にすえて、権力の近世的進化の度合を検証しようとする過渡的形態論

(2) 貫高制論を中心にすえて、権力の独自な中世的性格を追究しようとする権力構造論

(3) 一揆的・荘園制的な体質の克服を指標として、権力の中・近世の間に占める独自の地位を追究する政策指向論

の三つの段階に区分することができよう。この動向の中にあって、毛利氏の研究は、論集第I編に収めた河合論文が(1)期を代表し、村田論文が(2)期を画する地位を占めるなど、戦国大名論の深化のうえで大きい役割を果してきた。第I編をとくに戦国大名論の形成と題した所以である。そして(3)期の今日、毛利氏の研究は、主として東国大名研究によって築かれた水準を、西国大名について検証し克服することをめざす若い研究者の関心を集めて、あたかも戦国大名論のるつぼのような活況を呈している。これらの新しい成果を、この巻では、第II編大名領国の構造・第III編豊臣期の大名権力の二編に分けて収録し、いま(3)期の研究がどのような段階に到達しているかをしめそうとした。さらに

第Ⅳ編には、地域に則した毛利氏特質論の多角的な追究の深化に資することを希って、銀山・水軍・安芸門徒の三つの視角から、基本的な研究四編を収めた。

なお、毛利氏の研究の基盤を考えるとき、戦前の東京帝国大学による『大日本古文書』家わけ「毛利家文書」など五種・一一巻の刊行、毛利家三卿伝編纂所の事業を中心とする毛利元就・毛利輝元・吉川元春・小早川隆景など一連の伝記研究、および戦後の山口県文書館による『防長風土注進案』・『萩藩閥閲録』の翻刻事業などの貢献は特筆さるべきものがあり、さらに新たな『広島県史』古代中世資料編全五巻の刊行によって、その基礎はいっそう堅固になったということができよう。

Ⅰ　戦国大名論の形成　第Ⅰ編には⑴・⑵期の毛利氏研究の到達点を示す論文四編を収めた。

河合正治「戦国大名としての毛利氏の性格」(『史学研究』五四、一九五四)は、毛利氏の知行制について、天文末年以降の大名検地に注目し、名単位から作職の給与へ、面積から収納高表示へ知行制が転換をとげ、給地替や近世的俸禄制への萌芽もみられるなど、戦国大名の近世への進化を論じて、⑴期の戦国大名論を代表する。また、家臣団の庶家・譜代・国衆・外様の編成を明らかにしたことと併せて、本格的な戦国大名毛利氏の研究の先駆をなしている。

この大名検地論には太閤検地論の影響も大きく、後藤陽一「封建権力と村落構成」は戦国期の毛利領国における名体制の崩壊と農民的保有の形成を論じて、太閤検地論争に参加している。しかし、その後、戦国大名検地については、近世前史としての過渡的性格だけが強調されたことから、⑵期の権力構造論の動向の中では逆に軽視される傾向に陥り、⑶期にいたってあらためて研究の焦点にすえられることになる。

松岡久人「戦国期大内・毛利両氏の知行制の進展」(『史学研究』八三、一九六一)は、後藤氏と同じころ「戦国期を中心とする厳島社の社領支配機構」で社領農村の近世化を追究したのについで、河合論文の核心をなす知行制論に、大内氏段階にさかのぼって論争的に再検討を加え、(1)期の戦国大名論に活力を与えた。知行表示が面積か収納高かは庄園制的収取の先例の差にすぎないとして、戦国大名検地の意義に疑問を投じた松岡氏の視点は、厳島社領の分析とともに、(2)期の村田論文にうけつがれる。

村田修三「戦国大名毛利氏の権力構造」(『日本史研究』七三、一九六四)は、(1)期の戦国大名論がもっぱら兵農分離を尺度として権力の流動的過渡的な性格を説く傾向を批判し、戦国大名が古い土地制度を残しながらも領主的結集をなしとげて強大な権力を構築しえた独自の基盤は何か、その権力構造はいかなる矛盾の産物であるかと問い、戦国大名独自の構造と歴史的性質を追究する立場から、毛利氏研究をもとに、新たな貫高制論を提起した。

この論文は、戦国期の研究を近世前史から自立させ、(2)期を画する役割を果すとともに、毛利氏の研究のうえでも、貫高制的な権力の矛盾を規定する農民一揆の存在を指摘し、それを基底におく一所衆・一戸衆の二重編成の形成を検証するなど、(3)期の毛利研究の論点のほとんどを提示しえていた。なお、貫高制を在地不掌握とする論証の根拠については、藤木「貫高制と戦国的権力編成」が史料的な検討を加えている。豊富な史料に恵まれた戦国期厳島社領の本格的分析を深めることが求められよう。

布引敏雄「戦国大名毛利氏と地下人一揆」(『山口県文書館研究紀要』二、一九七三)は、村田氏の農民一揆論の提起を批判的にうけとめて、戦国期の毛利領国の地侍・農村研究に新たな領域をひらき、(3)期の在村給人(小領主)をめぐる論議の展開に先駆的役割を果した。

Ⅱ　大名領国の構造　第Ⅱ編には在地領主・小領主論の視角から権力構造を追究した(3)期の研究四編を収めた。一在地領主から出発した毛利氏は、在地領主層をいかに権力組織に編成することによって戦国大名たりえたか。松浦義則「戦国大名毛利氏の領国支配機構の進展」(『日本史研究』一六八、一九七六)は、権力拠点の安芸吉田における譜代層による五人奉行制の成立を検証し、この体制は、大内氏以来の郡支配の旧制を踏襲せざるをえなかった防長両国へも、直臣層による山口奉行の設定という形で貫徹することを明らかにし、さらに、豊臣期にいたると、この譜代層による支配体制たる五人奉行制は、輝元専制とそれを支える直属吏僚層にとってかわられる、とその転換についても論じた。

加藤益幹「戦国大名毛利氏の奉行人制について」（『年報中世史研究』三、一九七八）も、大量の奉行人奉書の集成を基礎として、同じく五奉行体制の成立を析出し、これを大名権力の公的性格の確立つまり官僚制の展開として位置づけ、さらに豊臣期には、惣国検地の遂行を機として、検地奉行衆が五奉行体制から自立した新たな官僚層として輝元の専制権力を構成するに至ると説き、松浦説を深めた。

秋山伸隆「戦国大名毛利氏の軍事力編成の展開」（『古文書研究』一五、一九八〇）は、村田氏の毛利氏貫高制論を家臣団軍役実現の仕組みという視角から再検討し、家臣団の自立性に規定されて重層性を特徴とする毛利氏の貫高制は、進化した東国大名のそれとは異質のものであり、その重層性は豊臣期にいたるまで克服されない、と論じた。なお、矢田俊文「戦国期の社会諸階層と領主権力」も、秋山氏とともに「家中」軍役に注目して、村田氏のいう家臣団の二重編成説を批判し、独自の「戦国領主」連合論を展開しているが、この「家中」論については池享「戦国大名権力構造論の問題点」にも別の展開がみられる。

また、西山克氏（本論集1所収論文）は、以上の毛利氏奉行制研究の堅固な成果をうけて、国家論の観点からこれを戦国大名の普遍的に創出した家産制的官僚制として位置づける。すなわち五奉行制は譜代層という支配共同身分から抽出された官僚組織であり、かれら自身が従者（大名家臣）であると同時に支配身分（在地領主）の一員であるという二元性を構造的矛盾としてはらみ、豊臣期に秀吉政権への毛利氏の屈服と照応する、輝元新官僚層の創出によって克服され、戦国大名の家産制的官僚制は変質をとげる、と論じて理論的深化を試みている。

ところで、以上にしめされた家臣団の在地領主的自立性と、それに規定された大名権力の一揆的性格については、早く河合氏「戦国武士の教養と宗教」に、毛利氏の戦国法と一揆契状との関連性に注目した論及があり、ひろく戦国法の研究に影響を与えた。いま(3)期の研究は、権力の一揆的性格を全戦国期の構造矛盾とみるか、その克服への明確な指向性を権力の新たな戦国的特質として重視するか、を大切な論点としている。たとえば、『中世政治社会思想』上巻で石井進氏は、ヨコの契約を克服すべき「法度」(大名基本法規)制定への毛利氏の志向や、実質上の家法の成立に注目して、これをどう評価すべきかと問題を提起したし、西山克氏は、比較史的な関心から、ほんらい日本の在地領主を自立的権力とみなしうるか、という疑問をも呈している。これらに応えるためにも、問題を進化の差や地域的な特性に解消させていくような論議の方向は避けられなければならない。

なお、豊臣期の毛利権力に現われた大きな転換は、ひろく諸大名にも認められる特徴であるだけに、その実体や起動力について具体的に追究することは、つぎの第Ⅲ編ともかかわる、戦国大名論の大切な課題である。

以上の在地領主編成論の視角に対し、池享「戦国大名の権力基盤」(『史学雑誌』九一の四、一九八二)は、山代の地下人を論じた布引論文をうけて、大名権力の基盤を在地小領主論の視点から追究しようとする。池氏は「戦国大名領国における重層的領有構造」をはじめとする一連の論文において、(3)期の論点の核心をなす在地における加地子の行方と大名検地の問題にまっこうから取り組み、毛利氏の土地領有体制は上級領有権と下級領有権の重層性を独自な特質とし、戦国大名として加地子の権力的編成を実現しえていると論じ、さらに本巻の論文では、問題の下級領有権について、その担い手を「在村給人」と規定し追究することによって、実証的に深めようとしている。その大名検地論は他の毛利氏研究者とかなり対蹠的であるだけに、この新たな「在村給人」論をめぐる論争の深化が期待されるが、やは池氏の方法のように加地子・検地論を回避せず論究することなしには、毛利氏の研究を(3)期の戦国大名論の跳躍台とすることは望めないであろう。

Ⅲ　豊臣期の大名権力　　豊臣期というのは、毛利氏のばあい天正十年（一五八二）の秀吉との講和から慶長五年（一六〇〇）の関ヶ原後の防長減封までをいい、惣国検地・広島築城・唐入と続く天正末年をピークとしてとらえられている。すでに前編の諸研究もしめしているように、いま毛利氏の研究のうえでは、この豊臣期における領国体制の転換の様相が、あいついで実証的に解明されつつある。ここにとくに豊臣期の編を立てた所以である。ただ、池論文も指摘するように、この転換を、戦国大名の自律的な展開の一段階としてとらえるか、豊臣体制への対応に規定されたものとみるかは、戦国大名論の方法とも不可分の(3)期の論点であり、毛利氏の研究でも中心的な争点をなしている。本編の諸論文を通じて豊臣期の転換の実体を豊かにとらえることによって、この論争が、二者択一的な対立を超えた、より稔りあるものとなることを期待しよう。

利岡俊昭「天正末期毛利氏の領国支配の進展と家臣団の構成」（『史林』四九の六、一九六六）は、惣国検地直後の天正末年に成立した「八箇国御時代分限帳」にはじめて本格的分析を加えて、一一二万石段階の大領国全域にわたる毛利氏知行割の展開ぶりを明らかにし、豊臣期毛利氏の研究を切り開く役割を果した。

松浦義則「豊臣期における毛利氏領国の農民支配の性格」（『史学研究』一二九、一九七五）は、この期の毛利権力の基礎構造の特質を追究して、全国統一の戦争体制への包摂の下で、陣夫役の過大な賦課を通じて、荒田状況をひきおこす農民収奪が強行されたと論じ、また、この期の農村を支える在村給人の存在からみて、惣国検地に積極的な意義は認めがたいと説いた。おなじ在村給人に注目して、池論文はまったく対立的な見解をしめしているだけに、あらためて農村研究の場での両説の実証的なつきあわせが求められる。

問題の惣国検地について、加藤益幹「毛利氏天正末惣国検地について」(『歴史学研究』四九六、一九八一)は、利岡氏の方法をうけて、おなじ分限帳の定量分析の方法によって、知行制の視角からの検討を行なった。惣検政策は、知行高の統一的把握から知行増(譜代層)・知行替(外様層)へと、段階的な知行制の深化をもたらし、在地領主制の止揚と統一的軍役体系の成立を可能にした、という。この追究により豊臣期の知行制の画期的性格はいっそう明らかになったが、なお惣国検地の性格を分限帳のみによって論じうるかは問題であり、さらに検地帳・打渡坪付レベルからの立論をともなった、研究の深化に期待がもたれる。

この豊臣期研究の基礎史料ともいうべき、分限帳に対応する「八箇国御配置絵図」にはじめて史料学的な検討を加え、その歴史的性格を明らかにしたのが、木村忠夫「『八箇国御配置絵図』について」(『山口県地方史研究』四五、一九八一)である。この絵図は分限帳とともに、あたかも豊臣政権が全国から徴収した国絵図と御前帳に対応する位置を占めること、豊臣の第一次朝鮮侵略に応えるため、毛利氏が地域別の軍役・陣夫役編成の基礎として、作成した軍事資料であること、分限帳(総高七六万石)は、豊臣軍役高(七三万石、無役高三九万石を除く)に対応して毛利氏の用意した軍役の賦課台帳であり、無役高三九万石や与力大名分を含まないことなど、この結論が毛利氏の研究方法に与える影響は計り知れない。

たとえば、分限帳と絵図を惣国検地の集大成とみなす、定量分析的な方法には再検討が求められようし、朝鮮侵略体制下の毛利領国という視点から、分限帳や絵図と厳島社領に集中的に伝存する人掃帳(三鬼清一郎「人掃令をめぐって」参照)や惣国検地帳、さらに広島城下町創設などの総合的な追究があらためて課題となるであろう。なお、この期に創設された城下町広島については、野村晋域氏や河合正治氏の一連の研究があり、河合説については藤木「大名領国の経済構造」にも関説がある。

Ⅳ　戦国の銀山・水軍・安芸門徒　ここには地域からの分析視角を提示するものとして、経済・社会・文化にかかわる三つの分野から、四論文を収めた。

小葉田淳「石見銀山」（『日本鉱山史の研究』一九六八）は、織豊期を画期とする鉱山開発のいわば原点の地点を占める石見銀山の古典的な研究である。中国地方の鉱山開発がこの地方の戦国の動向をどう規定したか、に関心が寄せられてからすでに久しいが、事実、この石見銀山の開発経営と銀遣いの構造は、大名財政の源泉をなし、毛利氏の戦国大名化と併行する形で展開し、銀山なくして弓矢も成らず（輝元書状）といわれたと説くこの論文は、今日の戦国大名研究がひろく中国地方の銀・鉄・銅山の問題をその視野に収めるべきことを明らかにした研究として、あらためて注目さるべきであろう。

また、瀬戸内海西部を掌握し日本海側にも展開して、中国地方を制圧した毛利権力が海上勢力と流通路をどのように編成しえたかは、この広域領国実現の仕組みを解き明かすうえに、不可欠の課題である。この分野には長沼賢海氏以来、広島県教育委員会編『瀬戸内水軍』にいたる基礎的な蓄積があるが、宇田川武久「大内氏警固衆の消長と毛利氏の水軍編成」（『海事史研究』一九、一九七二）は氏の一連の水軍研究の中の一つである。厳島合戦・石山合戦・唐入などは瀬戸内水軍の編成にも転換をもたらす画期をなしたとみられるだけに、毛利水軍の戦国大名論からの追究がのぞまれるところである。

さいごに、安芸一向宗の戦国期における動向は、とくに毛利水軍の石山赴援の史実との関連で、長沼賢海「安芸門徒の一揆運動」以来、注目されるところであった。山中寿夫「戦国時代における安芸国一向宗の性格について」（『瀬戸内海地域の社会史的研究』一九五二）は、この長沼説を批判して、安芸一向宗が仏護寺を中心として大きく発展するのは石山合戦以後であり、さらに毛利氏との深い結びつきや講組織の欠如などいずれも、いわゆる一向一揆とは異質な点が多い、と説いた。

児玉識「毛利・小早川氏と真宗」(『近世真宗の展開過程』一九七六)は、このような西国真宗教団の特異性の問題について、その原因を門徒勢力の未熟さに求める山中説に対し、石山合戦への参加の徴証はけっして少なくないとしながらも、西国門徒の組織や動向に、本願寺一揆ともいうべき一向一揆のそれとの、ちがいがあるのは事実であり、その原因は、この地方の教団が本願寺とは系列を異にする興正寺系教団として展開したことに求められる、と説いた。芸備の真宗教団が明光にはじまり仏光寺・興正寺派の門流に属することについては、福尾猛市郎「中世における芸備真宗教団の発展」の成果がうけつがれているが、この性格規定は一向一揆論にも大切な視点を提示したものといえよう。さらに、中世末に末寺三千余といわれる西国の興正寺教団が、その中核に位置した端坊と毛利権力との結びつきによって支えられ、そのルートによって西本願寺の傘下に帰属するにいたったという指摘は、まさに毛利氏がこの一向宗教団にいかに深い関心を払っていたかを示唆するものであり、戦国大名毛利氏の研究に、あらためて独自の課題を投げかけるものとなっている。

# 7　一九八五＝織田政権論の動向

初出『織田政権の研究』解説（『戦国大名論集』17、吉川弘文館）

織田政権の時代は、豊臣政権の時代とともに、日本の中世から近世への過渡期にあたるところから、これまで、（1）封建社会を前後に分かつ転換（封建制の再編成）の時期、（2）あるいは奴隷制から農奴制への移行（封建制の確立）期、（3）あるいは初期絶対主義（資本制の萌芽）の段階というように対立的に位置づけられて、前近代史研究の論争の焦点をなし、あわせて、織田・豊臣・徳川の各段階を一括するか峻別すべきかを軸とする論議とともに、この移行期の研究を深化させてきた。

近年の織田政権の研究動向の特徴も、信長権力は近世＝統一権力か中世＝戦国大名段階の権力かという、見解の対立が軸となって論争的に展開されている点にある。ただ、見解の対立といっても、実際の研究はかならずしも二者択一的な形でだけ進められているわけではない。織・豊の断絶を説きながらも、織田政権の固有の基盤の構造分析を重視しようとする研究（脇田修『織田政権の基礎構造』）や、両政権の差異をはじめから前提として分析すれば、明らかになるのは差だけであり、それのもつ史的意味を解明できなくなるという指摘（三鬼清一郎『鉄砲とその時代』）などの視点や方法は、新たな研究の方向をよくしめしている。

織田研究の到達点を代表するのは、土地所有・農民支配など基礎構造の追究を主題とする脇田『織田政権の基礎構造』や、国家の権力中枢の追究を主題として信長による新たな権威の創出を説く朝尾直弘「『将軍権力』の創出」などで、三鬼『鉄砲とその時代』やこの巻に収めた諸氏の論文も、多くはこれ等を起点として批判的に展開されている。しかし、いま基礎構造面の研究は停滞して、論議が封建制論・社会構成体論に行きつくこともしだいに稀となり、一方、都市政策論や権力論は盛んであるが、ときに基礎的な論証より論議の先行する傾向をみせるところから、厳しい史料批判の深化が要請されている状況である。

また、とくに注意すべきは、新しい戦国大名論が織田政権論に与える影響である。戦国大名の基盤を荘園体制に求める従来の見解を批判する、戦国大名領国=独立国家論ともいうべき研究の新たな展開にともない、(1)織田政権論にも、信長権力の積極的な領国支配政策の展開に注目し、これを畿内支配政策とは区別し、東国戦国大名との対比で把握しようとする、新しい動向が認められる。(2)これは、信長権力を中世=戦国大名=荘園体制段階の権力とみる従来の見解とは峻別さるべきものであり、新たな戦国大名論を指標とするならば、織田権力の基本的な性格を中世的という意味で戦国大名的と規定する諸説も、そのままではすまないのである。

なお、織田政権の研究動向の総括としては、脇田『織田政権の基礎構造』第一章、同『近世封建制成立史論』展望、および三鬼『鉄砲とその時代』概観などが優れている。また、研究史の細目については、この期の研究を網羅した三鬼編『織田・豊臣政権研究文献目録』や、この巻のためとくに三鬼氏に新しく作成していただいた「文献一覧」の参照をお願いしたい。以下は本巻の論文の解説であるが、編者の論稿を批判の対象とした論文も少なくないので、なるべく論評にわたることを避けて、各論文の方法上の重点と核心を適切に紹介するようつとめたい。

I総論には、織田政権の全体像に関する基本的な論点を提示する、論文五編を収めた。

(一) 鈴木良一「織田豊臣時代の時代区分について」(『歴史教育』一一―一〇、一九六三)は、十六世紀末の織田・豊臣の二つの政権やその時代を、織豊政権・織田豊臣時代・安土桃山時代などと呼んで一括する、通説的な時代区分は妥当ではないと批判して、秀吉は近世的であるが信長は中世的であると主張し、織田政権論の焦点を簡潔にしめす。すなわち、(1) ふつう時代区分の画期とされる信長入京・将軍義昭追放は、その後の将軍の存在からみても、あくまで便宜的な区分であって厳密な指標たりえない。(2) 延暦寺の焼討ち・一向一揆との対決、関所撤廃・検地などの諸政策は、武士を荘園領主=寺社本所勢力から解放する役割をになったが、(3) つぎの秀吉にくらべれば、信長は客観的にはまだ戦国大名であり、織田時代は基本的には戦国時代とみるべきである、という。その時代区分の方法と関心は、その後の研究に影響を与える。

(二) 今井林太郎「信長の出現と中世的権威の否定」(『岩波講座日本歴史』9、一九六三)は、鈴木論文と同時期に異なった視角から発表され、純粋封建制確立への途を切り開いた信長政権の歴史的意義の追究という立場にたって、それを政治過程・権力構造・政治基調の三つの側面から包括的に検討した。すなわち、純粋封建制の確立を準備した信長の政策の基調は、まだ端緒的な形ながら (1) 権力編成=土豪的名主層の荘園制(寺社・守護勢力)からの解放と組織化、(2) 農民支配=土豪的名主層の整理による中世的土地所有関係の廃棄と耕作権の保証、(3) 商工支配=拡大する商品流通圏の掌握と新旧商人層の統制などに認められ、信長は封建的な絶対君主である、という。慎重な限定をつけながらも、織田政権の新しい性格を多角的に検証しようとしたもので、今日まで信長研究の拠り所となっている。

(三) 脇田修「織豊政権の商業・都市政策」(『戦国時代』一九七八)は、商業・都市政策論の視角から、『織田政権の基礎構造』『近世封建制成立史論』の集大成をもとに、ひろく政治的・社会的・経済的な構造変化の追究に基礎を置いて、織田政権を戦国大名的中央権力、豊臣政権を近世的統一権力と規定する。その焦点は、石高制と近世的市場関係の未成立を根拠に、諸政策の展開ぶりを織田領国地域の政策（豊臣との連続面）と、公家・社寺支配下の首都市場圏地域の政策（断絶面）とに、峻別して追究するところにある。すなわち、（1）織田領国やその城下町では、関所の撤廃や楽市楽座令、商工業者の人別把握など、新しい戦国大名のそれと基本的に同質な、近世への萌芽となる城下町政策を実施する。（2）しかし首都市場圏においては、畿内制圧後もこれらの政策を展開せず、むしろ公家・社寺支配下にある中世的市場関係や権益の保護・温存を基本政策とする。したがって中央権力としてみるときは、全体として旧体制であったといわざるをえない、という。

（四）三鬼清一郎「織田政権の権力構造」（『講座日本近世史』1、一九八一）は、その著『鉄砲とその時代』とともに、東国の戦国大名に近い本質と行動様式をもつ織田政権が、いかにその領国を超える全国支配の論理を見出していくかという関心のもとに、信長の「天下」構想や国家意識を、領主制・主従制の論理とは異質の、国郡制的な支配原理を枠組みとして追究する。すなわち、（1）政権の展開過程を、守護・将軍・天皇など伝統的国家機構との関連を基準とし、尾張一国の掌握・将軍の擁立と追放・本願寺との勅命講和などを画期として区分し、（2）禁裡修理を名目とする全国大名への上洛要請を、主従関係をこえた軍事指揮権の発動として注目し、（3）安土築城への職人の国役動員を、国家による職人の身分編成の契機として重視し、（4）延暦寺焼打ち・安土宗論・石山合戦と勅命講和・石清水八幡宮造営・伊勢式年遷宮・善光寺阿弥陀如来勧請などを、天皇支配権下の宗教の接収策とみなし、鎮護国家の思想から民衆信仰までを包摂しようとする、信長の国家構想の思想的な表現と位置づけたこと、などがそれである。なお、織豊期研究における史料批判や古文書学的検討の必要性が随所に強調される。

（五）奥野高広「初期の織田氏」（『国学院雑誌』六二―九、一九六一）は、『織田信長文書の研究』を集大成した著者による、史料の乏しい信長以前の尾張織田氏に関する基礎的な研究である。織田氏の系図・姓氏をはじめ、とくに守護代家のうち清須城の大和守系と、清須三奉行のうち信長を出す弾正忠系に焦点をおいて、その十五世紀初頭（応永期）いらいの軌跡をくわしく追究する。みぎの（三）（四）の論文などを通じて、領国大名段階の織田権力と東国の戦国大名の比較検討が注目される折から、この論文はその拠点となるであろう。

Ⅱ都市・一向一揆政策　ここには、織田政権の都市政策について、一向一揆の拠点ともなった寺内町と楽市楽座令との関連性を焦点とし、藤木「統一政権の成立」への批判を起点とする論文を中心に、四編の論文を収めた。

（一）勝俣鎮夫「楽市場と楽市令」（『論集　中世の窓』一九七七）は、楽市楽座令について、新しく無縁・アジールの視点から検討を加え、これを織田政権の革新性を象徴する画期的な商業・都市政策とみなす通説的な歴史的意義づけを否定し、新たな楽市場像を提示する。すなわち、（1）楽市場というのは、あらゆる俗世間的な縁やきずなを絶ち切る場、つまり無縁・アジールの場として社会的に容認され、中世「自由都市」の核として存在した。（2）楽市令の基本条項たる検断不入・地子課役免除・債務破棄・身分解放・科人避難・自由通行・寄宿強制などの諸特権ないし保証は、無縁の原理に由来する楽市場（中世地方市場の一形態）の原初的な属性にほかならず、信長や諸大名はそれを安堵したに過ぎない。（3）しかし、権力の安堵型楽市令による楽市場の保証は、本来の意味での楽市場の消滅であった。（4）織田権力による新たな楽市の創設つまり政策型楽市令も、中世楽市場の属性を城下町建設政策に適用したものである。（5）その政策の歴史的意義は、諸権力から自由であった楽市場を安堵という形で権力のもとに掌握したことに求められる、という。

（二）神田千里「石山合戦における近江一向一揆の性格」（『歴史学研究』四四九、一九七七）は、信長が一向宗の寺内町（近江金森）に出した楽市楽座令を、織田政権の対一向一揆政策の特質という視点から追究し、それは寺内町の保護策であり、狙いは惣村的一向一揆＝農村と寺内町＝都市との主体的な連携を分断することにあった、と説く。織田政権による寺内町への楽市楽座令＝町場保護策と惣村への起請文提出令＝農村支配策が連続している事実を手がかりとして、（1）寺内町金森は惣村的一向一揆＝門徒圏を維持主体とし、村落の非農業的生産活動を交通・流通網へ結びつける役割をになっていた。（2）農村と都市を媒介した一向一揆は、織田政権の「村切」政策によって分断され、寺内町＝中世的町場は孤立して権力の保護下に入る、という。

（三）小島道裕「金森寺内町について」（『史林』六七―四、一九八四）は、美濃加納の楽市楽座令を分析した「戦国期城下町の構造」についで、織田権力の都市政策という視点から、（二）とおなじく金森寺内町あての楽市楽座令を追究し、それは旧来の特権を直接に安堵したものではなく、信長が一方的に都市の属性を付与したものである、と説く。すなわち、この楽市楽座令は、一向一揆蜂起の中心城砦であった寺内町を軍事的に破壊した後、織田権力側の都市として新たに復興するために出された、一揆都市の解体再建策であると主張し、これを楽市場の安堵保護策とみる（一）とも、寺内町の切離し保護策とみる（二）とも対立する。方法的には、金森寺内町の景観の復元から一揆の城砦都市的な性格が、また、同地域における織田権力の楽市楽座令関連文書の伝存事情の追跡から寺内町の破壊と道場の排除退転が検証される。

（四）小島広次「伊勢大湊と織田政権」（『日本歴史』三七二、一九七九）は、会合衆の自治によって知られる港湾都市・伊勢大湊が、その文書に自ら「大湊公界」と記し「公界のいんはん」をすえる事実に注目し、織田政権のもとでその公界性がどう変化するか、を追究する。（一）や網野善彦『無縁・公界・楽』の視点の継承である。大湊公界は老若＝老分・若衆の組織と武力をもち、伊勢神宮とのつながりを背景とし、その公界性にもとづく諸都市・諸大名との広範な連携によって、自由な営業権や海上通行権を保持し、織田政権もこれを前提としつつ実質的な支配下に収めようとする、と説く。

Ⅲ村落・土地政策　脇田氏の研究以後この分野の新しい研究は少ないが、ここには、おもに織田政権の農民支配や知行政策を追究する、新しい論文三編を収めた。

（一）松浦義則「柴田勝家の越前検地と村落」（『史学研究』一六〇、一九八三）は、織田政権下の検地と農民支配の特質を、越前柴田検地について追究し、その核心は、荘園制下の名制度を廃棄し村と村高を掌握することにあった、と説く。すなわち、（1）中世後期を通じて進行する名体制の変質は、A＝分裂した名を親名主が統轄する段階から、B＝田頭（年貢収取）編成・番頭（公事収取）編成への分化をへて、C＝小村や村を単位とする段階へという動向を示すが、A・Bとも名を基礎とする惣結合によって保証される名体制維持の動きであり、戦国大名下でもCはまだ公認された唯一の収取組織としては定着しない。（2）織田検地はBからCへという基本動向をとらえ、名を廃棄して村と村高を確定することを目的とし、名請人の持分や年貢配分の決定は村に任せた。（3）検地は村落構造の変更をめざすものではなかったが、村への委任の原則は、給人の百姓支配権を規制し、農民内部の階層的対立と闘争を顕在化させる契機となった、という。

（二）下村信博「天正三年織田信長の徳政について」（『史学雑誌』九二の一一、一九八三）は、天正三年（一五七五）の信長の徳政令について、その政策意図のみを論ずる通説を批判して、織田政権の寺社本所領＝下地対策の実効性の追究という視点を対置し、その実施策の積極性を検証し、債務処理面では相当の実効を収めたが、公家・門跡領の全面回復を目ざした下地の徳政は失敗に終った、と結論する。すなわち、（1）下地徳政の実施は、対朝廷政策の一環として、債務一切の破棄、全由緒地の返還、二十年年紀法の排除など、室町幕府法を超える諸原則をもって、回復すべき土地の確定、証状・返状の提出強制、譴責使派遣の態勢など、織田政権の強力な関与のもとに行なわれた。（2）しかし、旧領・寄進地・沽却地・不知行地ごとに複雑な係争が多発し、一部得分の回復ていどの妥協・内済を認めざるをえなかった。(3)なお、徳政と並行して公家・門跡への新地給与が、新地=旧来の由緒の否定、直務の実現と錯綜した知行関係の整理を条件として実施され、ここで徳政令のもつ限界の克服が積極的に図られている、という。

(三)松尾良隆「天正八年の大和指出と一国破城について」(『ヒストリア』九九、一九八三)は、織田政権がその最終段階に大和で実施した破城(しろわり)・指出について、従来の荘園政策論的な消極評価を批判して、在地領主制克服の視点を対置し、一国規模で全領主を対象として、在地領主制の規制と領主知行高=軍役賦課基準の掌握にもとづく軍制を確立しようとした、政策の積極性を重視すべしと主張する。すなわち、(1)一国破城は、指出の前提として行なわれ、郡山城一つを残し、一国の在地領主の支配の拠点たる城郭の建築物はすべて破壊され、国人衆は在地から引き離された。(2)指出は、「知行方糺明」ともいわれ、織田「軍役」の賦課を公然たる目標に掲げて強行され、一国の全領主階級の知行関係=前年の収納高は、諸公事も銭一貫=二石、油一石=米一石などの割合で、すべて米高に換算して統一的に把握された、という。

Ⅳ権力論には、織田政権の国制上の位置づけや信長の国家構想を追究する論文四編を収めた。この分野には、織田権力の伝統からの離脱と新たな権威中枢の創出を説く、朝尾直弘「『将軍権力』の創出」の一連の大作があり、以下の多くの論文も、その批判をおもな軸として展開される。

(一)岩沢愿彦「本能寺の変拾遺」(『歴史地理』九一の四、一九六八)は、記主不明とされる『日々記』が天正期の朝廷の機密事項を多く含むことに着目して、これを朝廷の中枢に参画した勧修寺晴豊の自記で『晴豊公記』の脱漏部分に相当すると考証し、とくに本能寺の変前後の「天正十年夏記」にみえる信長の任官をめぐる政治動向に注目して、織田政権の権力論の研究に大きい影響を与えた。すなわち、(1)天正十年五月三日、朝廷は信長を太政大臣か関白か将軍かに推挙するため勅使を安土に派遣した。(2)朝廷の真意は信長に征夷大将軍=幕府開設を勧めることにあった。（3）しかし信長は意志表示を避けた。（4）この朝議の背景には、武家政権の権威を朝廷の官位秩序のなかで考える根強い社会通念があった。（5）だから六月一日の上洛は、まさに信長が中央政権樹立の名目を確定し、独自の政権構想を表明すべき機会であった。（6）同二日の本能寺の変は、それを一挙に挫折させる深刻な史的意義を帯びた、という。

（二）染谷光広「織田政権と足利義昭の奉公衆・奉行衆との関係について」（『国史学』一一〇・一一一合併号、一九八〇）は、信長権力の人的構成の面から、室町幕府の復興と滅亡の意味を追究し、将軍追放ののち、その直臣団＝奉行衆・奉公衆らの多くが織田政権に吸収され、京都支配の政治・軍制の実務担当者として、織田権力の中央政権への展開を支えたと説く。すなわち、（1）足利義昭の幕府再興とともに旧幕府機構も復活し、奉行衆（飯尾・松田など十数名）は将軍の命令を執行する奉行人奉書を発し、奉公衆（一色・三淵など約二〇名）や足軽衆は直轄軍を形成し、政所執事（伊勢一族）や公方御倉等の実務官僚も復活した。（2）政治構造は幕府と信長の二重構成・相互利用の形で展開された。（3）両者の対立と幕府の滅亡にともない、幕府衆の多くは信長・光秀に吸収され、京都支配の政治・軍制の実務を担当した、という。

（三）橋本政宣「織田信長と朝廷」（『日本歴史』四〇五、一九八二）は、信長の政権構想論の指標とされる対朝廷政策について、将軍の一貫した存在を重視する視点から検討を加え、義昭の存在は幕府滅亡後も信長の政治的地位を強く規定しつづけたと説く。すなわち、（1）禁中修理・将軍第造営を名目とする諸大名宛て上洛触状と、将軍宛て五ヵ条の条書との同時性は、これを機に信長が将軍権力を公然と規制しつつ、天皇＝勅命と将軍＝上意を自らの大義名分として行動しうる正当性を獲得したことをしめす。（2）天皇譲位の遅延は、老天皇のつよい意向を請けて譲位・即位を準備すべき、信長の院御所造営事業の難航が原因であり、天皇と信長の対立を想定する通説は当らない。（3）

①天正三年の権大納言・右近衛大将任官は、官職体系上で義昭（征夷大将軍・権大納言・従三位）の下に立たずに、右大将＝武家の棟梁としての名目を獲得するためであったが、義昭の存在が開幕に踏み切らせなかった。②同五年に右大臣に転じても右大将を兼任し、翌六年に辞官するが、これは左大臣をへず極官の太政大臣に就くための伏線であった。③同十年の朝廷による最高位推任が征夷大将軍の任命に帰結したであろうと想定するのは、将軍義昭の存在からみて疑問である、という。

（四）佐々木潤之介「信長における『外聞』と『天下』について」（『新潟史学』八、一九七五）は、信長を新しい支配理念の創出者とみる見解を批判し戦国大名の最終形態とみる立場から、その国家構想論のキイワードとされる「天下」の性格を「外聞」の語を対置しつつ追究し、「天下」は歴史的に正統な支配の理論や根拠を欠く信長権力によって、矮小化され否定さるべき負の遺産となったと説く。（1）上洛期の信長の支配の論理は、義昭＝公方による天下の委任（公方と天下の結合）を基本とした。（2）義昭の反逆によって、信長の支配の論理は破綻し、権力の歴史的正統性は崩壊する。（3）その過程で、「天下」に代って、「外聞」という没論理の語が新たな基準として登場し、さらに支配の論理の無政府状態というべき「成次第」へと転化し、武篇・武者道＝主従関係＝武力への依存と天皇権威への接近をもたらす。（4）武者道の強制は政道＝分国支配との矛盾をひきおこす。（5）信長は「天下」を武者道と結びつけて私的なものに転化させ、ついに新たな支配の論理を創出しえなかった、という。

（五）高木傭太郎「織田政権期における『天下』について」（名古屋大学大学院文学研究科『院生論集』九、一九八〇）は、同じく信長の「天下」について、中世のそれと対比しつつその語義や機能を追究し、信長の「天下」観は、天皇を中心とする伝統的な社会秩序とその観念を、封建的国家の完成のため積極的に利用しようとしたものであると説く。すなわち（1）信長のいう「天下」とは、公方と京都を中心とするある種の伝統的な秩序構造を内包し、天皇から百姓までの全階層を含む社会領域を意味する。（2）将軍の下で信長は、その秩序の守護を将軍から委任された、「天下の儀」の責任者として自らを位置づけた。（3）将軍追放後も、自らを将軍の権限（国郡宛行権・領土紛争の裁定権など全国進止権を含む）の代行者とする、信長の「天下」観に変化はない。（4）王朝の常置の最高武官たる右近衛大将への任命を画期として、「天下」を「国」の上に置く秩序観念を継承し、全国の大名に主従制的な服属をせまり、「天下」への奉公第一主義（国内統一戦争への参加）を強制する、封建的ヒエラルキーの論理が形成されるが、それは新しい「天下」観念ではなく、「天下」を統轄する天皇制からの離脱や否定にはつながらない、という。

以上、織田政権をめぐる研究の方法と評価は多様かつ対立的である。しかし、その新たな動向と達成に着目するなら、（1）織田論の焦点ともいえる都市政策＝楽市楽座令の研究の分野では、中世楽市場論や網野善彦『無縁・公界・楽』などの提示があり、（2）研究の乏しい基礎構造＝農民支配の分野でも、戦国村落論・検地論の深化や勝俣・安良城両氏の論争の影響があり、（3）とくに蓄積の厚い権力構造論の分野では、朝尾氏や三鬼氏をはじめとして将軍・天皇や国郡制への強い関心があるというように、織田研究を推進すべき新たな分析視角や刺激はけっして少なくない、ということができるであろう。

# 8　一九八五＝豊臣・連邦国家論の提起

## ——M・Eベリー『秀吉』によせて——

初出　書評：HIDEYOSHI By Mary Elizabeth Berry・Harvard University Press, 1982, THE JOURNAL OF JAPANESE STUDIES 11-1.

本書はそのジャケットに、英文で書かれたはじめての本格的な豊臣秀吉伝、として紹介されている。たしかに、その叙述の構成は、秀吉の誕生から死までの一生をたどる伝記としての枠組みをそなえ、独創的な人物論が展開されている。すなわち、秀吉をもっぱら武将とみてその軍事的な成功を強調する、伝統的な秀吉像を否定して、征服者像よりは調停者 conciliator 像を、軍事的才能よりは調停能力 skill in conciliation を、戦争技術よりは外交手腕をというように、著者独自の秀吉観を対置し（六七頁、以下数字のみ記す）、連邦国家の創出者 federalist という、いかにも United States 生まれの気鋭の学者（著者はカリフォルニア大学バークレー校歴史学部準教授）らしい観点から、新しい秀吉像を描き出している。それは、同盟の連鎖 alliances こそは秀吉の事業の核心をなす、という主張とともに、つぎにみるような豊臣政権ないし日本近世の国制に関する、新しい評価の視角と密接に関連している。

これは日本の研究者にとっても刺激的な豊臣政権論といえる。封建制・絶対主義・集権的封建制など、これまでの豊臣政権の特徴づけや国家論にたいして、著者はあらたに連邦国家 federation という特徴づけを対置し、その視角から、従来の豊臣政権論にまっこうから批判的な再検討をこころみ、独自の豊臣政権像をくわしく体系的に描きだしているからである。本書の核心はこの連邦国家 federation 論にある。

日本の学界で豊臣政権以後の国制を複合国家とみなすいくつかの見解（大名領国とくに戦国大名の系譜をもつ外様大名領を小国家とみる見解）が論文の形で現われてくるのは、一九七〇年代の中頃からとみられるが、それらの論調はまだ控えめで影響力も大きくはない。しかも、それらの見解の当否をめぐって論争的な議論が交わされるようになったのは、ごく最近のことであるから（水林彪「近世の法と国制研究序説補論――山本博文「日本近世国家の世界史的位置」によせて――」〔『人民の歴史学』七八・七九、東京歴史科学研究会、一九八四〕）、その意味で本書は、近世複合国家の成立を論じた体系的な著作としては、先駆けの位置を占めるということができる。

新しい研究動向との関係でもう一つ注目されるのは、その連邦国家論への展望を開くキイワードとして、「平和」という概念を掲げ、秀吉の統一の基本的性格を軍事征服とみなす伝統的な通念に対して、冒頭の総論＝第一章に豊臣の平和という象徴的な標題を与えていることである。わたくしが豊臣政権の惣無事令の存在を検証し、平和の強制こそは統一の一貫した基調である、と考えたのは一九七八年以後のことであり（「『関東・奥両国惣無事』令について」など）、惣無事つまり平和をキイワードとする高木昭作「秀吉の平和と武士の変質――中世的自律性の解体過程――」（『思想』七二一）が発表されたのは一九八四年のことである。本書の主題が日本の豊臣期研究にとっても新鮮で刺激的なものであることは、ここからも了解されよう。

さて、通説的な軍事的統一論にたいする、著者の批判の要点はこうである。絶対の権力者 centrist（四）である織田信長に体現された軍事的統一の本質は、独立的な大名領主の徹底的な排除をめざす恐怖政治 frightening regime（九七）であり、それはやがて独裁専制政治 autocracy に行きつかざるをえない。これに対して、秀吉の平和の固有の基礎はまさに独立的な大名領主そのものにあり、信長の平和とはまったく異質である。つまり、豊臣政権の成立は独裁政治から連邦制 federal government への転換にほかならず、その誘因となったのは信長の生みだした恐怖政治の風潮であり、それこそが戦国大名 warring-state elite の行動を領土拡大の願望 desire for conquest から領土保全の追求 search for security へと大きく転換させた動因である、という（七〇）。

これは、軍事同盟を国家統一に転化させた条件としてあげられる、文化共有のきずな bonds of a common culture 中央への求心的な動向、政治的な競合の行きづまりなど（一五五〜一五七）とともに、連邦国家成立の契機を追究した興味深い見解である。信長をこの転換への触媒 catalyst とみなして、連邦国家形成の動機を信長の恐怖の遺産（一五四・一五五）で説明する視角は、信長と秀吉の相違を語る古くからの説でもあるが、織田権力の絶対性を強調しすぎて、諸大名の領国に内在する要因を軽視すべきではなく（一五二）、また中世後期に広く展開する一揆契約や戦国社会の戦争と講和の連鎖のなかに一貫してつらぬいている、同盟による安全保障 security of alliances 追求の動向にとくに注目すべきであろう（藤木「戦国大名の和与と国分」〔『月刊百科』二四八、一九八三〕など）。その意味で、十六世紀末の日本史の主題は戦争ではなく調和 reconciliation であるという指摘（一六七）は適切なものといえる。

著者のいう連邦国家論の指標は、まず、中央政府における官僚組織 central bureaucracy・国家常備軍 national standing army・中央の租税体系 central taxation 等の欠如であり、それに代わる指標としての服従の起請 oaths of fealty や人質 hostage 等の顕在化である（一四七）。ついで、これに対して、個々の大名領は自律的な領国統治 seasoned local rule・自前の軍隊 personal armies・中央課税の免除（一三九）等の顕著な特徴を備えており、領国 domains は国家の自治の基本単位 essencial autonomous unit をなすのである。

著者は強大な中央権力の存在を前提とする従来の封建制論・絶対主義・集権的封建制論に対して、近年の公儀研究の蓄積から、領主階級の公共利害 public interest に関わる国務 national role および公共領域 public provinces の統轄という、中央権力の二つの性格を導きだすことによって、集権性つまり中央権力 centralizing authority の固有の役割をむしろ限定的なものとみなし、実際の国政 national business の根幹は、むしろ分権的に外様＝戦国大名たちの集合体 assembly によってになわれ、一人の共同利害の監視者をいただいて結ばれた、半独立的な領国連合 union of semi-autonomous domains under an overseer of the common interest というべきものであり、その性格はいわば寡頭制の独裁国家 a sort of oligarchy（一六六）である、という。

ここで国務 national role というのは、大名の共同利害にかかわる検地・刀狩・兵の離農（身分法）などの豊臣政権の基本政策を指し、公共の領域 public provinces とは、主要都市・鉱山の管轄、宗教の統制、最終裁判権 final judicial authority in the state, 外交権 sole control over foreign affairs の掌握など、個別の大名領国を超えるいわば境界領域 boundary spheres の支配権をいい、それは大名の同意によって秀吉に委任された、国家権力の一般的なありかたをしめすにすぎないのであり（一五二）、秀吉の固有の役割は社会正義の擁護者 protector of the public good という点にあったといわざるをえない（一五九）、という。

この national role・public provinces という公儀の理解は著者の連邦国家論の核心をなすが、とくに public provinces つまり境界領域論は、いま日本中世史の研究に提起されている無縁・公界論とも対応して注目される。中央政府は官僚制・国軍・国税の体系を欠き、national role を果しつつ、public provinces のみを固有の領域とし、大名領国の領主権を制約しない。この立論は、公儀性をもっぱら政権の集権性の指標として強調する傾向にたいする批判でもある。

なお注目すべき点の一つは、連邦国家の形成における天皇の位置についてである。著者は天皇を全国の連合の中心 the center of a national union とみることを否定し、連続と統合の象徴 symbols of continuity and cohesion であり、戦争によって分断された諸集団をふたたび結び合わせる媒体 binding element である、とみる（一八七）。この理解は、天皇の役割を小国家を複合国家秩序へと統合するための不可欠の法的媒介形態ないし触媒とみる、水林氏の考え方（前掲）とも近いものとみられる。

その二は、刀狩令の評価である。これをもっぱら農民の武装解除令であり、刀を特権の標識 badge of privilege とする身分法令であるとみなす見解に対し、著者は社会的な私戦慣行 habit of armed response to disturbances の打破ならびに農民徴兵制 peasant recruits の廃棄令であり、私戦と武装農民に特徴づけられた戦国社会の終幕を意味する、と論じている（一〇四～六）。いま刀狩令をたんに全国的な在村武器の廃棄とみる伝統的理解にたいしては、新たに近世農村における鉄砲の広範な存在をふまえた塚本学氏の批判（『生類をめぐる政治』平凡社、一九八三）も出され、また中世史から近世史にわたって、研究者の私戦（自力救済）論への関心もつよい。それだけに、私戦と農民徴兵の廃絶に注目した著者の理解は新鮮であるが、それはまた、農民の普請役を軍役とみ、農民徴兵制の継続を強調して兵営国家論を説く、高木昭作説（前掲）とはまっこうから対立する。

＊カギとなる用語については、併記した原文のそれによっていただきたい。

〔付記〕ベリー氏はその後一九八五年、あらたに「公儀の平和と私的結合」Public Peace And Private Attachment（口頭発表原稿）を書いて、統一政権＝連邦国家において中央権力と個別大名の関係はどのようにして維持されたか（いわばクリとドングリを結びつけたものは何であったか）に注目している。すなわち、連邦国家の構造の特質ないし同盟の指標として、マルセル・モースの説によりつつ、基軸となる知行や軍役の関係と交錯する、誓約 oaths of obedience・血縁（政略結婚）bond・賜姓 surname・人質 hostage・贈与 gift、とくに人質と贈与の関係の展開や私的な結合 personal attachment の卓越を重視する、贈与社会論ともいうべき見解によって、その連邦国家論を補強しよう、というのである。

たとえば、もともと贈与というのは与える側の権力と優位性の表現であり、その受け手との間に両者の結びつきとともに義務・負担・従属性を創り出す。だから戦時などに大名との軍事同盟や軍役奉仕によって不均衡な関係が生じると、中央権力は新たな贈与──宴会・贈与・結婚・賜姓・人質の返礼──によって自己の優位と権勢の更新を図らねばならず、かれの優位は受けた贈物すべての再分配によって保障されるようになる。秀吉の家康への過大な知行宛行、関ケ原役後の大まかな知行配分はその著しい例であり、贈与の関係は、中央権力と大名間を超えて、朝廷や庶民の間にも及ぼされて、広範な贈与社会を展開させていた。したがって、統一権力のしめした、官僚制よりは人質や贈与へのつよい依存性をみれば、権力の制度化の側面にだけ目をうばわれてはならない、と説く。移行期の権力と社会を追究する新しい試みの一つとして、その国家論にチャールズ・ティリーの影響を強くうけた、その研究の展開に注目しよう。

なお、氏の論文は新刊の THE JOURNAL OF JAPANESE STUDIES 12-2 に掲載された。

# あとがき

一九八五年の春、惣無事令の本『豊臣平和令と戦国社会』をまとめ終えたとき、わたくしは次の楽しみに、

1　この本や豊臣期の旧稿をもとに、豊臣惣無事令の多様な展開ぶりや、その下に形成された国家の構造の特徴をさらに追究してみよう、

2　この本の喧嘩停止令・刀狩令の章をもとに、一四世紀から一七世紀にかけての社会を、「村」を機軸にすえて追究してみよう、

というような、大まかな計画を描いていた。

それから一年あまり、わたくしは2の村のナゾ解きに熱中して、新たに『戦国の作法』（平凡社選書）の一冊をまとめることになったものの、1の課題については、わずかに東国惣無事令の初令、沼田領の矢留などの小文を書いただけで、旧稿見直しの作業もいっこうに進まない。

そこへ、この論文集の依頼である。修士論文をもとにした上杉の分析をはじめ、どれもが歳月を経たものばかりなので、今更というためらいはあったが、いまは吉川弘文館編集部の懇ろなお勧めを幸いとして、いずれは1の試みの基礎になりそうな論文だけを集めて、一冊にまとめておくことにした。ひどい重複や冗漫を避けて、とくにⅢ・Ⅳを中心に、旧稿の一部を削り併せるなど、いくらかは手を加えたが、ほとんどはほぼ原型のままである。なお、それぞれの初出とその年次は、論文ごとに本文のはじめに明記した。

この本の標題は、故菊池武雄氏の「戦国大名の権力構造」(『歴史学研究』一六六号、一九五三年、のちに戦国大名論集1『戦国大名の研究』所収)からの借用である。この論文を永原慶二氏は、戦後の戦国大名研究の起点と評価されたが(同論集解説)、うけた影響の深さという点で、わたくしにとっても忘れることのできない論文である。いつの日にか自分もこのような論文をという初心を、いま標題を拝借することで叶えようというのである。

また、この本の骨子になっている織豊期の上杉・佐竹の個別研究は、いずれも故伊東多三郎氏の主宰された米沢藩の総合研究や水戸市史の編纂の末席に加えていただくことで、まとめることができたものである。わけても「豊臣期大名論」という構想のもとになった佐竹の分析は、当時、大日本古記録『梅津政景日記』の編纂を通じて本格的な佐竹研究を進めておられた、山口啓二氏が水戸市史のために示された、特別調査報告「佐竹氏知行制の研究」に負うところが大きい。伊東・山口両先生のご指導と学恩に、あらためて心からの感謝をささげたい。

## ま　行



## や・ら・わ行

## な　行



## は　行

## た　行

## さ　行

# 索　　引

この索引は史料上の用語を中心として作成した。

## あ　行



## か　行

著者略歴

一九三三年新潟県に生れる
一九五六年新潟大学人文学部人文学科卒業
一九六三年東北大学大学院文学研究科中退
現在、立教大学文学部教授

〔主要著書〕

『戦国社会史論』東京大学出版会、一九七四年
『織田・豊臣政権』小学館、一九七五年
『豊臣平和令と戦国社会』東京大学出版会、一九八五年
『戦国の作法』平凡社、一九八七年
『戦国史をみる目』校倉書房、一九九五年
『雑兵たちの戦場』朝日新聞社、一九九五年
『村と領主の戦国世界』東京大学出版会、一九九七年

戦国大名の権力構造

昭和六十二年二月十日　第一刷発行
平成　九　年九月二十日　第二刷発行

著者　藤《ふじ》木《き》久《ひさ》志《し》

発行者　吉川圭三

発行所　株式会社　吉川弘文館
郵便番号一一三
東京都文京区本郷七丁目二番八号
電話〇三-三八一三-九一五一〈代〉
振替口座　〇〇一〇〇-五-二四四

印刷＝東洋印刷・製本＝誠製本

戦国大名の権力構造（オンデマンド版）

2017年10月1日　発行

著　者　藤木久志《ふじきひさし》

発行者　吉川道郎

発行所　株式会社 吉川弘文館
〒113-0033 東京都文京区本郷7丁目2番8号
TEL 03(3813)9151(代表)
URL http://www.yoshikawa-k.co.jp/

印刷・製本　株式会社 デジタルパブリッシングサービス
URL http://www.d-pub.co.jp/

藤木久志（1933～）
ISBN978-4-642-72616-0